Endspiel
Der Multikulticrash

1. Auflage April 2025

Satz und Layout: Mohn Media Mohndruck GmbH, Gütersloh
Umschlaggestaltung: Carolin Sienz

ISBN: 978-3-98992-096-5

FSC
www.fsc.org
MIX
Papier | Fördert gute Waldnutzung
FSC® C014496

Gerne senden wir Ihnen unser Verlagsverzeichnis
Kopp Verlag
Bertha-Benz-Straße 10
72108 Rottenburg
E-Mail: info@kopp-verlag.de
Tel.: (0 74 72) 98 06-10
Fax: (0 74 72) 98 06-11

Unser Buchprogramm finden Sie auch im Internet unter:
www.kopp-verlag.de

Werner Reichel

ENDSPIEL

Der Multikulticrash

Wie eine gescheiterte Ideologie Europa ins Chaos stürzt!

KOPP VERLAG

Inhalt

Vorwort

Dieses Buch berichtet vom wahrscheinlich größten Verbrechen in der Geschichte der Menschheit. Ein Verbrechen, das Tag für Tag vor unser aller Augen begangen wird. Ein Verbrechen, dem schon unzählige Menschen zum Opfer gefallen sind und dem noch viel mehr zum Opfer fallen werden. Nicht irgendwo, sondern mitten in Deutschland.

Im Zentrum all dessen steht ein kleiner Teil der Gesellschaft, der nicht einmal einen konkreten Namen hat und damit genau bezeichnet werden kann – manche nennen ihn Globalisten, das politmediale Establishment, Deep State, den politisch-militärischen Komplex oder das Justemilieu. Diese neue »Elite« ist gerade dabei, einen gesamten Kontinent beziehungsweise eine der erfolgreichsten Zivilisationen und Kulturen der Menschheitsgeschichte inklusive deren Träger ohne jede Not zu zerstören, um sie am Ende gänzlich zu vernichten.

Seit vielen Jahren wird Europa mit vor allem Männern aus Gesellschaften, die mit den westlichen Werten und der europäisch-abendländischen Kultur völlig inkompatibel sind, geflutet. Ja, »fluten« ist angesichts der Größenordnung dieser von oben initiierten Massenmigration die geeignete Vokabel. Allein in Deutschland sind innerhalb von 10 Jahren, von 2014 bis 2023, über 17,3 Millionen Menschen eingewandert.[1] Zur Einordnung: 2014 (also in dem Jahr *vor* der Grenzöffnung) besaß Deutschland 80,98 Millionen Einwohner. Die deutschen Bürger wurden nie gefragt, ob sie ihren Staat inklusive all dessen, was in der Vergangenheit aufgebaut und geschaffen wurde, an Millionen von Menschen aus vormodernen Kulturen abtreten wollen, die zu all den Errungenschaften und dem erarbeiteten Wohlstand nichts beigetragen haben und die zum großen Teil auch nie etwas Substanzielles beitragen werden.

Wie viele Menschen diesem Verbrechen, dieser linksfaschistischen Dystopie bereits zum Opfer gefallen sind, wissen wir nicht. Es sind auf jeden Fall Tausende in Deutschland und ganz Europa. Und täglich werden es mehr. Wir stehen erst am Beginn dieses von oben gesteuerten Niedergangs, der mit großer Zielstrebigkeit und Skrupellosigkeit vorangetrieben wird. Man geht buchstäblich über Leichen. Waren religiös motivierte Messerattacken oder Gruppenvergewaltigungen einst in Deutschland praktisch unbekannt beziehungsweise tatsächlich seltene Einzelfälle, gehören sie aufgrund des massenhaften Zuzuges potenzieller Tätergruppen zu unserem Alltag. 72-mal pro Tag[2] werden Menschen in Deutschland mit dem Messer attackiert, ohne dass die politisch Verantwortlichen etwas dagegen unternehmen – sieht man von nie umgesetzten Ankündigungen, Symbolpolitik und kontraproduktivem Sozialgedöns ab.

Man lässt stattdessen jeden Tag noch mehr Menschen aus vormodernen Gewaltkulturen ins Land, die von der von Linken unterwanderten Justiz mit Kuschelurteilen[3] für ihre Bluttaten in der Regel auch noch belohnt, sprich: zum weiteren Zustechen animiert werden. Zudem versuchen Politik, Mainstream-Medien und Behörden mit viel Kreativität und Skrupellosigkeit das wahre Ausmaß dieser importierten Verbrechen zu verschleiern. Nicht nur um die Bürger, sondern auch sich selbst zu täuschen und zu beruhigen.

Denn für jene, die sich in ihren linken Echokammern vor der Realität verschanzt haben, die in ihrem woken, utopischen Denken gefangen sind, gilt diese Politik, die solche Verbrechen nicht nur zulässt und deckt, sondern überhaupt erst in einem solchen Ausmaß ermöglicht, nach wie vor als moralisch, vernünftig und alternativlos. Für die anderen, für Menschen, die sich trotz der penetranten Dauerpropaganda und Indoktrination ihren Realitätssinn und Hausverstand bewahrt haben, ist es schlicht Irrsinn, ein Verbrechen.

Schon jetzt leidet die Bevölkerung massiv unter diesem politischen und gesellschaftlichen Großexperiment, das nichts anders ist als ein

Verbrechen gegen die Menschheit: Der öffentliche Raum ist zu einer Gefahrenzone geworden, die immer mehr einem Kriegsgebiet ähnelt und in der Frauen Freiwild sind. Sie können sich vielerorts nachts nicht mehr allein auf die Straße wagen,[4] die weniger werdenden deutschen Kinder in den Schulen werden immer öfter drangsaliert, gemobbt und gedemütigt,[5] wer kann, flieht. Die Abwanderung der Leistungsträger hat längst begonnen, immer mehr Deutsche suchen Schutz vor den Schutzsuchenden. Während Armutsmigranten, Analphabeten, Unqualifizierte, Kriminelle und Fanatiker ins Land drängen, kehren pro Jahr 200 000 Deutsche, drei Viertel davon sind Akademiker, ihrem Land den Rücken.[6] Doch diesen offenkundigen Bevölkerungsaustausch gibt es nach Darstellung der herrschenden Politikerklasse und der Mainstream-Medien nicht, er ist für sie nur eine Angstfantasie beziehungsweise Verschwörungstheorie rechter Hetzer.

Ein Ziel dieses Buches ist, das Ausmaß und die Monstrosität dieses Verbrechens in aller Deutlichkeit darzustellen, seine mittel- und langfristigen Folgen herauszuarbeiten und dies anhand vieler unwiderlegbarer Daten und Fakten zu untermauern – im Buch finden Sie daher rund 600 Quellenhinweise. Denn – und auch das ist in dieser Radikalität bisher einzigartig in der Geschichte der Menschheit – dieses Verbrechen findet vor unser aller Augen statt, und ein Großteil der Bürger hat nicht einmal im Ansatz begriffen, was in Deutschland abläuft, was mit ihnen geschieht, welche Rolle man ihnen zugedacht hat. Viele, die schon bald die nächsten Opfer sein könnten, als menschliche Kollateralschäden am Multikultialtar landen, unterstützen sogar aktiv die (potenziellen) Täter und deren politische Förderer, die sie als moralische Vorbilder und Heilsbringer verehren, bei der Umsetzung ihrer Verbrechen. Sie wählen stupide die Einheitsparteien, also jene Kräfte von CDU bis Bündnis Sahra Wagenknecht (BSW) und alle die dazwischen liegen, die in den zentralen Fragen einer Meinung und auf globalistischem Kurs sind und gemeinsam

Richtung Abgrund paddeln. Viele der Opfer von morgen haben in der Vergangenheit ihre Täter stürmisch beklatscht. Die vom polit- und mainstreammedial geschürten Willkommenswahn beseelten Bürger haben den Migranten, unter denen sich ungezählte Gotteskrieger, Vergewaltiger, Islamisten und sonstige Verbrecher befanden und befinden, auf den Bahnhöfen und in den sozialen Medien zugejubelt, sie hetzen bis heute gegen »xenophobe Zuwanderungskritiker« und geifern gegen jene, die es wagen, das Offensichtliche trotz aller Repressalien, Zensurmaßnahmen und allem politischen Druck öffentlich auszusprechen.

Selbst jene Bürger, die das Vertrauen in den Staat und seine Institutionen, in die Parteien und Medien weitgehend verloren haben, die gar nicht mehr oder die AfD wählen, die sich aus alternativen Kanälen informieren und Bücher wie dieses lesen, sind sich vielfach der Dimension dieses Verbrechens, das an ihnen, ihren Kindern, ihrem Land und ihrer Kultur begangen wird, nicht bewusst. Denn diese von bestimmten Gruppen und Milieus politisch gesteuerte Transformation unserer Gesellschaft, die auf die Zerstörung der Fundamente der bürgerlichen Gesellschaft und die Auflösung des Nationalstaates abzielt, der sich unter anderem über das Staatsvolk mit seiner gemeinsamen Geschichte definiert, wird sich zu einem größeren Verbrechen an der Menschheit entwickeln als jene, die im Namen totalitärer Ideologien wie Kommunismus, Faschismus und Nationalsozialismus im vergangenen Jahrhundert begangen wurden. Ich möchte damit keinesfalls die Verbrechen der nationalen und internationalen Sozialisten mit ihren Millionen Toten und der industriellen Vernichtung von Menschen verharmlosen beziehungsweise relativieren, ich will vielmehr davor warnen, dass der Menschheit Schlimmeres bevorstehen könnte – nicht irgendwann in ferner Zukunft, sondern in absehbarer Zeit.

Der jüdische Soziologe und Antisemitismusforscher Michael Ley (1995–2023) schrieb hierzu:

> Die demografischen Verschiebungen zwischen den einheimischen Bevölkerungen und den muslimischen Einwanderern werden dazu führen, dass die meisten europäischen Gesellschaften diese Entwicklungen nicht mehr korrigieren können. Kollektive Verirrungen wie der Kommunismus, der Faschismus und der Nationalsozialismus waren jedoch reversibel. Nach ihrem Scheitern konnte auf das kulturelle und religiöse Erbe Europas zurückgegriffen werden und [es konnten] neue zivilisierte demokratische Gemeinwesen entstehen. Werden jedoch die einheimischen Bevölkerungen zur Minderheit, dann ist dieser Weg der zivilisatorischen Regeneration versperrt.[7]

Die Massenmorde, die Nationalsozialisten und Sozialisten im 20. Jahrhundert begangen haben, waren monströse Verbrechen, insbesondere an den Juden. Deutschland hat sich nach dem Ende dieser Gräuel im Jahr 1945 innerhalb weniger Jahre zu einem demokratischen Rechtsstaat entwickelt, das vom Krieg gezeichnete Westeuropa sich wirtschaftlich rasch erholt. Auch die kommunistischen Regime, die den Osten Europas noch jahrzehntelang terrorisiert haben, konnten das kulturelle und demografische Fundament jener Gesellschaften letztendlich nicht zerstören. Fast alle osteuropäischen Länder haben sich nach dem Zusammenbruch des Kommunismus zu lebenswerten, sicheren, demokratischen Staaten entwickelt. Mittlerweile sind sie, allen voran Ungarn, zu Vorzeigedemokratien geworden, die für nationalstaatliche Souveränität und gegen den undemokratischen Brüsseler Zentralismus und Globalismus kämpfen. Länder wie Ungarn sind zur Hoffnung für immer mehr freiheitsliebende Europäer und zum Feindbild Brüssels geworden.

Nach dem Sieg über die Nationalsozialisten und nach dem Ende des real existierenden Sozialismus versuchen die Neosozialisten, also die Kulturmarxisten und Globalisten, das kulturelle, demografische und weltanschauliche Fundament, auf dem Europa ruht, anders als ihre ideologischen Vorväter komplett und nachhaltig zu zerstören. Mit durchschlagendem Erfolg. Leider. Nach ihrem sogenannten »Marsch durch die Institutionen«, sprich: der Besetzung aller Machtpositionen im politischen wie vorpolitischen Raum, gibt es kaum noch Gegenwehr und nennenswerten Widerstand. Obwohl SPD und Grüne unter Komplizenschaft der FDP und der Vorarbeit von Angela Merkel Deutschland nachhaltig zerstört und in einen Failed State verwandelt haben, der nicht einmal mehr in der Lage ist, sich selbst ausreichend mit Energie zu versorgen,[8] und nicht mehr willens ist, seine Bürger zu schützen, wird dieser suizidale Kurs dank einer indoktrinierten und eingeschüchterten Wählerschaft weiterverfolgt. Dafür sorgt unter anderem auch die CDU, die nur noch dem Namen nach christlich-konservativ, in Wahrheit aber der Garant dafür ist, dass Deutschland auf stramm linkem Kurs bleibt, auch wenn die offiziellen linken Parteien bei Wahlen keine Mehrheit mehr erreichen.

Viele Bürger wissen zwar, wem sie den Niedergang Deutschlands beziehungsweise des Westens zu verdanken haben, glauben aber nach wie vor, das Problem läge im Unvermögen und/oder der Naivität der herrschenden Klasse begründet. Obwohl immer mehr Deutsche die Grünen für inkompetent, dumm und sogar gefährlich halten, insbesondere Politiker wie Robert Habeck oder Annalena Baerbock, zweifeln sie nicht an den guten Absichten dieser selbst ernannten Heilsbringer, die den Planeten, das Klima, die Umwelt, die Dritte Welt, den Wald, die Menschheit oder was auch immer gerade en vogue ist, retten wollen. Sie meinen es ja nur gut …

Doch genau das tun sie nicht.

Nach wie vor können und wollen viele Bürger – wie die Wahlergebnisse zeigen – nicht begreifen, dass die Zerstörung des Nationalstaates, des Staatsvolkes, der Demokratie, der familiären Strukturen, der Grundlagen unseres Wohlstandes (Energiewende, Deindustrialisierung) nicht etwa Kollateralschäden auf dem Weg in eine bessere Welt, sondern das *Ziel* dieser Politik sind.

Vorwort

Warum?

Weil die globalistische Linke eines aus der Vergangenheit gelernt hat: Man kann ein ineffizientes, in sich widersprüchliches und gegen die *Conditio humana*, also die menschliche Natur gerichtetes und insgesamt minderwertiges sozialistisches Gesellschaftssystem nur auf den Ruinen der ihr in allen Belangen überlegenen bürgerlichen, kapitalistischen Gesellschaft errichten. So hat man nach dem Scheitern des Kommunismus auch erkannt, dass es keinerlei Gegenmodelle, keinerlei Alternativen mehr geben darf, dass der Sozialismus *global* werden muss, damit sich niemand mehr diesem menschenverachtenden, Not und Leid produzierenden System entziehen kann.

Während der Coronapandemie hat das Justemilieu unter Beweis gestellt, mit welchen Methoden und Hebeln, mit welcher Skrupellosigkeit man dieses Ziel effizient und weitgehend widerstandslos verfolgen kann. Diese gezielte und nachhaltige Zerstörung bezeichnet der politmediale Mainstream euphemistisch als Transformation, Wende, Great Reset oder Dekonstruktion.

Viele Bürger, deren Weltbild vom staatlichen Bildungssystem, der linken Kulturindustrie und den gleichgeschalteten Mainstream-Medien geprägt ist, haben noch immer nicht verstanden beziehungsweise weigern sich zu verstehen, dass sie es mit politischen Überzeugungstätern zu tun haben. Mit Ideologen, die ohne Skrupel den Tod und das Leid von Millionen von Menschen nicht nur in Kauf nehmen, sondern anstreben – mithilfe eines willigen Gefolges, das über Leichen geht. Was die woken Heilsbringer, die selbst ernannten Retter der Menschheit von ihren Vorgängern aus dem 20. Jahrhundert – Stalin, Hitler, Lenin, Mao, Trotzki oder Pol Pot – unterscheidet, ist weder die Ideologie, die bei all diesen linken politischen Heilsbringern kollektivistisch und freiheitsfeindlich ist, das Menschenbild oder die Zielsetzung, sondern ausschließlich die Methodik und die Strategie.

Ihre Pläne und Ziele verbergen die Protagonisten dieser globalen Schmierentragödie unter dem Deckmantel der Menschlichkeit, der sozialen Gerechtigkeit, des Umweltschutzes, der Gleichberechtigung oder der Armutsbekämpfung. All diese sogenannten Entwicklungsziele, diese Sustainable Development Goals (SDG), findet man unter anderem in der Agenda 2030 der Vereinten Nationen.[9] Hinter schwammigen Begrifflichkeiten und Worthülsen wie »soziale Gerechtigkeit« oder »Gemeinwohl« verbirgt man seine eigentliche Agenda, sein Verbrechen an der Menschheit.

So verkündet Svenja Schulze, Bundesministerin für wirtschaftliche Zusammenarbeit und Entwicklung (SPD):

> Unsere Welt befindet sich im Umbruch. Sicher geglaubte Errungenschaften geraten ins Wanken und aus Fortschritten können schnell Rückschritte werden. Es ist Zeit, noch entschlossener zu handeln! Die Agenda 2030 mit ihren 17 Zielen für nachhaltige Entwicklung sind hierfür ein unverzichtbarer Kompass der gesamten Staatengemeinschaft.[10]

Vor dem Hintergrund der eben dargestellten Strategien, bekommen solche schablonenhaften, aus Phrasen und Satzbausteinen bestehenden Politikeraussagen eine neue und bedrohliche Dimension.

Unter dem Vorwand, angeblich hehre Ziele zu verfolgen, und mithilfe breitflächiger Propaganda und Desinformation gehen selbst größte politische Verbrechen als Notwendigkeiten, alternativlos, ja, als Wohltaten und Bereicherung durch. Die Massenzuwanderung aus dem islamischen Raum und Afrika nach Europa ist ein Verbrechen, das schon unzählige Tote und viel Leid verursacht hat und noch viel mehr verursachen wird. Sie ist einer der effektivsten und der nachhaltigsten Strategien zur Zerstörung der europäischen Kultur- und Industrienationen sowie ihrer Staatsvölker. Auch die Energiewende, also die gezielte Verknappung und damit Verteuerung von Energie, dient diesem Ziel, zumal kostengünstige Energie die Basis unseres

Wohlstandes, unserer Zivilisation und des Fortschrittes ist. Auch mit der Energiewende nimmt man Tote, Unruhen und Chaos in Kauf, ja, sie sind sogar das Ziel dieser »grünen« Politik. Denn all das ist, da sind sich die meisten Experten einig, bei einem Blackout unvermeidlich.

Dazu der Autor und Blackoutexperte Detlev Hoppenrath:

> Fällt die öffentliche Infrastruktur für mehr als drei Tage aus, ist mit einem kompletten Zusammenbruch der öffentlichen Ordnung zu rechnen. Dann kommt es zunächst zu Versorgungsengpässen – es fehlt an Lebensmitteln, Wasser, Energie und so weiter. Die Menschen brechen in Panik aus. Dann kommt es zu Gewaltausbrüchen, zu Plünderungen. Erst vereinzelt, dann massenhaft. Spätestens zu diesem Zeitpunkt ist die öffentliche Ordnung zerstört.[11]

Wenn das eintritt – und das ist nur eine Frage der Zeit –, ist das weder höhere Gewalt noch Pech oder Zufall, sondern die absehbare Folge der deutschen Energiepolitik. Unter dem absurden Vorwand – in dem viel grün-linker Größenwahn steckt –, den Planeten retten zu müssen, hat man Atom- und andere Grundlastkraftwerke abgeschaltet und zerstört, um damit genau solche Notsituationen zu provozieren, die Wahrscheinlichkeit ihres Eintritts drastisch zu erhöhen. Noch 2014 warnte die deutsche Bundesregierung in einem »Bericht zur Risikoanalyse im Bevölkerungsschutz« vor rund 1000 Toten im Falle eines Blackouts in einem Gebiet mit 6 Millionen Einwohnern. Heute, nachdem man die Energieinfrastruktur nachhaltig zerstört hat und das Land massiv auf Stromimporte angewiesen ist, werden solche Szenarien und Warnungen von Regierungsseite nicht mehr öffentlich gemacht. Man wiegt die Bürger lieber in falscher Sicherheit. Wie sonst als verbrecherisch, skrupel- und verantwortungslos soll man ein solches Vorgehen, eine solche Politik bezeichnen?

Damit dieses kriminelle Verhalten von der Bevölkerung nicht als solches wahrgenommen wird, finanziert die Herrscherklasse ein gewaltiges und unüberblickbares Netzwerk von Aktivisten, Beamten, Experten, NGOs, Medien, Künstlern, Institutionen und Journalisten, dessen einzige Aufgabe es ist, diese täglichen staatlichen Übergriffe und Verbrechen gegenüber den Bürgern als unvermeidliches Schicksal, Naturgewalt oder alternativlose Maßnahme zur Rettung des Planeten zu verkaufen und den Boden für weitere gegen die Bevölkerung gerichtete Maßnahmen zu bereiten. In dieser zumindest den Westen beherrschenden Meinungs- und Bewusstseinsindustrie sind rund 10 Prozent der Bevölkerung beschäftigt: in Politik, Medien, Wissenschaft, Bildung, Kultur, Kirchen, NGOs oder im Marketing.

Der Soziologe Helmut Schelsky (1912–1984) hat diese Klasse einst als »Heils- und Sinnvermittler« bezeichnet:

> Die Klasse der Heilsherrscher lebt immer von der Arbeit der anderen, deren Alltagsmühen und -anstrengungen sie gleichzeitig als minderwertige Lebensform verleumdet und zugleich ausbeutet.[12]

Diese Klasse beutet nicht nur in parasitärer Weise die produktiv arbeitenden Menschen aus, sie hat auch, so wie einst die Kirche, einen Sinn- und Bedeutungsrahmen geschaffen, der unser Denken, unsere Sprache, unser Bewusstsein und Handeln prägt und dem sich auch Rechte, Konservative und andere Dissidenten nicht entziehen können. Viele Konservative, wie etwa die Politiker und Wähler der CDU, die – was menschlich nachvollziehbar ist – nicht permanent gegen dem Strom schwimmen, nicht als Rechtsextreme, Schwurbler oder Klimaleugner beschimpft werden, sondern einfach dazugehören wollen, zählen sich zu den »normalen«, »moralischen« Leuten der tonangebenden Schicht. Diese Konservativen, die keine mehr sind, konnten dem massiven sozialen, medialen und politischen Druck nicht standhalten, haben innerlich kapituliert und sich der Hegemonie der Linken unterworfen. Kurz: Sie sind zu Linken beziehungsweise zu deren Apportierhündchen degeneriert. Man wäre gerne konservativ, würde gerne die Grenzen schließen, den Genderwahn, die Energie-, Mobilitäts- und alle andern linken Wenden rückgängig machen, wieder Leistung und Familien statt Minderheiten fördern, unter seinesgleichen in Wohlstand zusammenleben und durch sichere und saubere Straßen spazieren. Das offen zu fordern, ist man aber zu feige und träge, will nicht seinen Job, seine Reputation, seine Stellung in der Gesellschaft riskieren, sein berufliches und soziales Umfeld nicht verstören. Man unterwirft sich dem Zeitgeist.

Union, FDP, die katholische und evangelische Kirche sind – wenn überhaupt – nur mehr scheinkonservativ, sind in allen zentralen Fragen, von Migration bis Umweltpolitik, von Umverteilung bis Genderismus auf Linie – es sind Sozialisten in Trachten, Maßanzügen und Kutten. Sie definieren sich noch immer als die Mitte der Gesellschaft, ohne zu erkennen, dass sich diese politische Mitte seit den 68er-Jahren weit nach links verschoben hat, dass rechts von dieser angeblichen Mitte nur noch »Rechtsextremisten«, »Nazis«, »Reichsbürger« und andere Staatsfeinde existieren. Die größte Angst der Konservativen, die ihr Denken, Handeln und ihre Politik prägt, ist es, selbst zu einem dieser Ausgestoßenen zu werden. Zu jenen Rechtsextremen, die jeden Tag am medialen Pranger bespuckt werden, deren Bekämpfung und Verfolgung Staatsdoktrin ist. Angesichts dieser Drohkulisse und des gewaltigen Drucks sind viele Menschen sogar bereit, eine Politik zu unterstützen, die konsequent gegen ihre eigenen Interessen gerichtet ist, ihre Sicherheit gefährdet und die Zukunft ihrer Kinder zerstört. Es gibt deshalb nur wenig Widerstand gegen die großen linken Transformationsprojekte, egal wie verbrecherisch sie auch sein mögen.

Ja, es gibt sie, die kleinen Widerstandsnester. Immer wieder wird dank der sozialen und alternativen Medien die Elite beim Lügen und Betrügen erwischt, aber im Großen und Ganzen ist es den

Drahtziehern gelungen, dieses Verbrechen an der Menschheit vor unser aller Augen zu planen, in die Tat umzusetzen und voranzutreiben, ohne dass die Mehrheit der Bürger bis heute dagegen aufbegehrt hätte. Anders sind die Wahlergebnisse, die noch immer hohen Reichweiten der Mainstream-Medien und das Verhalten vieler Bürger nicht zu erklären. Trotz der Wahlerfolge rechter und patriotischer Parteien erreichen die linken Einheitsparteien und ihre pseudokonservativen Blockparteien nach wie vor in fast allen westlichen Staaten die absolute Mehrheit.

In diesem Buch wird das Ausmaß dieses Verbrechens beschrieben, das, was uns bisher angetan wurde und was noch auf uns zukommen wird. Denn davon haben viele Menschen keine Vorstellung, weil sie permanenter Desinformation und Propaganda ausgesetzt sind, sie mit falschen oder völlig übertrieben dargestellten Bedrohungen von den realen Gefahren abgelenkt werden und die offiziellen Lügen durch ständige Wiederholung längst zu unhinterfragbaren Wahrheiten geworden sind.

Denn obwohl die gesamte Gesellschaft unablässig an dem Ast sägt, auf dem sie kulturell, wirtschaftlich und sozial sitzt, kann sich kaum jemand ausmalen, was passiert, wenn wir aus der hohen Baumkrone der Zivilisation in die Tiefen archaischer Kulturen und Religionen und damit ins Chaos abstürzen. Niemand kann und will sich vorstellen, dass in Bayern, in Hamburg, in Amsterdam oder Tirol schon bald Zustände herrschen wie in Somalia, wo die militante al-Shabaab-Miliz Jagd auf Christen macht, in Nigeria, wo Islamisten ganze Christendörfer ausradieren, in Syrien, wo einst der IS wütete und mordete und jetzt andere Islamisten die Macht übernommen haben und ein Menschenleben, insbesondere das eines »Ungläubigen«, nach wie vor kaum einen Wert hat. Und wie auch? Wird es in dieser Klarheit doch selbst von den alternativen Medien oder Autoren kaum thematisiert.

Warum aber sollte das in Europa und in Deutschland nicht geschehen? Weil wir so wehrhaft sind? Weil es die Regierung, welche auch immer, nicht zulassen würde? Weil Deutschland eine »Demokratie« ist? Weil sich die Muslime, anders als überall sonst auf der Welt, in unsere woke, dekadente und überalterte Gesellschaft integrieren werden? Das kann niemand, auch kein grüner Fundi, ernsthaft annehmen. Nein, wir wollen und können uns solche Szenarien nicht vorstellen, weil es uns überfordern würde, weil der Bruch zum Deutschland, wie wir es kennen und schätzen, zu groß ist, weil der Mensch über psychologische Abwehrmechanismen (Verdrängung, Regression, Verleugnung, Rationalisierung und Sublimierung) verfügt und es tatsächlich kaum vorstellbar ist, dass etwa in Köln Gruppierungen wie Boko Haram massenhaft Ungläubige, sprich: Deutsche massakrieren[13] oder in München, so wie in Teheran, Homosexuelle öffentlich hingerichtet werden.[14] Das klingt aus heutiger Perspektive tatsächlich (noch) wie eine surreale Angstfantasie, eine rechte Verschwörungserzählung.

Wir wollen es nicht wahrhaben, wir belügen uns selbst, aus Angst und aus Bequemlichkeit. Doch auch ein scheinbar stabiles, friedliches und wohlhabendes europäisches Sozialparadies kann sich dank ungesteuerter Massenzuwanderung innerhalb weniger Jahre in eine Multikultihölle verwandeln. Man denke nur an Schweden, in dem Migrantenbanden für bürgerkriegsähnliche Zustände sorgen, bereits Kinder als Auftragskiller[15] aktiv sind und deutlich mehr Frauen vergewaltigt werden als überall sonst in der EU.[16]

Wir gehen davon aus, dass trotz Massenzuwanderung, grüner Regierungsbeteiligung, Islamisierung, Energiewende, Deindustrialisierung und Brain-Drain im Grunde alles beim Alten und Deutschland Deutschland bleibt. Dass, was auch immer die herrschende Klasse verbricht, immer Geld aus dem Bankomat, Strom aus der Steckdose, der Arzt oder Polizist nach dem Notruf kommt, der Staat sich um Bildung, Gesundheit und Sicherheit kümmert. Man kennt es schließlich nicht anders. Obwohl in den vergangenen Jahren Bundeskanzlerin Angela Merkel und danach die Ampel viele dieser modernen Errungenschaften sturmreif geschossen haben.

Etwa die Energieproduktion und -versorgung, obwohl oder gerade weil kostengünstige immer verfügbare Energie die Grundlage unseres Wohlstandes ist. Auch das Bildungs-, Sozial- und Gesundheitssystem stehen vor dem Kollaps. Der Großteil von uns hofft, während es immer weiter bergab geht, dass das Offensichtliche, das Naheliegende, doch nicht eintreten, dass der Aufprall nicht ganz so hart ausfallen wird – warum auch immer.

Der brave Europäer hat sich – so sagen es ihm die Politiker, Experten und Medien jeden Tag – vor Rechten, vor Menschen wie mir, vor CO_2 oder Unwettern zu fürchten, nicht aber vor den tatsächlichen Gefahren, denen er und seine Kinder ganz real und oftmals täglich ausgesetzt sind. Daran halten sich die meisten, weil es am bequemsten ist. Denn die virtuellen Gefahren und die Schimären der Linken sind keine echten Bedrohungen, mit ihnen lebt es sich ruhig und bequem. Sich vor CO_2-Molekülen und Skinheads zu fürchten, ist nichts anderes als Eskapismus, die Verleugnung der Realität und die Flucht in eine heile Welt.

Die damalige Fraktionschefin der Grünen, Katrin Göring-Eckardt, sagte in einem Interview mit dem *Spiegel* 2016, in dem es um die Silvesternacht 2015 in Köln ging, bei der Hunderte Frauen von Migranten sexuell belästigt wurden:

> Ich bin auch wachsamer als früher. [...] Es gibt Situationen, zum Beispiel wenn ich allein jogge, in denen ich denke: Hoffentlich begegnet mir keine Gruppe Nazis.[17]

… oder ein entlaufener Zirkusbär, ein Schwarm Killerbienen … Denn die Nazihorden, die Göring-Eckardt fürchtet, marschieren zwar täglich mehrmals durch die TV- und Medienlandschaft, aber selten bis nie durch das reale Deutschland. Je blutiger der globale Multikultitraum wird, je größere Ausmaße dieses Verbrechen annimmt, desto monströser die von Linken erdachten Schreckgespenster, mit denen man die Bürger erfolgreich abzulenken, einzuschüchtern und zu disziplinieren versucht.

Dieses Buch möchte diese völlig verzerrte Darstellung der Realität geraderücken, ein Bewusstsein dafür schaffen, was den europäischen Bürgern bisher angetan worden ist und was ihnen noch angetan werden wird oder könnte. Von suprastaatlichen Institutionen, den Funktionären in Brüssel, den nationalen Regierungen inklusive ihres Heeres an Subalternen in Medien, NGOs, Kulturbetrieb, Kirchen und dem linken Mob, der nicht nur in den sozialen Medien auf Menschenjagd geht.

Mit diesem Buch möchte ich diese dicke Schicht an Propaganda, Framing, und Desinformation beiseiteräumen, die aktuellen Entwicklungen ohne linkes Framing und Neusprech darstellen, eine nüchterne Sachverhaltsdarstellung vorlegen, kurz: die Dinge einfach beim Namen nennen. Das klingt nicht sonderlich spektakulär und tiefschürfend, ist aber in Zeiten wie diesen ein revolutionärer, ein geradezu staatsfeindlicher Akt.

Denn »Sagen, was ist«, wie es einst der *Spiegel* für sich in Anspruch nahm, ist in unserer modernen Gesellschaft längst zu einem Verbrechen geworden, das man als Verhetzung, Aufstachelung und Hatespeech bezeichnet. Ist es nicht mehr möglich, zu sagen, was ist, also die Wahrheit auszusprechen, ist alles verloren.

Auch wenn sich diese Entwicklungen, diese Verbrechen nicht mehr aufhalten lassen, weil das Fundament unserer Gesellschaft längst unterspült ist, ihre Widerstandskraft und ihr Selbstbehauptungswille kaum noch vorhanden und die Geister, die die linken Zauberlehrlinge gerufen haben, längst außer Kontrolle sind, ist es wichtig, zu sagen, was ist, und vor allem, wer dafür die Verantwortung trägt. Es ist wichtig, diejenigen zu benennen, die diese Verbrechen begangen haben. Das Warum ist nachrangig. Die Motive und Ziele für dieses Verbrechen werden in diesem Buch nur am Rande abgehandelt, dazu gibt es ohnehin jede Menge Literatur, Theorien und Vermutungen.

Wichtiger beziehungsweise der erste Schritt bei der Analyse solcher Prozesse ist eine Bestandsaufnahme, das Ausmaß des Verbrechens aufzuzeigen und danach einen Ausblick darauf zu geben, was auf Deutschland, auf Europa zukommt. Sie soll Ihnen, geschätzter Leser, die Augen dafür öffnen, was uns von Ideologen, die im Grunde nichts anderes als Verbrecher sind, angetan wird.

Während der Arbeit an diesem Buch habe ich mir einige Male die Frage gestellt, ob das Ganze nicht zu düster, pessimistisch und apokalyptisch ausfallen wird, zumal man sich solche Entwicklungen nicht wünschen kann. Insbesondere, wenn man Kinder hat und deshalb auf eine gute und friedliche Zukunft hofft beziehungsweise darauf, dass vor dem Crash noch ein schwarzer Schwan, ein Deus ex Machina auftaucht und uns das Schlimmste erspart bleibt. Es hat aber erstens keinen Sinn, sich selbst etwas vorzumachen, und zweitens hat die Realität mich beim Schreiben dieses Buches gleich mehrfach eingeholt, ja, überholt. Drei Beispiele dafür:

Während ich am Kapitel »Die Islamisierung Deutschlands« schrieb, wurde der syrische Machthaber Baschar al-Assad von islamistischen Terrorgruppen gestürzt. Deren Anhänger feierten ihren Sieg nicht nur auf den Straßen Syriens, sondern auch mitten in Wien. Am 8. Dezember strömten Zigtausende Männer – sogar die Polizei sprach von 30 000 Teilnehmern (es dürften also noch mehr gewesen sein) – in die vorweihnachtliche Innenstadt, um vor dem österreichischen Parlament den Sieg der Islamisten und damit die Errichtung eines islamischen Gottesstaates zu feiern. Die Vertreter und Schützer des Rechtsstaates, die Exekutive, konnte und wollte angesichts der ungleichen Kräfteverhältnisse das illegale und undemokratische Treiben nicht beenden – in ganz Österreich verfügt die Polizei nur über rund 24 000 Einsatzkräfte (Verwaltungspersonal inklusive). Hätte sie es gewagt, die Folgen wären Verletzte, vermutlich auch Tote und bürgerkriegsähnliche Zustände gewesen. Über 30 000 Männer im kampffähigen Alter okkupierten also die Wiener Innenstadt, um lautstark die

Errichtung eines islamischen Gottesstaates zu feiern. Und weil der österreichische Staat dieser Machtdemonstration nichts entgegenzusetzen hatte, wurde aus einer eindeutigen Kriegserklärung an die Republik in den Mainstream-Medien und den wenigen Politikerstatements ein friedliches Freudenfest armer syrischer Flüchtlinge, die den Sturz eines Diktators feierten: »Jubel von Zehntausenden Syrern in Wien«,[18] freute sich etwa der öffentlich-rechtliche ORF. Man belügt sich und die Bürger, macht gute Miene zum bösen Spiel, um seine Ohnmacht und die düstere Zukunft des Landes zu kaschieren. Bürgerkriegsähnliche Zustände kann man nur noch vermeiden, indem man den Gegner gewähren lässt.

Die Ankündigung der regierenden ÖVP, man werde die Zehntausenden Syrer, die seit Jahren auf Kosten der Ungläubigen, sprich: der Bürger, im Land leben, nun umgehend in ihre Heimat verfrachten, verpufften erwartungsgemäß nach wenigen Tagen, als die eigentlichen politischen Entscheidungsträger in Brüssel und weitere internationale Institutionen wie etwa das UNO-Flüchtlingshochkommissariat (UNHCR) diesem ohnehin nie ernst gemeinten Vorhaben eine Absage erteilten. Diese Menschen werden also Großteils hierbleiben und in Österreich ebenso wie in Deutschland gemeinsam mit anderen Glaubensbrüdern ihren islamischen Staat errichten. Wer sollte oder könnte das verhindern?

Obwohl das offensichtlich und unvermeidlich ist, wird dieser ohnedies schon weit fortgeschrittene Prozess der Islamisierung von Politik, Medien und den tonangebenden Milieus ignoriert und bestritten.

Nahezu zur selben Zeit, als Islamisten in ganz Europa die Geburt eines neuen Gottesstaates vor der EU-Haustüre feierten, hob das Verfassungsgericht in Rumänien eine korrekt abgelaufene Präsidentschaftswahl auf, nachdem EU und NATO auf Bukarest Druck ausgeübt hatten. In einem EU-Staat wird somit handstreichartig und auf Anweisung aus Brüssel die Demokratie unter fadenscheinigen Vorwänden abgeschafft, weil in der ersten Runde der Wahl nicht die Kandidaten des politmedialen Establishments vorne lagen, sondern der »rechtsextreme« und »pro-russische« Kandidat Călin Georgescu.

Dass man künftig auch in anderen EU-Staaten ähnlich verfahren könnte, sollte das Wahlergebnis nicht den Vorstellungen des Establishments entsprechen, deutete nur wenige Tage später Deutschlands Bundespräsident Frank-Walter Steinmeier an. In seiner Rede am 27. Dezember 2024 anlässlich der Auflösung des Bundestages und der Ausrufung von Neuwahlen betonte er:

> Gerade in schwierigen Zeiten wie jetzt braucht es für Stabilität eine handlungsfähige Regierung und verlässliche Mehrheiten im Parlament. [...] Einflussnahme von außen ist eine Gefahr für die Demokratie – sei sie verdeckt, wie kürzlich offenbar bei den Wahlen in Rumänien, oder offen und unverhohlen, wie es derzeit besonders intensiv auf der Plattform X betrieben wird.[19]

»Stabilität« ist nur ein Steinmeier'scher Euphemismus dafür, dass sich an den Machtverhältnissen nichts ändern darf, auch nicht durch den Urnengang. Sollten sich die Bürger »verwählen«, hat man nun mit dem Argument, die Wahlen wären von außen beeinflusst worden, ein Instrument an der Hand, mit dem man jede Wahl bei Bedarf annullieren kann, zumal jedes Abstimmungsverfahren von außen beeinflusst wird.

Ebenfalls im Dezember 2024 beging ein Araber auf dem Weihnachtsmarkt in Magdeburg einen Massenmord. 6 Menschen starben, 300 wurden zum Teil lebensgefährlich verletzt. Politik und Medien starteten angesichts der anstehenden Bundestagswahl eine groteske, völlig überdrehte Desinformationskampagne, um der AfD, die vor genau solchen Entwicklungen und Verbrechen seit Jahrzehnten warnt, eine Mitschuld an dem importierten Massenmord anzulasten. Und so behauptete man allen Ernstes, der Attentäter wäre ein Rechter und

Islamhasser gewesen. Je näher der Multikulticrash rückt, desto hysterischer und ungenierter reagieren jene, die dieses Land gegen die Wand fahren. Genau jene Schreibtischtäter also, die dieses Verbrechen an der Menschheit als Politiker, Journalisten oder Experten mit zu verantworten haben. Hat nach Solingen oder Magdeburg irgendeiner dieser Multikultiakteure, egal, ob der kleine Welcome-Refugee-NGO-Funktionär oder ein Bundesinnenminister, angesichts der vielen unschuldigen Toten, Schwerverletzten und zerstörten Familien auch nur eine schlaflose Nacht gehabt? Wohl kaum. Zumal man sich in dem dafür verantwortlichen Milieu kraft seiner Deutungshoheit und Medienmacht unablässig gegenseitig versichert, dass man nicht nur kein Mittäter ist, sondern im Gegenteil, ein guter Mensch mit hohen Idealen, der moralisch weit über den rechten Untermenschen, also seinen Kritikern steht.

Der ehemalige Bundespräsident Joachim Gauck hat diese Haltung auf den Punkt gebracht:

> Die Eliten sind gar nicht das Problem, die Bevölkerungen sind im Moment das Problem.[20]

Es ist, lieber Leser, nahezu unmöglich, das Szenario, das auf uns zukommen wird, zu übertreiben, zu apokalyptisch darzustellen. Etwa, dass die Demokratie in Europa, insbesondere der EU, ein Auslaufmodell ist, stellt keine Prognose mehr dar, sondern ist längst Realität. Und von einem postdemokratischen zu einem totalitären System ist es nur mehr ein kleiner Schritt. Vor allem, wenn man die Protagonisten betrachtet, die in Deutschland und Brüssel das Sagen haben.

Dass man, wenn man seine Vormachtstellung und Deutungshoheit, die Steinmeier als »stabile Verhältnisse« umschreibt, gefährdet sieht, zu allem bereit ist und mit äußerster Brutalität gegen die eigene Bevölkerung vorgeht, hat etwa die linke britische Regierung im August 2024 unter Beweis gestellt.

Als viele wegen der Islamisierung des Landes verzweifelte Bürger nach einem Massaker an drei Mädchen in Southport[21] gegen die Zuwanderungspolitik protestierten, wurden die Demonstranten nicht nur von der Polizei und Muslim-Milizen gejagt, sondern auch in Schnellverfahren zu langjährigen Haftstrafen verurteilt. Selbst britische Kinder wurden vor Gericht gezerrt[22] und Menschen, die im Internet regierungskritische Kommentare teilten, zu 20-monatigen Haftstrafen verdonnert.[23] Die Botschaft war klar und ist auch bei den Bürgern angekommen: Wer gegen das System und seine Politik aufbegehrt, landet im Gefängnis, was für weiße Briten in den von Muslimen kontrollierten Strafanstalten einem Todesurteil gleichkommen kann.[24]

Es ist also unmöglich, zu schwarz zu sehen. Das politmediale Establishment und seine Handlanger werden vermutlich noch skrupelloser gegen Kritiker und politische Gegner vorgehen, als wir, die wir unser bisheriges Leben in friedlichen, wohlhabenden und demokratischen Verhältnissen verbracht haben, auch nur erahnen können.

Einen kleinen Vorgeschmack darauf liefert etwa der vom politmedialen Establishment hofierte und finanzierte Volkserzieher und »Comedian« Jan Böhmermann, der wohl auch im Dritten Reich oder in der Sowjetunion Karriere gemacht hätte: Er hat – ohne jede rechtliche oder sonstige Konsequenz, sieht man von der Verleihung des Deutschen Fernsehpreises ab – zum Töten von AfD- und FPÖ-Politikern aufgerufen. Nachdem er in seiner ZDF-Sendung diese Parteien mit den Nationalsozialisten gleichgesetzt hatte, rief er der Politik, linken Aktivisten und seinen Zusehern zu: »Nicht immer die Nazikeule rausholen, sondern vielleicht einfach mal ein paar Nazis keulen.« Noch ist es »Satire«, noch müssen sich Charaktere wie Böhmermann zurückhalten.

Werner Reichel
Wien, 17.01.2025

PS:

Nachdem ich dieses Buch verfasst hatte, das Manuskript bereits lektoriert und für den Druck vorbereitet wurde, haben sich die Ereignisse überschlagen. Deshalb dieses Postskriptum.

In München raste am 13. Februar ein 24-jähriger Afghane mit einem Auto in eine Menschenmenge und hat 39 Menschen zum Teil schwer verletzt;[25] eine Mutter und ihr 2-jähriges Kind starben. Nur 2 Tage später stach ein 23-jähriger Syrer in der Innenstadt von Villach in Österreich mit einem Messer wahllos auf Passanten ein, wobei ein 14-jähriger Junge die Attacke nicht überlebte. Bei seiner Festnahme grinste der radikale Muslim triumphierend in die Kamera und zeigte den Islamistengruß, den »Tauhid«-Finger.[26]

Der Terrorismusexperte Peter R. Neumann vom King's College in London bezeichnete diese beiden Anschläge als Auftakt zu einer sich abzeichnenden dschihadistischen Welle.[27]

Während in München ein kleines Kind von einem Islamisten massakriert wurde, diskutierte die politische Klasse auf der 61. Münchner Sicherheitskonferenz (MSC) über die sicherheitspolitischen Herausforderungen in Europa. Der neue US-Vizepräsident JD Vance hielt dort eine historische Rede. Vance versuchte die politischen Eliten der Alten Welt wach zu rütteln und ihnen das klarzumachen, was auch ich Ihnen, liebe Leser, in diesem Buch vermitteln möchte: dass Europa, dass Deutschland mit seinem autoritären, menschenverachtenden, linken Multikultikurs kulturellen Selbstmord begeht.

»Wenn Sie vor Ihren eigenen Wählern Angst haben, gibt es nichts, was Amerika für Sie tun kann«, sagte Vance in München. Oder anders formuliert: Wenn man seine eigene Bevölkerung ver- und deren Interessen missachtet, endet es immer blutig.

Vance stieß auf taube Ohren. Die Reaktionen der deutschen Spitzenpolitiker, die an pubertierende Schulhofrüpel erinnern, bewiesen, dass sie intellektuell und argumentativ völlig am Ende sind und ihrer blutigen Agenda auch weiterhin unbeirrt folgen wollen. Vizekanzler

Habeck pöbelte: »Kümmere dich um deinen eigenen Kram!«[28] CDU-Chef Merz bezeichnete Vance als »übergriffig«, Bundeskanzler Olaf Scholz zeigte sich »irritiert« und beschwor einmal mehr die Brandmauer, mittels der er sich an der Macht halten möchte und die immer mehr Bürger aus der Gesellschaft und aus demokratischen Prozessen ausschließt.[29]

Egal, wie viele Kinder noch sterben, wie viele Frauen noch vergewaltigt werden, wie viele Deutsche ihr Leben lassen müssen, diese Schreibtischtäter werden keine Einsicht zeigen. Sie werden weitermachen und ihren skrupellosen Kurs fortsetzen, solange sie die Möglichkeit dazu haben. Nicht, dass es zur Bestätigung dessen noch irgendeines zusätzlichen Beweises bedurft hätte, aber diese 3 Tage im Februar 2025 haben all das, was Sie im vorliegenden Buch lesen werden, noch einmal eindrücklich untermauert.

KAPITEL 1

Zeitreise

Um sich den Wandel, den Deutschland innerhalb kürzester Zeit durchgemacht hat, vorstellen zu können, reisen wir 30 Jahre zurück in die Vergangenheit, in das Jahr 1995. Helmut Kohl ist seit 1983 Bundeskanzler, die Union hat bei der Bundestagswahl im Jahr zuvor 41,4 Prozent der Stimmen erreicht und regiert gemeinsam mit der FDP, die auf 6,9 Prozent der Stimmen kam. Die Europäische Union wächst in diesem Jahr von 12 auf 15 Staaten, neue Mitglieder sind Österreich, Schweden und Finnland. Deutschland hat 81,68 Millionen Einwohner. Der Großteil davon sind Deutsche.

Mit Stand 31.12.1995 lebten damals laut offiziellen Zahlen 7 173 900 Ausländer in Deutschland.[30] Die meisten von ihnen sind Türken, exakt 2 014 300, die zweitstärkste Gruppe sind die EU-Bürger mit 1,8 Millionen. Die Bevölkerung war damals ethnisch, religiös, kulturell und sprachlich noch weitgehend homogen. Es gab noch ein deutsches Volk und mithin eine Gesellschaft, die sich durch dieselben Werte, eine gemeinsame Geschichte und Traditionen miteinander verbunden fühlte. Deutschland war noch weit von einer multikulturellen Gesellschaft entfernt, in der es kaum noch Zusammenhalt und keine gemeinsamen Werte mehr gibt, sondern in der das Zusammenleben der miteinander um staatliche Ressourcen und Positionen konkurrierenden Gruppen täglich neu ausgehandelt werden muss. Auch die Fremden, die damals in Deutschland lebten, waren den Einheimischen nicht wirklich fremd, zumal viele der ersten Gastarbeitergeneration aus anderen europäischen Staaten wie Italien, Griechenland und Portugal gekommen waren.

Lediglich 291 000 Menschen aus Afrika und 702 900 aus Asien (exklusive Türken) lebten damals in Deutschland. Also nicht einmal eine Million aus zum Teil kulturfremden, vormodernen Gesellschaften. Zum Vergleich: Allein im Jahr 2017 haben 722 370 Personen in Deutschland einen Asylantrag gestellt. Und kaum jemand von ihnen kam aus Europa. Es waren fast ausschließlich muslimische Männer aus Syrien, Afghanistan, dem Irak und dem Iran. 1995 wurden 6175 Fälle von Vergewaltigungen (einschließlich versuchter) angezeigt.[31] 2023 waren es mit 12 186 doppelt so viele.[32]

Mit Ausnahme der Türken lebten Mitte der 1990er noch kaum Muslime in Deutschland. Die größte Gruppe nach den Türken waren 1995 die Iraner, die aber in der Regel westlich orientiert waren, sind viele doch im Zuge der islamischen Revolution vor den Mullahs geflohen. Eine weitere größere Gruppe an Muslimen waren die Afghanen, von denen damals rund 58 000 in Deutschland lebten.

Aktuelle Statistiken über Muslime gab es schon damals keine mehr. Die letzten offiziellen Zahlen stammen von der Volkszählung aus dem Jahr 1987 in der BRD. Zu diesem Zeitpunkt lebten 1 650 952 Muslime,[33] fast ausschließlich Türken, in Deutschland.

1995 gab es in Deutschland 127 937 Asylwerber. Die größte Gruppe mit 32 711 Menschen waren jene, die aus den jugoslawischen Kriegsgebieten geflohen waren. Dazu kamen 25 514 Asylwerber aus der Türkei. Die Zahlen aller anderen Herkunftsländer bewegten sich im einstelligen Tausenderbereich. Mehr als die Hälfte der Antragsteller kam damals aus Europa. 60 Prozent der Asylanträge wurden abgelehnt.[34]

Dass Deutschland damals ethnisch und kulturell noch weitgehend homogen war, kann man nicht nur an nackten Zahlen festmachen, sondern auch daran, was die Menschen damals bewegt hat. Der Islam war noch kein Thema, Begriffe wie »Ramadan«, »Islamismus«, »Halal« oder »Dschihad«, die heute jedem geläufig sind, waren damals noch weitgehend unbekannt.

Der Islam, die Migration und deren Folgen schafften es 1995 auf kein einziges Cover des *Spiegel*. Das Nachrichtenmagazin beschäftigte sich in diesem Jahr vor allem mit »deutschen« Themen, insbesondere mit der deutschen Vergangenheit, die nach linker Lesart aus nur wenigen Jahren im 20. Jahrhundert besteht: »Hitlers letzte Tage«, »Auschwitz – die letzten Tage«, »Aufstieg aus den Ruinen«, »Karl May und die Deutschen«, »Bewältigte Vergangenheit«, »›Mein lieber Günther Grass …‹« und so weiter.[35]

Rund 30 Jahre später ist die Nachrichtenlage eine völlig andere. Der Schuldkomplex, den man der Bevölkerung mit *Spiegel*-Themen wie aus dem Jahr 1995 eingepflanzt hat und der die Deutschen auf ihren kulturellen Suizid durch Massenmigration und Islamisierung vorbereiten sollte, zeitigte Wirkung: »Schaffen wir das – nochmal?«, »AfD verbieten?«, »Extreme Verlockung – Warum jetzt so viele auf die AfD hereinfallen«, »Die Landesverräter – Wie die AfD für Russland und China arbeitete«, »Das Schul-Fiasko – Wie Deutschland den Kindern die Zukunft verbaut«, »Es ist schon Krieg, Motherfucker«, »Das Geschäft mit der Flucht«, »Jung, rechts, extrem«, so lauteten die Schlagzeilen des *Spiegel* allein in den Jahren 2023/2024.[36] Die direkten und indirekten Folgen und Schäden der ideologie- und schuldgetriebenen Massenzuwanderung haben Hitler als zentrales Thema abgelöst. Der *Spiegel* erwähnt als einer der Verantwortlichen dieser Entwicklung zwar nicht die Gründe und Ursachen für Deutschlands Niedergang, doch er kommt nicht umhin, darüber zu berichten – Bildungsfiasko, Aufstieg der rechten Parteien oder Organisierte Kriminalität (OK) –, wenn auch in völlig verzerrender Weise.

Zurück in die 1990er-Jahre: Bundeskanzler Kohl ist damals von bürgerlich-konservativ auf multikulturell umgeschwenkt. Schon 1993 setzte er sich gegen innerparteiliche Widerstände durch, damit Ausländer der dritten Generation, die in Deutschland geboren wurden, den deutschen Pass bekommen konnten. Kohl erleichterte damit die Einbürgerungen. Die Migranten trügen »ganz erheblich zum Wohlstand der Deutschen« bei und sicherten deren Renten, erklärte er und bediente sich damit schon damals jener Lüge, die ab 2015 von Politikern, Experten und Journalisten exzessiv wiederholt werden sollte.

Als Helmut Kohl Anfang der 1980er-Jahre Kanzler wurde, wollte er – wie Jahre später aufgetauchte Dokumente des britischen Geheimdienstes belegen – noch rund die Hälfte der in Deutschland lebenden Türken loswerden. So heißt es in dem geheimen Gesprächsprotokoll vom 28. Oktober 1982:

> Kanzler Kohl sagte, […] über die nächsten vier Jahre werde es notwendig sein, die Zahl der Türken um 50 Prozent zu reduzieren – aber er könne dies noch nicht öffentlich sagen.[37]

Und weiter:

> Es sei unmöglich für Deutschland, die Türken in ihrer gegenwärtigen Zahl zu assimilieren. Deutschland habe kein Problem mit den Portugiesen, den Italienern, selbst den Südostasiaten, weil diese Gemeinschaften sich gut integrierten. […] Aber die Türken kämen aus einer sehr andersartigen Kultur. […] Deutschland habe 11 Millionen Deutsche aus osteuropäischen Ländern integriert, aber diese seien Europäer und stellten daher kein Problem dar.[38]

Vor 30 Jahren gab es in Deutschland also noch so etwas wie politischen Hausverstand, ein deutsches Volk – der Ausländeranteil lag mit 9 Prozent im einstelligen Bereich –, eine halbwegs homogene Gesellschaft mit gemeinsamen Werten, Traditionen und einer gemeinsamen, hoffnungsfrohen Zukunft. Die Berichte des renommierten Allensbach-Instituts, die monatlich in der *Frankfurter Allgemeinen Zeitung* erscheinen, klangen zum Jahreswechsel 1994/1995 so:

> Ein Hoffnungsaufschwung wie seit über 35 Jahren nicht mehr – Die Wirtschaft steht zum Jahresbeginn vor einem aufgerissenen blauen Himmel […] Die wirtschaftliche Lage bessert sich, die Parteienverdrossenheit schwindet.[39]

Das Vertrauen der Bürger in den Staat, seine Institutionen, die Parteien und die Medien war hoch, Begriffe wie »Lügenpresse« oder »Talahon« waren unbekannt, die politische Landschaft wurde von den beiden großen Volksparteien dominiert; die Union erreichte bei der Bundestagswahl 1994 41,4, die SPD 36,4 Prozent.[40]

Deutschland war damals ein politisch stabiles, homogenes, wohlhabendes Land ohne soziale, religiöse oder ethnische Konflikte, und es war, anders als heute, eine international beliebte und geachtete Nation. Bei einer Umfrage im Jahr 1995 in mehreren Ländern Westeuropas war Deutschland die beliebteste Nation in Europa, weltweit rangierte es in diesem Popularitätsranking hinter Japan auf Platz zwei.[41]

Nach den heutigen woken Maßstäben jedoch war Deutschland ein trister Ort, grau, spießbürgerlich, monokulturell und von Grenzen umgeben. Noch stand Otto Normalverbraucher im Mittelpunkt des medialen und politischen Interesses und nicht schrille sexuelle Minderheiten. Stürme und Starkregen galten damals als normales Unwetter und nicht als Boten der nahenden Klimaapokalypse, die Sprache war noch nicht gendersensibel, dafür verständlich, und zu den Kindern kam der Nikolaus und nicht die schwule Dragqueen.

Nein, Deutschland war damals kein Paradies, und es geht auch nicht darum, den »guten alten Zeiten« nachzutrauern, die schon allein deshalb nicht gut waren, weil bereits seit den 1960er-Jahren all das ideologisch ausgebrütet und auf den Weg gebracht beziehungsweise etabliert worden ist, was nun zum Niedergang unserer Kultur und Nation führt.

Damals wurde in den Universitäten, im Kulturbetrieb und an den politischen Rändern der Grundstein für politische Korrektheit, Wokeness,

Geschlechtervielfalt und Multikulturalismus gelegt. Intellektuelle wie Herbert Marcuse, Max Horkheimer, Theodor W. Adorno, Jaques Derrida oder Michel Foucault brauten all jene ideologischen Gifte, die man seither der Bevölkerung in immer höheren Dosen via Medien, Schulen oder Universitäten verabreicht. Die Zeiten damals waren nicht gut, nur die Dosen des linken Gifts noch geringer, die kulturzersetzende Vergiftung der Gesellschaft noch nicht in der Mitte der Gesellschaft angekommen, die Bürger noch nicht mittels Wokeness, Gendervielfalt oder Klimaalarmismus indoktriniert beziehungsweise infiziert.

Die Multikultiideologie, die geistige Basis des Bevölkerungsaustausches, hatte sich im linken Teil der Gesellschaft aber schon in den 1990er-Jahren in Deutschland etabliert, wenn auch angesichts des noch niedrigen Ausländeranteils nur als Utopie. Wenngleich sie noch nicht als alternativlos galt; man konnte noch über die Pros und Kontras diskutieren, ohne sofort ins rechte Eck gestellt, ohne vom Verfassungsschutz beobachtet, ohne von Trusted Flaggern angezeigt und ohne von staatlich finanzierten Politaktivsten (Stichwort »Correctiv«) öffentlich hingerichtet zu werden. Frauen mussten damals noch nicht mit Sternchen, Unterstrich und Binnen-I in der Sprache »sichtbar gemacht« werden, dafür konnten sie sich zu jeder Tages- und Nachtzeit angstfrei im öffentlichen Raum bewegen.

Deutschland hat sich seither grundlegend verändert. Und zwar drastisch. Was damals noch ein linkes Traumgebilde war, ist nun Realität. Wovon Grüne und Linksextremisten einst schwärmten, ist zum realen Albtraum geworden. Was damals am äußersten politischen Rand gefordert wurde, konnte sich dank linker Hegemonie und Komplizenschaft der bürgerlichen Parteien und der Medien seit Mitte der 1980er in Deutschland etablieren. Das alte Deutschland, das hier kurz skizziert wurde, existiert nicht mehr, ist unwiederbringlich verloren. Es wurde von einschlägigen gesellschaftlichen Gruppen gezielt und nachhaltig zerstört. So wie die Ampelregierung die letzten Atomkraftwerke in Deutschland nicht einfach nur abgeschaltet, sondern mittels Primärkreisdekontamination[42] zerstört hat, damit man sie – komme, was wolle – nie wieder in Betrieb nehmen kann. Dasselbe haben die Linken mit Deutschland gemacht.

In den 1990er- und auch in den Nuller-Jahren war die Zuwanderung nach Deutschland überschaubar. 1995 betrug der Ausländeranteil 9 Prozent, 2011 lag er bei 9,1 Prozent. In den ersten 10 Jahren des neuen Jahrtausends von 2000 bis 2009 wurden 1,33 Millionen Menschen eingebürgert. Schon damals steuerte Deutschland auf den Multikulturalismus zu, jedoch in einem Tempo und einer Größenordnung, welche die Bürger und das Land nicht überforderten. Die Zuwanderungszahlen erschienen dem Großteil der Deutschen noch akzeptabel, zumal das Ganze schon damals von intensiver Propaganda begleitet wurde und das Fundament, auf dem Deutschland ruhte, ebenso wie die materielle und immaterielle Infrastruktur des Landes noch weitgehend intakt waren.

Dann kam das Jahr 2015.

Innerhalb weniger Jahre wanderten unter Angela Merkels Schlachtruf »Wir schaffen das!« 16 Millionen Menschen ein. Wirklich jeder – inklusive Islamisten und Kriminellen – durfte kommen und bleiben. Das globalistische Establishment schaffte es mit seiner Politik der offenen Grenzen, mit der medialen Befeuerung des Willkommenswahns und der Schaffung vieler vor allem finanzieller Anreize (Pullfaktoren), möglichst viele integrationsresistente Muslime aus den untersten sozialen Schichten anzulocken, um Deutschland in atemberaubender Geschwindigkeit zu transformieren, seine demografische, kulturelle, sprachliche und wirtschaftliche Basis zu zerstören. »Begleitende Maßnahmen« wie die Energie- und Mobilitätswende, die Fokussierung der Politik auf Klima, Gender und LGBT, Einschränkung der Bürgerrechte und so weiter dienen vor allem dazu, den Niedergang zu beschleunigen, indem man multiple Krisen generiert, die sich gegenseitig verstärken und aufschaukeln.

Jetzt hat Deutschland die höchsten Energiepreise der Welt, eine gewaltige Pleite- und Deindustrialisierungswelle, einen Schuldenberg, der 2025 vermutlich die 3-Billionen-Grenze überschreiten wird,[43] und fast jedes zweite Kind unter 10 Jahren besitzt einen Migrationshintergrund.[44] In immer mehr und größeren Regionen sind autochthone, also deutsche, Kinder schon jetzt in der Minderheit. Auch in Österreichs Hauptstadt Wien sprechen – Stand 2024 – weniger als ein Drittel der Pflichtschüler im Alltag deutsch.[45]

Angesichts solcher Zahlen schreibt die *Frankfurter Allgemeine Zeitung*:

> Unter radikalen Rechten befördern solche Statistiken seit Langem Untergangsängste, die AfD lebt davon.[46]

Ja, Deutschland geht unter, etwas anderes lässt sich aus solchen Zahlen auch nicht ableiten. Davor kann man Angst haben, das kann man bedauern, darüber kann man sich freuen – wie die Grünen und viele Linksextremisten –, das kann man verleugnen, und doch, es ändert nichts an den Tatsachen.

In Berlin sprechen in einigen Schulen über 90 Prozent der Kinder nicht mehr Deutsch.[47] Deutsche Frauen bekommen durchschnittlich 1,26 Kinder.[48] Die demografische Lücke, die diese Kinderarmut aufreißt, wird durch die höhere Geburtenrate von aus dem Islamgürtel und Afrika zugewanderten Frauen[49] und durch die anhaltende Migration mehr als aufgefüllt. Sprich, das Ende dieser Kulturnation ist absehbar, und in vielen Bereichen ist diese Kultur bereits Geschichte. Deutschland liegt längst auf der Intensivstation, allerdings ist weit und breit kein Arzt in Sicht, sondern nur linke Scharlatane.

Die deutsche beziehungsweise europäische Kultur existiert außerhalb von Museen und Geschichtsbüchern nur so lange, wie es deutsche beziehungsweise europäische Kulturträger, also Menschen mit einer bestimmten Herkunft und Prägung, Sprache, Geschichte und

Wertevorstellung gibt. In den unteren Altersschichten und in immer mehr Städten sind die deutschen Kulturträger bereits auf eine Minderheit zusammengeschrumpft, die sich zudem sprachlich, mental, kulturell und vielfach auch intellektuell den neuen Mehrheitsverhältnissen längst angepasst oder assimiliert hat, weil sie vom politmedialen Establishment für ihr künftiges Dhimmi[50]-Dasein abgerichtet wurde.

Das Ende ist also nicht nah, sondern längst da; wir erleben gerade die Ouvertüre unseres unrühmlichen Ablebens. Das heutige Deutschland ist nur noch der traurige Nachhall früherer Zeiten, längst vergangener kultureller und intellektueller Leistungen.

Und doch wird es kein stiller Abgang werden, sondern ein gewaltiger Crash, ein Multikulticrash, der großes Leid und viele Opfer fordern wird, unter denen auch jene sein werden, die den Zusammenbruch herbeigeführt und -gesehnt haben. Er wird so gewaltig sein, dass von der abendländischen Kultur in Europa kaum etwas übrig bleiben wird.

KAPITEL 2

Die Multikultilüge

Ihren Anfang nahm die Multikulturalisierung Deutschlands in den 1950er-Jahren. Damals in noch überschaubarem Umfang und aus – zumindest auf den ersten Blick – rationalen Gründen: Man brauchte Arbeitskräfte. Aber schon damals steckte mehr dahinter. So hatte das 1961 mit der Türkei beschlossene Anwerbeabkommen auch eine politische und ideologische Dimension.

Entgegen bisherigen Annahmen wurde das Gastarbeiterabkommen mit der Türkei nicht geschlossen, weil die deutsche Wirtschaft dringend Arbeitskräfte benötigte. Die Wirtschaftshistorikerin Heike Knorz wies im Buch *Diplomatische Tauschgeschäfte* anhand von Unterlagen des Auswärtigen Amtes nach, dass alle Gastarbeiterabkommen auf Initiative der Entsendeländer zustande kamen. Erst nach zähen Verhandlungen beugte sich die Bundesregierung dem Drängen der Türkei.[51]

Dass wir kulturfremde Menschen in großer Zahl ins Land holen »mussten«, war – auch wenn es damals durchaus vernünftige Gründe dafür gab – also keine absolute Notwendigkeit. Die Argumente waren auch damals schon vergiftet.

Japan, das so wie Deutschland nach dem Zweiten Weltkrieg in Trümmern lag, schaffte einen nahezu ebenso steilen wirtschaftlichen Aufstieg ganz ohne »Gastarbeiter«, und es hat dieses Niveau praktisch ohne Zuwanderung bis heute halten können. Im Grunde trifft das auch auf das Nachkriegsdeutschland zu, denn die große Erzählung, dass Deutschland sein Wirtschaftswunder Gastarbeitern zu verdanken habe, ist bei näherer Betrachtung eine große Lüge der Zuwanderungslobby und nichts als linker Geschichtsrevisionismus. Den Aufstieg zur führenden Industrienation schaffte man mehr oder weniger ohne Zuwanderer, denn während des deutschen Wirtschaftswunders war die Zahl der ausländischen Arbeitskräfte noch eine zu vernachlässigende Größe.[52]

Das Argument, die deutsche Wirtschaft würde Arbeitskräfte aus dem Ausland benötigen, verlor im Laufe der 1990er-Jahre an Bedeutung, als die Fließbandarbeiter durch Industrieroboter ersetzt wurden und die Produktion sich zusehends nach Fernost verlagerte. Man brauchte nun vor allem gut ausgebildete Fachkräfte, aber keine unqualifizierten Arbeiter. Weil aber trotzdem überwiegend Ungebildete und Minderqualifizierte nach Deutschland einwanderten, brauchte es eine neue Erzählung, also Vorwände und Scheinargumente, um den Bürgern zu erklären, warum Zuwanderung wichtig und sogar alternativlos sei und in immer größerem Maßstab weiterlaufen müsse.

Damals wurde der Begriff »Multikulti« populär. Ziel des Multikulturalismus ist eine kulturell, ethnisch, religiös inhomogene, sprich: konfliktgeladene Gesellschaft. Er wurde im Laufe der 1990er- und der 2000er-Jahre immer mehr zum Selbstzweck, zum Idealbild. Fremde Kulturen würden die »unterentwickelte, graue und eintönige« deutsche Kultur und Gesellschaft, die nur eine dunkle Vergangenheit und keinerlei Wert hat, »bereichern«, so hieß es. Katrin Göring-Eckardt hat das im Jahr 2013 so formuliert:

> Es geht einerseits darum: Sind wir ein Land, was für Migrantinnen und Migranten offen ist, was Leute anzieht. Die wir übrigens dringend brauchen. Nicht nur die Fachkräfte, sondern weil wir auch Menschen hier brauchen, die in unseren Sozialsystemen zu Hause sind und sich auch zu Hause fühlen können.[53]

Ohne Zuwanderung werde eine Gesellschaft, eine Kultur verarmen, technologisch zurückfallen, so das Credo. Eine ethnisch homogene Gesellschaft mit gemeinsamen Werten und Traditionen galt nunmehr als rückständig und politisch anrüchig. Wer im internationalen Wettbewerb kulturell, wirtschaftlich, intellektuell konkurrenzfähig bleiben wolle, der müsse seine Grenzen möglichst weit öffnen, denn Wissenschaft, Wirtschaft, Kultur und Gesellschaft bräuchten permanenten Zuzug. Es war Wolfgang Schäuble, damals Bundesfinanzminister unter Angela Merkel, der diese linke Weltsicht und die Ziele der Multikultiideologie 2016 in einem Interview mit der *Zeit* auf den Punkt brachte:

> Die Abschottung ist doch das, was uns kaputt machen würde, was uns in Inzucht degenerieren ließe.[54]

Eine Gesellschaft, die nicht täglich mit neuen Migranten geflutet wird, degeneriert, so die Botschaft von oberster Stelle. Das ist seither das offizielle, von allen Kräften des politmedialen Establishments verbreitete Multikultinarrativ. Es hat sich nach Jahren der Propaganda und Indoktrination so weit verfestigt, dass es Politik, Medien oder Universitäten gar nicht mehr für notwendig erachten, zu begründen, warum eine multikulturelle Gesellschaft einer ethnisch und kulturell homogenen überlegen sein soll. Die Behauptung hat sich längst von einem neosozialistischen Dogma zur allgemeinen Wahrheit gewandelt.

Das bedeutet aber auch, dass jeder, der diese Ideologie und die Massenzuwanderung kritisiert und hinterfragt, als Rechter, Rassist und Nazi vom öffentlichen Diskurs ausgeschlossen und zunehmend sogar kriminalisiert wird. Weshalb eine Diskussion über Zuwanderung in Deutschland nicht mehr möglich ist. Es werden über die konkrete Umsetzung des Bevölkerungsaustausches nur noch Scheindebatten geführt, grundsätzlich infrage gestellt darf dieser aber nicht mehr werden.

Möglich machen das die vielen in den vergangenen Jahren beschlossenen Gesetze auf nationaler und europäischer Ebene gegen »Hass«, »Hetze« und »Desinformation«. Nachdem die Stimmung in Europa aufgrund der fortschreitenden Multikulturalisierung zu kippen droht, hat die EU im Jahr 2024 der »Desinformation« offiziell den Kampf angesagt beziehungsweise den Krieg erklärt. Beim Weltwirtschaftsforum (WEF) in Davos im Januar 2024 forderte EU-Kommissionspräsidentin Ursula von der Leyen die anwesenden Regierungsvertreter gar auf, »Bedrohungen wie den Klimawandel oder Desinformation im industriellen Maßstab zu bekämpfen«.[55]

Mit Zensur und Kriminalisierung von Meinungen will die herrschende Klasse die lästige Diskussion über die Massenzuwanderung, für die sie längst keine Argumente mehr hat, unterdrücken.

Katrin Göring-Eckardt, damals Fraktionsvorsitzende der Grünen, »begründete« 2015 die Flutung Deutschlands mit Millionen von Migranten so:

> Wir öffnen die Tür für Ausländer und Flüchtlinge. Weil es gut für uns ist, weil wir das wollen, weil wir es richtig finden, dass Flüchtlinge hierherkommen können.[56]

Auf diesem Niveau bewegten sich damals, bewegen sich auch heute fast alle Argumente, die die Massenzuwanderung im großen Stil befürworten. So heißt es in dem 2018 beschlossenen UN-Migrationspakt:

> Wir verpflichten uns, Migranten und Diasporas zu befähigen, einen katalysatorischen Beitrag zur Entwicklung zu leisten, und die Vorteile der Migration als Quelle für nachhaltige Entwicklung zu nutzen, in Bekräftigung dessen, dass Migration eine multidimensionale Realität von hoher Bedeutung für die nachhaltige Entwicklung der Herkunfts-, Transit- und Zielländer ist.[57]

Haben sie diesen Satz verstanden? Nein? Sollen sie auch nicht. Dieser Pakt ist durchgehend in geschwollenem, redundantem, unverständlichem Diplomaten- und Juristendeutsch verfasst. In diesem Pakt, der bei der UN-Generalversammlung am 10. Dezember 2018 von 152 Staaten angenommen wurde – 5 stimmten dagegen, 12 enthielten sich der Stimme, darunter Österreich –, wird Migration entsprechend dem linken Multikultinarrativ als etwas per se Positives und Notwendiges und Alternativloses dargestellt.

> Migration trägt, insbesondere wenn sie gut gesteuert wird, zu positiven Entwicklungsergebnissen und zur Verwirklichung der Ziele der Agenda 2030 für nachhaltige Entwicklung bei. Ziel des Globalen Paktes ist es, das Potenzial der Migration für die Erreichung aller Ziele für nachhaltige Entwicklung zu nutzen sowie die Wirkung zu erhöhen, die die Erreichung der Ziele in Zukunft auf Migration haben wird.[58]

Globale Migration bedeutet vor allem den massenhaften Zustrom von Menschen aus kulturell, technisch und anderweitig unterentwickelten Regionen in die westlichen Industrienationen. Von Afrika und dem Islamgürtel nach Europa, von Lateinamerika in die USA. Dieser Prozess wird als etwas Segensreiches dargestellt, der den Aufnahmeländern viele Vorteile bringen soll.

Aber stimmt das auch? Selbstredend nicht. Das Multikultinarrativ ist ein linkes Märchen, eine Lüge, und sogar eine ziemlich platte, welche die Realität in ihr Gegenteil verkehrt. Und die nur deshalb funktioniert, weil dieses Lügenkonstrukt seit Jahrzehnten immer und immer wieder erzählt wird und sich die Bürger vom politmedialen Establishment massiv unter Druck gesetzt sehen.

Nichtsdestoweniger bleibt es eine freche Lüge, wie auf den kommenden Seiten anhand einiger Beispiele belegt wird. Wenn – wie von diesen Multikultiapologeten behauptet – ethnisch homogene Gesellschaften wirtschaftlich, kulturell, technologisch den multikulturellen unterlegen und weniger erfolgreich wären, dann hätte es das deutsche Wirtschaftswunder oder den Aufstieg vieler anderer europäischer Staaten nach dem Zweiten Weltkrieg nicht geben dürfen. Denn Deutschland hat seinen rasanten wirtschaftlichen Aufschwung in den 1950er- und 1960er-Jahren trotz aller Nachwirkungen des Krieges vor allem deswegen geschafft, weil es ethnisch und kulturell homogen war.

Zwar wird von den Globalisten in geschichtsrevisionistischer Weise behauptet, Migranten hätten einen massiven Anteil am Wiederaufbau Deutschlands, aber das geben die Fakten und Zahlen nicht her, das ist Teil der großen Multikultilüge. Im Jahr 1961 lag der Ausländeranteil in der BRD bei gerade einmal 1,2 Prozent. Damals lebten deutlich weniger als eine Million Einwanderer im Land.

Das heißt, in den 1950er-Jahren, als die deutsche Wirtschaft im Schnitt um 8,3 Prozent pro Jahr wuchs,[59] lebten und arbeiteten praktisch keine Ausländer im Land. Ungeachtet der Anwerbeabkommen, die Deutschland 1955 mit Italien, 1960 mit Spanien und 1961 mit der Türkei schloss und die vordergründig dazu dienten, Hilfskräfte für einfache Tätigkeiten zu rekrutieren, war Deutschland seinerzeit ein ethnisch weitgehend homogenes Land. Es wurde also – trotz aller gegenteiliger linker, geschichtsrevisionistischer Erzählungen – von Deutschen aufgebaut. Das trifft auch auf praktisch alle anderen westeuropäischen Nationen wie die Niederlande, Österreich oder Italien zu. Auch deren schneller Aufstieg beruhte mitnichten auf Zuwanderung, sondern im Gegenteil auf Bevölkerungen, die man damals noch als Volk, also als Gemeinschaft von Menschen mit gleicher Kultur, Sprache, Abstammung und Geschichte bezeichnen konnte.

Auch in den 1960ern, als die Wirtschaftsleistung im Jahresschnitt um 4,45 Prozent wuchs, also sehr hoch war, war der Ausländeranteil mit 4,5 Prozent im Jahr 1970 noch sehr niedrig.[60] Der rasante Aufstieg Deutschlands fällt also in eine Zeit, als es praktisch kaum Ausländer im Land gab. Insofern hätte Deutschland damals nach den Thesen der

Multikulturalisten und Linken eigentlich – um noch einmal Wolfgang Schäuble zu zitieren – in Inzucht degenerieren müssen.

Trotzdem schwärmten linke Experten und Politiker im Jahr 2015 davon, dass die damals massenhaft einströmenden Armutsmigranten ein zweites deutsches Wirtschaftswunder auslösen würden. So schrieb etwa der *Spiegel*.:

> Ohne die Zuwanderer der vergangenen Jahre hätte sich die deutsche Wirtschaft nicht so gut entwickelt. Hunderttausende Flüchtlinge könnten nun dafür sorgen, dass sich dieses zweite Wirtschaftswunder fortsetzt.[61]

Auch Dieter Zetsche, Vorstandsvorsitzender der Daimler AG, fabulierte damals, ganz auf Linie mit Angela »Mutti« Merkel, darüber, wie die Massenzuwanderung die »Grundlage für das nächste deutsche Wirtschaftswunder« sein könnte:

> ... so wie die Millionen von Gastarbeitern in den 50er und 60er-Jahren ganz wesentlich zum Aufschwung der Bundesrepublik beigetragen haben.[62]

Dass die Zahl der Gastarbeiter in den 1950er- und 1960er-Jahren keine »Millionen« waren – 1961 lag die Zahl aller in der BRD lebenden Ausländer bei 686 000 –, zeigt nur, wie skrupellos man die eigene Geschichte verfälscht, die Leistungen des eigenen Volkes und der eigenen Kultur aus ideologischer Verblendung und Indoktrination kleinredet beziehungsweise wie geschichtsvergessen und ahnungslos viele Deutsche in verantwortlichen Positionen sind.

Doch das von Experten, Politikern und Wirtschaftsbossen beschworene zweite deutsche Wirtschaftswunder wollte sich im bereits multikulturalisierten Deutschland nicht einstellen. Und das, obwohl man Millionen »Fachkräfte« ins Land holte, die dummerweise allesamt aus

Ländern stammten, die weder über einen funktionierenden sekundären Wirtschaftssektor (Industrie) noch über ein brauchbares Bildungswesen verfügten.

Der Zuwanderungsturbo trieb den Wirtschaftsmotor nicht nur nicht an, er brachte ihn gehörig ins Stottern. Und es steht zu befürchten, dass die Masse an Migranten ihn nach und nach komplett abwürgen wird. Obwohl Deutschland noch nie so viele Zuwanderer, also einen derart hohen Ausländeranteil hatte, noch nie so multikulturell war, steckt es nun in einer schweren Wirtschaftskrise. Selbstredend sehen die Multikultiprediger keinerlei kausale Zusammenhänge zwischen Massenzuwanderung, steigendem Ausländeranteil und der abstürzenden Wirtschaft.

Ein Blick über den deutschen und den linken Tellerrand zeigt aber sehr deutlich, welche Länder dieser Tage wirtschaftlich und technologisch auf der Überholspur sind.

Die Wirtschaftsmacht Nummer eins ist China. Das Reich der Mitte ist das absolute Gegenteil einer Multikultination. China hat sich über Jahrhunderte erfolgreich abgeschottet und diese Strategie bis heute – mit wenigen Abstrichen und trotz seiner globalen Strategien und Machtpolitik (Stichwort »Neue Seidenstraße«) – beibehalten. Ungeachtet seiner 1,4 Milliarden Einwohner ist China ethnisch, kulturell und sprachlich weitgehend homogen. Rund 92 Prozent der Bevölkerung sind Han-Chinesen. Den Rest bilden unterschiedliche Volksgruppen, die ebenfalls schon lange in China leben. Tatsächlich gehört China zu den Ländern mit dem niedrigsten Ausländeranteil. Im Jahr 2023 lebten gerade einmal rund 700 000 Ausländer in China. Das macht ungefähr 0,005 Prozent der Gesamtbevölkerung aus.

Das heißt, das wirtschaftlich so erfolgreiche und aufstrebende Land, das auch in den Bereichen Technik, Innovation, Forschung, Bildung, Patentanmeldungen die Nase weltweit vorne hat, dieses Land hat einen Ausländeranteil von de facto Null. Im Gegensatz dazu befindet sich Deutschland, das seit 2015 seine Bevölkerung im Rekordtempo austauscht respektive »bereichert«, in all diesen Bereichen – technologisch, bildungstechnisch oder wirtschaftlich – auf dem absteigenden Ast.

Weder China noch Deutschland sind Einzel-, sondern vielmehr Regelfälle. Auch andere fernöstliche Industrienationen mit einem hohen Entwicklungs- und Lebensstandard – wie Südkorea, Japan oder Taiwan – zeichnen sich durch einen extrem niedrigen Ausländeranteil aus. Wohingegen vor allem die europäischen Multikultinationen wie Deutschland, Frankreich und Großbritannien wirtschaftlich alles andere als gut dastehen. Au contraire weisen die meisten Kennzahlen und Entwicklungen bei ihnen stramm nach unten.

Auch das Multikultivorzeigeland schlechthin, die USA, ist bei näherer Betrachtung keineswegs ein taugliches Beispiel dafür, um aufzuzeigen, dass eine ethnisch und kulturell diverse Gesellschaft die Basis für Fortschritt, Entwicklung und Wohlstand sei. Zwar sind die Vereinigten Staaten nach wie vor in Wirtschaft, Technik, Wissenschaft, Entwicklung und militärisch weltweit führend, dies aber nicht, *weil*, sondern *obwohl* sie ein multikulturelles Land sind und eine durchmischte Gesellschaft aufweisen.

Denn jene Bevölkerungsteile, die für den wirtschaftlichen Erfolg verantwortlich sind, sind keinesfalls divers und vielfältig zusammengesetzt, sondern bestehen im Wesentlichen aus zwei Gruppen: aus Weißen und Asiaten. Also auf den Nachkommen der Zuwanderer aus Europa und Fernost. Sie stellen den Löwenanteil des akademischen Milieus, in den anspruchsvollen naturwissenschaftlichen Wissenschaftszweigen, in den Forschungsabteilungen und in den Chefetagen der Konzerne. Schwarze und Latinos sind in diesen Bereichen hingegen deutlich unterrepräsentiert. In der Kriminalstatistik ist es allerdings umgekehrt.

Daran konnten auch alle möglichen politischen Anstrengungen und Initiativen nichts ändern, die man unter dem Begriff »Affirmative Action« (positive Diskriminierung) zusammenfasst. Hierbei geht es darum, Schwarze, Latinos und Natives mittels Gesetzen, Richtlinien und Quoten gegenüber den anderen Gruppen offen zu bevorzugen, also positiv zu diskriminieren. Man könnte auch sagen: Es geht darum, die anderen, die tendenziell leistungswilligeren Gruppen, systematisch zu benachteiligen.

Und doch konnten all die Maßnahmen wie positive Diskriminierung, Quoten und Programme, die schon seit Jahrzehnten laufen, an dem oben genannten Ungleichgewicht nichts ändern. Aus einer Studie des renommierten PEW Research Center aus dem Jahr 2021 geht hervor, dass Schwarze und Latinos in anspruchsvollen technischen Berufen nach wie vor deutlich unterrepräsentiert sind und es trotz aller staatlicher Initiativen keine positiven Veränderungen gibt:

> Schwarze und hispanische Erwachsene sind auch unter denjenigen unterrepräsentiert, die einen höheren Abschluss in MINT-Fächern erwerben, insbesondere unter denjenigen, die einen Ph. D. oder einen anderen Forschungsdoktortitel erwerben. Am geringsten vertreten sind schwarze und hispanische Erwachsene in den Studiengängen Mathematik, Naturwissenschaften und Ingenieurwissenschaften.[63]

Gleichzeitig belegen zahlreiche Studien und Zahlen, dass der Erfolg der USA auch weiterhin vor allem von Asiaten und Europäern getragen wird. Das U.S. Bureau of Labor Statistics schreibt:

> 2022 arbeiteten 58 Prozent der berufstätigen Asiaten in leitenden, freiberuflichen und verwandten Berufen – der bestbezahlten Berufskategorie –, verglichen mit 43 Prozent der berufstätigen Weißen, 35 Prozent der berufstätigen Schwarzen und 25 Prozent der berufstätigen Hispanics.[64]

Ein weiteres Indiz dafür, dass ethnisch und kulturell homogene Gesellschaften beziehungsweise Gesellschaften, in denen zwar Menschen aus unterschiedlichen Kulturen zusammenleben, die sich aber kulturell und zivilisatorisch auf einem ähnlichen Niveau befinden, deutlich erfolgreicher sind als multikulturelle Staaten, liefert seit Längerem die alle 3 Jahre durchgeführte PISA-Studie, welche die Leistungen der Schüler in vielen Staaten misst. An der Spitze stehen dabei stets die fernöstlichen Länder China, Taiwan, Südkorea, Singapur und Japan sowie die Sonderverwaltungszone Hongkong, während die europäischen Staaten mit zunehmender Multikulturalisierung im Ranking immer weiter abstürzen.

Beim PISA-Mathematiktest im Jahr 2022 etwa erzielten ausschließlich fernöstliche Länder Spitzenwerte: Die beiden höchsten Mathematik-Leistungsstufen 5 und 6 erreichten Singapur (41 Prozent), Chinesisch-Taipeh (32 Prozent), Macau (29 Prozent), Hongkong (27 Prozent), Japan (23 Prozent) und Südkorea (23 Prozent).[65] Auf diesen Stufen müssen Schüler komplexe Situationen mathematisch modellieren und geeignete Problemlösungsstrategien für den Umgang mit ihnen auswählen, vergleichen und bewerten. Die USA kamen hier auf 7 Prozent. Eine genauere Auswertung der Daten zeigt, dass weiße und asiatischstämmige Amerikaner ebenfalls auf dem Niveau der fernöstlichen Industrieländer liegen, wohingegen Schwarze und Latinos an diese Werte nicht herankommen.

Während also die asiatischen Länder an der Spitze liegen, ist das von Jahr zu Jahr stärker multikulturalisierte Deutschland inzwischen völlig abgeschlagen. Und je bunter Deutschland wird, desto tiefer stürzt es beim PISA-Test ab. Beim aktuellen PISA-Mathematiktest landete Deutschland im internationalen Ranking auf dem blamablen 25. Rang.[66] Es würde den Rahmen dieses Buches sprengen, die gesamte Flut an Daten und Fakten anzuführen, die allesamt dasselbe belegen: dass Gesellschaften mit einer homogenen Bevölkerung in Sachen Wirtschaft und Technologie gegenüber multikulturellen klar im Vorteil sind. Multikulturelle Gesellschaften sind, und das weiß man nicht erst seit gestern, konfliktreicher, instabiler, krimineller, ärmer und ungebildeter.

Linke Ideologen transformieren Gesellschaften und Nationen von einem stabilen Zustand in einen solchen, der, ohne ideologische Scheuklappen betrachtet, keinerlei Vorteile, sondern ausschließlich Nachteile bringt. In eine Situation, die letztendlich in der Zerstörung dieser Gesellschaft gipfelt. Dass multikulturelle Gesellschaften keine Erfolgsgeschichten vorzuweisen haben, es in ihnen früher oder später immer zu Konflikten, Verfolgung, Krieg und Zerfall kommt, ist historisch dutzendfach belegt.

Eines der jüngeren Beispiele aus unserer direkten Umgebung ist das ehemalige Jugoslawien. Der Vielvölkerstaat existierte nur so lange, wie er von einem kommunistischen Diktator mittels Gewalt und Repression zusammengehalten wurde. Nach dem Tod Titos im Jahr 1980 brachen die unter der Oberfläche schwelenden Konflikte zwischen den Bevölkerungsgruppen offen aus. Sie mündeten schließlich in mehrere Kriege, die von 1991 bis 2001 andauerten und unzählige Tote forderten. Heute ist das ehemalige Jugoslawien in mehrere Länder aufgeteilt, in denen die unterschiedlichen Volksgruppen (Slowenen, Kroaten, Serben, Kosovaren, Montenegriner, Mazedonier, Bosnier) und Religionen (Katholiken, Orthodoxe und Muslime) in Frieden[67] und zum Teil in Wohlstand (Slowenien, Kroatien) leben.

Das heißt, multikulturelle staatliche Gebilde, also das Zusammenleben vieler unterschiedlicher und miteinander konkurrierender ethnischer Gruppen auf engstem Raum, bringt nicht nur in wirtschaftlicher, kultureller oder sonstiger Hinsicht keinerlei Vorteile, es führt im Gegenteil zu einer Häufung von Gewalt und Auseinandersetzungen. Somit hat Deutschland in den vergangenen Jahren mit den Migranten auch unzählige Bürgerkriege und eine nie gekannte Gewaltkultur importiert. Auf den Straßen des Landes werden mittlerweile Konflikte aus der ganzen Welt ausgetragen. Palästinenser halten Israel-Hass-Demos ab; verfeindete Gruppen aus Eritrea liefern sich immer wieder brutale Straßenschlachten;[68] die islamistische Partei des türkischen Präsidenten

Erdoğan, die AKP, ist auch in Deutschland hochaktiv; zwischen Kurden und Türken kommt es immer wieder zu Auseinandersetzungen; und Islamisten aus aller Herren Länder fordern auf Großdemos offen das Kalifat, also die Abschaffung der Demokratie.

Darüber hinaus entstehen durch den Massenimport von Menschen aus vormodernen, archaischen Kulturen immer neue Krisenherde im eigenen Land: etwa Bandenkriege zwischen den kriminellen arabischen, libanesischen, türkischen, albanischen, tschetschenischen, afghanischen und sonstigen Clans, zwischen Zuwanderern und Deutschen, und auch die Organisierte Kriminalität breitet sich immer weiter aus. Dass Multikulturalismus, insbesondere mit islamischer Prägung, entgegen aller politischen und massenmedialen Propaganda Ursache für religiöse, ethnische oder soziale Konflikte ist, wissen auch die Linken: Der grüne Vordenker Daniel Cohn-Bendit hatte bereits Anfang der 1990er-Jahre konstatiert:

> Die multikulturelle Gesellschaft ist hart, schnell, grausam und wenig solidarisch, sie ist von beträchtlichen sozialen Ungleichgewichten geprägt und kennt Wanderungsgewinner ebenso wie Modernisierungsverlierer; sie hat die Tendenz, in eine Vielfalt von Gruppen und Gemeinschaften auseinanderzustreben und ihren Zusammenhalt sowie die Verbindlichkeit ihrer Werte einzubüßen.[69]

Es liegt auf der Hand, das ist auch den Drahtziehern einer solchen Politik bekannt, dass ethnisch, religiös und kulturell homogene Gesellschaften grundsätzlich stabiler und friedlicher sind als Gesellschaften, in denen es solche Gemeinsamkeiten nicht gibt, in denen unterschiedliche Wertvorstellungen und Weltsichten aufeinanderprallen.

Doch es ist das Wesen linker Ideologen, die Welt nicht von der Realität, sondern von der Utopie her zu betrachten und zu denken. Man entwickelt, aus welchen Gründen und Motiven auch immer, ein lebensfremdes Idealbild. Diese unrealistische, nie zu erreichende Vision wird zum Maßstab und zur Richtschnur politischen Handelns, während der Wille der Mehrheit der Bürger und öde Sachpolitik ignoriert und verächtlich gemacht werden. Die Gesellschaft muss auf Teufel komm raus »verbessert« und umgebaut, das menschliche Bewusstsein verändert werden. Folgerichtig müssen zur Erreichung dieses Idealbildes Andersdenkende verfolgt und unterdrückt, Meinungen zensiert und die Bürgerrechte beschnitten werden. Dafür nimmt man Konflikte, Tote, Kriege und letztendlich die Zerstörung der Gesellschaft in Kauf – für weltfremde Hirngespinste, die dem menschlichen Sein zutiefst widersprechen.

Das ist kurz gefasst die rund 150-jährige Geschichte des Sozialismus, einer Ideologie, die in dieser kurzen Zeitspanne einen Leichenberg von etwa 100 Millionen Menschen aufgetürmt hat. Dieser dürfte in den kommenden Jahrzehnten dank des neomarxistischen Multikultiwahns noch um ein Vielfaches höher werden. Deutschland hat bereits den Boden dafür bereitet. Die importierten Kriminellen, Terroristen und Gotteskrieger haben schon Hunderte Deutsche getötet. Dass diese Zahl niemand erfährt, dafür sorgen jene, die diese Personen ins Land lassen beziehungsweise diese Politik der offenen Grenzen (also der Zerstörung Deutschlands) unterstützen. Eines ist aber sicher: Die Massenzuwanderung hat schon heute deutlich mehr Todesopfer gefordert als der Schießbefehl an der innerdeutschen Grenze.[70]

Weil es für diese Bestrebungen aus Sicht der Bürger nicht einen vernünftigen Grund gibt, weil vielmehr alles gegen die Massenzuwanderung aus archaischen Gesellschaften spricht, werden die Bürger im großen Stil belogen, betrogen, mit falschen Versprechen hinters Licht geführt, werden die blutigen Folgen und das unsägliche Leid, das die Massenzuwanderung verursacht, verdrängt und verleugnet. In diesem Buch geht es primär nicht darum aufzuzeigen, welche Beweggründe und welche kranken Ideologien und Überlegungen dahinterstecken, ob diese Transformation der Gesellschaften nur einer linken Utopie entspringt oder ob es auch noch andere Motive dafür gibt – dazu existiert ohnehin genügend Literatur, weshalb hier nur nebenbei darauf eingegangen wird.

Eines ist jedoch sicher, und das ist der entscheidende Punkt: Die Flutung Europas mit Millionen von Migranten ist ein geplantes und gezieltes Vorhaben, das mit viel (krimineller) Energie betrieben wird und mit großen Anstrengungen verbunden ist. Sie ist kein Naturereignis, kein unabwendbares Schicksal, kein ungesteuerter Prozess, keine natürliche Entwicklung und folgt auch keiner historischen Gesetzmäßigkeit. Dass die deutschen Städte nicht mehr wiederzuerkennen sind, dass jedes Jahr Millionen von Menschen nach Europa strömen, ist genau so gewollt. Es ist das Ergebnis konkreter politischer Maßnahmen und wird mit großer Zielstrebigkeit vorangetrieben, obwohl allen klar sein muss, dass am Ende dieses Prozesses nur die Vernichtung unserer Kultur, unseres Volkes und unserer Zivilisation stehen kann.

Schon der 32. Präsident der Vereinigten Staaten Franklin D. Roosevelt wusste zu berichten:

> In der Politik passiert nichts zufällig. Wenn es doch passiert, war es so geplant.

Ja, die Zerstörung ist das Ziel. Das ist weder eine besonders kühne Behauptung noch eine finstere Verschwörungstheorie oder paranoide Fantasie. Der russische Mathematiker und Dissident Igor Rostislawowitsch Schafarewitsch (1923–2017) hat in seinem 1975 erschienenen Werk *Der Todestrieb in der Geschichte* anhand vieler, bis in die Antike reichender historischer Beispiele aufgezeigt, dass sich sozialistische Systeme immer und zwangsläufig selbst vernichten, ja die Vernichtung anstreben. Dieser Todes- beziehungsweise Vernichtungstrieb ist diesem parasitären Gesellschaftsmodell inhärent. Und die Geschichte gibt Schafarewitsch recht: Bisher ist jedes sozialistische Gesellschaftsexperiment mehr oder weniger spektakulär gescheitert. Und wenn das Scheitern das Ziel ist, war der Sozialismus bisher extrem erfolgreich.

Wer auch immer behauptet, Massenzuwanderung sei notwendig, alternativlos und unvermeidbar, ist ein skrupelloser Charakter, der für die Umsetzung seiner Ideologie seine Mitmenschen belügt und deren Leben aufs Spiel setzt. Einer, der kein Problem damit hat, dass Menschen verfolgt, vergewaltigt, traumatisiert und terrorisiert werden. Das trifft auch auf das woke Fußvolk zu, das 2015 mit Teddybären bewaffnet auf den Bahnhöfen stand und die Zerstörung seines Landes freudestrahlend bejubelte, oder auf die »Omas gegen Rechts«, die in ihrem dritten Frühling voller Überzeugung mithelfen, die Zukunft ihrer Enkel zu zerstören, weil sie dafür ein bisschen positive Anerkennung vom politmedialen Establishment bekommen.

Viele sind auch einfach nur – und das ist in Deutschland (und Österreich) besonders ausgeprägt – brave Untertanen, die jedem Führer und jedem Wahnsinn bis zum bitteren Ende folgen. Andernfalls könnte sich einer der effektivsten und erfolgreichsten Zerstörer Deutschlands, Wirtschaftsminister und Vizekanzler Robert Habeck, nicht jahrelang im Amt halten.

Egal ob Utopisten, Verbrecher, Machtmenschen, Kriegsgewinnler, Wahnsinnige, Opportunisten oder einfach nur unheimlich Dumme: Keiner dieser Menschen wird, wenn alles in Trümmern liegt, für sich in Anspruch nehmen können, nichts davon gewusst oder es nur gut gemeint zu haben. Nein, sie haben dieses Land und die Zukunft ihrer Kinder und Enkelkinder gezielt in den Abgrund gesteuert. Sie haben, als es selbst dem Dümmsten klar sein musste, immer weitergemacht, während ihre Lügen immer dreister wurden und ihr Hass auf jene, die sie kritisierten, immer weiter wuchs. Sie haben, und das ist ihr größtes Verbrechen, ihre eigenen Kinder aufgrund ideologischer Verblendung, blinden Gehorsams und Feigheit oftmals im wahrsten Sinne des Wortes ans Messer geliefert.

Weil es mittlerweile kaum noch rationale Argumente für diesen Wahnsinn gibt, hat man die Zuwanderungsdiskussion auf eine moralische Ebene gehoben. Es geht nicht einmal mehr vordergründig um pro und kontra Massenzuwanderung, sondern darum, immerfort zu betonen, dass Zuwanderungsbefürworter und Willkommensklatscher edle Menschen, moralische Lichtgestalten seien. Wer sich für Zuwanderung ausspricht, steht automatisch auf einem Podest, das ihn über die von Hass zerfressenen, verblödeten Durchschnittsbürger erhebt. Mehr als die richtige Einstellung braucht es nicht; man muss nur der Zerstörung der eigenen Kultur tatenlos zusehen oder – besser noch – sich aktiv daran beteiligen, um als guter Mensch zu gelten. Linke sind Gesinnungsethiker, denen die Folgen ihres Handelns egal sind; ihnen geht es um Haltung, Moral und mithin um ihr geistiges Wohlbefinden. Wer hingegen die Entwicklungen kritisch hinterfragt, ist, egal welche Argumente er auch vorzubringen hat, ein Hasser, Hetzer, Nazi, Verbrecher. Und so teilte der *Spiegel* schon 2015 das Land in helle und dunkle Deutsche, sprich: in Lichtgestalten und Untermenschen ein.

Auch Bundespräsident Joachim Gauck unterschied damals zwischen Dunkeldeutschland und einem hellen Deutschland.[71] Diese religiös beziehungsweise esoterisch grundierte und zugleich zutiefst menschenverachtende Sprache zeigt, wie abgehoben, wie fern jeder Realität die Multikultiideologen schon damals waren. Die linke Hypermoral durchzieht alle Diskussionen. Wer in Zuwanderung etwas anderes als etwas grundsätzlich Positives sieht, wird als Bürger zweiter Klasse aus der Gemeinschaft der Guten ausgeschlossen.

Wenn Politiker oder Journalisten sich besonders »volksnah« geben und dem einfachen Bürger die nicht vorhandenen Vorteile und Vorzüge der multikulturellen Gesellschaft und der Zuwanderung erklären wollen, greifen sie gerne auf zwei haarstäubend infantile Argumente zurück. Erstens das »Fußballargument«. Das geht so: Hätten wir keine Zuwanderung aus Afrika oder dem Orient, dann gäbe es in

Deutschland auch nicht so tolle Kicker wie Jamal Musiala oder İlkay Gündoğan.

Mit derlei Argumenten auf Grundschulniveau versucht man den Fußballfan, den der gemeine grün-linke Politiker und Journalist ohnehin für geistig unterbelichtet hält, vom Multikultiwahnsinn zu überzeugen. Sprich, es ist nötig, das Land mit Millionen Menschen zu überschwemmen, damit die »deutsche« Nationalmannschaft bei irgendwelchen Fußballturnieren den ein oder anderen Ball mehr ins Tor schießt.

Das zweite, nicht minder schwachsinnige, vermeintlich »volksnahe« Argument pro Massenzuwanderung geht durch den Magen. Da wird behauptet, ohne Multikulti gäbe es hierzulande keinen leckeren Kebab, keine Falafel und auch kein Baklava … Dass man ausländische Gerichte durchaus verkaufen und konsumieren kann, ohne die halbe Bevölkerung des entsprechenden Landes zu importieren, scheint man dabei glatt vergessen zu haben. Fakt ist: Man kann überall in Deutschland problemlos Sushi oder Tortillas kaufen, ohne deshalb das Land mit Japanern oder Mexikanern fluten zu müssen.

KAPITEL 3

Der große Bevölkerungsaustausch

Wer den Begriff »Bevölkerungsaustausch« verwendet, ist mindestens ein Verschwörungstheoretiker, wenn nicht ein Nationalsozialist. Denn ein Bevölkerungsaustausch findet offiziell nicht statt und darf in der öffentlichen Diskussion nicht thematisiert werden. Auch wenn er für jedermann sicht- und erlebbar ist, das Leben jedes Bürgers beeinflusst und sich durch unzählige Zahlen belegen lässt.

Trotz der eindeutigen Faktenlage werden all jene vom politischen und medialen Mainstream als Paranoiker, kranke Geister, Hetzer und Gefährder dargestellt, die auf Basis von Empirie und Fakten zu dem Schluss kommen, die deutsche Bevölkerung werde ausgetauscht. Zumal der Begriff »Austausch« einen gesteuerten Prozess, eine Strategie mit einer Zielsetzung (Telos) impliziert. Und auch das wird vom politmedialen Mainstream bestritten. Zuwanderung wird vielmehr als etwas Unvermeidbares, als höhere Gewalt dargestellt.

So behauptet etwa der Migrationsforscher Jochen Oltmer in einem Interview mit dem NDR: »Migration ist nicht steuerbar.«[72] Das ist eine absurde, jederzeit widerlegbare Behauptung. Dafür braucht man nur die Zuwanderungspolitik verschiedener Länder miteinander zu vergleichen, selbst innerhalb der EU. So hat es etwa Dänemark geschafft, mit einer restriktiven Asylpolitik die Zahl der Asylwerber extrem zu senken. Während 2023 in Deutschland 329 035 Migranten um Asyl angesucht haben, waren es in Dänemark gerade einmal 2355 und in Ungarn, wo Ministerpräsident Viktor Orbán seit Jahren mit breiter Zustimmung der Bevölkerung eine restriktive Migrationspolitik verfolgt, 40 – in Worten: vierzig![73]

Warum also strömen bildungs- und leistungsferne Migranten aus vormodernen Gesellschaften massenhaft nach Deutschland, aber nicht nach Dänemark oder Ungarn? Weil Deutschland aufgrund seiner für alle offenen Sozial- und Gesundheitssysteme für Armutsmigranten besonders attraktiv ist, Dänemark und Ungarn hingegen nicht:

> In Dänemark müssen abgelehnte Asylbewerber in Sammellagern bleiben, die laut Europarat schlechtere Bedingungen haben als russische Gefängnisse. Zudem erhalten Asylsuchende nur einen geringen Tagessatz und nach einer Ablehnung keine finanziellen Leistungen mehr. Das sogenannte Schmuckgesetz erlaubt es den Behörden, Asylsuchenden Wertgegenstände abzunehmen, um ihren Aufenthalt zu finanzieren.[74]

Auch Australien konnte mit seiner Operation »Sovereign Borders« nicht nur die Zahl der illegalen Einwanderer beinahe auf null reduzieren, die Regierung rettete damit auch unzähligen Menschen das Leben. Canberra hat, nachdem die Zahl der illegalen Einwanderer 2009 auf 21 000 angestiegen war, seine Küsten, die 24 000 Kilometer lang sind, abgeriegelt. 2014 kamen nur noch 160 illegale Migranten, danach gaben die Schlepper ganz auf. Während der Menschenschmuggel und -handel, den Linke euphemistisch Schlepperei nennen, im Mittelmeer zwischen Afrika und der EU nach wie vor auf Hochtouren läuft und Kriminellen wie NGOs nicht nur gewaltige Einnahmen beschert, sondern auch jedes Jahr unzählige Tote fordert, hat Australien mit konsequenter Politik und klaren Botschaften das tödliche Schlepperunwesen in den Griff bekommen: Zwischen 2009 bis 2013 starben 1200 Migranten bei dem Versuch, Australien illegal mit Booten zu erreichen. Zwischen 2014 und 2018 waren es nur noch 32![75]

Im Mittelmeer starben allein im Jahr 2022 3155 Menschen.[76] Und jedes weitere NGO-Schlepperschiff, das als kostenloses Migrantentaxi und Spendeneintreiber fungiert, treibt die Migranten- und Todeszahlen im Mittelmeer nach oben. Im Atlantik sterben noch deutlich mehr Personen bei dem Versuch, in den Genuss der Segnungen zu gelangen, die ihnen die linke Asylindustrie und die Open-Border Sozialstaaten wie Deutschland versprechen. 2024 sind 9757 Migranten bei dem Versuch gestorben, von Afrika aus die zu Spanien gehörenden Kanarischen Inseln zu erreichen.[77]

Verantwortlich für die Tausenden Toten sind aber nicht in erster Linie diese kriminellen NGOs, die als Nachschublieferant für die boomende deutsche Asyl- und Integrationsindustrie tätig sind, sondern alle Kräfte in Europa, welche die Afrikaner und Muslime mit ihrer Politik, ihrem Engagement und ihrem Wahlverhalten anlocken. Wer behauptet, Migration wäre nicht steuerbar, ist nicht nur ein Betrüger beziehungsweise Lügner, der geht auch über Leichen. Und diese menschenverachtenden Charaktere sind in Politik, Medien, Kultur und den ideologisierten Wissenschaften in der Mehrheit. Sie sitzen an den Schaltstellen der Macht. Obwohl sie für den Tod so vieler Menschen verantwortlich sind, für viele diese Politik ein höchst lukratives Geschäft ist, präsentieren sie sich als gute Menschen, stellen sich auf ein moralisches Podest, von dem sie auf ihre Kritiker herabsehen.

Wie so oft bei politischen Debatten hängt sich die Linke auch beim Zuwanderungsthema vor allem an Begrifflichkeiten auf, um vom Offensichtlichen, von ihren Plänen und Verbrechen, abzulenken. Dass Migranten nicht zufällig und grundlos zu Hunderttausenden Richtung Europa strömen, ist evident. Dass es sich dabei um einen von oben gesteuerten Prozess handelt, mit dem der Anteil von Zuwanderern aus vormodernen Gesellschaften, insbesondere der von Muslimen, in Deutschland beziehungsweise Europa sukzessive erhöht und derjenige der autochthonen Bevölkerung gesenkt wird, ebenso. Das ist ein Faktum und für die Bevölkerung in den Ballungsräumen sicht- und erlebbar. Dass das politmediale Establishment die Massenzuwanderung auf all seinen Kanälen als kulturelle Vielfalt propagiert, bewirbt und fast ausschließlich positiv darstellt und alle negativen Aspekte und Folgen mit zum Teil großem Aufwand vertuscht, sollte mehr als Beweis genug sein, dass Zuwanderung nicht einfach so passiert.

Wer bestreitet, dass ein Bevölkerungsaustausch stattfindet, dieser nur in der Fantasie dummer Verschwörungstheoretiker existiere, ist entweder vom staatlichen Bildungssystem und den Mainstream-Medien komplett gehirngewaschen oder selbst ein Akteur beziehungsweise Profiteur dieser Politik. Egal ob man diesen Prozess und seine Folgen ignoriert oder nicht, egal wie man den Bevölkerungsaustausch bezeichnet, er findet vor unser aller Augen statt. Wir sind mittendrin: 1961 lebten in der BRD 1,2 Prozent Ausländer, 2023 waren es in den alten Bundesländern über 32 Prozent.[78] Oder anders ausgedrückt: Anfang der 1960er-Jahre war jeder hundertste Bewohner Deutschlands ein Migrant, heute jeder Dritte.

Es haben in den vergangenen Jahrzehnten unbestreitbar dramatische Umwälzungen stattgefunden, zumal die offiziellen Zahlen meist geschönt und bestenfalls die halbe Wahrheit sind. Knapp 65 Prozent der Personen mit Migrationshintergrund sind selbst eingewandert, 35 Prozent sind in Deutschland geboren. Als Menschen mit Migrationshintergrund werden nur Personen geführt, die selbst eingewandert sind beziehungsweise bei denen mindestens ein Elternteil die deutsche Staatsangehörigkeit nicht durch Geburt erlangt hat. So definiert das Statistische Bundesamt Migrationshintergrund. Ab der dritten Zuwanderergeneration gilt man offiziell als lupenreiner Deutscher, selbst wenn man kein Wort Deutsch spricht, die deutsche Kultur und Bevölkerung ablehnt oder ein Islamist ist, wie nicht wenige aus der dritten und vierten Zuwanderergeneration.

Würde man die Definition des Migrationshintergrundes der deutschen Realität anpassen, was vor allem bei muslimischen Zuwanderermilieus notwendig wäre, und zumindest die dritte und vierte Generation einrechnen, sähe das Bild anders aus. Damit hätten schon jetzt deutlich mehr als die Hälfte der Bürger in diesem Land einen Migrationshintergrund. Bei den Jungen ist das ohnehin fast schon so: Über 43 Prozent aller Kinder in Deutschland unter 5 Jahren wurden entweder im Ausland geboren, oder ein oder beide Elternteile sind aus dem Ausland zugewandert. Egal wie man diesen Prozess auch benennen mag: Demografisch wurde Deutschland in den vergangenen Jahrzehnten von Politikern und anderen Akteuren massiv umgebaut.

Das Deutschland von heute hat nichts mehr mit jenem von vor 30 Jahren zu tun. Das ist ein nicht bestreitbares Faktum. Und diese Entwicklungen verlaufen nicht linear, sondern beschleunigen sich zunehmend. Das bedeutet: Deutschland wird sich in den nächsten 10 Jahren deutlich schneller und dramatischer verändern als in den letzten 30 Jahren.

Der Begriff »Bevölkerungsaustausch« beschreibt diesen Prozess auch deshalb gut, weil er ein politisch gesteuerter und kein zufälliger oder unbeabsichtigter ist. Dass Deutschland so aussieht, wie es heute aussieht, ist das Ergebnis von unzähligen politischen Entscheidungen, Strategien, Maßnahmen und Unterlassungen. Alle politischen Weichenstellungen der vergangenen Jahre und Jahrzehnte befeuerten die Zuwanderung, es gab praktisch keine, die sie eindämmte. Und immer wurden diese Entscheidungen über die Köpfe der Bürger hinweg getroffen. Am deutlichsten wurde das 2015, als die Regierung Merkel die Grenzen öffnete, ohne die Bevölkerung über diesen für die Zukunft ihres Landes entscheidenden Schritt abstimmen zu lassen.

Deshalb ist auch der gerne verwendete Begriff der »unkontrollierten« oder »ungesteuerten« Zuwanderung irreführend, weil es natürlich eine politisch bewusst getroffene Entscheidung ist, vor allem jene ins Land zu lassen, die ein hohes Sicherheitsrisiko darstellen, die die

Kultur und Lebensart der Einheimischen verachten, die nichts besitzen, nichts gelernt haben, wenig können, über wenig intellektuelles und kulturelles Kapital verfügen und auch wenig Ambitionen zeigen, sich zu integrieren und sich selbst eine Existenz aufzubauen. Es wird mit der Schaffung von Pullfaktoren für diese Milieus, die gleichzeitig die Leistungsträger vor einer Einwanderung abschrecken, weil sie hohe Kriminalität, Steuern, verslumte Stadtteile und schlechte öffentliche Schulen bedingen, die Zuwanderung nach Deutschland sogar sehr präzise gesteuert, es ist eine gezielte Negativauslese.

Unter anderem deshalb, weil die milliardenschwere Asyl- und Integrationsindustrie die integrationsunwilligen bildungs- und leistungsfeindlichen Zuwanderer braucht, sie garantieren ihr milliardenschwere Umsätze, halten ihr parasitäres Geschäftsmodell am Laufen, weil sie dauerhaft und über Generationen betreut, versorgt, integriert, resozialisiert und beraten werden müssen. An jedem Armutsmigranten hängt ein Rattenschwanz an Mitarbeitern der Asyl- und Sozialindustrie. Während die leistungsorientierten und bildungsaffinen Migranten aus Osteuropa oder dem fernen Osten für die Asylindustrie völlig nutzlos sind, weil sie keine Sozialarbeiter oder Integrationsexperten benötigen, um sich in den Arbeitsmarkt und die Gesellschaft einzugliedern. Es ist immer eine politische Entscheidung, ob man seine Grenzen kontrolliert, festzulegen, wer sie passieren darf, wer das Land wieder verlassen muss, wie restriktiv man die Asyl- und Zuwanderungspolitik gestaltet oder wie weit man den Sozialstaat für Migranten öffnet.

Es gibt also unzählige Stellschrauben, mit denen eine Regierung, ein Staat, die Parteien und ihre Vorfeldorganisationen Zuwanderung steuern können. Seit vielen Jahren haben die in Deutschland dominierenden linken Kräfte alle Stellschrauben in nur eine Richtung gedreht: Obwohl die Staatskassen leer sind, der islamistische Terror immer mehr Tote fordert, die Stimmung in der Bevölkerung kippt und die Gewalt explodiert, hat Innenministerin Nancy Faeser (SPD) eine Obergrenze für Flüchtlinge stets abgelehnt.[79]

Während einerseits Politik, Medien oder Kirchen seit Jahren dafür sorgen, dass die Ströme der Armutsmigranten nach Deutschland nicht abreißen, werden gleichzeitig, und auch das ist Teil der Zuwanderungspolitik, jene verfolgt, diskriminiert und kriminalisiert, die diese Politik kritisieren, die sich gegen den Bevölkerungsaustausch wehren. Die Deutschen werden seit Jahren systematisch belogen und über das wahre Ausmaß der finanziellen und sonstigen Kollateralschäden der Massenzuwanderung im Unklaren gelassen, der kausale Zusammenhang zwischen Zuwanderung und Kriminalität wird, obwohl er offensichtlich ist, hartnäckig bestritten.

Man denke nur an das Jahr 2015, als Politik, Mainstream-Medien und NGOs geschlossen die Massenzuwanderung geradezu hysterisch propagiert und über die Fakten gelogen haben. So gab Kai Gniffke, Chefredakteur der ARD, in einem ehrlichen Moment bereits 2015 zu:

> Wenn Kameraleute Flüchtlinge filmen, suchen sie sich Familien mit kleinen Kindern und großen Kulleraugen aus, obwohl 80 Prozent der Flüchtlinge junge, kräftig gebaute alleinstehende Männer sind.[80]

Solche systematischen Manipulationen und Lügen bezüglich der Zuwanderung sind aber nicht neu. Diese Irreführung der Bevölkerung hat in Deutschland eine lange Tradition. Bereits Anfang der 1960er-Jahre wurden die Bürger über die Migration belogen. Das hat mit dem irreführenden Begriff »Gastarbeiter« begonnen, der suggeriert, dass die Menschen, die nach Deutschland geholt wurden, Gäste seien, sprich: nach getaner Arbeit wieder abreisen würden. Diese systematische Verbreitung von Desinformation setzte man bei den sogenannten Flüchtlingen in den vergangenen Jahren fort. Man hat das Asylsystem von Anfang an als Instrument der Massenzuwanderung und der dauerhaften Ansiedlung kulturfremder Menschen missbraucht. Asyl ist Schutz auf Zeit. Doch für die Politik bestand nie ein

Zweifel daran, dass alle, die in und von Deutschland Asyl fordern – egal ob berechtigt oder nicht – dauerhaft hierbleiben werden. Wir werden also seit Jahren und Jahrzehnten systematisch belogen. Seit den 1950ern gibt es immer neue Vorwände, Ausreden und Lügen, um den Bürgern zu erklären, warum das Land Zuwanderung brauche, ja, warum sie wichtig, sogar überlebenswichtig für Deutschland sei.

Jene, die die deutsche Bevölkerung ersetzen sollen, kamen oder kommen als »Gastarbeiter«, »Fachkräfte«, »Schutzsuchende«, »künftige Rentenzahler«, Ersatz für die nicht gezeugten oder abgetriebenen eigenen Kinder,[81] als »Kulturbereicherer«, als »Goldstücke« oder einfach als Menschen ins Land, »die in unserem Sozialsystem zuhause sind«,[82] wie es die Grünen-Politikerin Katrin Göring-Eckardt ausgedrückt hat. Und das mit steigender Intensität seit den 1960er-Jahren.

Der Bevölkerungsaustausch läuft aber nicht nur über die Zuwanderungsschiene. Parallel dazu bemühen sich linke Ideologen und Politiker intensiv darum, dass die Deutschen möglichst wenig Nachwuchs bekommen, die einheimische Bevölkerung so schnell schrumpft wie der Anteil der Zugewanderten wächst. Und das mit großem Erfolg. In den 1960er- und Anfang der 1970er-Jahre lag die Geburtenrate noch über dem bestandserhaltenden Wert von 2,1 Prozent. Von 1950 bis 1970 bekamen die Frauen in Deutschland, die damals fast ausschließlich Einheimische waren, im Schnitt über 2 Kinder. Dann stürzte die Geburtenrate ab. Zum Vergleich: Der Geburtsjahrgang 1964 ist mit 1,35 Millionen Kindern der bis heute geburtenstärkste Jahrgang seit 1945.[83] Danach wurden nie mehr wieder so viele Kinder geboren. Im Jahr 2023 kamen in Deutschland 692 989 Kinder zur Welt,[84] also nur noch rund die Hälfte, obwohl Deutschland da schon deutlich mehr Einwohner und auch viele Mütter mit Migrationshintergrund hatte. Die Geburtenziffer lag 2023 bei unter 1,35 Kinder pro Frau. Stellt man in Rechnung, dass muslimische Frauen deutlich mehr Kinder bekommen als deutsche Frauen, liegt die Rate der deutschen Frauen noch unter dem ohnehin schon niedrigen Wert von 1,35.

Auch das ist keine zufällige Entwicklung, sondern eine politisch gewollte und gesteuerte, eine, auf welche die Linke mit einer breiten Palette an Maßnahmen und Methoden seit Jahrzehnten hinarbeitet. Schon Karl Marx hat Mitte des 19. Jahrhunderts in seinen »Thesen über Feuerbach« geschrieben, die Familie müsse »theoretisch und praktisch vernichtet werden«.[85]

Im *Kommunistischen Manifest* von 1848 haben Karl Marx und Friedrich Engels die Familie als Keimzelle und Grundlage der traditionellen bürgerlichen Gesellschaft beschrieben, die es durch das Zusammenleben in einem egalitären kommunistischen Kollektiv zu ersetzen gelte. Die Kommunisten versuchten, das nach der Oktoberrevolution in die Praxis umzusetzen. Lenin erklärte in einem Gespräch mit der deutschen Kommunistin Clara Zetkin die geplante Vorgangsweise:

> Wir gliedern die Frauen in die soziale Wirtschaft, Verwaltung, Gesetzgebung und Regierung ein. [...] Wir gründen Gemeinschaftsküchen und öffentliche Speisehäuser, Wasch- und Reparaturanstalten, Krippen, Kindergärten, Kinderheime, Erziehungsinstitute verschiedener Art. Kurz, wir machen Ernst mit unserer programmatischen Forderung, die wirtschaftlichen und erzieherischen Funktionen des Einzelhaushaltes der Gesellschaft zu übertragen.[86]

In Deutschland fiel der mehr oder weniger offizielle Startschuss der Frauenbewegung mit der Gründung des »Aktionsrates zur Befreiung der Frauen« im Jahr 1967 durch weibliche Mitglieder des Sozialistischen Deutschen Studentenbundes (SDS). Das theoretische Basismaterial hatte der Aktionsrat von der späteren RAF-Terroristin Ulrike Meinhof übernommen, die jahrelang Mitglied der verbotenen KPD war. Bascha Mika, ehemalige Chefredakteurin der linken Tageszeitung *taz*, über die Anfänge der Frauenbewegung in der BRD:

> Eine feministische Theorie, auf die sich die Bewegung beziehen konnte, gab es noch nicht [...]. Also mixten sich die Aktivistinnen einen Theorie-Cocktail aus ein bisschen Marx, Lenin, Bakunin und Mao und reicherten ihn mit Rosa Luxemburg, Wilhelm Reich und Ideen der Sexpol-Bewegung an. [...] Die Bewegung vereinte Frauen aus dem SDS, der APO und ihrem Dunstkreis.[87]

Sprich: aus den sogenannten K-Gruppen, also Kommunisten, Trotzkisten, Maoisten und so weiter.

Die Frauenbewegung strebte von Anfang an einen kommunistischen Umbau der Gesellschaft an. Die sexuelle Befreiung und die Emanzipation der Frau waren nur Mittel zum Zweck, die Frauen nur die nützlichen Idiotinnen der Linken. Weil Zweck und Ziel einer bürgerlichen Familie nun mal Kinder sind, werden Mutterschaft und Kinder von den Linken konsequent als belastend, störend und karrierehemmend dargestellt.

Die Kinderlosigkeit wird vor allem seit den 1960ern von den Neomarxisten als erstrebenswert propagiert. Klimaschützer und Feministinnen stellen Kinder als Umweltschädlinge, als Karrierekiller, als Hindernis bei der Selbstverwirklichung und Befreiung (wovon auch immer) der Frau dar. »Die Hausfrau und Mutter ist in ihren Augen eine Freak-Verirrung der Evolution«,[88] schreibt Autor Matthias Matussek. Mittlerweile geistern sogar sogenannte »Antinatalistinnen« durch die Medien – das sind Frauen, die keine Kinder mehr zur Welt bringen wollen, damit eben diese Welt nicht untergeht.

Die *taz* schreibt über eine der bekanntesten Antinatalistinnen Deutschlands, über Verena Brunschweiger:

> Mit ruhiger Stimme erklärt sie, dass Kinder Klimakiller seien und deshalb als gänzlich unerwünscht anzusehen sind. Jene, die dennoch Eltern würden, täten es aus rein

> egoistischen Gründen und gefährdeten den Planeten. Umweltpolitisch sei es jedenfalls nicht zu verantworten. Die Kinderlosen sind ihrer Ansicht nach deshalb die wahren Heldinnen im Kampf gegen die Erderwärmung.[89]

Deshalb fordert Brunschweiger von der deutschen Politik die Zahlung von 50 000 Euro an jede 50-jährige kinderlose Frau.[90] Und der *Stern* schrieb 2017: »20 BMW schädigen das Klima weniger als ein Baby.«[91] Der Buchmarkt wird mit einschlägigen Titeln überschwemmt wie: *Die Uhr, die nicht tickt, Kinderlos, glücklich, Kinderfrei statt kinderlos, Ich will kein Kind – 13 Geschichten über eine unpopuläre Entscheidung, Die Mutterglück-Lüge* oder *Die Childfree-Rebellion: Warum »zu radikal« gerade radikal genug ist* und so weiter und so fort.

Nicht wenige Feministinnen und Linke fordern entsprechend ihrer Agenda legale Abtreibungen bis zur Geburt. Manche sogar darüber hinaus, sogenannte »post-natale Abtreibungen«,[92] also die legale Ermordung von Neugeborenen.

Selbstverständlich richten sich die Appelle, die Propaganda und Mahnungen, keine Kinder mehr zu bekommen, exklusiv an deutsche respektive westliche Frauen. Zumal es nicht um Klimarettung, Überbevölkerung (die ja fast ausschließlich in Afrika produziert wird) geht, sondern um einen möglichst schnellen und effizienten Bevölkerungsaustausch. Die kinderlosen Europäerinnen, die man mit Befreiung, Emanzipation und Selbstverwirklichung ködert, sollen lediglich Platz schaffen und Argumente liefern für noch mehr Zuwanderung aus dem Orient und Afrika. Jene, die Kinderlosigkeit fördern und propagieren, sind immer auch Befürworter der Massenzuwanderung. Diese beiden Haltungen gehören untrennbar zusammen. Das ist kein Widerspruch, dienen doch beide Maßnahmen einem möglichst raschen und effizienten »Great Population Reset«.

Ob Feministinnen wie Brunschweiger derlei Zusammenhänge intellektuell erfassen können oder nicht, spielt dabei keine Rolle; sie sind dieselben nützlichen Idiotinnen der Globalisten wie die mit Teddybären bewaffneten Willkommensklatscherinnen. Sie sind Marionetten, die auch noch mächtig stolz darauf sind, ihrem Volk und sich selbst das Grab zu schaufeln. Doch statt Selbstverwirklichung und Befreiung warten auf die gewollt Kinderlosen vor allem die Leere und Einsamkeit des Alters und die Gewissheit, nur ein verdorrter Ast am Baum des Lebens gewesen zu sein.

Selbstverständlich sind all diese Auswüchse – vom propagierten Kinderhass und Antinatalismus über den LGBT-Kult und die »Willkommenskultur« bis hin zur Islamophilie – Haltungen und geistige Strömungen, die vom Establishment, also von oben in die Welt gesetzt und gelenkt werden und die sich ganz konkret in den demografischen Umbrüchen niederschlagen. Die Folgen sind, zumindest aus Sicht jener, denen etwas an der europäisch-abendländischen Kultur liegt, fatal beziehungsweise letal.

Die Zahl der Geburten liegt trotz der Gebärfreudigkeit der muslimischen Migrantinnen stabil unter dem Bestanderhaltungsniveau von 2,1 Kindern pro Frau. Sprich, bei deutschen Frauen liegt sie mittlerweile bei unter einem Kind. Jede neue Generation ist etwa um ein Drittel kleiner als die Generation der Eltern.[93] Diese Entwicklung ist jetzt zwei Generationen, also rund 60 Jahre alt. Thilo Sarrazin schreibt in seinem Buch *Deutschland auf der schiefen Bahn*:

> Bei Anhalten dieses Trends wird die deutschstämmige Bevölkerung in weiteren drei Generationen, also bis 2115, auf 10 Prozent ihres Ausgangsniveaus von 1965 schrumpfen, das ist eine sichere statistische Erwartung, und zwei Fünftel des Weges haben wir bereits hinter uns gebracht.[94]

Um das zu illustrieren, ein paar Zahlen aus Österreich, wo die Entwicklung mehr oder weniger eins zu eins wie in Deutschland verläuft: Hier lag die Geburtenrate 2023 bei 1,32 Kindern pro Frau. Bei den in Österreich geborenen Müttern lag sie bei 1,23, wobei bei dieser Zahl auch Migrantinnen der zweiten und dritten Generation inkludiert sind. Bei den im Ausland geborenen Müttern lag die Quote bei 1,56 Prozent, wobei die Verteilung extrem unterschiedlich ist. Während Frauen aus westlichen EU-Staaten[95] in Österreich durchschnittlich 1,14 Kinder zur Welt bringen, liegen Frauen aus Syrien, Afghanistan und dem Irak, also aus jenen Ländern, aus denen die Zuwanderung nach Österreich (und Deutschland) besonders hoch ist, bei durchschnittlich 2,86 Kindern. Das heißt: Während jedes Jahr deutlich mehr Österreicher sterben als geboren werden, ist der Geburtenüberschuss bei den Ausländern (Geburten minus Sterbefälle) positiv. 2023 fiel die Geburtenbilanz bei den österreichischen Staatsbürgern mit 24 400 Menschen negativ aus, während es bei den Ausländern einen Geburtenüberschuss von 11 800 gab.[96] Und dieser Überschuss ist fast ausschließlich auf muslimische Frauen zurückzuführen. Das heißt, selbst wenn Deutschland oder Österreich seine Grenzen morgen schließen würde, würde der Bevölkerungsaustausch über die Geburtenschiene weiterlaufen.

Der Anteil ethnischer Deutscher an der Bevölkerung sinkt aufgrund der Zuwanderung und der unterschiedlichen Geburtenraten rasant. Hält dieser Trend an, werden DNA-Untersuchungen im Jahr 2100 – und das ist nicht mehr so fern – ergeben, dass der Großteil der Bevölkerung Deutschlands von Einwanderern der letzten 150 Jahre abstammt,[97] sprich: Deutschland nur noch auf dem Papier existiert – aber selbst das ist nicht gewiss.

Der Bevölkerungsaustausch ist dann mehr oder weniger erfolgreich abgeschlossen. Er könnte aber, wenn man Faktoren und Entwicklungen mitberücksichtigt, die bei der Islamisierung vieler Länder in der Regel stets eine Rolle spielen – Verfolgung, Vertreibung und Ermordung der angestammten Bevölkerung –, aber noch viel schneller vonstattengehen. Zudem werden viele Deutsche, wenn der Druck auf sie größer wird, zum Islam konvertieren, so wie das bereits jetzt in einigen deutschen Schulen geschieht.[98]

Dass das auf Deutschland zukommen wird, erfährt man allerdings nicht durch einen Blick in die Glaskugel, sondern aus Geschichtsbüchern und der Beobachtung anderer Länder. Es gibt viele historische Vorlagen für solche Entwicklungen, die mit hoher Wahrscheinlichkeit auch in Deutschland eintreten werden.

Ein Beispiel dafür ist das NATO-Mitglied und der potenzielle EU-Beitrittskandidat Türkei. Im Jahr 1900 waren noch rund 25 Prozent der Türken Christen – heute sind es gerade einmal 0,2 Prozent. Zwischen diesen beiden Zahlen liegen 125 Jahre und mehrere Genozide, Pogrome und Vertreibungswellen. Zwischen 1915 und 1917 wurden im Osmanischen Reich rund 1,5 Millionen armenische Christen massakriert und Hunderttausende deportiert sowie zwischen 1922 und 1923 rund 1,3 Millionen griechisch-orthodoxe Christen vertrieben. 1955 kam es in Istanbul zu Pogromen gegen Christen; rund 10 000 flüchteten ins Ausland.[99] Man braucht aber nicht in die Vergangenheit zu blicken, auch dieser Tage werden in den muslimischen Regionen Asiens, Afrikas und auch Europas Christen und andere Ungläubige verfolgt, ermordet und vertrieben. Besonders schlimm ist die Lage etwa in Nigeria, dem einwohnerreichsten Land Afrikas, wo die rund 46 Prozent starke christliche Bevölkerung von Islamisten aus der muslimischen Mehrheitsgesellschaft systematisch drangsaliert wird. Schätzungen zufolge sind 2023 in Nigeria über 8000 Christen ermordet und Zigtausende vertrieben und verschleppt worden.[100] Auch in Deutschland hat dieser Prozess dank Massenzuwanderung aus dem islamischen Raum bereits begonnen und schon zahlreiche Todesopfer gefordert; man denke nur an die vielen islamistischen Anschläge oder die Dutzenden Messerattacken Tag für Tag.

Wie viele Tote es tatsächlich sind, lässt sich aufgrund der Desinformationspolitik und der Vertuschungsstrategien seitens der hinter diesem Prozess stehenden Politiker und Mainstream-Medien nicht seriös beantworten. Zumal jeder kausale Zusammenhang zwischen der

Massenzuwanderung aus dem Islamgürtel und der steigenden Gewaltkriminalität geleugnet und statistisch nicht erfasst wird. Mit Sicherheit kann man aber sagen, dass die Massenzuwanderung bereits jetzt mehr Tote gefordert hat als der Schießbefehl an der innerdeutschen Grenze.[101] Und wir stehen erst am Anfang dieser Entwicklung.

Jeder Versuch von Parteien, gesellschaftlichen Gruppen oder Medien hier gegenzusteuern, wird vom Establishment unterbunden. Medien, die kritisch über die Zuwanderung berichten, werden, wie das rechte Magazin *Compact*, verboten. Verlage, die sich mit diesem Thema ernsthaft auseinandersetzen, werden verunglimpft. Aktionen, Appelle und Maßnahmen, die darauf abzielen, den kulturellen Suizid Deutschlands zu stoppen oder auch nur hinauszuzögern, werden als demokratie- beziehungsweise verfassungsfeindlich, rassistisch und nationalistisch gebrandmarkt. Mehrere Landesverbände der AfD wurden als »gesichert rechtsextrem« eingestuft; bundesweit wird die AfD als »rechtsextremer Verdachtsfall« geführt, von den anderen Parteien ausgegrenzt und von den Medien diffamiert, weil sich die Partei, wie es in ihrem Grundsatzprogramm heißt, für die »traditionelle Familie als Leitbild« einsetzt und »mehr Kinder statt Masseneinwanderung« fordert.[102]

Weiter heißt es im Programm der AfD:

> Den demografischen Fehlentwicklungen in Deutschland muss entgegengewirkt werden. Die volkswirtschaftlich nicht tragfähige und konfliktträchtige Masseneinwanderung ist dafür kein geeignetes Mittel. Vielmehr muss mittels einer aktivierenden Familienpolitik eine höhere Geburtenrate der einheimischen Bevölkerung als mittel- und langfristig einzig tragfähige Lösung erreicht werden. […] Wir wollen daher die derzeitigen finanziellen Nachteile, die Familien mit Kindern gegenüber Kinderlosen haben, korrigieren.[103]

Eine Politik, die Familien und Mütter fördert, statt, wie derzeit, finanziell zu bestrafen, wird von den Einheitsparteien als nationalsozialistisch abgelehnt. So wetterte der SPD-Bundestagsabgeordnete Michael Schrodi:

> Es fehlt hier nur noch die Forderung nach dem Mutterkreuz.[104]

Wer den Bevölkerungsaustausch nicht aktiv unterstützt, wer sich nicht freudig am kulturellen Suizid beteiligen will, wird von Politik und Medien zum Unmenschen, zum Naziverbrecher erklärt. Angesichts dieser menschenverachtenden Radikalität und der enormen Anstrengungen, mit der der Bevölkerungsaustausch auf allen Ebenen des Staates und der Gesellschaft vorangetrieben wird, ist das angestrebte Ziel bereits in greifbare Nähe gerückt. Zumal die geburtenstarke Nachkriegsgeneration, die einen Gutteil, der autochthonen Bevölkerung stellt, nun wegzusterben beginnt, sich also das Verhältnis zwischen autochthoner und zugewanderter Bevölkerung in den kommenden 10–20 Jahren massiv verschieben wird. 25 Millionen Menschen in Deutschland sind über 60 Jahre alt,[105] davon sind gerade einmal 1,2 Millionen Ausländer.[106] Die einzige Aufgabe, die das Establishment dieser Gruppe der Älteren zugedacht hat, ist, dass sie die globalistischen Einheitsparteien so lange an der Macht hält, bis ein politischer Wechsel nach rechts aufgrund der demografischen Verschiebungen nicht mehr möglich ist.

Zu diesem Zweck finanziert man auch den öffentlich-rechtlichen Rundfunk mit über 9 Milliarden Euro im Jahr, auf dass er das Wahlverhalten seiner Kernzielgruppe, der Senioren, entsprechend steuert. Darin sind ARD und ZDF erfolgreich. Die Älteren sind nicht nur treue *Tagesschau*-Seher, sondern auch die wichtigsten Machtstützen von Union und SPD. Mit ihrem Wahlverhalten begünstigen die Alten nicht nur den Bevölkerungsaustausch, sondern zerstören auch die Zukunft ihrer eigenen Kinder und Enkelkinder.

Sehr zur Freude von Migrationslobbyisten wie Axel Steier, der die Ziele und Motive der demografischen Transformation Deutschlands klar und offen kommuniziert. Steier, Mitbegründer und Vorsitzender der linken Schlepper-Organisation Mission Lifeline, die unter anderem für das Außenamt von Annalena Baerbock jene Afghanen ausgewählt hat, die per Flugzeug und Sonderaufnahmeprogramm nach Deutschland eingeflogen worden sind:

> Alle hoffen auf Besserung, auf ein Ende von Rassismus und Abschottungspolitik. Ich fürchte, dass das nicht kommt, solange Deutschland existiert. [...] Die Enthomogenisierung der Gesellschaft schreitet voran. Ich unterstütze das mit meiner Arbeit.[107]

Und Steier freut sich:

> Bald ist Schluss mit dem lustigen Leben als Weißbrot![108]

Mit »Weißbrot« meint er Sie, liebe Leser. Er liegt damit auf einer Linie mit jenen Linksextremisten, bei denen auch grüne Führungsfiguren wie Claudia Roth mitmarschieren, wenn sie Parolen wie »Deutschland verrecke«, »Nie wieder Deutschland« oder »Bomber Harris do it again«[109] grölen.

Und 2017 hat die Friedrich-Ebert-Stiftung in einem Papier mit dem Titel »Leitbild und Agenda für die Einwanderungsgesellschaft« beschrieben, wie sich die SPD das »Deutschland« der Zukunft vorstellt. Die Landfläche, die einst Deutschland war, soll, wie es *Cicero*-Journalist Alexander Grau ausdrückt,

> zu einer transformatorischen Siedlungsregion in der Mitte Europas werden.[110]

Es soll nach den Vorstellungen der SPD keinen deutschen Staat mehr geben, sondern eine ähnlich wie in prähistorischen Zeiten nicht näher definierte »Siedlungsregion«, die von allen (!) Menschen genutzt werden kann.

Welche politische Priorität der Bevölkerungsaustausch hat und dass die Deutschen nur noch ein Auslaufmodell und Bürger zweiter Klasse im neuen bunten Multikultistaat sind, hat im Herbst 2024 der Berliner Senat unter Beweis gestellt. Weil der hoch verschuldeten Stadt wieder mal das Geld ausgeht, haben CDU und SPD ein hartes Sparprogramm angekündigt. Überall beim Budget für 2025 soll der Rotstift angesetzt werden, auch bei Sicherheit und Bildung. Lediglich einen Bereich hat der regierende Bürgermeister Kai Wegner (CDU) ausgenommen: die Ausgaben für das Asylwesen; diese dürfen nicht angetastet werden.[111]

KAPITEL 4

Wie wir täglich belogen werden: Desinformation und Propaganda

Am 1. Januar 2016 um exakt 8:57 Uhr meldete das Polizeipräsidium Köln:

> Ausgelassene Stimmung, Feiern weitgehend friedlich[112]

Das war eine glatte Lüge, welche die Polizei, trotz vieler Opfer und wohl nicht aus Eigeninitiative, verbreitet hat. Diese Lüge, mit der 82 Millionen Deutsche hinters Licht geführt werden sollten, wurde von allen am Bevölkerungsaustausch beteiligten Akteuren mitgetragen und unterstützt, von den lokalen Politikern, der Bundesregierung, den Behörden, den Mainstream-Medien, einschlägigen Experten und den NGOs.

Die Silvesternacht 2015 in Köln war keineswegs »weitgehend friedlich«; auf der Domplatte hatten vor allem Nafris (Migranten aus Nordafrika) Frauen massenhaft sexuell belästigt. Über 1200 Straftaten wurden angezeigt.[113] Diesen Umstand, dieses widerliche Verbrechen, wollten vor allem diejenigen verschweigen, die die Anwesenheit der Nafris in Deutschland zu verantworten haben und die sich durch »Kollateralschäden« wie einige Hundert belästigte und traumatisierte Frauen nicht von ihrem linken Weg abbringen lassen wollten. Man trachtete danach, die zu diesem Zeitpunkt noch vorherrschende Willkommensstimmung, die man mit viel Propaganda und moralischer Erpressung angeheizt hatte, nicht wegen einer »Lappalie« zu zerstören.

Weshalb man diese Verbrechen beziehungsweise diese Kriegserklärung an Deutschland einfach unter den Tisch kehrte. Zumal das Zeichen, das die Nafris mit ihren Übergriffen gesetzt hatten, ein eindeutiges war. Bei der Eroberung eines Landes werden die Frauen des Unterlegenen und Besiegten als Beute und Sexualobjekt betrachtet und entsprechend behandelt.

»Sexualisierte Gewalt als Instrument zur Bekämpfung und Demütigung des Gegners ist eine Praxis und Strategie von gewaltsamen Konflikten weltweit. Ein besonders menschenverachtendes Merkmal ist die gezielte sexuelle Gewaltausübung gegen Zivilisten. In den meisten Fällen sind Frauen betroffen […]«,[114] schreibt das Internetlexikon *Wikipedia*.

Genau das ist in Köln passiert, und dass die Deutschen diesen Krieg nicht gewinnen wollen und/oder können, also schon jetzt die Verlierer sind, haben die Nafris in Köln eindrucksvoll bewiesen. Konsequenzen gab es für die Eroberer aus Nordafrika selbstredend keine. »Hunderte Opfer, fast keine Täter«,[115] titelte selbst der linke *Spiegel*. Obwohl mindestens 600 Frauen attackiert und belästigt wurden und gegen 290 Verdächtige ermittelt wurde, gab es unterm Strich gerade einmal drei Verurteilungen, zwei davon auf Bewährung. Von den Hunderten Tätern musste gerade mal einer ins Gefängnis, und das auch nur, weil er wegen anderer Delikte gesucht wurde.

Das politmediale Establishment wollte diesen Vorfall, diese Kapitulation des deutschen Staates von Anfang an verschweigen. Nachdem das aufgrund der zahlreichen Berichte von betroffenen Frauen in den sozialen Medien gescheitert war, versuchte man die Übergriffe zu verharmlosen und machte damit die Frauen zum zweiten Mal zum Opfer: Die Kölner Oberbürgermeisterin Henriette Reker riet den Frauen damals, doch einfach zu den vom Establishment importierten, aufdringlichen Nordafrikanern »eine Armlänge Abstand«[116] zu halten. Jene, die den Bevölkerungsaustausch vorantreiben, rückten aus, um zu erklären, dass dieser Einzelfall in Köln in keinem Zusammenhang mit der Massenzuwanderung stehen würde: Bundestagsvizepräsidentin Claudia Roth (Die Grünen) betonte:

> Es gibt auch im Karneval und auf dem Oktoberfest immer wieder sexualisierte Gewalt gegen Frauen.[117]

Der Hamburger Landesvorsitzende der Grünen, Michael Gwosdz, bezichtigte sich gar selbst, um die importierten Sexualstraftäter zu entlasten:

> Als Mann weiß ich, jeder noch so gut erzogene und tolerante Mann ist auch ein potenzieller Vergewaltiger. Auch ich.[118]

Der *Tagesspiegel* stellte sogar die steile These auf, dass deutsche Frauen die sexuellen Übergriffe aus purem Hass auf Ausländer frei erfunden hätten:

> Womöglich sind aber auch Frauen dabei, die gar nicht Opfer geworden sind, sondern aus politischer Überzeugung der Meinung waren, dass die Täter mit Migrationshintergrund oder die Flüchtlinge, die das Chaos auf der Domplatte für sexuelle Übergriffe ausgenutzt haben, abgeschoben gehören. Das hoffen sie womöglich mit einer Anzeige zu beschleunigen.[119]

Keine Ausrede ist zu absurd und kein Argument zu unverschämt, um die Kollateralschäden der Massenzuwanderung aus dem Islamgürtel zu leugnen. Vor allem die Mainstream-Medien gelobten, nachdem sie sich mit ihrer Berichterstattung blamiert und den Vorwurf der Lügenpresse bestätigt hatten, Besserung. Doch die einzigen Konsequenzen, die sie und die Politik zogen, waren nicht, künftig wieder objektiver und ehrlicher zu berichten, wieder mehr auf Information und weniger auf Haltung und Propaganda zu setzen, sondern ganz im Gegenteil, ihren Kurs gegen die Kritiker der Zuwanderung zu verschärfen und aktiv gegen die sozialen Medien vorzugehen, da diese die vom Establishment errichtete Kölner Schweigemauer durchbrochen hatten. Ohne Twitter und die alternativen Medien im Internet wäre das Verbrechen an den einheimischen Frauen niemals bekannt geworden. Das sollte nie wieder passieren! Nicht das Verbrechen an den Frauen, sondern dass dergleichen nochmals bekannt wird.

Damals machte das politmediale Establishment den Ausdruck »Fake News« populär, ein linker Kampfbegriff zur Verteidigung der Deutungshoheit, eine Reaktion auf den damals aufgekommenen Vorwurf der Lügenpresse. Und so wird das politmediale Establishment seit der Silvesternacht von Köln nicht müde, den sozialen Medien vorzuwerfen, sie verbreiteten Fake News, Verschwörungstheorien und extremistische Inhalte. Mit dem Ziel, sie zu diskreditieren, zu delegitimieren und schlussendlich zu verbieten.

Diese seither laufende breite Desinformationskampagne gegen die sozialen Medien bildet die Grundlage für zahlreiche Gesetze, Initiativen und Verordnungen zur Einschränkung der Meinungsfreiheit (wie das Netzwerkdurchsetzungsgesetz, der Digital Services Act, das Forum gegen Fakes und so weiter). 2022 drohte Bundesinnenministerin Nancy Faeser gar mit der Abschaltung des Messengerdienstes Telegram.[120]

Bei all diesen Maßnahmen geht es ausschließlich darum, die öffentliche Meinung lückenlos zu kontrollieren, zu überwachen und zu steuern, um die Deutungs- und Diskurshoheit nicht zu verlieren. Als Reaktion auf die Ereignisse in Köln entstanden auf Druck von Justizminister Heiko Maas (SPD) Facebook-Löschteams, deren einzige

Aufgabe die Zensur von system- und regimekritischen Inhalten ist. Diese Löschungen führt der größte deutsche Medienkonzern Bertelsmann, namentlich seine Tochter Arvato, durch. Der politmediale Machtkomplex in Aktion. Seither hat man dieses Netzwerk an Zensoren, Denunzianten, Meldestellen und »vertrauenswürdigen Hinweisgebern« massiv ausgebaut und deren Kompetenzen ausgeweitet. Man denke nur an die ab 2024 eingesetzten sogenannten Trusted Flagger. Das sind linksextreme Vereine, die mit dem Segen des Staates die Betreiber der sozialen Medien unter Druck setzen können, damit diese keine politisch unkorrekten Inhalte mehr veröffentlichen.

Die sozialen Medien sind nur deshalb noch Oasen in einer weitgehend gleichgeschalteten Medienlandschaft, weil deren Betreiber global agierende Konzerne sind. So kann das autoritäre Deutschland nur begrenzt Einfluss auf die Inhalte ausüben, weil der Staat und seine Helfershelfer keinen direkten Zugriff auf amerikanische oder chinesische Unternehmen haben. Ein Zustand, den man mit allen Mittlen zu beenden sucht.

So hat Frankreich den exilierten Russen Pawel Durow, den Mitbegründer des Messengerdienstes Telegram, bei seiner Einreise ins Land im August 2024 unter fadenscheinigen Gründen verhaften lassen. Bis zum Abschluss des Ermittlungsverfahrens darf Durow Frankreich nicht verlassen. Er soll vor Gericht gestellt werden; ihm drohen bis zu 20 Jahre Haft. Das Durow angelastete Verbrechen: Er hält die Meinungsfreiheit hoch und nimmt die Privatsphäre der Telegram-Nutzer ernst. Das heißt, er weigerte sich beharrlich, Inhalte zu zensieren und auf Zuruf Nutzerdaten an die Behörden weiterzugeben. Wie es etwa die Betreiber von Facebook und Google tun. Deshalb ist Telegram bei Diktaturen, autoritären Regimen und postdemokratischen Systemen wie der EU verhasst.

Das ist auch der Grund, warum Elon Musk, seines Zeichens Techmilliardär, Tump-Freund und Besitzer der Mikroblogging-Plattform X (ehemals Twitter), von europäischen Politikern und Medien zutiefst verabscheut wird. Und warum man ein Verfahren auf Basis des Digital

Services Act gegen X Corp. eingeleitet hat und Musk mit hohen Geldstrafen droht.[121] Auch in diesem Fall ist das Einzige, was man dem Unternehmer vorwerfen kann, die Meinungsfreiheit auf X hochzuhalten und sich nicht dem Diktat der autoritären Globalisten zu beugen. Etwas, was für Brüssel, Berlin und andere EU-Staaten einem Verbrechen gleichkommt.

Auf die in den USA unter der zweiten Amtszeit von Donald Trump ausgebrochenen Renaissance der Meinungsfreiheit reagiert die EU mit noch schärferen Zensurgesetzen,[122] völlig überzogenen Maßnahmen, wie etwa der 150-köpfigen Taskforce zur Überwachung eines Polittalks zwischen Elon Musk und AfD-Chefin Alice Weidel auf X.[123] Man will die EU vor der neuen Meinungsfreiheit aus Übersee abschotten. Das Establishment tut nicht einmal mehr so, als sei Freiheit ein hohes Gut, ein Wert, den es zu verteidigen gilt. Ganz im Gegenteil scheint »Freiheit« zu einem anrüchigen Begriff geworden zu sein. Sie ist kein Grundrecht mehr, sondern etwas, dass die Obrigkeit den Untertanen in Teilbereichen gewährt oder eben nicht.

Als etwa in Kanada Tausende Menschen für ihre Freiheit und gegen die restriktiven Coronamaßnahmen von Premier Justin Trudeau protestierten, strahlte der kanadische Newssender CBC einen Beitrag aus, in dem der Frage nachgegangen wurde, warum »Freiheit« besonders unter »Rechtsextremen« so beliebt sei.[124] Der Politikwissenschaftler Michael Bröning wetterte im linken Leitmedium *Die Zeit*:

> »Freiheit!« – dieser Ausdruck gilt in progressiven Kreisen heute meist als unangemessen. Ist es nicht der Schlachtruf all jener Ewiggestriger, die unter Selbstverwirklichung schon immer einen Blankoscheck für unverfälschten Egoismus verstanden haben?[125]

Es ist nur konsequent, dass die Freiheit in einem Europa verdammt wird, in dem die Regierungen zunehmend autoritär agieren, staatliche

Propaganda und Desinformation alltäglich geworden sind, Wahlen manipuliert oder gleich annulliert werden und Andersdenkende verfolgt und kriminalisiert werden. Die herrschende Klasse sieht in dem Ruf nach Freiheit primär eine Gefahr für ihre Vormachtstellung, weshalb man sie, die Freiheit, nun sogar als »rechtsextrem« brandmarkt – und einschränkt. Das politmediale Establishment und seine Fußtruppen, die alle Bereiche der Gesellschaft ideologisiert haben, fürchten und verachten die Freiheit, egal ob Meinungs-, Versammlungs- oder Pressefreiheit, Freiheit der Wissenschaft, der Lehre oder der Kunst.

Der Bevölkerungsaustausch kann nur gelingen, wenn man die Bürger kontrolliert, ruhigstellt und jegliche Kritik an dieser Realdystopie unterbindet. So hat ein vom Bundesinnenministerium und der Bertelsmann Stiftung ins Leben gerufener »Bürgerrat« mit Namen »Forum gegen Fakes« 2024 vorgeschlagen, dass künftig jede Meinungsäußerung von Bürgern in den elektronischen Medien von einer Künstlichen Intelligenz (KI) vorab geprüft werden und gesperrt, also erst gar nicht veröffentlicht werden soll, wenn sie nicht zu 100 Prozent systemkonform ist. Wer etwa den Bevölkerungsaustausch kritisiert, vor der Islamisierung warnt oder die Klimaideologie hinterfragt,[126] wird in einem automatisierten Prozess zum Schweigen gebracht. Das sind die Pläne des Establishments, die selbstredend nur dazu dienen, »unsere Demokratie« zu bewahren und die Bürger vor rechtem Hass zu schützen. Der beste Name für so ein alle Meinungsäußerungen überwachendes KI-Programm wäre wohl »Big Brother«.

Das zeigt, je mehr die Lage in Deutschland außer Kontrolle gerät, desto dreister wird das Volk belogen, desto mehr Bürgerrechte werden beschnitten. Die milliardenschweren öffentlich-rechtlichen Anstalten wie auch die privaten Medienhäuser sind eine gewaltige und mächtige Propagandamaschinerie, die alle nicht auf Linie liegenden Meinungen niederwalzt. Rund um die Uhr werden die Bürger von einem gigantischen Medienapparat indoktriniert, der hinsichtlich der Zuwanderungs- und allen anderen zentralen Zukunftsfragen nur noch die eine, alternativlose Haltung propagiert.

Man muss sich das Ausmaß dieser Manipulation der Massen vor Augen führen. Bis auf kleine reichweitenschwache Meinungsoasen im Internet, bis auf wenige von der Regierung, den Behörden und NGOs permanent unter Druck gesetzte unabhängige Onlinemagazine und Nachrichtenportale ist die Medienlandschaft de facto gleichgeschaltet. Das heißt, sie verbreitet zu den zentralen Themen wie Ukraine, Corona, Putin, Klima, Zuwanderung oder Islam stets dieselben Narrative und alternativlosen »Wahrheiten«. Kein Bereich ist davon ausgenommen. Es gibt keine ideologiefreien Räume mehr. Sämtliche TV-Unterhaltungsformate – vom Krimi bis zur Liebeskomödie, vom Kinderprogramm bis zur Comedy –, sind auf linke Volkspädagogik und Propaganda getrimmt.

Jeder Bürger wird von früh bis spät mit den immer gleichen Inhalten und Botschaften bombardiert: dass Massenzuwanderung unsere Kultur bereichere und der Islam eine Religion des Friedens sei. Dass Rechte die größte Gefahr für Deutschland darstellen. Dass Donald Trump und seine Regierung gefährliche Irre und die Grünen moralische Lichtgestalten seien. Und nicht zuletzt, dass Covid-19-Impfstoffe keinerlei Nebenwirkungen hätten. All das wird den Menschen tagein, tagaus von Nachrichtensprechern, Kommentatoren, Analysten, Experten, Comedians, Moderatoren und Promis eingehämmert.

Ein gewaltiges Heer an Erfüllungsgehilfen ist mithin ausschließlich damit beschäftigt, für gutes Geld die öffentliche Meinung in die von oben vorgegebene Richtung zu steuern. Wirklich alles, selbst der Wetterbericht oder Sportveranstaltungen, ist dergestalt durchideologisiert, wird als Vehikel für linke Propaganda genutzt. Man kann somit sagen: Die mittlerweile globalistisch agierende Linke hat ihre Parole, die sie in den 1960ern ausgegeben hat, »Das Private ist politisch«, auf wirklich allen Ebenen umgesetzt.

Selbst Kinder werden in den Schulen und im öffentlich-rechtlichen Fernsehen gegen ihre Eltern aufgehetzt. Wirklich niemand darf sich außerhalb des politisch korrekten Meinungskorridors bewegen, nicht einmal der Opa nach drei Gläsern Weihnachtspunsch.

So geben etwa kurz vor Heiligabend viele Medien Tipps, wie man sich verhält, wenn sich die Verwandtschaft beim Familientreffen nicht politisch korrekt äußert. »Was tun mit dem rassistischen Onkel unterm Weihnachtsbaum?«,[127] fragt *Die Zeit* und liefert (leider nur den zahlenden Kunden) die passende Lösung gleich mit. »So diskutieren Sie an Weihnachten mit dem rassistischen Onkel«,[128] erklärt der *Spiegel* seiner verzweifelten Klientel, und die *Rheinische Post* schwört ihre Leserschaft wie folgt auf die renitente Sippschaft ein:

> Klimawandel, Asylpolitik, Nahostkonflikt – die Nachrichtenlage bietet jede Menge Streitpotenzial zum Familienfest. Merke: Selbst wenn Opa, Tante oder Großcousin mit absurden Thesen provozieren, gilt es, Haltung zu zeigen.[129]

Es ist eine Art Doppelpassspiel, in dem sich die verschiedenen Akteure und Propagandisten des Bevölkerungsaustausches immer wieder gegenseitig bestätigen, linke Narrative in der Bevölkerung etablieren, Andersdenkende ausgrenzen.

Alle Institutionen des Staates und der Gesellschaft werden dafür missbraucht: Die Medien berichten nicht mehr, sie erziehen und belügen die Menschen; Wissenschaftler versuchen nicht mehr die Welt zu erklären, sondern im Sinne der linken Ideologie zu verändern; Lehrer, die den Kindern nicht mehr Wissen, sondern nur noch Ideologie vermitteln; Künstler kritisieren nicht mehr die Mächtigen, sondern hetzen gegen Oppositionelle und Andersdenkende; Juristen sprechen nicht mehr Recht, sondern setzen politische Vorgaben um; und selbst beim Sport kommt es mittlerweile weniger auf Leistung als auf die richtige politische Haltung an. Kurz: Die staatlichen und gesellschaftlichen

Institutionen haben sich, wie das in totalitären, autoritären oder postdemokratischen Systemen üblich ist, in den Dienst der vermeintlich guten Sache gestellt.

Und auch die Kirchen verkünden nicht mehr das Wort Gottes, sondern das der Globalisten. Dazu sollte man wissen: In der evangelischen Kirche gab es in den 1930er- und 1940er-Jahren besonders viele glühende Nationalsozialisten, jetzt, rund 80 Jahre später, schließt man – ebenfalls wieder mit voller Inbrunst und im Einklang mit der politischen Herrscherklasse – AfD-Mitglieder aus seinen Reihen aus.[130]

Einmal mehr sind viele Bürger an einem Verbrechen gegen die Menschheit direkt oder indirekt beteiligt. Das war in den beiden deutschen Diktaturen des 20. Jahrhunderts nicht anders. Erneut marschieren sie mit wehenden Fahnen, die diesmal knallbunt sind, voller Überzeugung und Verachtung gegenüber jenen, die ihnen nicht ins Verderben folgen wollen. Experten, die nicht sagen, was ist, sondern, was von ihnen verlangt wird.

Dabei versucht man alles, um die Bürger über das Ausmaß der gesellschaftlichen Transformation und des Bevölkerungsaustausches im Unklaren zu lassen. Das ist der Grund, warum es in einem Land wie Deutschland, wo alles und jeder statistisch exakt erfasst und ausgewertet wird, in jenen Bereichen, die für unsere Zukunft besonders relevant und interessant sind, so große Datenlücken gibt.

So ist völlig unklar, wie viele Muslime in Deutschland leben. Diese Daten werden nicht erhoben. Keiner darf wissen, wie groß ihre Zahl tatsächlich ist. Die aktuellen Schätzungen, die von NGOs und Medien verbreitet werden, bewegen sich aktuell bei einem Bevölkerungsanteil von um die 7 Prozent. Das erscheint extrem niedrig, wenn man durch Deutschlands Städte geht und in Rechnung stellt, wie präsent, ja, dominant der Islam mittlerweile in Deutschland ist, wie sehr dieser die Berichterstattung in den Medien, die Politik und den Alltag der Menschen beherrscht. Zweifel sind durchaus angebracht, und es steht zu befürchten, dass die Zahlen bewusst niedrig gehalten werden, um die Bürger nicht zu beunruhigen. Denn die Deutschen sind in vielen Altersgruppen und Regionen bereits jetzt in der Minderheit, das Land schon viel islamischer geprägt als von Politik und Medien dargestellt. Die *Neue Zürcher Zeitung* schreibt im Juni 2024:

> Bei der jüngsten Volkszählung hat Deutschland ohne Not darauf verzichtet, den Anteil der Muslime im Land zu erheben. Ein Versäumnis, das symptomatisch ist für den Umgang mit dem Islam.[131]

So sehr man auch versucht, den Bürger zu täuschen beziehungsweise ihm relevante Informationen vorzuenthalten: Es gibt mittlerweile eine Fülle an Daten und Hinweisen, die vom Establishment nicht unterdrückt werden können und die eindeutig darauf hindeuten, dass sich der Anteil der Muslime an der Bevölkerung längst im zweistelligen Bereich bewegt und vermutlich bald ein Viertel der Deutschen Angehörige des Islams sind, zumal in den kommenden Jahren die geburtenstarke Babyboomergeneration wegstirbt. So ist etwa »Mohammed« seit Jahren der beliebteste Vorname für neugeborene Jungen in Berlin[132] und in immer mehr Regionen des Landes wie in Bremen, Hamburg oder Schleswig-Holstein.[133]

Der Islam ist zum zentralen Thema in Deutschland geworden, beherrscht – trotz aller Vermeidungsstrategien – Politik, Medien und den öffentlichen Diskurs in einem Ausmaß, das mit den quasioffiziellen Zahlen an Muslimen in Deutschland in keinem Verhältnis steht. Wir werden über den Anteil der in Deutschland lebenden Muslime an der Gesamtbevölkerung von jenen Kräften systematisch belogen, die sie in großer Zahl seit Jahren ins Land holen. Würden die Menschen die Fakten, das heißt, die nicht medial geschönte Situation kennen, könnten sie womöglich die »falschen«, sprich: die richtigen Schlüsse ziehen, könnte die Stimmung im Land kippen. Deshalb gilt: Was der Bürger nicht weiß, macht ihn nicht heiß.

Die Bevölkerung darf also nicht wissen, wie viele Muslime in Deutschland leben, ebenso wenig, dass zwischen Zuwanderung und explodierender Gewalt ein kausaler Zusammenhang besteht. Weil muslimische Zuwanderer in der Gewaltstatistik deutlich überrepräsentiert sind, wird der Bürger in der Regel entweder mit äußerst lückenhaften Informationen, in denen das Wesentliche fehlt – nämlich die Herkunft des Täters –, abgespeist, oder man versucht ihn mit statistischen Tricksereien und obskuren Erklärungsmodellen in die Irre zu führen.

Einen besonderen Leckerbissen lieferte diesbezüglich die ARD. Bei der Präsentation der Kriminalstatistik für das Jahr 2023 musste selbst Innenministerin Nancy Faeser zugeben:

> Mehr Migration hat zu mehr Straftaten geführt.[134]

Angesichts dieser Zahlen hatte sie auch kaum eine andere Wahl: 41 Prozent aller Tatverdächtigen besaßen keinen deutschen Pass, obwohl der Anteil der Ausländer an der Gesamtbevölkerung lediglich bei 15 Prozent liegt. Und 44 Prozent der nicht deutschen Kriminellen kamen als Asylbewerber in die Bundesrepublik.[135] Und was machte die öffentlich-rechtliche ARD aus diesen Fakten? Sie berichtete:

> Und eine weitere Zahl in der Statistik lässt aufhorchen: die der nicht deutschen Tatverdächtigen – zu denen auch Touristen und Arbeitspendler zählen.[136]

In der wichtigsten TV-Nachrichtensendung des Landes verweist man bei der explodierenden Ausländerkriminalität als Erstes auf Touristen und Arbeitspendler, also auf Japaner, die sich Schloss Neuschwanstein ansehen oder auf Salzburger, die in Bayern arbeiten. Das ist nur deshalb keine glatte Lüge, weil immerhin sage und schreibe 0,09 Prozent der Tatverdächtigen tatsächlich Touristen und Arbeitspendler sind. Ja, wir werden täglich für blöd verkauft.

So unterstellte der Moderator Louis Klamroth im ARD-Polittalk *Hart, aber fair*, dass an den in Deutschland alltäglich gewordenen Gruppenvergewaltigungen auch »australische Austauschstudenten« beteiligt sein könnten. Klamroth wörtlich: »Nur woher die kommen, das weiß man nicht. Das können Flüchtlinge sein, das können [sic] aber auch ein australischer Austauschstudent sein.«[137]

Behörden, Politik und Medien versuchen mit statistischen Tricks und Zahlenspielerein die Bürger systematisch zu belügen, ihnen ein völlig falsches Bild von der aktuellen Lage in Deutschland zu vermitteln. Als etwa in Stuttgart im Sommer 2020 ein Migrantenmob Teile der Innenstadt verwüstete,[138] erfanden Polizei, Politik und Medien die Mär von der »Party- und Eventszene«, die aufgrund der Coronalockdowns etwas zu wild in der Innenstadt gefeiert hätte.

Bei diesem Framing, Lügen und Betrügen geht es im Wesentlichen immer darum, die Herkunft der Täter und deren Motive zu verschleiern und jeden Zusammenhang zwischen solchen Taten und dem Kurs der politischen Verantwortungsträger zu vermeiden. Das wird einerseits immer schwieriger, weil sich aufgrund der Verschärfung der Situation das Offensichtliche und Naheliegende immer schlechter verbergen lässt, andererseits ist diese Strategie bei Teilen der Bevölkerung noch äußerst erfolgreich. Das liegt daran, dass die politische Klasse, die diesen Niedergang, diesen importierten Krieg zu verantworten hat, von der Mehrheit der Bevölkerung nach wie vor nicht als das erkannt wird, was sie ist: nämlich eben jene skrupellose Riege, die hinter diesen Verbrechen und den vielen Toten – von Solingen über Magdeburg bis Aschaffenburg – steht und mithin viel Blut an ihren Händen hat. Die nach jedem weiteren Attentat und Massenmord ihre menschenverachtende Agenda weiter durchzieht. Die mit ihrer Politik die Rahmenbedingungen, die solche Taten und Täter begünstigen, ja, geradezu motivieren, fortwährend »optimiert«. Und die gleichzeitig nach jedem neuen Verbrechen noch brutaler und mit autoritären, polizeistaatlichen Methoden gegen ihre Kritiker vorgeht.

Trotzdem hofft ein großer Teil der Bevölkerung, wie die Wahlergebnisse zeigen, dass jene Parteien, die seit Jahren daran arbeiten, das Land gezielt zu zerstören, ihre Probleme schon irgendwie lösen werden. Das ist angesichts der realen Verhältnisse und Strukturen, die man klar erkennen kann, sobald man die von Politik und Mainstream erzeugten Echokammern verlässt, besonders tragisch. Nicht zuletzt deshalb, weil die Deutschen (inklusive der Österreicher) nicht zum ersten Mal voller Überzeugung in ihr absehbares Verderben laufen und dabei einmal mehr einen ganzen Kontinent mit in den Abgrund reißen werden. Angela Merkel, die diesen Zug der Lemminge viele Jahre angeführt hat, wird bis heute als Heldin und große Politikerin verehrt. Ihre Memoiren, die den das Land und die Bürger verhöhnenden Titel *Freiheit* tragen, avancierten 2024 sogar zum meistverkauften Buch des Jahres.[139]

Dabei war sie es, die Deutschland im Jahr 2015 mit ihrer Parole »Wir schaffen das« dem Land den finalen Todesstoß versetzte. Die seither stetig anschwellende Welle der Gewalt und des Terrors ist nur eine von vielen dramatischen Folgen dieser Politik. Das ist keine Behauptung, sondern eine Tatsache, die sich jederzeit mit der offiziellen Kriminalstatistik[140] und dem Vergleich mit anderen EU-Ländern, die diese Fehler nicht begangen haben, beweisen lässt.

Damit das dramatische Ausmaß dieses Verbrechens an den Bürgern diesen nicht bewusst wird, muss die importierte Gewalt einerseits systematisch vertuscht und relativiert, andererseits über die Verbrechen von Einheimischen geradezu exzessiv berichtet werden, um den Eindruck zu erwecken, der gemeine Deutsche, insbesondere der, der die AfD wählt, sei ein notorischer Krimineller und viel gefährlicher als jeder ins Land geholte Intensivtäter. Bei »biodeutschen« Tätern entfällt auch das Psychologisieren und Relativieren. Ihre Verbrechen sind stets monströs und von Hass und Rassismus geprägt. Als etwa gutbürgerliche, angetrunkene Twens auf Sylt zu einem italienischen Partyhit »Ausländer raus« sangen – was im Übrigen nicht strafbar ist –, brach ein politischer und medialer Sturm der Entrüstung los. Das Establishment der Bundesrepublik fiel geifernd über diese jungen Menschen her, mit dem Ziel, deren berufliche und soziale Existenz zu zerstören. Zu diesem Zweck veröffentlichte man die vollen Namen der »Verbrecher« samt ihrer unverpixelten Gesichter, etwas, was man bei Vergewaltigern aus Afghanistan oder Mördern aus Nordafrika mit dem Hinweis auf die Verletzung der Persönlichkeitsrechte gemeinhin unterlässt. Der inszenierte Sylt-Skandal zeigt deutlich, wie man die Taten von Einheimischen und die von Zuwanderern in Politik und Presse gewichtet. Diese Doppelstandards finden auch in der deutschen Rechtsprechung ihre Anwendung.

Wenn ein Uwe, Hans oder Jens einem Migranten auch nur ein Haar krümmen sollte, ist das für Politik, Presse und Zivilgesellschaft wie Weihnachten und Ostern zusammen. Diese Täter-Opfer-Konstellation ist so selten wie ein weißer Elefant. Weshalb solche Ereignisse politisch und medial ausgeschlachtet und besonders dramatisch dargestellt werden müssen, damit sie die nächsten Bluttaten und Anschläge, die von Migranten begangen worden sind und die man trotz aller eingeübter Praktiken nicht geheim halten konnte, überstrahlen.

Mit einer solchen an der Realität vorbeigehenden gleichgeschalteten Berichterstattung, die sich nur als systematische Desinformation bezeichnen lässt, kann das dahinterstehende Establishment mehr schlecht als recht den Eindruck erwecken, dass die steigende Zahl von Verbrechen in keinem Zusammenhang mit der Zuwanderung, sprich: mit der Regierungspolitik, ihrer medialen Propaganda und dem vorherrschenden linken Zeitgeist der vergangenen Jahre steht.

Auch hier muss man sich der Perfidie und des Ausmaßes des Betruges an den Bürgern erst bewusst werden, zumal man selbst als kritischer Zeitgenosse, der in diesem System lebt, betriebsblind wird. Das politmediale Establishment hat über Jahre Methoden, Techniken und Netzwerke entwickelt beziehungsweise geschaffen, deren einzige Aufgabe es ist, die Menschen über das Ausmaß des Verbrechens, das an ihnen begangen wird, im Dunkeln zu lassen. Ohne Massenzuwanderung könnten Hunderte Menschen in Deutschland und viele Tausend in Europa noch leben, ohne Massenzuwanderung wären Zigtausende Menschen nicht traumatisiert, zigtausend Frauen nicht vergewaltigt worden. Das ist, obwohl es sich um eine offenkundige Tatsache handelt, nur wenigen Bürgern in dieser Klarheit und Simplizität bewusst.

Selbst rechte Parteien und Politiker, sprechen das in dieser Deutlichkeit selten aus. Wer es trotzdem wagt, gilt gemäß der klassischen linken Täter-Opfer-Umkehr seinerseits als Verbrecher, als Nazi. Nicht der wahre Übeltäter, sondern der Überbringer der schlechten Nachricht wird an den medialen Pranger gestellt. Auch hier fährt man, je näher der Multikulticrash rückt, immer schwerere Geschütze auf: Der Vorwurf, ein Rechtsextremist, ein Nazi – also ein *Nationalsozialist* – zu sein, gilt in Deutschland als der schwerste, den man einem Menschen machen kann. Es ist zudem eine Straftat, die mit 3 Monaten bis zu 5 Jahren Freiheitsstrafe geahndet wird. Und als Nazi gilt in Politik und medialer Berichterstattung mittlerweile jeder, der sich seinen Hausverstand und seinen Realitätssinn bewahrt hat. So sagte der damalige Justizminister Heiko Maas (SPD) zum Höhepunkt des Willkommenshypes im Jahr 2016, als Millionen Menschen ins Land drängten:

> Wenn zudem ein »unterdurchschnittliches Bildungsniveau« von Muslimen behauptet wird und wegen des Geburtenreichtums von Muslimen vor einem »ethnisch-kulturellen Wandel« gewarnt wird, dann ist die Grenze zum biologistischen Rassismus klar überschritten.[141]

Dass die muslimischen Zuwanderer ein unterdurchschnittliches Bildungsniveau aufwiesen und größtenteils noch immer aufweisen,[142] dass ihre Geburtenrate über der einheimischer Frauen liegt, was zwangsläufig zu einem »ethnisch-kulturellen Wandel« führt beziehungsweise längst geführt hat, sind unbestreitbare Tatsachen. Wer also die für jeden erkennbare Wahrheit ausspricht, hat die Grenze zum »biologistischen Rassismus« überschritten, der ist ein Nazi.

Die Wahrheit ist spätestens seit den prägenden Jahren 2015 und 2016 in Deutschland zum Verbrechen geworden. So wie die Selbstaufgabe zur moralischen Pflicht der Deutschen geworden ist, damit ihr Niedergang einen Sinn bekommt und sie ihn leichter erdulden können.

KAPITEL 5

Der Weg in den Abgrund

5.1 Wirtschaft

Im Jahr 2024 häuften sich Schlagzeilen wie diese: »Jetzt 3200 Jobs betroffen. Schon wieder! Bosch kündigt Stellenabbau an«,[143] »Schock bei Volkswagen: 30 000 Jobs in Gefahr«,[144] »Zulieferer ZF Friedrichshafen streicht bis zu 14 000 Stellen in Deutschland«[145] oder »Continental streicht weitere 1750 Stellen«.[146]

Täglich gibt es neue Horrormeldungen von Werksschließungen, Massenentlassungen, Umsatz- und Gewinneinbrüchen, Firmenpleiten und Standortschließungen. Es ist etwas ins Rutschen gekommen; Deutschland befindet sich im freien Fall. Betroffen ist vor allem das Rückgrat der Wirtschaft und damit die Basis des Wohlstandes: die Industrie (in der New Economy spielt Deutschland ohnehin keine Rolle mehr). Also jener Bereich der Wirtschaft, der mit seiner hohen Wertschöpfung und seinen Steuerleistungen den aufgeblähten linken Sozialstaat mit seinem Heer an Beamten, Funktionären und Institutionen sowie die Millionen von größtenteils ins Land geholten Versorgungsfällen finanziert. Selbst Industriegiganten wie VW, Bosch oder BASF sind in die Krise geschlittert. Und was bis vor Kurzem noch undenkbar schien, ist nach nur wenigen Jahren grüner Regierungsbeteiligung und dank der Vorarbeit der CDU unter Angela Merkel und der SPD Realität geworden.

Durch das Land rollt eine gewaltige Pleitewelle, die immer mehr Unternehmen hinfort spült. Stirbt die Industrie, zieht sie auch den Handel, die Zuliefererbetriebe und den Dienstleistungssektor mit ins

Grab. Die *Welt* berichtete: »Die anhaltende Wirtschaftskrise in Deutschland lässt die Insolvenzzahlen sprunghaft steigen. 22 400 Unternehmenspleiten meldet die Auskunftei Creditreform für 2024, das sind 24,3 Prozent mehr als im Vorjahr und so viele wie seit 2015 nicht mehr.«[147]

Deutschland, der einstige Exportweltmeister, rutscht immer tiefer in die Krise. Selbst der linke *Spiegel* kommt nicht umhin, zu melden: »Zahl der Insolvenzen steigt rapide«.[148] Realistischer beschreibt das Internetportal *agrarheute* die Lage: »Pleitewelle überrollt deutsche Wirtschaft – Und: 2025 wird es richtig schlimm«.[149]

Immer mehr Unternehmen gehen pleite oder, wie Wirtschaftsminister Robert Habeck es ausgedrückt hat, hören nur auf zu produzieren.[150] Allerdings für immer. Besserung ist nicht in Sicht. Immer mehr Gesetze, Verordnungen und Bürokratie, immer höhere Steuern und Abgaben zerstören die Wirtschaft und beschleunigen den Niedergang Deutschlands. Selbst Konzerne mit vollen Auftragsbüchern stellen ihre Produktion ein, wandern ab oder investieren im Ausland, weil es in Deutschland nicht mehr möglich ist, gewinnbringend zu arbeiten.

So verabschiedet sich selbst der größte Chemiekonzern Europas, die BASF, aus Deutschland. Er investierte 10 Milliarden Euro in eine neue chinesische Großanlage und schloss Bereiche der Produktion in Ludwigshafen. Man heuerte neues Personal in Fernost an und verabschiedete sich von Teilen der deutschen Stammbelegschaft. Den Grund dafür beschreibt der renommierte Wirtschaftsjournalist Gabor Steingart:

> Die Schließung von Produktionsstandorten und die Verlagerung von Investitionen nach China sind ein klares Signal an die Politik: Profitorientierte Unternehmen sind nicht bereit, den Preis für politischen Aktionismus zu zahlen.[151]

Inflation, Pleitewelle, Kapitalabfluss und Arbeitslosigkeit sind nicht unvermeidbar und nur bedingt von globalen Entwicklungen beeinflusst.

In erster Linie sind sie das Ergebnis politischer Entscheidungen in Berlin und Brüssel, im Zuge derer nationale Rahmenbedingungen umgesetzt werden. Der wirtschaftliche Abstieg Deutschlands ist kein Kollateralschaden, auch keine Delle, sprich: ein temporäres Phänomen, sondern das erklärte Ziel linker Politik, das seit Jahren konsequent verfolgt wird. Ja, es trifft zu: Die deutsche Wirtschaft wird gezielt gegen die Wand gefahren. Glauben Sie nicht? Dann lesen Sie, was etwa Wirtschaftsminister Robert Habeck zu Beginn des Jahres 2024 stolz und freudig verkündet hat: »Die Emissionen in Deutschland sind im letzten Jahr massiv gesunken.« Habeck lobte sich und »die harte Arbeit der letzten zwei Jahre«.[152]

Der Hauptgrund, warum die Emissionen 2023 in Deutschland gesunken sind, ist, dass die Industrie deutlich weniger produziert hat, eben weil viele Betriebe aufgrund der hohen Energiekosten ihre Produktion gedrosselt haben, abgewandert oder pleitegegangen sind. Der Wirtschaftsminister freut sich öffentlich darüber, dass er mit seiner Strategie, die Industrie mit hohen Energiepreisen zu zerstören oder zu vertreiben, erfolgreich gewesen ist. Das geschieht auch keineswegs um der Umwelt oder des Klimas willen, denn was Deutschland nicht mehr produziert, wird in anderen Teilen der Welt, mit zum Teil deutlich mehr Emissionen, hergestellt.

Dass es mit Deutschland steil bergab geht, ist die Folge der politisch gesteuerten Zerstörung der heimischen Wirtschaft. Es ist eine simple Wahrheit: Wer die Energiepreise gezielt verteuert, wie man das seit Angela Merkels ausgerufener Energiewende konsequent umsetzt, der treibt die Industrie aus dem Land und die Menschen in die Armut. Billige Energie ist die Voraussetzung für Wohlstand, teure vernichtet ihn.

Das *Handelsblatt* schreibt:

> Wollen wir Wohlstand hierzulande erhalten, müssen wir anerkennen, dass sicherer Zugang zu günstiger Energie

> eine, wenn nicht sogar die entscheidende Voraussetzung dafür ist.[153]

Auch in diesem Fall werden die Bürger systematisch belogen, werden Dutzende Ausreden, Sündenböcke und Vorwände erfunden, um den Niedergang zu erklären und zu rechtfertigen. Sehr viele Bürger lassen sich tatsächlich mit dümmlichen Kalendersprüchen auf Grundschulniveau wie diesen abspeisen: »Sonne und Wind schicken keine Rechnung.« Insofern ist es nur konsequent, dass ein Kinderbuchautor als Minister für die deutsche Wirtschaft verantwortlich ist. In einem dieser Bücher beschreibt Habeck, wie lehrreich, sinnstiftend und romantisch ein Blackout ist. Seine Kinderheldin lässt er deshalb sinnieren:

> Und doch ist sie sich in dem Augenblick nicht sicher, ob sie sich wünschen soll, dass der Strom wiederkommt.[154]

Dank dieser Politik und politischer Entscheidungsträger wie Habeck ist aus dem einstigen Wirtschaftswunderland ein drittklassiger Wirtschaftsstandort geworden, um den Konzerne, Investoren und Fachkräfte einen immer größeren Bogen machen. Folgerichtig ist Deutschland dann auch in die Rezession abgerutscht. 2023 schrumpfte die Wirtschaft um 0,3 Prozent, 2024 um 0,1 Prozent, und auch 2025 wird es kein Wachstum geben. Vermutlich wird die Wirtschaft sogar weiter schrumpfen, zumal viele Forscher zu Jahresbeginn ihre Prognosen für 2025 auf null gesenkt haben[155] – und selbst das dürfte noch arg optimistisch gewesen sein. Auch das benachbarte Österreich, das wirtschaftlich eng mit Deutschland verwoben ist, steckt in einer tiefen Krise. Seit 5 Jahren ist die Alpenrepublik das konjunkturelle Schlusslicht der EU.[156]

Bei der wirtschaftlichen Talfahrt Deutschlands und dem Niedergang seiner Industrie spielt neben den Energiepreisen und der überbordenden Bürokratie auch die Massenzuwanderung eine erhebliche

Rolle. Der wirtschaftliche Abstieg Deutschlands hat viele Ursachen, die aber allesamt ihren Ursprung in der linken Ideologie und Politik haben, sprich hausgemacht sind. Es ist vor allem das sukzessive Zurückdrängen der Marktwirtschaft mithilfe von Bürokratie, Gesetzen, Vorschriften und Reglementierungen, die allesamt auf eine zentral gesteuerte Staatswirtschaft hinauslaufen, insbesondere die Energiewende ist ein Hebel für den Umbau der deutschen Wirtschaft.

Über die Energiewirtschaft lassen sich alle anderen Wirtschaftszweige und der Lebensstandard der Bevölkerung steuern und beeinflussen. Und mittlerweile bestimmt die Politik in Berlin, wer wie, womit und unter welchen Rahmenbedingungen Strom erzeugen darf – mit Marktwirtschaft hat das nichts mehr gemein.

Die Politik der Ampelregierung, die von den marxistischen, technologiefeindlichen, ökoesoterischen – eine besonders toxische Mischung – Grünen dominiert wird, war einer der Hauptgründe für den Niedergang Deutschlands, dafür spricht auch, dass Österreich, wo die Grünen ebenfalls seit 5 Jahren an der Macht sind, einen ähnlichen Sinkflug hingelegt hat. Sobald die sozialistischen Grünen mit ihren planwirtschaftlichen Ideen die Politik eines Landes nicht nur metapolitisch, sondern auch als Regierungspartei beeinflussen können, ist der Absturz der Wirtschaft die logische Folge, also geradezu unvermeidlich. Doch darum geht es in diesem Buch nicht.

Nur so viel: Massenzuwanderung ist Gift für ein Land, Planwirtschaft ist Gift für ein Land, hohe Energiepreise sind Gift für ein Land, Grüne sind Gift für ein Land. Wenn all das zusammenwirkt, ist die Dosis letal, wirkt sie wie ein Selbstzerstörungsbooster, der jede noch so stabile demokratisch verfasste Industrienation binnen kürzester Zeit in Schutt und Asche legt. Deutschland, Österreich und auch Schweden, wo die Grünen ebenfalls bis 2021 mitregierten und wo seither brutale Straßenkriege zwischen Migrantenbanden toben, sind der beste Beweis dafür.

Wobei auch die Massenzuwanderung ganz direkt für den wirtschaftlichen Absturz Deutschlands verantwortlich ist und massiv zu den wirtschaftlichen Problemen beiträgt. Wiewohl Politik und Medien stets kontrafaktisch berichten, also konsequent das Gegenteil behaupten, und die Zuwanderung von Hunderttausenden unqualifizierten, oftmals nicht einmal alphabetisierten Menschen als alternativloses Allheilmittel für den Fachkräftemangel anpreisen. Experten und Mainstream-Medien haben sich sogar dazu verstiegen, zu behaupten, die AfD trage die Verantwortung für den wirtschaftlichen Niedergang des Landes. Und nein, das ist kein Scherz.

Vor den Landtagswahlen in Thüringen, Sachsen und Brandenburg im Jahr 2024 behaupteten Politik und Medien angesichts der guten Umfragewerte der AfD, dass ein Sieg der sogenannten Rechtspopulisten den Wirtschaftsstandort Deutschland gefährden würde. Schlagzeilen wie diese waren in den Wochen vor der Wahl fast täglich zu lesen: »Warum die AfD die Wirtschaft gefährdet«[157] (*ZDF Heute*), »Lindner sieht in AfD ein Risiko für die deutsche Wirtschaft«[158] (*Welt*), »AfD ist laut Habeck ›Gift für Wirtschaftsstandort Deutschland‹«[159] (*Redaktionsnetzwerk Deutschland*).

Warum die deutsche Wirtschaft, die sich zu diesem Zeitpunkt längst im freien Fall befunden hat, ausgerechnet durch die AfD gefährdet werden sollte, begründeten die linken und bürgerlichen Kräfte in Politik, Medien und Wirtschaft damit, dass Fachkräfte aus dem Ausland fernbleiben würden, sobald die rechte Partei an die Macht käme. Wirtschaftsminister Habeck drückte es so aus:

> Wenn man diese wahnwitzigen faschistischen Pläne, die sie ausgesprochen haben, einmal ernst nimmt – also alle Menschen, die nicht nach ihrer Definition deutsch sind auszuweisen – dann kann man ja mal von den Restaurants bis über das Handwerk bis zu den Speditionen durchzählen, was das bedeutet. Dann ist der Standort tot.[160]

Der SPD-nahe Wirtschaftsforscher und Chef des Deutschen Institut für Wirtschaftsforschung (DIW) Marcel Fratzscher bläst ins selbe Horn:

> Es sind große Auswirkungen zu befürchten – vor allem wegen des Umgangs mit Migrant*innen und Geflüchteten. Es entsteht mittlerweile eine sehr ausländerfeindliche und intolerante Stimmung. Und dies wird vor allem in Regionen, in denen die AfD stark ist, die Wirtschaft negativ beeinflussen. Nicht nur ausländische Fachkräfte und Unternehmen meiden diese Regionen, auch viele gut ausgebildete Deutsche wollen dort nicht leben und arbeiten, weil ihnen die Stimmung zu intolerant und rassistisch ist. Das ist das Dilemma einiger dieser Regionen.[161]

Diese Argumentationskette ist so absurd und geht dermaßen an der Lebensrealität vorbei, dass es sich nicht lohnt, näher darauf einzugehen. Diejenigen, die mit ihrer Politik die Deindustrialisierung gezielt vorantreiben, um den Wirtschaftsstandort zu zerstören, schreien nun laut: Haltet den Dieb. Dass No-Go-Areas, steigende Kriminalität, islamistischer Terror oder das unterirdische Niveau an den Schulen Fachkräfte davon abhalten könnte, nach Deutschland zu kommen, hört und liest man von »Experten«, Medien und Politikern hingegen nicht.

Was Fachkräfte, Leistungsträger, High Potentials und auch Investoren abschreckt, sind hohe Steuern und Abgaben, schlechte Infrastruktur, hohe Kriminalität und Korruption, also jene Bereiche, in denen Deutschland seit Jahren dank unkontrollierter Massenzuwanderung immer schlechter dasteht. Fachkräfte wandern in Länder aus, wo für sie ideale Bedingungen herrschen, sprich: in denen man leistungsgerecht bezahlt wird, also nach Abzug der Steuern mehr als nur – wie in Deutschland – ein Taschengeld übrig bleibt, man seine Kinder in gute

Schulen und gefahrlos auf den Weg dorthin schicken kann, in denen es auf den Straßen sicher ist und man nicht Monate auf eine zweitklassige medizinische Behandlung warten muss.

Leistungsträger und High Potentials schätzen also genau das, was Deutschland mit seiner Massenzuwanderung unwiederbringlich zerstört hat. Länder wie Singapur oder die Vereinigten Arabischen Emirate sind in diesen Bereichen Spitzenreiter und entsprechend beliebt bei Fachkräften. Der Wirtschaftsnobelpreisträger Milton Friedman hat dieses Dilemma so beschrieben:

> Es ist eine Sache, den ungehinderten Zugang zu Arbeitsplätzen zu ermöglichen. Es ist eine andere, die ungehinderte Einwanderung in die Sozialsysteme zu ermöglichen. Und man kann nicht beides haben. Wenn man einen Wohlfahrtsstaat hat, wenn man einen Staat hat, in dem jedem Einwohner ein bestimmtes Mindesteinkommen oder ein Existenzminimum versprochen wird, unabhängig davon, ob er arbeitet oder nicht, ob er produziert oder nicht, dann ist das wahrlich ein Ding der Unmöglichkeit.[162]

Soll heißen, ein Sozialstaat mit offenen Grenzen und für alle offenen Sozialsystemen, die ein gewaltiger globaler Pullfaktor für Armutsmigranten sind, muss zwangsläufig scheitern, weil er auf Dauer nicht finanzierbar ist. Deutschland ist ein Schulbeispiel dafür. Sein Scheitern ist vorprogrammiert, wird also absichtlich herbeigeführt, weil ein grenzenloser Sozialstaat einerseits leistungsunwillige Menschen massenhaft anzieht und andererseits die Leistungsträger aufgrund der dadurch bedingten hohen Steuerlast demotiviert beziehungsweise vertreibt. Das dadurch entstehende Ungleichgewicht zwischen Ausgaben und Einnahmen treibt ein solches System nolens volens in den Ruin. In Kombination mit politisch hochgehaltenen Energiepreisen wird daraus ein Crash.

Deutschland ist gerade dabei, Friedmans Aussage unter Beweis zu stellen: Die Ausgaben für das Bürgergeld schießen ungebremst in die Höhe und sind mittelfristig nicht mehr finanzierbar. Noch gelingt es dem politischen Establishment mittels linker Voodoo-Ökonomie – Geldentwertung, Sonderbudgets, Umgehung der Schuldenbremse und der Belastung kommender Generationen –, den maroden Laden halbwegs am Laufen zu halten, die rasant steigenden Kosten irgendwie zu finanzieren. Das geht aber nur mit immer neuen und höheren Steuern, Abgaben und Schulden. Die arbeitende Bevölkerung muss immer mehr leisten, der Wirtschaft wird immer mehr abverlangt, um die ungebremst steigenden Kosten für die nach wie vor massenhaft ins Land geholten Armutsmigranten bewältigen zu können. Das ist ein Fass ohne Boden, ohne jede Aussicht auf eine Trendwende. Denn diese Ausgaben sind keine Investition in die Zukunft, sondern lediglich eine Art Schutzgeld, um sich von den immer selbstbewusster auftretenden und stetig anwachsenden Migrantengruppen den sozialen Frieden mehr schlecht als recht erkaufen zu können.

Schon jetzt ist Deutschland ein Hochsteuerland. Es liegt im Ranking der OECD-Staaten auf Platz zwei hinter Belgien. Ein Single mit einem Durchschnittsverdienst musste im Jahr 2023 47,9 Prozent seines Gehaltes in Form von Steuern und Sozialversicherungsbeiträgen an den deutschen Staat abführen. Der OECD-Durchschnitt lag bei 34,8 Prozent.[163] Das heißt, die Hälfte seiner Zeit arbeitet der deutsche Michel ausschließlich für den Staat. Rechnet man die unzähligen anderen Steuern, Abgaben und Gebühren dazu (KFZ-Steuer, Rundfunkabgabe etc.), kommt man auf deutlich über 50 Prozent. Laut dem Deutschen Steuerzahlerinstitut (DSi) arbeitet ein Alleinverdiener vom 1. Januar bis 11. Juli ausschließlich für den Staat,[164] der diese Gelder zu einem guten Teil, nachdem er ein saftiges Stück vom Kuchen für sich selbst einbehält, an leistungsfeindliche Migranten umverteilt. Wir arbeiten also fast die Hälfte unseres Lebens für den Fiskus und für jene, von denen uns nicht wenige als Ungläubige verachten und von denen wir uns als »Opfer« (leider zu Recht), »Kartoffel« oder Schlimmeres beschimpfen lassen müssen. Zum Vergleich: In Dubai wird gar keine Einkommenssteuer erhoben. Alle Arten von persönlichen Einkünften sind steuerfrei. In Singapur liegt die Einkommenssteuer je nach Höhe des Verdienstes zwischen 0 und 24 Prozent.

Die Massenzuwanderung aus dem Orient wird für die deutsche Wirtschaft und den Sozialstaat zu einem immer gewaltigeren Mühlstein um den Hals. Das staatliche Schutzgeld für die Massen an leistungs- und integrationsunwilligen Migranten vulgo »Bürgergeld« macht einen immer größeren Teil des Budgets aus. Allein die direkten Kosten für »Flucht und Migration« betrugen 2023 satte 50 Milliarden Euro.[165]

Dabei ist diese Summe nicht einmal die halbe Wahrheit. Die jährlichen Kosten liegen um ein Vielfaches höher, da die Massenzuwanderung durch chronisch leistungs-, bildungs- und integrationsresistenter Milieus die Ausgaben so gut wie in allen Bereichen des Staates steil nach oben treibt: vom Bildungs- und Gesundheitssystem über den Strafvollzug, die Exekutive, den öffentlichen Wohnbau, das Rentensystem bis hin zu arbeitsmarktpolitischen Maßnahmen.

Auch im privaten Sektor steigen die Kosten: Wer seinen Lebensstandard und seine Lebensqualität halten will, muss immer mehr Geld für seine Gesundheit, Sicherheit und die Bildung seiner Kinder aufwenden, weil der deutsche Staat seinen Kernaufgaben nur noch ungenügend nachkommt und sich die allgemeine (Sicherheits-)Lage immer weiter verschlechtert. Deshalb ist der renommierte Sozialexperte Prof. Bernd Raffelhüschen mit seinen Berechnungen bezüglich der wahren Kosten der Migration der Realität schon deutlich nähergekommen. Er beziffert den gesamtwirtschaftlichen Schaden der Zuwanderung für Deutschland in den kommenden Jahren mit 5,8 Billionen, also 5800 Milliarden Euro![166]

Wie kommt Raffelhüschen auf diese astronomische Zahl? Es gibt aufgrund unserer alternden Gesellschaft schon jetzt eine gewaltige

Lücke zwischen dem, was Wirtschaft und Arbeitnehmer ins deutsche Steuer- und Sozialsystem einzahlen (Steuern, Pflege-, Renten-, Krankenversicherung etc.), und dem, was sie jetzt und in Zukunft dafür verlangen können (Rente, Pflege, Zuschüsse). Diese »Nachhaltigkeitslücke« wird auf 19,2 Billionen Euro anwachsen, wenn Deutschland weiterhin 300 000 Ausländer jährlich aufnimmt, rechnet der (echte) Experte Raffelhüschen vor. Würden wir dagegen keine Migranten mehr ins Land lassen, läge sie nur bei 13,4 Billionen. Die Zuwanderung vergrößert das Loch also um 5,8 Billionen Euro. Raffelhüschen: »Das ist der Preis der Zuwanderung in unserem bisherigen System.« Und er betont: »Machen wir weiter wie bisher, sind wir dumm wie Stroh!«[167]

Wie exakt diese Zahl ist, sei dahingestellt, Tatsache ist aber, dass die Massenzuwanderung gewaltige Kosten verursacht. Die unaufhörliche Migration unqualifizierter und leistungsferner Menschen ist eine Rechnung, die niemals aufgeht. Wir investieren allein Milliarden in die Integration; Gelder, die uns zwar kurzfristig den sozialen Frieden halbwegs sichern und dafür sorgen, dass die öffentliche Ordnung nicht schon jetzt völlig zusammenbricht, die darüber hinaus aber keine Wirkung zeigen, wie die Kriminalstatistiken, die Arbeitslosenzahlen bei Ausländern, der Fachkräftemangel und das abstürzende Bildungsniveau an den Schulen beweisen. Die astronomischen Geldbeträge, die Deutschland in den vergangenen 5, 10 und 20 Jahren in die Versorgung und gescheiterte Integration seiner importierten Neubürger investiert hat, ist mehr oder weniger wirkungslos verpufft – es ist verbranntes Geld.

Man stelle sich vor, was man mit diesen Summen Sinnvolles hätte anstellen können. Diese Milliardenbeträge, die Deutschland ohne jede Notwendigkeit verschleudert, hätte man in Bildung, Forschung, Entwicklung und Infrastruktur, also in die Zukunft des Landes investieren können. Investitionen, die jeder Wirtschaftsstandort, der im globalen Wettbewerb konkurrenzfähig bleiben möchte, dringend braucht. Eben weil der deutsche Staat einen immer größeren Teil seines Staatshaushaltes für Menschen aufwenden muss, von denen er keine adäquate Gegenleistung, keinen volkswirtschaftlichen Nutzen zu erwarten hat, muss er die Steuern und Abgaben, also die Belastungen für die Bürger permanent erhöhen.

Die Staatsquote, also das Verhältnis der Staatsausgaben zum Bruttoinlandsprodukt, lag in Deutschland 1960 bei 32,9 Prozent, 1970 bei 38,5 Prozent und 2020 bei 51,1 Prozent.[168] Obwohl der Staat immer mehr Steuern und Abgaben kassiert, muss er bei seinen Kernaufgaben wie der inneren und äußeren Sicherheit, der Bildung und dem Gesundheitswesen immer mehr Geld einsparen, um die explodierenden Kosten für die Migration stemmen zu können. Doch das reicht längst nicht. Die Staatsschulden schießen ungebremst in die Höhe. Sie lagen im 3. Quartal 2024 bei 2,5 Billionen Euro, exakt bei 2488,6 Milliarden Euro. Es kommt noch schlimmer, denn angesichts von Deindustrialisierung, Fachkräftemangel und eines politischen Machtsystems, das unfähig beziehungsweise unwillig ist, gegenzusteuern, steht Deutschlands Kreditwürdigkeit auf dem Spiel.

Noch ist der Staat trotz aller Probleme laut den drei großen Ratingagenturen vertrauenswürdig, also ein Triple-A-Land. Das bedeutet, Deutschland hat keine Probleme, neue Schulden zu halbwegs günstigen Konditionen aufzunehmen. Damit könnte es bald vorbei sein: Der Chefvolkswirt der Landesbank Baden-Württemberg und langjährige Chefanalyst für Länderratings bei der weltgrößten Ratingagentur Standard & Poor's (S&P), Moritz Kraemer, sagte in einem Interview: »Deutschland wird die Topnote ›AAA‹ mittel- bis langfristig verlieren.« Laut der Schweizer Ratingagentur Independent Credit View hat Deutschland sie längst eingebüßt: »Substanz erodiert, Standort weniger attraktiv«,[169] so die knallharte Einschätzung.

Im Sommer 2024 hat auch der Chef der Deutschen Börse, Theodor Weimer, Klartext gesprochen:

> Was ich mir anhören muss selbst in Asien, in Asien, wo man ja Gesichtswahrung ganz groß schreibt [...]. Inzwischen sagen die Leute in Singapur, sag mal, was leistet ihr euch eigentlich da für eine Regierung? Ihr seid auf dem besten Weg, O-Ton, zu einer richtigen alten Ökonomie zu werden. [...] Wir sind ökonomisch gesprochen auf dem Weg zum Entwicklungsland. [...] Migration ökonomisch heißt, du holst, wenn du Facharbeitermangel hast, holst du Leute rein, die arbeiten, die deine Sprache sprechen und die Sozialprodukt generieren – aber nicht die zu 50 Prozent das Bürgergeld abkassieren und das irgendwo hinschicken.[170]

Würde Deutschlands Kreditwürdigkeit herabgestuft, ließe das die Staatsausgaben explodieren, weil die Kredite deutlich teurer würden, der Euro unter Druck geriete und die Nachfrage nach deutschen Staatsanleihen sinken würde. Kurz: Der wirtschaftliche und finanzielle Niedergang würde sich massiv beschleunigen.

Weil das Geld an allen Ecken und Enden fehlt, verfällt auch die für die deutsche Wirtschaft so wichtige Infrastruktur. Die deutsche Bahn, einst Sinnbild für Pünktlichkeit und Verlässlichkeit, ist nicht mehr in der Lage, Personen und Waren verlässlich von A nach B zu transportieren. Ein anonym bleibendes Mitglied des Aufsichtsrates der Bahn sprach gegenüber der *Süddeutschen Zeitung* von einem Kontrollverlust,[171] Fahrpläne könnten nur noch »geschätzt« werden. Die Telekommunikationsnetze sind noch immer nicht flächendeckend ausgebaut, bei der Digitalisierung liegt Deutschland laut dem Index für die digitale Wirtschaft und Gesellschaft nur auf Rang 13 in der EU.[172]

Das ist ein dramatisches Problem: Laut einer Umfrage des Instituts der deutschen Wirtschaft (IW) von 2022 sagten 27 Prozent der deutschen Unternehmer, ihre Geschäfte würden durch den Infrastrukturmangel im Land deutlich beeinträchtigt, und 52 Prozent sagten, ihre

Geschäfte seien »gering« beeinträchtigt.[173] Dass Deutschland als Wirtschaftsstandort immer unattraktiver wird, liegt also vor allem auch an der schlechten Infrastruktur. Das geht auch aus den jährlichen Rankings der Schweizer Hochschule IMD hervor. Im Jahr 2023 stürzte Deutschland darin auf Platz 24 der Wirtschaftsstandorte ab.

Die *Frankfurter Allgemeine Zeitung* kommentierte das so:

> Ernüchternde Studie: Standort Deutschland wird immer unattraktiver. [...] Schuld daran haben unter anderem die hohen Steuern und die schlechte Infrastruktur.[174]

Um es auf den Punkt zu bringen: Die Millionen von vorwiegend muslimischen Einwanderern aus der Dritten Welt treiben die Staatsausgaben und damit die Steuern und Abgaben in die Höhe; sie sind für den Anstieg der Kriminalität und die Ausbreitung von No-Go-Areas verantwortlich; sie überdehnen den Sozialstaat, überfordern das Gesundheits- und Bildungssystem, wohingegen ihr Beitrag zur Rentensicherung, Steuerleistung oder der Behebung des Fachkräftemangels vernachlässigbar ist. All diese massiven Probleme wirken sich auf die Staatsausgaben, die Wirtschaftsleistung und den Wirtschaftsstandort negativ aus. Je höher der Anteil an dieser Bevölkerungsgruppe, desto desaströser ist es für das Land.

In einem Staat, der sich immer mehr in ein Dritte-Welt-Land, zu einen »Failed State« entwickelt, bleiben nicht nur die Fachkräfte, sondern auch die Investitionen aus. Schon 2023 schlug das Institut der Deutschen Wirtschaft (IW) Alarm: »Geldabflüsse in Deutschland so hoch wie nie«.[175] Laut einer Studie haben Unternehmer noch nie so viel Geld aus Deutschland abgezogen, noch nie wurde so wenig in Deutschland investiert![176] Der Grund: Das Land ist als Wirtschaftsstandort nicht mehr attraktiv; der Grund: Fachkräftemangel, marode Infrastruktur, extrem hohe Energiepreise und Lohnkosten, überbordende Bürokratie und eine Flut an Reglementierungen.

Halten wir also fest: Massenzuwanderung von unqualifizierten und kulturfremden Menschen rechnet sich nicht, sie verursacht massive Schäden. Sie hat mithin einen nicht zu unterschätzenden Anteil am wirtschaftlichen Niedergang des Landes. Weil diese Probleme immer massiver werden, der Absturz, trotz aller Versprechen von Politik und linken Experten unumkehrbar ist, sich die vielen negativen Entwicklungen gegenseitig verstärken und aufschaukeln, steuern wir immer schneller auf den Crash zu, zumal im politmedialen Establishment niemand bereit ist, im letzten Moment auf die Bremse zu steigen oder gar eine Kehrtwende zu vollziehen. Vielmehr fallen selbst die letzten Grenzen der Vernunft und Scham, je näher der totale Zusammenbruch rückt. Da nun aber just dieser Zusammenbruch das Ziel ist, tritt man kurz vor dem Aufprall noch mal aufs Gas. Das funktioniert nicht zuletzt deshalb so gut, da man einen Großteil der Bevölkerung schon so weit indoktriniert hat, dass dieser einem alles abkauft – selbst die Mär von der Wirtschaftskompetenz eines Robert Habeck. Dieser hatte im Oktober 2024 vorgeschlagen, über einen »Deutschlandfonds« noch zusätzliche 700 Milliarden Euro in die niedergehende Wirtschaft zu pumpen.[177] Geld ist für Habeck und seine Gesinnungsgenossen – ähnlich wie in Dagobert Ducks Geldspeicher –unbegrenzt und bedingungslos vorhanden. Die Aufgabe der Politiker ist es nur, es nach ihrem Gutdünken zu verteilen.

Habecks genialer Vorschlag, dass künftig der Staat mit Schuldenaufnahmen in Fantastilliardenhöhe Konzerne und Unternehmen am Leben erhält, oszilliert irgendwo zwischen Größenwahn, Skrupellosigkeit und ökonomischer Debilität. Was eine gute Überleitung zum nächsten Kapitel ist.

5.2 Verblödung

Die deutsche Bevölkerung wird von Jahr zu Jahr dümmer. Das ist eine Tatsache, die niemand bestreiten kann. Das bestätigen nicht nur unsere Alltagserfahrungen, sondern auch zahlreiche Studien und wissenschaftliche Erkenntnisse. Der durchschnittliche Intelligenzquotient (IQ) sinkt seit einigen Jahren kontinuierlich. »Die Folgen könnten dramatisch sein«,[178] warnte 2023 der Psychologe Heiner Rindermann. Er bezieht sich dabei auf eine Studie, laut der die Intelligenz von deutschen Schülern zwischen 2010 und 2019 um mehr als zwei IQ-Punkte gesunken ist. Für diese Studie wurden 43 Schulleistungstests, darunter auch die PISA-Tests, analysiert und ausgewertet.

Der IQ ist in den westlichen Industrienationen bis etwa 2001 gestiegen. Diese Entwicklung nennt man den Flynn-Effekt. Seither geht er wieder kontinuierlich zurück.

2019 berichtete der *Focus*:

> Seit geraumer Zeit allerdings sinkt der IQ der Deutschen.[179]

Nun ist die Intelligenz und vor allem deren Messung ein politisch äußerst brisantes Thema. Denn der durchschnittliche Intelligenzquotient von unterschiedlichen Ethnien und Bevölkerungsgruppen weist erhebliche Unterschiede auf. Wer also über diese Unterschiede und ihre Ursachen forscht und publiziert, steht sofort im Verdacht, ein Rassist, Biologist oder Nazi zu sein. Da die westliche Wissenschaft längst durchideologisiert worden ist, besteht ihre primäre Aufgabe auch nicht mehr darin, überprüfbares, irrtumsfreies und nachvollziehbares Wissen zu produzieren, verlässliche Aussagen und Vorhersagen zu treffen und neue Erkenntnisse zu gewinnen. Die moderne westliche Wissenschaft, die diesen Namen nicht mehr verdient, ist vielmehr zum Handlanger linker Ideologen und des politmedialen Establishments verkommen. Und weil die Ergebnisse der Intelligenzforschung die Dogmen der woken Ideologie und die zentralen Aussagen des linken Weltbildes eindeutig widerlegen, wird kurzerhand dieser Wissenschaftszweig und/oder seine Methodik infrage gestellt.

Wissenschaftler, die sich dem Druck des politmedialen Establishments nicht beugen, die ihre Forschungsfelder, Fragestellungen und vor allem Ergebnisse nicht dem linken Zeitgeist anpassen, werden aus dem Wissenschaftsbetrieb ausgeschlossen und mundtot gemacht. Das ist nicht nur beim Thema Klimawandel so, wo alle Experten die These zu unterstützen haben, dass – wie es die EU formuliert – »durch menschliche Tätigkeiten entstehendes CO_2 am stärksten zur Erderwärmung beiträgt«.[180] Alle anderen »umstrittenen« Wissenschaftler haben aufgrund der gut funktionierenden Cancel Culture nur noch in alternativen Medien und anderen Nischen des öffentlichen Lebens, also in nicht linken Subkulturen, die Möglichkeit, sich Gehör zu verschaffen.

Das gilt in gleichem Maße für Intelligenzforscher, die es wagen, ihre Studienergebnisse nicht an den linken Glaubenssätzen auszurichten, und deren Erkenntnisse die linke Politik nicht untermauern. Niemand im gleichgeschalteten Wissenschafts-, Politik- und Medienbetrieb will sehen, dass der Multikultikaiser nackt ist. Wer es trotzdem ausspricht, dessen wissenschaftliche Karriere findet ein schnelles Ende.

So wie im Fall Richard Lynn, Professor für Psychologie an der Universität Ulster in Nordirland. 2018 entzog ihm die Universität den Status eines Emeritus, weil er mit seinen Arbeiten und Studien »sexistische und rassistische« Theorien verbreite.

Lynn beschäftigte sich mit dem Zusammenhang zwischen Ethnie und Intelligenzquotient und mit den sozialen Unterschieden bei der IQ-Verteilung. In diesem Kontext schrieb er 2008:

> In der ganzen Welt gibt es rassische Hierarchien, und die Rassen mit den höchsten IQ-Mittelwerten stehen an erster Stelle bei Bildungserfolgen, Einkommen und Sozialstatus, im Gesundheitszustand, der Lebensdauer und an letzter Stelle bei Kriminalität, Kindersterblichkeit und Unfruchtbarkeit. Es sind stets die Europäer, die Ostasiaten und die Juden, welche die höchsten IQ-Mittelwerte haben. Und sich in den sozialökonomischen Hierarchien gut platzieren.[181]

Allein die Feststellung, dass Unterschiede bei der durchschnittlichen Intelligenz zwischen Ethnien, Geschlechtern und sozialen Gruppen bestehen, löst in der links-woken Wissenschaftscommunity Schnappatmung und Rassismusgekreische aus. Eben weil sie schlüssig ist, die gesellschaftlichen Realitäten und aktuellen Entwicklungen gut erklärt und sich mit unzähligen Daten und Fakten belegen lässt. Und doch ist es gelungen, die Empirie aus der Wissenschaft zu verdrängen und durch Ideologie zu ersetzen.

Es ist eine simple Wahrheit und unumstößliche Tatsache, dass sich »große menschliche Populationen sowohl kulturell als auch biologisch unterscheiden«.[182] Nach linker Lehre haben aber alle Menschen und Populationen gleich zu sein. Unterschiede zwischen Geschlechtern, Ethnien und sozialen Gruppen sind aus dieser Perspektive immer nur die Folge sozialer Ungleichheiten, Ungerechtigkeiten, von Diskriminierung, Rassismus und Ausbeutung. Und für all das ist in der Regel »der weiße Mann« verantwortlich – nicht die Biologie, nicht die menschliche Entwicklungsgeschichte oder schon gar nicht das Individuum selbst.

Die Wissenschaft ist dazu angehalten, abgekoppelt von der Wirklichkeit, das linke Dogma von der Gleichheit aller Menschen – die man von der Gleichheit der Chancen und Rechte unterscheiden muss – zu stützen und zu bestätigen. Wer diesen linken Gleichheitsfetisch kritisiert, ist ein Rassist.

Als Thilo Sarrazin, ehemaliger Berliner Finanzsenator und Vorstandsmitglied der Bundesbank, 2010 sein Buch *Deutschland schafft sich ab* herausbrachte, löste er nicht zuletzt aus diesem Grund eine heftige nationale Debatte und einen Shitstorm aus: Die Linke warf dem SPD-Mann Rassismus vor, weil er es gewagt hatte, einen Zusammenhang zwischen Herkunft und Intelligenz herzustellen.

Der damalige SPD-Chef Sigmar Gabriel dazu:

> Thilo Sarrazin hat in der Öffentlichkeit so getan, als würde sich Intelligenz und Dummheit und Fleiß und

> Leistungsverhalten genetisch vererben, und wer das sagt […], der ist natürlich ganz nah an den ganzen Rassentheorien […]. Damit verstößt er gegen elementare Wertvorstellungen der Sozialdemokraten.[183]

Was die Linke und ihre Mainstream-Medien auf die Palme brachte, war vor allem Sarrazins Festlegung darauf, dass Intelligenz zu 50 bis 80 Prozent erblich sei. Das widerspricht dem linken Denken fundamental. Weil das Buch zum Bestseller wurde und Sarrazin ein prominenter Sozialdemokrat war, schlugen seine ketzerischen Aussagen sogar international Wellen. Selbst die Vereinten Nationen schalteten sich ein und rügten Deutschland wegen der Verletzung der UN-Rassendiskriminierungskonvention, nachdem die Staatsanwaltschaft Berlin Sarrazins Aussagen als freie Meinungsäußerung einstufte und den Strafantrag eines türkischen Migrantenvereins wegen Volksverhetzung niederschlug. Sarrazin wurde zur Unperson erklärt und zum Abschuss freigegeben.

In Zuge der Debatte beschimpfte die Journalistin Mely Kiyak Sarrazin in einem Text, der in der *Berliner Zeitung* und der *Frankfurter Rundschau* veröffentlicht wurde, als »lispelnde, stotternde, zuckende Menschen-Karikatur«,[184] und der Journalist Deniz Yücel wünschte ihm in der *taz* gar den Tod:

> Der nächste Schlaganfall möge sein Werk gründlicher verrichten.[185]

Diese Beispiele illustrieren, mit wie viel Hass und Menschenverachtung und mit welchen Gewaltfantasien das Establishment eines postdemokratischen linken Herrschaftssystems auf das Aussprechen von simplen Wahrheiten reagiert.

Die von Sarrazin ausgelöste Diskussion glich jener, die 14 Jahre zuvor in den USA geführt wurde. 1994 legten der Harvard-Psychologe Richard J. Herrnstein und der Politikwissenschaftler Charles Murray in ihrem Buch *The Bell Curve* dar, dass die Klassenstruktur in den USA mit der Intelligenzverteilung korreliert und ein Großteil der gesellschaftlichen Probleme wie Kriminalität, Arbeitslosigkeit, Kindervernachlässigung und Armut in hohem Maße mit Intelligenzdefiziten zusammenhängen. Da unter den Armen in den USA besonders viele Schwarze sind, wurde den beiden Wissenschaftlern – natürlich – Rassismus vorgeworfen. Ohne hier auf den Disput über Intelligenztests und Biologismus näher einzugehen, zeigte auch die damalige Debatte in den USA, wie heftig die Linke reagiert, wenn Wissenschaftler mit harten Fakten ihr Welt- beziehungsweise Menschenbild und die daraus abgeleitete gesellschaftliche Utopie infrage stellen.

Blendet man die Ideologie aus der Naturwissenschaft aus, ist das Bild recht klar, auch wenn man durchaus über die Methodik der IQ-Tests diskutieren kann. Diese wurden aber über die Jahrzehnte immer ausgereifter und stimmen hinsichtlich ihrer Ergebnisse mit der gesellschaftlichen Realität überein. So belegen viele Studien und Erhebungen, dass der durchschnittliche IQ in den schwarzafrikanischen Ländern deutlich unter dem in Europa und Ostasien liegt. Dass Länder wie Singapur, Taiwan oder Südkorea nicht nur beim durchschnittlichen IQ, sondern auch in den Bereichen Wirtschaft, Technologie, Innovation oder innere Sicherheit an der Weltspitze liegen. Hier gibt es offensichtlich einen kausalen Zusammenhang. Fundamentale Kritik an der Intelligenzforschung, als deren Begründer Francis Galton (1822–1911), der Cousin von Charles Darwin, gilt, wurde erst laut, als die Linke die Universitäten unterwandert hatte und den Wissenschaftsbetrieb zu manipulieren und zu dominieren begann. Fortan wurden auch die Erkenntnisse der Intelligenzforschung in Zweifel gezogen.

Mittlerweile läuft jeder Gefahr, der sich wissenschaftlich mit den Theorien von Herrnstein, Murray und anderen Forschern auseinandersetzt und diese verbreitet, ins Gefängnis zu wandern. Denn, so steht es im Strafgesetzbuch (StGB) unter Paragrafen § 130 Volksverhetzung:

> Wer [...] die Menschenwürde anderer dadurch angreift, dass er eine vorbezeichnete Gruppe, Teile der Bevölkerung oder einen Einzelnen wegen dessen Zugehörigkeit zu einer vorbezeichneten Gruppe oder zu einem Teil der Bevölkerung beschimpft, böswillig verächtlich macht oder verleumdet, wird mit Freiheitsstrafe von drei Monaten bis zu fünf Jahren bestraft.[186]

Je mehr das Herrschaftssystem auf Lügen aufgebaut ist, desto strenger muss die Verbreitung der Wahrheit verfolgt und bestraft werden. Man erinnere sich diesbezüglich nur an die Coronazeit, als man eine Ausnahmesituation auf Basis von Halbwahrheiten und Lügen geschaffen hatte und alle Kritiker zu Staatsfeinden und sogar potenziellen Mördern erklärte.

Ähnlich agiert man auch im Zusammenhang mit der Massenzuwanderung aus dem Islamgürtel und Afrika, die zwangsläufig das Absinken des Durchschnitts-IQs, also des intellektuellen Niveaus der Bevölkerung, bedingt, was wiederum zahlreiche andere Fehlentwicklungen und Krisen auslöst: Abfall des Bildungslevels, Fachkräftemangel, Verlust der Innovationskraft, Absinken der Produktivität und der Wirtschaftsleistung, Wohlstandsverlust, Anstieg von Kriminalität und Gewalt und so weiter. Der durch die Massenzuwanderung bedingte verringerte durchschnittliche IQ führt also zum Gegenteil dessen, was Politik, Medien und Experten den Bürgern seit Jahren versprechen: kulturelle Bereicherung, Rentensicherung und Wirtschaftsaufschwung.

Der *Focus* schrieb über den Rückgang der Intelligenz in Deutschland:

> Rechtspopulisten verdächtigen Migration als Grund – das ist Unsinn.[187]

Warum ist es Unsinn? Weil nicht sein kann, was aus ideologischen Gründen nicht sein darf. Dabei bräuchte man auch bei derlei Fragen nur den sogenannten Ententest anzuwenden: Wenn es aussieht wie eine Ente, watschelt wie eine Ente und quakt wie eine Ente, dann ist es höchstwahrscheinlich eine Ente.

Umgelegt auf die Frage, ob der in Deutschland sinkende Durchschnitts-IQ eine Folge der Massenzuwanderung ist, sollte man sich also fragen: Wenn mehrere Millionen Menschen aus Regionen beziehungsweise Ethnien mit einem signifikant niedrigeren durchschnittlichen IQ innerhalb weniger Jahre ins Land strömen, in dem der Durchschnitts-IQ parallel zur Einwanderung sinkt, was ist die wahrscheinlichste Erklärung dafür? Und doch darf der brave, von Linken dressierte Wissenschaftler und Journalist die Ente keinesfalls als Ente bezeichnen. Weshalb er gezwungen ist, völlig absurde Theorien zu entwickeln, um das Offensichtliche zu bemänteln und zu erklären, warum die quakende und watschelnde Ente in Wahrheit ein Elefant ist und dass der IQ in unseren Breiten aus ganz anderen Gründen kontinuierlich sinkt.

Man braucht nicht erst auf diese absurden Verrenkungen und linken Verschwörungserzählungen einzugehen; die Daten und Fakten, warum die Bevölkerung in Deutschland durch Massenmigration dümmer wird, ja, dümmer werden muss, liegen ohnehin auf dem Tisch: Seit Jahren wandern Millionen Menschen aus dem Islamgürtel und Afrika ein. Im Jahr 2024 (Januar bis September) kam der Großteil der Asylsuchenden aus diesen fünf Ländern:[188]

- Syrien
- Afghanistan
- Türkei
- Irak
- Somalia

Der durchschnittliche IQ in all diesen Länder liegt gemäß einer Studie von Richard Lynn deutlich unter dem deutschen Durschnitts-IQ von derzeit noch 100:[189]

- Syrien 76
- Afghanistan 81
- Türkei 87
- Irak 88
- Somalia 69

Je mehr Menschen also aus diesen Regionen zuwandern, desto mehr sinkt der Durchschnitts-IQ in Deutschland. Das ist ein unvermeidlicher und unumkehrbarer Folgeprozess. Denn Intelligenz wird von zwei Faktoren bestimmt: von den genetischen Anlagen und der Umwelt. Wobei die Erblichkeit mit etwa 60–80 Prozent den weitaus größeren Anteil hat.

Da also Intelligenz zu einem Großteil vererbt wird, wirkt sich das dramatisch auf die durchschnittliche Intelligenz in Deutschland aus. Dazu kommt erschwerend hinzu, dass Frauen mit niedrigerem IQ und niedrigerer Bildung unabhängig von ihrer Herkunft tendenziell mehr Kinder zur Welt bringen als Frauen mit höherer Bildung. So hatten nach Herrnstein und Murray »in den USA im Jahr 1992 Frauen mit akademischen Abschluss 1,56 Kinder; das ist ein Kind weniger als Frauen ohne jeden Schulabschluss«.[190]

Und auch in Deutschland bekommen die Frauen aus den unteren Bildungsschichten ohne und mit Migrationshintergrund deutlich mehr Kinder. Die Folgen sind dramatisch. Deutschland passt sich, wie in vielen anderen Bereichen auch, beim durchschnittlichen IQ jenen Ländern an, aus denen der Großteil der Migranten stammt, wie eben dem Nahen Osten oder Subsahara-Afrika.

Deshalb wird auch der Abstand zu den Ländern in Fernost, die kaum Migranten aus diesen Regionen in großer Zahl aufnehmen, von

Jahr zu Jahr größer: Der Demograf Gunnar Heinsohn (1943–2023) teilt die Welt in drei Regionen ein: Ostasien (China, Japan, Korea, Singapur und Vietnam), den »europiden« Teil (Europa, Nordamerika, Australien, Israel) und den gesamten Rest.

Die intelligentesten Menschen und talentiertesten Schüler leben in Ostasien. Mit gehörigem Abstand folgt der Westen. Beide Regionen kämpfen bei einer Geburtenrate von rund 1,5 oder darunter mit Kinderarmut und Vergreisung.

Der mit 4,7 Milliarden Menschen größte Raum hat zwar die am wenigsten begabten Schüler und bringt auch keine nennenswerten Innovationen hervor – nur 1,9 Prozent der anerkannten Erfindungen und Patente kommen von dort –, aber er hat mit bis zu sechs Kindern pro Frau die mit Abstand höchste Geburtenrate.

Da der Durchschnitts-IQ mit dem Durchschnittseinkommen direkt zusammenhängt, strömen Menschen mit tendenziell niedrigem IQ und Einkommen in die Länder der zwei reichen Regionen. China, Japan und Südkorea verfolgen aber eine restriktive Einwanderungspolitik, haben ihre Grenzen für bildungs- und leistungsferne Migranten aus dem islamischen Raum und Afrika weitgehend geschlossen.

Deshalb ziehen die Ströme der Armutsmigranten vor allem Richtung Europa. Mit verheerenden Folgen. Der Abstand zu Ostasien, was Durchschnitts-IQ, Einkommen, Bildung, Innovation und Forschung betrifft, wird von Jahr zu Jahr größer, der Abstand zur Dritten Welt verringert sich hingegen rasant. Heinsohn:

> Unter 1000 zehnjährigen Ostasiaten gehören 320 bis über 500 in die höchste mathematische Leistungsklasse. In der Türkei, Schweden und Deutschland sind es rund 50, in Frankreich 25. […] Die klügsten Regierungen – mit Singapur als globaler Vorhut – befördern eine permanente Überqualifikation ihrer Bürger, damit Kompetenz für die Firmen von morgen und übermorgen vorhanden ist. Wie sehr etwa

> Deutschland daran scheitert, zeigt sich bei Pisa 2012. Während die hier erzogenen Migrantenkinder (bald 40 Prozent des Gesamtnachwuchses) zu 50 Prozent in Mathematik mangelhaft, ungenügend und noch schlechter abschneiden, scheitern bei den Altdeutschen »nur« 30 Prozent. [...] Angesichts des deutschen Bildungsfiaskos kann niemand die Ostasiaten davon überzeugen, dass Niveauabsenkung ihre Konkurrenzfähigkeit verbessert. Alle zusammen nehmen jährlich nicht einmal 100 Asylbewerber auf. Weil sie spüren, dass tendenziell Unbeschulbare keinen brauchbaren Ersatz für ihre Rentner liefern, setzen sie auf Roboter und stehen mit über 60 Prozent der installierten Kunstmenschen an der Weltspitze.[191]

Angesichts des Geburtenmangels und der Überalterung der Gesellschaft und des damit verbundenen Arbeitskräftemangels setzt nun auch Japan auf mehr Zuwanderung. Doch das Land geht dabei wesentlich klüger und nachhaltiger vor als Deutschland. Laut aktuellen Zahlen leben derzeit 3 Millionen Ausländer in Japan. Der Großteil – über 90 Prozent – von ihnen hat nur eine temporäre Aufenthaltsbewilligung, wird das Land also wieder verlassen müssen. Und die größte Gruppe von in Japan lebenden Ausländern stellen rund 760 000 Chinesen. Dahinter kommen die Vietnamesen (500 000), Koreaner (400 000) und Filipinos (300 000).[192] Das heißt, die in Japan lebenden Ausländer verfügen über einen ähnlich hohen IQ und einen ähnlichen kulturellen Hintergrund, sind also – im Gegensatz zu den Armutsmigranten in Europa – ein Gewinn für das Land und seine Volkswirtschaft.

Wer Einwanderungspolitik auf der Basis rationaler Überlegungen und einer volkswirtschaftlichen Kosten-Nutzen-Rechnung praktiziert, muss wie Japan vorgehen, wer sie hingegen als ideologisches Projekt zur Transformation der Gesellschaft, sprich der Zerstörung der Nation, der bürgerlichen Gesellschaft und des Staatsvolkes sieht, muss es so machen wie Deutschland.

Diese Entwicklung ist auch deshalb eine Katastrophe, weil Bildung der einzige Rohstoff ist, über den Deutschland verfügt. Dank Massenzuwanderung wird dieser jedoch immer knapper und teurer, da eine umfassende Bildung nicht nur eine entsprechende Lernbereitschaft, sondern auch eine gewisse Intelligenz voraussetzt. Beides ist bei vielen Vertretern dieser Zuwanderergruppen unterdurchschnittlich ausgeprägt.

Das wird vor allem in den nächsten Jahren sichtbar werden, wenn die Babyboomer, also die gut gebildete, intelligente und leistungsaffine Nachkriegsgeneration, in Rente geht. Das ist jene Bevölkerungsgruppe, die derzeit noch das Rückgrat der deutschen Wirtschaft bildet und den Laden am Laufen hält. Die Lücke, die diese Fachkräfte hinterlassen, wird nicht mehr geschlossen werden können und Deutschland deshalb dramatisch abstürzen. Zumal man mit der Massenzuwanderung und ihren Folgen zu allem Überfluss auch unattraktiv für ausländische Leistungsträger und Fachkräfte geworden ist. Deindustrialisierung und die Erosion des Wohlstandes werden sich beschleunigen, Forschung und Entwicklung zum Erliegen kommen.

Es kommt aber noch dicker: Die komplexe Infrastruktur eines hoch entwickelten Landes wie Deutschland lässt sich auf Dauer nicht mit einer Bevölkerung mit niedrigem Durchschnitts-IQ aufrechterhalten, geschweige denn ausbauen. Öffentliche Verwaltung, das Gesundheitssystem, Energieerzeugung, die moderne Landwirtschaft, Industrie, Logistik oder New Economy sind hochkomplexe Systeme, die ohne bestqualifizierte Fachkräfte, die über eine zumindest durchschnittliche Intelligenz verfügen müssen, nicht funktionieren und schlussendlich kollabieren werden. Die wohlhabenden und hoch entwickelten Länder verfügen durchweg über einen IQ von über 100 oder knapp darunter. Staaten mit einem Durchschnitts-IQ von unter 80 sind in der Regel bitterarm, rückständig, korrupt, unsicher und unterentwickelt.[193]

In Richtung dieser Länder steuert Deutschland. Schon jetzt müssen die Einstellungskriterien und Anforderungen an die Bewerber in immer mehr Branchen und Bereichen deutlich abgesenkt werden, um noch genügend Personal zu finden, um den Betrieb überhaupt noch aufrechterhalten zu können. So musste auch die Bundespolizei ihre Standards und Aufnahmekriterien deutlich nach unten schrauben. Die *Welt* berichtet:

> Nachdem viele Polizeibewerber am Deutschtest scheiterten, werden die Anforderungen bei der Rechtschreibung gesenkt. [...] Auch andere Tests wurden angepasst.[194]

Das ist mittlerweile kein Einzelfall, sondern die Regel. So schlägt der *Berliner Kurier* im November 2024 Alarm:

> Berlin bekommt immer schlechtere Staatsanwälte. [...] Das Land Berlin stellt jetzt auch Juristen ohne Bestnoten für die anspruchsvollen Jobs ein.[195]

Im österreichischen *Kurier* beklagte sich bereits 2018 der Polizeigewerkschafter Hermann Greylinger über das unterirdische Leistungsniveau der Polizeianwärter:

> 982 Punkte sind das Maximum. Die besten werden dann genommen. Normalerweise liegt der schlechteste Aufgenommene bei etwa 400 bis 500 Punkten. Bei der aktuellen Aufnahmewelle reichen erstmals um die 200 Punkte.[196]

Während Konzerne und große Unternehmen angesichts der fortschreitenden Verdummung der Bevölkerung dorthin flüchten, wo das Reservoir an intelligenten und willigen Arbeitskräften noch groß ist, senkt der Staat selbst in sensiblen Bereichen wie der Justiz, der

Exekutive, der öffentlichen Verwaltung oder im Gesundheitswesen das Niveau immer weiter ab.

Wo soll das enden? Ärzte, die ohne Google keine Diagnosen mehr erstellen können,[197] Richter, die die Gesetze des Landes nicht kennen, Finanzbeamte, die mit Prozentrechnungen überfordert sind, Polizisten, die nicht lesen und schreiben können, und so weiter und so fort. Klingt übertrieben, ist es aber nicht. In vielen Ländern sind solche Zustände normal, in Deutschland sind sie bald die neue Normalität. Wenn Menschen infolge mangelnder Intelligenz und Kompetenz permanent überfordert sind, steigt auch die Zahl der Fehler, Fehlentscheidungen und Unfälle, wird menschliches Versagen zur Regel und das ganze System instabil, bis es kollabiert. In komplexen industriellen beziehungsweise postindustriellen Gesellschaften und in Bereichen mit großer Verantwortung kann das schnell zur Katastrophe führen.

Auf solche Katastrophen steuern wir zu, weil aufgrund der Massenzuwanderung aus der Dritten Welt, der in Rente gehenden Babyboomergeneration und der Kindearmut der Deutschen immer mehr Positionen mit Menschen besetzt werden müssen, die nicht mehr über die dafür notwendigen intellektuellen Fähigkeiten verfügen. Wer soll in Zukunft die Statik von Hochhäusern berechnen, Industrieanlagen planen oder warten, Kraftwerke betreiben, Großstädte verwalten, Krankenhäuser leiten, Recht sprechen, Software entwickeln und technische Lösungen finden?

Ja, die Industrienation Deutschland droht zu kollabieren. Selbst der aufgeblähte, unproduktive Staatsapparat braucht zumindest durchschnittlich intelligente und halbwegs motivierte Menschen, um den Betrieb aufrechtzuerhalten.

Schon bald werden viele Dinge, über die man sich bisher keine Gedanken zu machen brauchte, nicht mehr selbstverständlich sein: dass stets Strom aus der Steckdose kommt, sauberes Wasser aus der Leitung fließt und der Nahverkehr halbwegs zuverlässig funktioniert. Dass

Supermarktregale immer voll sind, die Kinder in der Schule lesen und rechnen lernen, Brücken nicht einstürzen und ein kompetenter Arzt da ist, wenn man ihn braucht. Für all das braucht man genügend Menschen, die über eine gewisse Intelligenz und kognitive Fähigkeiten verfügen. Von diesen gibt es in Deutschland aber immer weniger, obwohl die Einwohnerzahl beständig steigt. Ob die Millionen aus Afghanistan oder Syrien geholten Menschen fähig und willens sind, allein die hochkomplexe Versorgung des Landes mit Lebensmitteln – also Landwirtschaft, Nahrungsmittelproduktion, Düngemittelindustrie, Logistik – aufrechtzuerhalten, darf bezweifelt werden.

Viele Länder, etwa in Afrika, die dazu nicht in der Lage sind, werden unter anderem von Deutschland, das nach den USA in absoluten Zahlen das meiste Geld für Entwicklungshilfe weltweit ausgibt,[198] unterstützt. Wer aber wird dem künftigen Entwicklungsland Deutschland helfen?

5.3 Sicherheit und Kriminalität

»Es ist schon Krieg, Motherfucker.« Das ist der Titel der *Spiegel*-Ausgabe vom 19.10.2024. Untertitel: »Wie Verbrecher Deutschland attackieren.« Das linke Meinungsblatt spart dabei nicht mit Alarmrufen:

> Dem Staat und seinen Beamten zu drohen, ist Routine für OK-Verbrecher.[199] […] ein Mord ist im Milieu heute oft nicht mehr das letzte Mittel, sondern das erste […].

Kölns Kripo-Chef Michael Esser spricht im *Spiegel* von einer

> neuen Dimension der Gewalt, die es meines Wissen in Deutschland noch nicht gegeben hat.[200]

Wenn selbst der von Bill Gates finanzierte *Spiegel*,[201] der die globalistische Transformation seit Jahrzehnten publizistisch vorantreibt und deren Folgen stets verharmlost, in dramatischen Worten vor der Gefahr der Organisierten Kriminalität für den gesamten deutschen Staat warnt, muss wirklich Feuer am Dach sein. Auch wenn das links-grüne Blatt selbstredend mit keinem Wort darauf eingeht, dass diese in Deutschland in diesem Ausmaß neue Form der Kriminalität zu nahezu 100 Prozent importiert worden ist, sprich, Folge jener Ideologie ist, welche die links-grüne Presse seit Jahren propagiert. Dank der Propaganda von Medien wie dem *Spiegel* ist Deutschland nicht nur multikulturell, sondern auch multikriminell geworden.

Die Organisierte Kriminalität war in Deutschland jahrzehntelang bestenfalls ein Randproblem. Dank der Massenzuwanderung aus dem globalen Süden ist Deutschland innerhalb weniger Jahre zu einem Hotspot für kriminelle Banden aus aller Welt geworden. Multikulturalisierung verändert die Gesellschaft zuerst an ihren Rändern. Die Unterwelt wurde als Erstes und am schnellsten aus dem fernen Ausland »bereichert«, komplett transformiert und ethnisch gesäubert.

Die deutschen Kriminellen wurden schon vor Langem von den skrupelloseren und durchsetzungsstärkeren Kollegen aus Osteuropa, der Türkei, Albanien, Tschetschenien, dem Maghreb, Syrien oder Nigeria verdrängt. Drogen, Menschenhandel, Schutzgelderpressung und Prostitution sind in der Hand migrantischer Banden, Clans und Mafiaorganisationen.

Bereits in den 1990er-Jahren, als sich die Organisierte Kriminalität (OK) in Deutschland noch auf Autodiebstähle und Einbrüche konzentrierte, war der Ausländeranteil an diesen Taten sehr groß: 1994 ist, wie das Magazin *Das Parlament* damals schrieb, »der Anteil nicht deutscher Tatverdächtiger im OK-Bereich (zusammen 58,7 Prozent) im Vergleich zu ihrem Anteil an der Gesamtkriminalität (30,1 Prozent) auffallend hoch. Türken (14,2 Prozent), Staatsangehörige aus Rest-Jugoslawien (7,3 Prozent), Italiener (4,6 Prozent) und Polen (3,1 Prozent) stellen die größten Kontingente. Weitere bedeutende Gruppen, deren Anteil in Zukunft möglicherweise noch wachsen wird, sind Vietnamesen (2,9 Prozent), Nigerianer (2,7 Prozent), Rumänen (2,6 Prozent) und Russen (2,2 Prozent)«.[202]

Seither ist die OK noch bunter, exotischer und vor allem wesentlich brutaler geworden. Die Kriminellen strömen – dank der offenen Grenzen und der kaum vorhandenen Kontrollen – von überall herbei. Nachdem sich in Deutschland türkische, kosovarische, libanesische und arabische Clans breitgemacht haben, drängen nun auch afrikanische Banden ins Land. Organisationen wie The Black Axe übertreffen mit ihrer Brutalität sogar arabische Clans und tschetschenische Banden. Folter und sogar Kannibalismus gehören zum festen Repertoire dieser Organisationen beziehungsweise Geheimbünde. Der italienische Kriminologe und Psychiater Alessandro Meluzzi dazu:

> Das sind normale Dinge für sie, aber hier in Italien spricht niemand darüber, aus Angst, als Rassist oder Nazi bezeichnet zu werden. Wir sollten uns an diese Dinge gewöhnen. Das ist nur die Spitze eines Eisbergs, der größer wird.[203]

Es ist absurd: Woke Jugendliche marschieren zu Zehntausenden bei sogenannten Black-Lives-Matter-Demos auf, um für einen bei einem Polizeieinsatz in Minneapolis in den USA ums Leben gekommenen Berufskriminellen zu demonstrieren. Für die vielen (unschuldigen) Todesopfer der importierten Kriminellen in ihrem eigenen Land und immer öfter auch im eigenen Umfeld interessieren sich die von staatlichen Bildungseinrichtungen gut dressierten woken Teenager hingegen nicht. Für die einheimischen Opfer, die von importierten Gewalttätern ermordet wurden und zu denen auch sie eines Tages gehören könnten, ist die linke Zivilgesellschaft noch kein einziges Mal auf die Straße gegangen. Im Gegenteil, diese Opfer werden ignoriert und anonymisiert. Das zeigt, wie dekadent und indoktriniert ein erheblicher Teil der Europäer schon ist.

The Black Axe ist nicht die einzige kriminelle Organisation aus Afrika, die gerade in Deutschland Fuß fasst. Daneben gibt es: Supreme Eiye Confraternity, Supreme Vikings Confraternity, Green Circuit Association International oder Eternal Fraternal Order of the Legion Consortium[204] und viele mehr. Die kriminellen Schwarzafrikaner konkurrieren in Deutschland offen mit den hier bereits etablierten arabischen Großbanden, von denen die bekanntesten der Remmo-, der Miri-, der Al-Zein- oder der Abo-Chaker-Clan sind.

Die Organisierte Kriminalität und das Clanunwesen haben ein Ausmaß erreicht, dass sich selbst Bundesinnenministerin Nancy Faeser gezwungen sah, sich von ihrem geliebten Kampf gegen rechts kurzzeitig abzuwenden, um im September 2024 Alarm zu schlagen. Dazu schrieb sogar die *Süddeutsche Zeitung*:

> Folter, Geiselnahme, Mord und gesellschaftliche Unterwanderung: BKA und Bundesregierung warnen vor immer brutalerer Gewalt und wachsendem Einfluss der Organisierten Kriminalität in Deutschland.[205]

Wenn selbst chronische Verharmloser importierter Gewalt wie Faeser und die *Süddeutsche Zeitung* vor Unterwanderung, Folter und Brutalität warnen, lässt sich erahnen, wie dramatisch die Lage tatsächlich sein muss.

Tatsächlich drohen in Deutschland schwedische Verhältnisse. In dem skandinavischen Land, das als erster Staat »auf demokratischem Weg den Kapitalismus abschaffen« wollte, werden mittlerweile bei Bandenkriegen zwischen Migrantenclans sogar Bomben und Kinder als Auftragskiller[206] eingesetzt, die auch immer mehr Opfer unter den Einheimischen fordern. Der Terror gehört mittlerweile zum Alltag. Ja, die Lage im einstigen Bullerbü ist derart außer Kontrolle geraten, dass sogar das Militär in den Kampf gegen Kriminalität und Gewalt eingebunden wurde.[207]

Das ehemals verschlafen-friedliche skandinavische Sozialparadies gehört mittlerweile zu den Ländern mit der höchsten Rate an Waffengewalt in Europa.[208] Besonders unerträglich sind die Zustände für die Frauen. Für den Straftatbestand der Vergewaltigung belegt Schweden mit großem Abstand vor allen anderen EU-Staaten den ersten Platz.[209]

Europäische Union: Opfer von Vergewaltigungen in den EU-Mitgliedsstaaten im Jahr 2022, aufgeschlüsselt nach Geschlecht
(Fälle je 100 000 Einwohner)

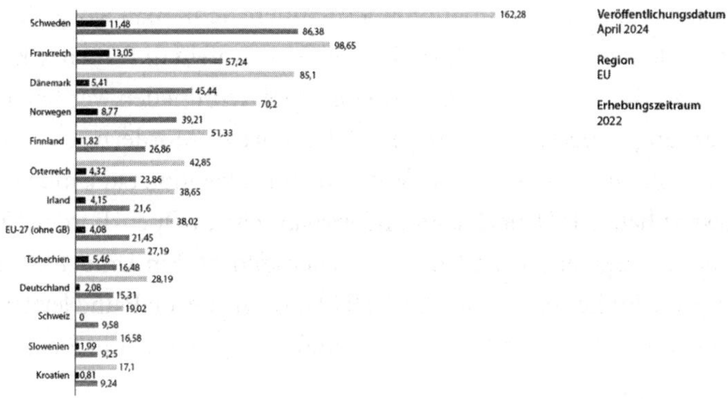

Quelle: *de.statista.com/statistik/daten/studie/1099780/umfrage/opfer-von-vergewaltigungen-in-der-eu/*

Verantwortlich für die Gewaltexplosion war die rot-grüne schwedische Regierung, die zwischen 2014 und 2021 Hunderttausende Migranten aus dem islamischen Raum und Afrika ins Land holte. Allein 2015 kamen 163 000 Menschen nach Schweden.[210] Die Folgen dieses linken Willkommenswahns beschreibt UNCUT-NEWS 2024:

> Demnach sind etwa 62 000 Menschen in Schweden in kriminelle Banden verwickelt.[211]

Und das *Wall Street Journal* hat errechnet, dass die Mordrate mit Schusswaffen in Stockholm 30-mal höher ist als in London.[212]

Erst seit die Sozialisten und die Grünen aufgrund dieser Zustände 2022 abgewählt wurden, versucht die konservative Regierung, die von den rechten Schwedendemokraten gestützt wird, die Situation wieder in den Griff zu bekommen. Doch das scheint angesichts der längst gekippten Kräfteverhältnisse zwischen Schweden und Migranten ein aussichtsloses Unterfangen zu sein. Mittlerweile droht die Bandenkriminalität sogar auf Dänemark überzugreifen: Der dänische Justizminister Peter Hummelgaard sagte im Sommer 2024, Schweden müsse Verantwortung für die Situation übernehmen, denn man wolle »keine Kindersoldaten aus dem schwedischen Gangumfeld in Dänemark«.[213] Anlass für die harte Kritik an Schweden: Die Kriminellen werden dort immer jünger; bereits 14-Jährige werden dort zu Mördern.

Während in Skandinavien aufgrund dieser Eskalation ein Umdenken eingesetzt hat, hält Deutschland unbeirrt an seinem Open-Border-Kurs fest, der naturgemäß vor allem Verbrecher anlockt. Ein Umdenken ist, solange die Einheitsparteien SPD, CDU/CSU, Grüne, FDP und letztendlich auch das BSW eine Mehrheit zustande bringen, nicht in Sicht. Mit fatalen Folgen.

Laut einem Lagebericht zur Organisierten Kriminalität wurden allein im Jahr 2023 642 Ermittlungsverfahren gegen Gruppierungen der Organisierten Kriminalität geführt. Die Schadenssumme, die durch die Berufskriminellen entstanden ist, wird vom Innenministerium mit 2,7 Milliarden Euro beziffert, was zwar ein hoher Wert ist, aber trotzdem nur einen Bruchteil des realen Schadens abbildet.

Was noch mehr beunruhigt als solche Zahlen, ist die Warnung des BKA: Die Organisierte Kriminalität setze auch

> durch gezielte Einflussnahme auf Personen außerhalb der Gruppierung ihre kriminellen Interessen durch und gefährde damit staatliche, wirtschaftliche und gesellschaftliche Strukturen.[214]

In anderen Worten: Kriminelle unterwandern Behörden, staatliche Institutionen und die Wirtschaft; sie werden somit zu einem immer größeren Machtfaktor im Land. Deutschland entwickelt sich dank Massenzuwanderung zu einem Dritte-Welt-Staat, in dem die Korruption blüht, staatliche und kriminelle Strukturen miteinander verschmelzen und Politik und Justiz nicht mehr in der Lage beziehungsweise willens sind, gegen die (Organisierte) Kriminalität vorzugehen. So wird Schutzgelderpressung etwa in Berlin zu einem immer größeren Problem. Die Betroffenen haben allerdings zu viel Angst, sich an die Polizei zu wenden. Berlins Polizeisprecher Winfrid Wenzel formuliert dies möglichst unverständlich wie folgt:

> Phänomen- und deliktsimmanent sind in der überwiegenden Zahl der Fälle keine Strafanzeigen oder Aussagen von Geschädigten zu erwarten.[215]

Die Organisierte Kriminalität ist bereits so mächtig geworden, dass der deutsche Staat sein Gewaltmonopol zu verlieren droht. Mittlerweile stellt sich immer öfter die Frage, wer mehr Angst vor wem hat: die Clans und Kriminellen vor dem Staat oder die Vertreter des Staates vor den Kriminellen. Immer häufiger ist Letzteres der Fall:
Sogar der *Spiegel* warnt:

> Die Frage ist nur, ob es nicht schon zu spät ist. Lassen sich die Banden überhaupt noch bändigen? [...] Die Rede ist von einem ›Kipppunkt‹, dem man näher komme. Der Punkt ab dem die Banden den Staat einschüchtern, nicht umgekehrt.[216]

Nochmals: Das schreibt der linke *Spiegel*, der bezüglich der Zuwanderung und ihrer negativen Folgen die Menschen seit Jahrzehnten systematisch belügt. Offenbar ist dieser Kipppunkt längst überschritten.

Kriminelle bedrohen offen Polizisten, Staatsanwälte und Richter. Die Gewalt gegen Ordnungshüter explodiert geradezu. 2023 wurden 105 708 Gewalttaten gegen Polizeibeamte verübt, das sind 290 pro Tag und ein neuer Rekord, der vermutlich mit jedem Jahr erneut gebrochen wird.[217]

Die Gesetzeshüters sind genauso Opfer der linken Zuwanderungspolitik wie die gesamte deutsche Bevölkerung. Das lässt sich anhand offizieller Zahlen eindeutig belegen.

Eine Anfrage des AfD-Abgeordneten Stephan Brandner hat das Bundesinnenministerium mit folgenden Zahlen beantwortet, über die außer der *Jungen Freiheit* kaum ein Medium berichtete: Im Jahr 2000 lag der Ausländeranteil bei den insgesamt 6,26 Millionen Tatverdächtigen bei 25,8 Prozent – bei einem Ausländeranteil an der Gesamtbevölkerung von 8,8 Prozent. Dieser hohe Wert blieb bis zum Jahr 2015 relativ konstant. Im von Angela Merkel ausgerufenen »Wir schaffen das«-Jahr explodierte die Ausländerkriminalität auf einen Wert von 38,5 Prozent. 2024 lag er bereits bei 41,1 Prozent,[218] obwohl Regierung und Behörden mit Turboeinbürgerungen versuchen, die Zahl der »Ausländer« in solchen Statistiken möglichst niedrig zu halten. Rechnet man jene Täter hinzu, die nur auf dem Papier Deutsche sind, hat die Mehrheit der Tatverdächtigen, sprich der Mörder, Vergewaltiger, Schläger, Erpresser, Dealer und Räuber bestimmte ausländische beziehungsweise kulturelle Wurzeln.

Das ist eine Tatsache, über die kaum jemand in den Mainstream-Medien und der Öffentlichkeit spricht, weil es den Verantwortlichen in Politik und Medien mithilfe systematischen Machtmissbrauchs gelungen ist, daraus ein absolutes Tabu zu machen, das, wird es gebrochen, mittlerweile wie eine Straftat beziehungsweise ein Vergehen (»Verhetzung«) behandelt und mit bis zu 3 Jahren Haft belegt werden kann.

Weil in Deutschland diese Fehlentwicklung, die schon so viele Deutsche das Leben gekostet hat, und der kausale Zusammenhang zwischen

Massenzuwanderung und steigenden Zahlen bei der Gewaltkriminalität nicht diskutiert werden darf, können Politik und Behörden dank der Komplizenschaft der Mainstream-Medien und »Experten« die Lage immer weiter eskalieren. Trotz der wachsenden Zahl an Terrortoten, der explodierenden Kriminalität und der sich weiter verschlechternden inneren Sicherheitslage, trotz der Erfahrungen aus Schweden, Großbritannien und anderer bereits gescheiterter Einwanderungsländer gießt man in Deutschland weiter Öl ins Feuer. Das heißt, man lässt seine Grenzen für Armutsmigranten, Islamisten und Verbrecher weiter offen, schiebt nicht ab, versorgt die importierten Staatsfeinde und Verbrecher mit Steuergeld und versucht die zunehmend verängstigte Bevölkerung mit Symbolpolitik und leeren Versprechungen so lange hinzuhalten, bis der Point of no Return überschritten ist.

Zu den Hauptleidtragenden dieser verbrecherischen Politik zählen neben den Kindern auch die Frauen, obwohl es gerade sie selbst sind, die diesen tödlichen Kurs unterstützen, indem sie tendenziell linke Parteien, insbesondere die Grünen wählen. Und es waren und sind vor allem Frauen, die dem Willkommenswahn verfielen.[219]

Seit Angela Merkel unter dem Applaus von Medien und NGOs die Schleusen für Migranten geöffnet hat, sind auch in Deutschland die Vergewaltigungsfälle explosionsartig angestiegen: Von 7022 im Jahr 2015 auf 12 186 im Jahr 2023.[220] Von Jahr zu Jahr steigen die Zahlen. Der kausale Zusammenhang zwischen Zuwanderung aus muslimischen Ländern und steigenden Vergewaltigungszahlen ist zwar offensichtlich, wird von Politikern, Medien und Experten aber weiterhin hartnäckig geleugnet. Wir werden auch bei diesem Thema systematisch belogen.

Im Laufe der Jahre haben die Protagonisten des Niedergangs verschiedenste Manipulationstechniken entwickelt, um das Offensichtliche, den Zusammenhang zwischen Zuwanderung und Gewalt, zu leugnen. Eine dieser für immer mehr Frauen tödlichen Ablenkungsstrategien ist das Konzept der »toxischen Männlichkeit«. Dass Frauen in 99 Prozent der Fälle von Männern vergewaltigt werden, liegt auf der Hand. Auf dieser banalen Erkenntnis – und nur darauf – basieren nicht nur die Analysen und Erklärungsmodelle zur deutschen Vergewaltigungswelle, sondern auch alle Maßnahmen zur ihrer Prävention und Bekämpfung. Alle anderen Fakten werden ignoriert. Die Experten und Politiker wollen nicht tiefer in die Materie eindringen, weil sie dadurch zu Schlussfolgerungen kämen, die mit ihrem Weltbild nicht kompatibel sind.

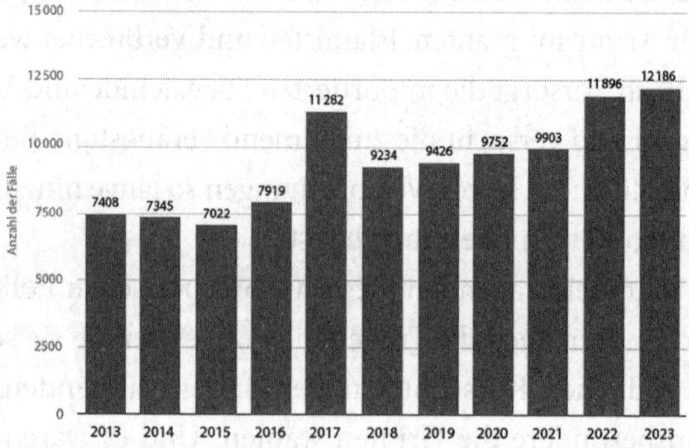

Quelle: *de.statista.com/statistik/daten/studie/200877/umfrage/vergewaltigung-und-sexuelle-noetigung/*; Statista 2024

Natürlich kann man mit dem ideologischen und keinesfalls wissenschaftlichen Konzept der toxischen Männlichkeit nicht erklären, warum die Vergewaltigungszahlen parallel zum steigenden Anteil an Migranten aus dem Islamgürtel in Deutschland massiv steigen. Auch nicht, warum unter den Frauenmördern und Vergewaltigern bestimmte ethnische und religiöse Gruppen signifikant überrepräsentiert sind. Aber das ist auch nicht der Sinn der Sache: Man blendet alle Faktoren und Ursachen aus, die der linken Ideologie widersprechen und das Projekt der gesellschaftlichen Transformation gefährden könnten und verhindert dadurch wirksame Strategien und Maßnahmen zur Bekämpfung dieser Verbrechen, weil sie auf falschen, irreführenden und lückenhaften Grundlagen basieren. Man stellt die linke Ideologie über die Sicherheit und das Leben der Frauen; man liefert sie ans Messer. Und so sind die vielen politischen Initiativen, Programme und Konzepte in Sachen Gewalt gegen Frauen größtenteils politische Mogelpackungen. Einerseits, weil sie von falschen Grundannahmen ausgehen, anderseits, weil sie weniger die Sicherheit von Frauen als vielmehr die ideologiegetriebene Diskriminierung autochthoner Männer im Fokus haben.

Dass in Deutschland von Jahr zu Jahr mehr Frauen vergewaltigt und traumatisiert werden – ein Ende dieses Trends ist dank des politmedialen Establishments nicht in Sicht –, dürfen sich diese Multikultiapologeten in Politik, Medien, Wissenschaft und Zivilgesellschaft also auf ihre Fahnen schreiben. Die importierten Täter sind lediglich Werkzeuge, die Ausführenden bei diesem Verbrechen gegen die Menschheit. Wenn etwa sogenannte »Faktenchecker« wie Correctiv, die in Wahrheit linksextreme, vom Staat finanzierte Agitatoren sind, behaupten: »Nein, Vergewaltigungen durch ›Zuwanderer‹ sind nicht ›explodiert‹«[221] oder der öffentlich-rechtliche WDR scheinheilig fragt: »Gruppenvergewaltigungen: Was bringen die Vornamen der Tatverdächtigen?«,[222] dann unterstützen und fördern sie diese Verbrechen, indem sie deren Ursachen und Hintergründe aus ideologischen, monetären und machtpolitischen Gründen verschleiern. Um letztlich jede Umsetzung von wirksamen Lösungsstrategien erfolgreich zu verhindern.

Wer sich weigert, die wahren Ursachen dieser Entwicklung anzuerkennen, sie ignoriert beziehungsweise verleugnet, ist für die steigenden Vergewaltigungszahlen mitverantwortlich. Wer wider besseren Wissens *alle* Männer gleichermaßen für die zunehmende Gewalt gegen Frauen verantwortlich macht, wer hier nicht differenziert, macht nicht nur die Hälfte der Bevölkerung eines Landes zu Sündenböcken, der wird zum Komplizen und Förderer der Vergewaltiger, oder – um es wie die ehemalige Staatsministerin Dorothee Bär (CSU) zu formulieren – der vergewaltigt mit.[223] Berthold Brecht (1898–1956) hat es so ausgedrückt:

> Wer die Wahrheit nicht weiß, der ist bloß ein Dummkopf. Aber wer sie weiß und sie eine Lüge nennt, der ist ein Verbrecher.

Jeder, der es wagt, öffentlich auf den kausalen Zusammenhang zwischen Massenzuwanderung aus dem Islamgürtel und den steigenden Vergewaltigungszahlen hinzuweisen, wird vom System heftig attackiert, selbst wenn es sich dabei um die bekannteste Feministin des Landes handelt. Daher wird Alice Schwarzer vom politmedialen Establishment und der neuen Garde von linksextremen Feministinnen aus diesem Grund neuerdings als islamophobe Rassistin beschimpft und ausgegrenzt. Schwarzer schreibt:

> Im Mai 2016 habe ich ein Buch herausgegeben (*Der Schock – die Silvesternacht von Köln*) [...]. *Der Schock* wurde noch vor Erscheinen als »rassistisch« diffamiert und wird das bis heute. Ich könnte das Buch jetzt, acht Jahre später, wieder veröffentlichen und müsste kein Komma ändern. Es ist die bisher präziseste Bestandsaufnahme und Analyse dieser schockierenden Ereignisse. Doch es wird bis heute von einschlägigen Kreisen als »rassistisch« und »islamophob« geblamed. Zu diesen Kreisen gehören auch die woken, selbst ernannten »intersektionalen Neofeministinnen«.[224]

Demgegenüber empfehlen die Kulturwissenschaftlerin Mithu Sanyal und die Autorin Marie Albrecht in einem Text in der *taz,* vergewaltigte Frauen künftig als »Erlebende« zu bezeichnen.[225] Vergewaltigung als Erlebnis. Der tonangebende, meinungsbildende Teil unserer Gesellschaft reagiert mit Ignoranz, Realitätsverweigerung, Empathielosigkeit, Zynismus und Menschenverachtung auf den von ihm selbst betriebenen Niedergang. Dazu passen auch die vielen »guten« Ratschläge, die Politik, Experten und Medien Frauen und Mädchen erteilen, wie etwa die Aufforderung, eine »Armlänge Abstand« zu Vergewaltigern zu halten oder sich im kulturell bereicherten Freibad ein Abziehtattoo mit dem Wort »No« auf den Oberarm zu kleben.[226]

Doch all diese Ablenkungs- und Desinformationsstrategien, die immer öfter geschwungene Nazikeule, die breitflächigere Zensur und die Repressalien gegen die Überbringer der schlechten Nachrichten und Dissidenten greifen kaum noch angesichts der Dramatik der Entwicklungen. Im Land breitet sich die Angst aus: Dabei fürchten sich die Bürger immer weniger vor den staatlich beschworenen Gefahren (Rechte, Corona, CO_2, Putin oder Trump), sondern vor den realen Bedrohungen vor ihrer Haustür; vor Bevölkerungsgruppen und Entwicklungen, die man ihnen als Bereicherung verkauft.

Laut einer Studie aus dem Jahr 2022 meiden 58 Prozent der Frauen in Deutschland in der Nacht aus Angst vor Gewalt und Kriminalität bestimmte Plätze. 52 Prozent der Frauen benutzen nachts keine öffentlichen Verkehrsmittel mehr, und 41 Prozent verlassen nachts gar nicht mehr das Haus.[227] Das ist das Deutschland, »in dem wir gut und gerne leben«, wie es Frau Merkel 2017, 2 Jahre nach dem Willkommensstartschuss, formuliert hat.

Der öffentliche Raum in Deutschland wird dank Multikulturalisierung und Islamisierung immer mehr zur Gefahrenzone. Im Jahr 2023 wurden jeden Tag in Deutschland rund 72 Messeattacken verübt, also über 26 000 im Jahr.[228] In dieser Zahl sind Angriffe mit anderen Stich- und Hiebwaffen, wie etwa Macheten oder Spitzhacken, noch gar nicht mitgerechnet.

Wie reagieren Politik und Mainstream-Medien auf solche Horrorzahlen? Wie üblich: Tarnen, Täuschen und Vertuschen. Das Bundesinnenministerium wies in seiner offiziellen Statistik nur 13 844, also gerade einmal die Hälfte der tatsächlichen Zahl aus. Der Schwindel fiel erst auf, als alternative Medien die Zahlen der einzelnen Bundesländer addierten und auf knapp das Doppelte kamen.[229]

Auch die Bahnhöfe und öffentlichen Verkehrsmittel werden immer mehr zum Kriminalitätshotspot. Allein im ersten Halbjahr 2024 registrierte die Bundespolizei 13 543 Gewaltdelikte auf Bahnhöfen.[230] Das ist ein deutlicher Anstieg gegenüber dem Vergleichszeitraum des Vorjahres. Jeder zweite Tatverdächtige ist Ausländer. In Berlin erreichten die Straftaten in den öffentlichen Verkehrsmitteln 2024 einen neuen Rekordwert: Von Januar bis Ende September 2024 kam es zu 20 179 Straftaten, das ist ein Plus im Vergleich zum Vorjahreszeitraum von über einem Drittel.

Man könnte noch Hunderte solcher Zahlen und Statistiken anführen, die alle dasselbe zeigen: Kriminalität und Gewalt explodieren in allen Bereichen, und die Hauptverantwortlichen dafür sind bestimmte Ausländergruppen und jene, die sie ins Land ließen und hier gewähren lassen. Obwohl es wirklich alle wissen – die Bürger, die Kriminellen, die Medien, die Experten und Politiker –, wird nach wie vor versucht, das Bild von der bunten Multikultiidylle, die sich längst in einen Albtraum verwandelt hat, aufrechtzuerhalten. Je mehr Blut fließt, je mehr Tote dieser Feldzug gegen die eigene Bevölkerung fordert, desto hysterischer wird die Inszenierung, desto abstruser werden die Lügen, desto härter die Repressalien.

Wenn etwa einer der renommiertesten Qualitätsjournalisten des Landes, Heribert Prantl, wenige Tage nach dem Terror von Magdeburg und den Silvesterkrawallen in Berlin in der *Süddeutschen Zeitung* schreibt: »Von der AfD geht eine existenzielle Bedrohung aus«,[231] weil diese Partei mit allem recht behalten hat, wovor sie seit Jahren warnt, weiß man, dass von dieser Klasse nichts mehr zu erwarten ist außer noch mehr Lügen, Verrat und Zerstörung. Dann begreift man, dass sie sich einerseits mit allen Mitteln an die Macht klammert und andererseits die Zerstörung des Landes immer weiter vorantreibt.

Auch wenn Politik und Presse bei Verbrechen von Migranten in der Regel alle relevanten Informationen zum Täter zurückzuhalten versuchen – man erfährt weder den Vornamen noch etwas zum Umfeld, Motiv, Migrationshintergrund und der Religion – beziehungsweise irreführend darüber berichten, wissen doch ohnehin alle, was Sache ist. Dass der Täter, der den Teenager im Kurpark zu Tode geprügelt hat, oder der, welcher mit einem Auto in eine Menschenmenge gerast ist, oder der, welcher an einer Gruppenvergewaltigung beteiligt war, oder der, welcher wahllos auf Passanten eingestochen hat, mit allergrößter Wahrscheinlichkeit nicht Franz, Uwe oder Walter heißt sowie kein AfD-Wähler und auch kein »radikaler« Christ oder Buddhist ist.

Das bestätigt auch eine veröffentlichte Liste mit den Vornamen von mutmaßlichen Vergewaltigern aus Nordrhein-Westfalen aus den Jahren 2021 und 2022. Laut dieser Liste sind 1287 Tatverdächtige deutsche Staatsbürger und 724 Nichtdeutsche. Das entspricht einer Quote nicht deutscher Tatverdächtiger von 36,2 Prozent. Damit sind die Ausländer deutlich überrepräsentiert. Das ist aber nur die halbe Wahrheit, denn von den »deutschen« Vergewaltigern haben rund ein Drittel keinen deutschen Vornamen, heißen also Mohammed, Hussein und so weiter. Das heißt, rund 55 Prozent der mutmaßlichen Vergewaltiger in NRW sind Ausländer oder haben Migrationshintergrund.[232]

Der bekannte Publizistikwissenschaftler Fritz Hausjell sagt:

> Hinweise auf den Migrationshintergrund sind völlig entbehrlich.[233]

Warum? Hausjell weiter:

> Sonst wird vermittelt, dass es einen Zusammenhang zwischen Herkunft und Kriminalität gibt.[234]

Wenn dieser evidente kausale Zusammenhang von Politik, Medien und Experten eingestanden und akzeptiert werden würde, müsste als einzig logische Konsequenz die Zuwanderung aus dem islamischen Raum und Afrika gestoppt werden. Doch das steht nicht auf ihrer Agenda. Der Bevölkerungsaustausch muss, Todes- und Vergewaltigungsopfer hin oder her, weitergehen. Weshalb die Grenze offen, die Kontrollen, Sicherheitsüberprüfungen und sonstigen Maßnahmen zum Schutz des Landes und seiner Bürger mangelhaft bleiben.

Zum Teil werden potenzielle Terroristen, die man offiziell »Gefährder« nennt, sogar aktiv ins Land eingeflogen, trotz oder wegen vieler Warnungen von Geheimdiensten, Botschaften und Sicherheitskräften. Federführend dabei war das von Annalena Baerbock geführte Auswärtige Amt. So berichtete der *Focus*:

> Baerbock [hat sich, d. A.] Ende 2022 gegen zusätzliche Sicherheitsbefragungen vor der Ausreise nach Deutschland ausgesprochen [...]. Damit sollte verhindert werden, dass das Bundesaufnahmeprogramm für Afghanistan ins Stocken gerät. Trotz ungültiger Pässe wurden zahlreiche Visa erteilt und damit das Risiko erhöht, dass Islamisten oder feindliche Agenten ins Land gelangen.[235]

Die *Neue Zürcher Zeitung* schreibt über dieses verdeckte Islamisten-Importprogramm von Baerbock:

> Alle Vorwürfe bündeln sich zu einer begründeten Vermutung: Annalena Baerbock will möglichst viele Afghanen nach Deutschland einfliegen, und sie ist bereit, zu diesem Zweck das Recht zu dehnen.[236]

Die Sicherheitsinteressen des Landes hat die grüne Politikerin unterlaufen. Mit solchen Programmen wird vielmehr die Unversehrtheit der eigenen Bevölkerung massiv gefährdet, die Sicherheitslage gezielt verschärft.

Dass aus der Visa-Affäre, die vom Magazin *Cicero* aufgedeckt wurde, kein großer bundesweiter Skandal wurde und Baerbock noch im Auswärtigen Amt und nicht auf einer Anklagebank sitzt, zeigt sehr eindrucksvoll, dass sie bei ihren deutschlandfeindlichen Machenschaften von mehr oder weniger allen Kräften des politmedialen Establishments unterstützt und gedeckt wird.

In Anbetracht solcher Vorgangsweisen, der systematischen Täuschung der Bevölkerung über die wahren Ziele der Regierungspolitik und angesichts der Skrupellosigkeit der politischen Akteure, ihrer Handlanger und Hintermänner wäre es absurd, sich von diesem Machtkartell ein Umdenken oder gar eine Lösung dieser Krisen zu erwarten. Sie sind das Problem, nicht die Lösung.

Es gibt derzeit auch keinerlei Hinweise darauf, dass die globalistischen Einheitsparteien und deren politisches Vorfeld trotz der sich verschlechternden Lage einen Paradigmenwechsel etwa in der Zuwanderungs- und Sicherheitspolitik vollziehen werden. Man will seinen Kurs der Multikulturalisierung, sprich: des Bevölkerungsaustausches mit allen Mitteln, zu denen in letzter Konsequenz auch die Abschaffung der Demokratie gehört, weiter durchziehen, völlig egal, in welcher Konstellation diese Parteien das Land regieren.

Die Sicherheitslage in Deutschland wird sich deshalb von Jahr zu Jahr weiter verschlechtern, ohne dass dagegen von Politik und Behörden adäquate Gegenmaßnahmen ergriffen werden würden. Das geschieht einerseits mit Absicht, immer öfter aber auch, weil der Staat aufgrund der sich verschiebenden Kräfteverhältnisse nicht mehr dazu in der Lage ist, seine Gesetze durchzusetzen, weil ihm dafür die Ressourcen, insbesondere die menschlichen, fehlen. Schon jetzt muss man etwa randalierende jugendliche Migranten, wie jedes Jahr zu Silvester, gewähren lassen, weil man gar nicht mehr imstande ist, diesem illegalen Treiben Einhalt zu gebieten. Der Staat verliert zunehmend sein Gewaltmonopol an jene Gruppen, die er nach wie vor in Scharen auf sein Territorium lässt.

Auch in Österreich musste, wie bereits im Vorwort beschrieben, die Polizei tatenlos zusehen, als 30 000 syrische Männer mitten in Wien die Geburt eines islamischen Gottesstaates feierten. Quer durch die EU entstehen immer mehr sogenannte No-Go-Areas, also Zonen, in denen der Staat völlig außerstande ist, seine Gesetze durchzusetzen. Hier bestimmen kriminelle Clans oder andere ethnische beziehungsweise religiöse Gruppen die Regeln des Zusammenlebens.

Statt die Sicherheitskräfte zu verstärken und gegen kriminelle und extremistische Migranten mit aller Härte vorzugehen, sie lange einzusperren und konsequent abzuschieben, motiviert man sie zu Gewalt und Terror mit linker Kuscheljustiz, staatlicher Rundumversorgung und ideologischen Konzepten (Wokeness, Antikolonialismus oder Critical Race Theory), die diese Gruppen gegenüber der schrumpfenden autochthonen Bevölkerung systematisch bevorzugen (Stichwort: positive Diskriminierung).

Gegen die eigene Bevölkerung, insbesondere gegen seine Kritiker, geht man stattdessen – unter anderem deshalb, um seinen Machtverlust bei der islamischen Bevölkerung zu kompensieren – mit immer größerer Brutalität vor und versucht die Bürger mit politischem Druck, Symbolpolitik und leeren Versprechungen ruhigzustellen, solange man dazu noch in der Lage ist. Soll heißen, solange die demografischen und die Machtverhältnisse noch nicht gekippt sind.

Denn je mehr sich die demografischen Kräfteverhältnisse verschieben, desto dramatischer wird sich die Sicherheitslage vor allem für die Deutschen verschärfen. Wer kann, wird versuchen zu flüchten. Ein Trend, der längst begonnen hat: Immer mehr Deutsche, insbesondere gut ausgebildete, verlassen das Land. So leben im amerikanischen Silicon Valley geschätzte 70 000 in der Regel hoch qualifizierte Deutsche.[237]

Auch Ungarn wird als »Asyl«-Land für Deutsche immer beliebter: Das ungarische Magazin *Corvinák* hat sich mit den Ursachen dieser Wanderungsbewegung auseinandergesetzt:

> Für diese jüngste Dynamik kann es eine Reihe von Gründen geben. In der deutschen Medienberichterstattung stehen finanzielle Gründe im Vordergrund. Viele führen aber auch ein lebenswerteres Umfeld und eine bessere öffentliche Sicherheit an. Tatsache ist, dass die Zahl der Straftaten in Deutschland im vergangenen Jahr zwar um 11,5 Prozent gestiegen ist [...]. Der Vergleich mit Ungarn ist [...] aufschlussreich, wo die Zahl in den letzten zehn Jahren um 64,5 Prozent gesunken ist. Noch deutlicher ist der Unterschied auf Pro-Kopf-Basis: In Deutschland lag die Zahl der Straftaten pro 100 000 Einwohner im vergangenen Jahr bei 6762, während sie in Ungarn bei 1732 lag, also nur einem Viertel des deutschen Wertes.[238]

Und mit jedem Jahr werden mehr Deutsche vor den Schutzsuchenden Schutz suchen.

5.4 Unterwanderung

Im Herbst 2024 hatte ich im Zuge meiner Recherchen ein interessantes Gespräch mit einem Kriminalbeamten. Er erzählte mir, dass die österreichische Polizei derart große Probleme habe, Nachwuchskräfte zu finden, dass es mittlerweile kein Alterslimit mehr für Bewerber gebe. Selbst ein über 50-Jähriger wurde vor Kurzem als Polizeischüler aufgenommen. Das verdeutlicht, wie massiv die Probleme bei der Rekrutierung von Polizeikräften und bei anderen Behörden geworden sind. Die Situation wird sich in den kommenden 10 Jahren aufgrund der in Rente gehenden Babyboomergeneration noch massiv verschärfen. Man wird nehmen, was man kriegen kann, ohne auf Kompetenz, Bildung, Vorgeschichte, charakterliche Eignung oder Sicherheitsaspekte zu achten. Das Niveau sinkt dramatisch schnell.

Das hat schwerwiegende Folgen. Angesichts solcher Rahmenbedingungen ist es für Clans und andere kriminelle, mafiöse und extremistische Gruppierungen ein Leichtes, solche Strukturen zu infiltrieren und zu unterwandern. Es gelangen mit jedem Jahr immer mehr Menschen in Positionen, für die sie nicht geeignet sind, die ein Sicherheitsrisiko darstellen und immensen Schaden anrichten können.

Man mag sich wundern, dass Deutschland trotz aller Abnutzungs- und Zerfallserscheinungen im Großen und Ganzen noch wie ein zivilisierter westlicher Rechtsstaat funktioniert. Dass Polizei, Justiz, Finanzämter oder Gerichte ihre Aufgaben zwar mehr schlecht als recht erfüllen, aber der Standard noch immer höher ist als in einem durchschnittlich korrupten Dritte-Welt-Staat. Das liegt vor allem daran, dass im Staatsapparat noch überwiegend Menschen arbeiten, die im vergangenen Jahrtausend in diesem Land sozialisiert worden sind, die Schulen besucht haben, als das Bildungssystem noch intakt war, denen man noch die sogenannten Sekundärtugenden wie Fleiß, Pünktlichkeit, Disziplin, Pflichtbewusstsein, Zuverlässigkeit oder Höflichkeit vermittelt hat. Menschen also, die sich mit den westlichen Werten und der deutschen Kultur identifizieren.

Aber auch in den staatlichen Strukturen, in den Amtsstuben, den Polizeikommissariaten, den Ministerien, den Kommunen oder den Gerichten findet ein Bevölkerungsaustausch statt, scheiden immer mehr der Menschen aus, die sich dem Land und dem Rechtsstaat verpflichtet gefühlt und das System am Laufen gehalten haben. Sie werden ersetzt durch Personen, die dafür oftmals nicht nur, wie im Kapitel 5.2 »Verblödung« bereits dargestellt, aufgrund mangelnder Kompetenzen und Intelligenz ungeeignet sind, sondern darüber hinaus auch weniger dem Staat als vielmehr ihrer Peergroup gegenüber loyal sind, also gegenüber ihrem Clan, ihrer Volksgruppe oder ihrer Religion.

Je größer der Anteil dieser Personen im öffentlichen Dienst und den staatlichen Institutionen, desto schneller wird auch der Staatsapparat, die öffentliche Verwaltung, die Polizei und die Justiz auf das Niveau eines Dritte-Welt-Staates absinken. Und zwar mit allem, was dazugehört: Korruption, Miss- und Vetternwirtschaft, Amtsmissbrauch und so weiter. Eine düstere Aussicht.

Denn Länder wie Afghanistan, der Sudan, Irak oder Syrien unterscheiden sich massiv und grundsätzlich von demokratischen Rechtsstaaten, in denen Gewaltentrennung und Laizismus herrschen, in dem jeder Bürger vor dem Recht gleich ist, Menschenrechte gelten und so weiter. Laut Transparency International sind die vier korruptesten Länder der Welt: Südsudan, Syrien, Venezuela und Somalia.[239] Mit Ausnahme des kommunistischen Venezuelas kommen aus diesen Ländern, insbesondere Syrien, viele Menschen nach Deutschland. Und mit ihnen halten auch Korruption, Schlamperei, Nepotismus, Kriminalität und andere für zivilisierte Industriestaaten schädliche Verhaltensweisen Einzug.

Bereits im Jahr 2017 beklagte Ulf Küch, Vizechef des Bundes Deutscher Kriminalbeamter (BDK):

> Wir haben inzwischen mehrere Hinweise von Kollegen, dass kriminelle Clans ganz gezielt versuchen, deutschlandweit in die Schaltstellen von Justiz, aber auch Wirtschaft, Politik und andere Bereiche der öffentlichen Verwaltung einzudringen.[240]

Die Methoden, mit denen etwa kriminelle Clans dabei vorgehen, beschreibt Küch so:

> Sie versuchen, junge Leute schon über die Ausbildung in die Behörden einzuschleusen.[241]

Damals, 2017, geriet die Berliner Polizeischule in die Schlagzeilen, weil private Chatnachrichten eines Lehrers an der Polizeiakademie an die Öffentlichkeit gelangt waren. In diesen Mitteilungen hieß es unter anderem:

> Die sind zwei Wochen dabei [...] und machen Boxschläge mitten im Unterricht, schlafen. [...] Der Klassenraum sah aus wie Sau, die Hälfte Araber und Türken, frech wie Sau, dumm, konnten sich nicht artikulieren. [...] Das sind keine Kollegen [...], das ist unser Feind, das ist der Feind in unseren Reihen.[242]

Im Zuge des Skandals kamen immer neue Ungeheuerlichkeiten ans Tageslicht. So zitiert der *Tagesspiegel* einen anonym bleibenden LKA-Beamten:

> Bewerber aus diesen Großfamilien werden – trotz Strafakte – in der Polizei angenommen.[243]

Das hat auch damit zu tun, dass Berlin junge Migranten, vor allem aus muslimischen Herkunftsländern, bevorzugt einstellt. 2017 hatten rund 1200 junge Leute in Berlin eine Polizeiausbildung begonnen, rund 40 Prozent davon hatten Migrationshintergrund. Diese von der Politik forcierte Multikulturalisierungsstrategie schlägt sich unter anderem in den immer desaströseren Zuständen in den Polizeischulen nieder.

Vor dieser Entwicklung warnte bereits vor mehreren Jahren Thilo Sarrazin:

> Die türkisch- und arabischstämmigen Bewerber für die Polizei-Laufbahn werden mit Sonderbedingungen begünstigt.

Diese seien so gestaltet,

> dass langfristig die Qualität der Polizei sowie die Einheitlichkeit ihres Verhaltens und damit der Rechtsdurchsetzung gefährdet sind.[244]

Die Zustände an den Berliner Polizeischulen sind dramatisch: mangelhafte Sprachkenntnisse, schlechtes Benehmen, Disziplinlosigkeit, Übergriffigkeiten gegen weibliche Auszubildende und so weiter. Mainstream-Medien, Politik und Behörden versuchten in gewohnter Weise diese für den deutschen Rechtsstaat brandgefährlichen Entwicklungen kleinzuschreiben und zu verleugnen. Politik, Behörden und Medien fördern diese Missstände entweder aktiv, mittels der bevorzugten Einstellung bestimmter Migrantengruppen, oder passiv, indem man sie hinnimmt und vor der Öffentlichkeit vertuscht.

Jedenfalls wird selbst in diesem hochsensiblen, für die Sicherheit und den Rechtsstaat so zentralen Bereich absolut nichts gegen solche Fehlentwicklungen unternommen, was einmal mehr zeigt, dass das Ganze Methode hat, dass man Ziele verfolgt, die mit Sicherheit nicht im Interesse der Bevölkerung und im Einklang mit der Demokratie sind. Weshalb sich die Lage in den vergangenen Jahren weiter verschlechtert hat; Verhältnisse wie jene in der beschriebenen Berliner Polizeischule haben sich mittlerweile über den gesamten Polizeibereich ausgebreitet.

Statt Gegenstrategien zu entwerfen, gießt man permanent Öl ins Feuer, verstärkt die Probleme nur. Es ist wie ein Rückkopplungsprozess, bei dem sich die negativen Entwicklungen dank der Unterlassungen und der Fehlentscheidungen der Verantwortlichen gegenseitig immer weiter hochschaukeln. Um in Deutschland Polizist werden zu können, muss man mittlerweile nicht einmal mehr Deutscher sein, das heißt, man braucht keinen deutschen Pass. In den meisten Bundesländern vermögen auch Ausländer »deutsche« Polizisten zu werden. So können sich in Hamburg, Bremen, Schleswig-Holstein und Rheinland-Pfalz sogar Nicht-EU-Ausländer bewerben, wenn sie einen Aufenthaltstitel für Deutschland vorweisen können.

Deutschland versucht die importierte Kriminalität offiziell dadurch in den Griff zu bekommen, dass man auch die Polizei multikulturalisiert, sprich: islamisiert. Die Idee dahinter: Polizisten mit türkischen, afghanischen oder afrikanischen Wurzeln würden sich im Kampf gegen das Verbrechen, das man aus diesen Ländern nach Deutschland importiert hat, besser eignen als Einheimische, nicht nur der Sprachkenntnisse wegen, sondern auch aufgrund der gemeinsamen Sozialisation, Sprache, Religion und Mentalität.

So freute sich etwa der öffentlich-rechtliche Deutschlandfunk, nachdem ein Polizist mit Migrationshintergrund eine Entführung durch einen Landsmann unblutig beenden konnte:

> Es hat sich also bewährt, dass die Berliner Polizei seit Jahren enorme Anstrengungen macht, um Personen mit ausländischen Wurzeln für den Polizeidienst zu gewinnen.[245]

Wesentlich billiger, ungefährlicher und vernünftiger wäre es allerdings gewesen, diese Kriminellen gar nicht erst ins Land zu lassen.

Man nutzt also die selbst verursachten Fehlentwicklungen, eskaliert die Lage mit Lösungsansätzen, die keine sind und von denen man von vorneherein weiß, dass sie die Krise weiter verschärfen werden. Diese perfide Strategie wird vom politmedialen Establishment auf vielen Ebenen angewandt. Die herrschende Klasse schafft also Probleme und induziert Krisen (Massenzuwanderung, AKW-Abschaltungen und Rekordsteuern), die unzählige weitere Fehlentwicklungen in Staat und Gesellschaft auslösen (Terror, Kriminalität, Korruption, Explosion der Energiepreise, Blackout-Gefahr, Deindustrialisierung und so weiter). Nur um diese dann mit falschen und schädlichen Lösungsstrategien immer weiter zu verschärfen und damit immer neue und größere Problemfelder zu erschaffen. So hält man einen sich stetig beschleunigenden Teufelskreis am Laufen.

Wirtschaftsnobelpreisträger Friedrich August von Hayek (1899–1992) hat dieses Phänomen für die Ökonomie als Interventionsspirale beschrieben. Soll heißen: Jede staatliche Intervention bedingt weitere staatliche Eingriffe, die ihrerseits weitere erforderlich machen. Die

Fehler und Fehlentwicklungen werden mit jedem weiteren »korrigierenden« Eingriff nicht behoben, sondern potenziert. Diese Spirale dreht sich bis zum Crash. Bis es so weit ist, wächst der Staat zu einem alles kontrollierenden Monster heran.

Eine solche Spirale hat man mit der Massenzuwanderung in Gang gesetzt. Und eine der unzähligen Fehlentwicklungen, die das zur Folge hatte, versucht man im Sicherheitsbereich nun mit der Einstellung von Migranten zu lösen. Nicht, dass die Rekrutierung von Polizisten mit Migrationshintergrund grundsätzlich problematisch wäre, darum geht es nicht, es geht vielmehr darum, den dahinterstehenden Mechanismus, die Ideologie und ihre dystopischen Ziele zu erkennen. Die Baumeister und Akteure des Great Reset spielen sich den Ball gegenseitig zu: Sie schaffen eine migrantisch beziehungsweise islamisch geprägte Polizei, nicht um – wie behauptet – die (selbst importierte) Kriminalität in den Griff zu bekommen, sondern um auch die Sicherheitskräfte, so wie alle anderen Bereiche des Staates und der Gesellschaft, nach ihren Vorstellungen zu transformieren, sprich: ihrer eigentlichen Funktionen zu berauben. Kann eine Polizei mit einem hohen Anteil an Migranten aus dem islamischen Raum in Deutschland ihre Aufgabe als Trägerin des Rechtsstaates noch wahrnehmen beziehungsweise soll sie das überhaupt?

Selbstverständlich wird die Polizei entsprechend dieser Aufnahmepolitik einen Wandel erfahren. Natürlich werden Polizisten, die in Afghanistan, in der Türkei, in Syrien oder in migrantischen Communities in Deutschland sozialisiert worden sind, mit ihren unterschiedlichen Weltbildern, ihrer Loyalität zu ihren Peergroups, ihrer Religion oder ihrem Frauenbild die Polizei grundlegend in ihrer Arbeit, ihrem Selbstverständnis und Auftreten und ihrer Funktion verändern. Darum geht es schließlich.

Selbstverständlich werden Menschen, für die ihre Religion (insbesondere der Islam), ihre Volksgruppe und/oder ihr Clan einen deutlich höheren Stellenwert haben als der Staat, damit den Staat selbst in seinem innersten Kern transformieren. Ob zum Besseren, ist mehr als fraglich. Man braucht sich nur die Polizeiapparate jener Länder anzusehen, aus denen die Menschen nach Deutschland strömen. Ist es wirklich sinnvoll, die deutsche Polizei »afghanischer«, »syrischer« oder gar »islamischer« zu machen?

Was das konkret bedeutet, was damit auf Deutschland zukommt, beschreibt etwa der Risikobericht GAN Integrity für Unternehmen in Pakistan:

> Im Umgang mit der pakistanischen Polizei besteht ein sehr hohes Korruptionsrisiko. Die Polizei schützt Unternehmen nicht zuverlässig vor Kriminalität [...]. Drei Viertel der Pakistaner glauben, dass die Polizei größtenteils oder vollständig korrupt ist, und drei Viertel der Pakistaner, die im vergangenen Jahr mit der Polizei in Kontakt kamen, geben an, Bestechungsgelder gezahlt zu haben.[246]

Diese Etablierung von Dritte-Welt-Standards, und darauf läuft es letztendlich hinaus, betreffen nicht nur die Polizei, sondern alle Behörden, staatliche Institutionen von der Bundeswehr bis zur öffentlichen Verwaltung, von der Politik bis in den universitären Bereich.

So soll ein Mitarbeiter der Financial Intelligence Unit (FIU), der Anti Geldwäschebehörde, über Jahre hinweg dem schwer kriminellen Miri-Clan, der in Bremen herrscht, Informationen zugespielt haben. Die Behörden versuchten, den Skandal geheim zu halten, bis er von der *Bild*-Zeitung aufgedeckt wurde. Demnach war der 32-jährige Verdächtige in der »Operativen Analyse« der FIU tätig. Er soll vertrauliche Vorgänge im Zusammenhang mit dem Miri-Clan auf seinen Rechner kopiert und seine Zugriffsrechte für Abfragen im Ausländerzentralregister genutzt haben.[247]

Solche »Einzelfälle« schaffen es nur selten in die Medien. Was die Öffentlichkeit erfährt, ist also nur die Spitze eines gewaltigen Eisberges, einer Entwicklung, die den deutschen Rechtsstaat in seinem Kern zersetzt. Dass sich die Korruption in Deutschland epidemisch ausbreitet, wenn man Menschen aus Kulturen und Ländern, in denen Korruption etwas Normales und Alltägliches ist, massenhaft ins Land holt, liegt auf der Hand. Das ist eine Entwicklung, die sowohl von der Politik als auch von den Mainstream-Medien weitgehend ignoriert wird. Während die EU-Staaten im Korruptionsranking von Transparency International (noch) auf den besten Plätzen rangieren – das am wenigsten korrupte Land ist demnach Dänemark; Deutschland liegt auf Rang neun – wandern Hunderttausende Menschen aus Staaten ein, die in diesem Ranking ganz hinten liegen. Von den insgesamt 180 gelisteten Ländern liegt Syrien auf Rang 177, Afghanistan auf 162 und der Irak auf Platz 154.

Mit der Massenzuwanderung aus diesen Regionen wird die Korruption in Deutschland gezielt gefördert. Was man den Menschen mit schönen Worten wie Teilhabe, Vielfalt, Diversität, Buntheit oder Gerechtigkeit schmackhaft zu machen versucht, ist in Wahrheit eine gezielte Transformation. Eine massive Umgestaltung, die, und das kann man aus den bisherigen Erfahrungen mit absoluter Sicherheit ableiten, das Land in den Abgrund reißen und einen ehemals zivilisierten und hoch entwickelten Industriestaat in ein Dritte-Welt-Land verwandeln wird. Denn eines steht fest: Die globalistische Linke geht bei der Zerstörung der bürgerlichen Gesellschaft und des auf ihr beruhenden demokratischen Rechtsstaates extrem gründlich vor.

Dass Deutschland trotz seines hohen Migrantenanteils nach wie vor, wenn auch mit immer größeren Abstrichen, wie ein westlicher Industriestaat funktioniert, liegt wie gesagt daran, dass in den Behörden der Anteil der Deutschen noch hoch ist. Die Multikulturalisierung findet hier, im Unterschied zu anderen gesellschaftlichen Bereichen, mit zeitlicher Verzögerung statt. Unter anderem deshalb, weil man für die meisten Staatsjobs, im Gegensatz zum bloßen Kassieren von Transferleistungen, (noch) eine Ausbildung braucht.

In Bundesbehörden arbeiten wenige Menschen mit Migrationshintergund

Anteil von Menschen mit und ohne Migrationshintergrund in Bundesbehörden (2019, gerundet)

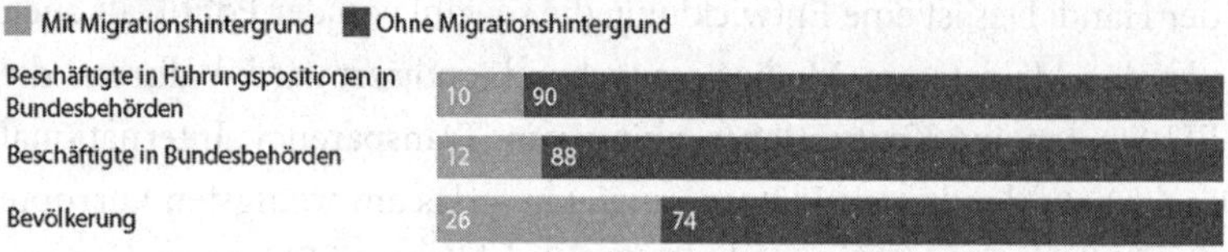

Mediendienst Integration 2021; Bundesinstitut für Bevölkerungsforschung

Laut einer Studie aus 2019 hatten bei den Bundesbehörden in besagtem Jahr 12 Prozent der Mitarbeiter einen Migrationshintergrund. Der Anteil an der Gesamtgesellschaft hingegen lag bei 26 Prozent.[248]

Um dieses »Missverhältnis«, diesen »Missstand« zu beheben, laufen überall in Deutschland Initiativen unter dem Titel »interkulturelle Öffnung«. Der Staat soll damit so schnell als möglich weniger deutsch und dafür migrantischer werden. Zumal die Architekten der großen Transformation mit »deutsch« ausschließlich Negatives verbinden.

Oskar Lafontaine hat es bereits in den 1980ern so ausgedrückt:

> [...] Pflichtgefühl, Berechenbarkeit, Machbarkeit, Standhaftigkeit. [...] Das sind Sekundärtugenden. Ganz präzis gesagt: Damit kann man auch ein KZ betreiben.[249]

Interessant an solchen Initiativen und Programmen ist deshalb auch nicht, die Behörden und den Staatsapparat effizienter, bürgernäher und verlässlicher zu machen, sondern es geht ausschließlich darum, vielfältiger, inklusiver, interkultureller also weniger deutsch zu sein. Ob ein solcher bunter Staatsapparat seine Aufgaben erfüllen kann, ist dabei bestenfalls zweitrangig.

Das zeigt sich etwa bei der Bundeswehr. Verteidigungsministerin Christine Lambrecht (SPD) hatte im Jahr 2022 die Broschüre »Vielfalt und Inklusion in der Bundeswehr« veröffentlicht. Darin schrieb sie, warum Vielfalt für die Bundeswehr so wichtig sei:

> [...] warum ist eine »bunte Bundeswehr« so wertvoll? [....] Unsere Gesellschaft ist bunt. Ist unsere Bundeswehr ebenso bunt, erhöht das ihre gesellschaftliche Akzeptanz. [...] Entscheidend ist jedoch ein anderer Grund: Denn die Voraussetzung für gelebte Vielfalt und Inklusion ist die Gleichstellung aller Menschen – unabhängig davon, wen sie lieben und woran sie glauben, wie alt sie sind, welche Hautfarbe sie haben und wo ihre Wurzeln liegen, ob mit oder ohne Behinderung oder Einschränkung, ob Frau, Mann, divers ... Und die Gleichstellung ist mehr als nur ein wünschenswertes politisches Ziel. Sie ist ein Menschenrecht. Unsere Bundeswehr kämpft für dieses Recht, kämpft für unsere offene und vielfältige Gesellschaft.[250]

Es geht der Ministerin, die für die äußere Sicherheit des Landes verantwortlich ist, also um Vielfalt, Inklusion, Teilhabe und Buntheit. Mit keinem einzigen Wort erwähnt sie, wofür die Bundeswehr eigentlich da ist und was ihre Aufgaben sind, nämlich für Sicherheit zu sorgen und das Land vor äußeren Feinden zu schützen. Die bunte Bundeswehr »kämpft für Vielfalt«, wie es Lamprecht ausdrückt, und nicht mehr gegen äußere Bedrohungen, wie es im Grundgesetz – »Der Bund stellt Streitkräfte zur Verteidigung auf«[251] – festgeschrieben ist. Das hat Lamprecht nie interessiert, ja, sie erwähnt es nicht einmal. Dass die Bundeswehr ihren eigentlichen Aufgaben nicht mehr nachkommen kann, vielmehr ein gewaltiges Sicherheitsrisiko darstellt, ficht sie nicht an – Hauptsache bunt, divers und vielfältig.

Ideologische Schreibtischtäter wie Lamprecht weigern sich, reale Probleme, sprich: die Realität wahrzunehmen. Sie leben in ihrem dogmatischen Paralleluniversum und denken und handeln ausschließlich in den Kategorien dieser Scheinwelt. Das ist insofern nur folgerichtig, da sie von den anderen Blasenbewohnern, also den Journalisten, Experten und NGOs, bewertet und an den in dieser Denkwelt geltenden Maßstäben gemessen werden.

Dass die globalistische Linke damit – leider – sehr erfolgreich ist, dafür ist die Bundeswehr ein gutes Beispiel. 10 Jahre lang haben die Verteidigungsministerinnen Ursula von der Leyen, Annegret Kramp-Karrenbauer und Christine Lamprecht nacheinander an der systematischen Zerstörung der Streitkräfte der Bundesrepublik Deutschland erfolgreich gearbeitet. Die woke Faschingsarmee, die für Vielfalt kämpft, bunt, inklusiv, divers, queer und muslimisch ist, kann ihre Kernaufgaben nicht mehr erfüllen. Laut einem Bericht der Wehrbeauftragten von 2023 ist keine einzige deutsche Heeresbrigade einsatzbereit. Der Vorsitzende des Deutschen Bundeswehrverbandes, André Wüstner, aktiver Oberst, stellte anlässlich des Högl-Berichts fest:

> Wir haben in allen Teilstreitkräften massive Probleme, gemessen am Auftrag, an der Lage.[252]

Das zeigt die Skrupellosigkeit, mit der die verantwortlichen Politiker in Komplizenschaft mit Medien, Behörden und Wissenschaft diesen Staat zugrunde richten. Die Bundeswehr ist nur ein Beispiel, die globalistische Herrscherklasse zerstört gezielt alle tragenden Teile des Staates. Diese Zersetzung wird, unabhängig davon, was man nach außen kommuniziert, unabhängig von allen Propagandamärchen, weiter vorangetrieben. Nun soll die Bundeswehr etwa muslimische

Militärseelsorger bekommen. Denn die Situation für die steigende Zahl muslimischer Soldaten sei, so die Wehrbeauftragte des Bundestags, Eva Högl (SPD), »äußerst unbefriedigend«.[253]

Man diskutiert im Bundestag und in den Medien über die Einführung muslimischer Seelsorger, aber nicht darüber, wem die Loyalität der muslimischen Soldaten im Konfliktfall tatsächlich gilt. Natürlich stellt sich die Frage, ob gläubige Muslime im Ernstfall gegen ihre Glaubensbrüder kämpfen würden, ob sie tatsächlich den deutschen Staat über ihre Religion und deren Vorschriften stellen. Allein solche naheliegenden Überlegungen werden bereits als Provokation und Angriff auf den Staat gewertet.

Wie berechtigt sie dennoch sind, zeigen gleich mehrere Beispiele aus Österreich. Im Jahr 2020 musste Verteidigungsministerin Klaudia Tanner (ÖVP) einen Militär-Imam entlassen, weil dieser Dschihadisten-Videos teilte und Kontakte zu Kriegsverbrechern in Bosnien pflegte, die für Massenmorde an Serben verantwortlich waren. Zuvor hatte bereits der Obmann des parlamentarischen Landesverteidigungsausschusses und FPÖ-Wehrsprecher Reinhard E. Bösch »›ein Einschreiten gegen islamistische Strömungen im österreichischen Bundesheer‹ gefordert«.[254] Der Islamist wurde offiziell von der Islamischen Glaubensgemeinschaft als Militär-Imam eingesetzt. In Österreich ist der Anteil an Muslimen beim Militär aufgrund der Wehrpflicht deutlich höher als in Deutschland. Bereits 2015 warnten mehrere Medien vor der Unterwanderung des Bundesheeres durch den Islamischen Staat (IS). Auslöser waren Videos, auf denen Soldaten beziehungsweise Ex-Soldaten den IS-Gruß zeigten.[255]

Beim Militärkommando in Wien liegt der Anteil an Muslimen schon bei 25 Prozent, bei der Ehrenkompanie, die etwa bei Staatsbesuchen mit Sturmgewehren aufmarschiert, sind bereits die Hälfte der Soldaten Muslime. Das betrifft aber nicht nur jene, die ihren Wehrdienst ableisten müssen, sondern auch Berufssoldaten, bis hinauf in die höchsten Ränge. 2023 wurde in der Militärakademie in Wiener

Neustadt ein Gebetsraum für Muslime eröffnet, weil immer mehr Offiziersanwärter Angehörige des Islams sind.[256]

Wie sich der steigende Anteil muslimischer Migranten auf die Einsatzfähigkeit und Verlässlichkeit von Sicherheitskräften auswirkt, ist längst keine theoretische Frage mehr, sondern eine, die sich in der täglichen Praxis stellt. Wenn etwa in deutschen Großstädten Muslime lautstark die Einführung eines Kalifats, also die Abschaffung des Rechtsstaates und der Demokratie fordern, wenn Muslime zur Unterstützung der Hamas-Terroristen auf die Straßen gehen oder gefährdete Islamkritiker wie Hamed Abdel-Samad oder Michael Stürzenberger geschützt werden müssen, stehen sie oftmals muslimischen Polizisten gegenüber, zumal allein in Berlin bereits 37 Prozent der Polizisten Migrationshintergrund haben.[257]

Der türkischstämmige Ahmet Refii Dener, schreibt auf der liberalen Nachrichtenseite *Die Achse des Guten*: »Der kurze Dienstweg ist der zu Allah.« Soll heißen: Im Zweifelsfall steht Allah, also der Glaube beziehungsweise die Solidarität mit den Glaubensbrüdern, über dem Gesetz und den Berufspflichten.

Demer hat muslimische Polizeibeamte, die er persönlich kennt, dazu befragt. Die Reaktionen beschreibt er so:

> Ein leichtes Schmunzeln, die sich [sic] in einer nachdenklichen Stimmung über einige Sekunden anhielt. Der eine sagte: »Ich hoffe, dass ich das nicht muss!«, der zweite sagte: »Wir müssen unseren Job tun, aber die Frage habe ich mir auch schon gestellt.« Und die Polizistin sagte: »Ich glaube, ich sehe zu, dass ich nicht in vorderster Front bin und außerdem, ich stehe erst am Anfang und zu solchen Einsätzen würden sie mich noch nicht heranziehen.«[258]

Ein Polizist sollte keine Sekunde darüber nachdenken müssen, auf welcher Seite er steht. Kann er eine solche Gewissensfrage nicht sofort und überzeugend im Sinne seines Diensteides beantworten, ist er eine Gefahr für den Staat und die innere Sicherheit.

Noch arbeiten bei Polizei, Bundeswehr und den verschiedenen Behörden überwiegend Menschen, die sich der Demokratie und dem Rechtsstaat verpflichtet fühlen. Doch dieser Anteil sinkt durch Multikulturalisierung und Islamisierung. Auch hier nähert man sich einem Point of no Return, denn in absehbarer Zeit, wie etwa in Berlin oder etwa beim Bundesheer in Österreich, kippt das Kräfteverhältnis, zumal auch immer mehr solcher Personen in Führungspositionen gelangen.

Bei einer stark von Muslimen geprägten Polizei stellt sich die Frage, ob sie die zur Minderheit werdenden Christen beziehungsweise »Ungläubigen« noch fair behandeln wird. Auch hier lohnt ein Blick über den deutschen Tellerrand: Einen klassischen Rechtsstaat, in dem alle Menschen vor dem Gesetz gleich sind und gleich behandelt werden, gibt es in der muslimischen Welt nicht. In praktisch allen islamisch geprägten Ländern werden Nichtmuslime in unterschiedlicher Weise diskriminiert oder verfolgt. Und das ganz offiziell. In der Kairoer Erklärung der Menschenrechte im Islam haben alle 57 Mitgliedsstaaten der Organisation für Islamische Kooperation (OIC) die Scharia als alleinige Grundlage von Menschenrechten definiert. Und die Scharia unterscheidet dezidiert zwischen Gläubigen und Ungläubigen, Zweitere besitzen, wenn überhaupt, nur eingeschränkte Rechte, sind also Bürger zweiter Klasse.[259]

In diese Richtung entwickelt sich auch Deutschland, zumal die Islamisierung wirklich alle Bereiche des Staates betrifft. So ernennt die Bundesnetzagentur, die für die Umsetzung des Digital Services Act (DSA) verantwortlich ist, sogenannte Trusted Flagger, »vertrauenswürdige Hinweisgeber«. Das sind in der Regel NGOs und andere staatsnahe Vereine, die das Internet und die sozialen Medien nach politisch unerwünschten Inhalten durchforsten, sofern diese gegen das Strafgesetz verstoßen. Die Hinweisgeber melden diese Posts dann entweder den Behörden, oder sie setzen – mit staatlichem Segen – Plattformbetreiber wie X, TikTok oder Facebook unter Druck, damit diese gewisse Inhalte, die zwar strafrechtlich nicht relevant, aber politisch unerwünscht sind, löschen.

Die erste von der Bundesnetzagentur zugelassene halbstaatliche Zensurorganisation, ein Verein mit Namen Respect, leitet ein gewisser Ahmed Gaafar, ein gebürtiger Ägypter und muslimischer Islamwissenschaftler. Er hat an der berüchtigten Al-Azhar-Universität in Kairo, einer islamistischen Hochburg, studiert und unterhält beste Kontakte zu prominenten Vertretern des politischen Islams. Hier wird also der Bock vom Staat zum Gärtner gemacht. Ein Muslim mit fragwürdigem Hintergrund überwacht im Auftrag des Staates politische und sonstige Äußerungen deutscher Bürger im Internet. Wie viele andere »Gaafars« gibt es im staatlichen und staatsnahen Bereich noch? Wie viele Personen mit bedenklichem Hintergrund und zweifelhaften Interessen sitzen bereits an wichtigen Schaltstellen? Das lässt sich aufgrund der Intransparenz, der Schweigemauer, mit der sich Staat und Behörden umgeben, und der staatlichen Desinformation kaum realistisch beurteilen. Klar ist aber, dass es von Monat zu Monat mehr werden und man bei dieser Strategie völlig skrupellos vorgeht.

Das illustriert auch das Beispiel des Massenmörders von Magdeburg. Dabei geht es gar nicht um das Attentat selbst, sondern darum, dass dieser hochsuspekte »Flüchtling« aus Saudi-Arabien in staatlichen Einrichtungen als Arzt gearbeitet hat, obwohl erhebliche Zweifel bestanden haben, dass er überhaupt Mediziner ist.

Die *Mitteldeutsche Zeitung* berichtete:

> Taleb A., der Täter vom Magdeburger Weihnachtsmarkt, praktizierte im Maßregelvollzug Bernburg. Das seltsame Verhalten des 50-jährigen Saudis ließ in der Belegschaft die Zweifel wachsen, ob er tatsächlich Mediziner ist.[260]

Und der *Focus* schreibt:

> »Er heißt bei uns Dr. Google«, zitiert die Zeitung einen anonymen Mitarbeiter. A. habe »vor jeder gestellten Diagnose« im Internet nachgeguckt.[261]

Eine Krankenschwester berichtet:

> Es gab ständige Beschwerden bei anderen Ärzten und Vorgesetzten wegen Taleb A. Konsequenzen habe es allerdings nie gegeben. A. habe Suchtkranken etwa zu absurden Behandlungen geraten.[262]

Zudem durfte A. in einer anderen Klinik keine Patienten mehr behandeln, weil er mehrfach Personen in Lebensgefahr gebracht, weil er falsche Medikamente verschrieben hatte.

Es kann also gut sein, dass dieser Mann auch in seiner Rolle als Fake-Mediziner Menschenleben auf dem Gewissen hat. Trotzdem wurde nichts gegen ihn unternommen. Die Verantwortlichen ließen ihn gewähren und setzten damit das Leben ihrer Patienten aufs Spiel: Entsprechende Hinweise wurden, wie eine Krankenschwester der *Mitteldeutschen Zeitung* erzählt, von der »Klinikleitung immer wieder abgewiegelt«.[263]

Ein fast noch größerer Skandal als diese tödliche Ignoranz ist, dass diese Berichte in regionalen Zeitungen und alternativen Medien kaum Reaktionen ausgelöst haben: kein bundesweiter Skandal, keine großen Schlagzeilen in der *Tagesschau* oder Konsequenzen wie Rücktritte, Strafanzeigen, Untersuchungskommissionen oder öffentliche Entschuldigungen. Nichts. Politik und Mainstream-Medien haben dieses Komplettversagen ignoriert, weil solche Vorgänge in ihrem Interesse sind, weil sie für die Umsetzung ihrer politischen Ziele offensichtlich über Leichen gehen, weil der Great Reset wichtiger ist als »ein paar« tödliche Kollateralschäden. So oder so, die Vertuschung dieses Skandals zeigt, dass hier Überzeugungstäter auf allen Ebenen des Staates am Werk sind.

Man kann sich kaum vorstellen, wie groß der Druck und die Repressalien sein müssen, damit Ärzte und Klinikleitungen ihre Berufspflichten und den Eid des Hippokrates verletzen, um jemanden zu decken, der täglich als Hochstapler oder als völlig unfähiger Mediziner Menschenleben gefährdet. Die Reaktionen beziehungsweise Nichtreaktionen auf diesen Fall legen auch nahe, dass dieser Skandal kein Einzelfall ist, sondern System hat.

Die Unterwanderung findet, wie hier an einigen Beispielen dargelegt, auf allen Ebenen und gezielt statt. Sie wird vom politmedialen Establishment und den Behörden nicht nur zugelassen, sondern vorangetrieben. Auch ausländische Geheimdienste und Parteien, auch die Muslimbruderschaft, kriminelle Clans, ausländische Mafiaorganisationen und Einzelkämpfer unterwandern, weil es ihnen in Deutschland besonders leicht gemacht wird, den Staat und seine Institutionen.

Es geht aber nicht nur um jene Kräfte, die den Staat gezielt und mit bestimmten Vorsätzen infiltrieren, sondern auch darum, dass die Multikulturalisierung an sich die Institutionen des Staates verändert und zur Zerstörung des Rechtsstaates westlicher Prägung führt.

Autor Heinrich Sickl schreibt:

> Auch der Gedanke des Rechtsstaates unterstellt einen Demos. Ohne ein geteiltes Empfinden von Moral, ohne gemeinsame Traditionen und Umgangsformen, ohne gemeinschaftlich erlebter Kultur kann es kein verbindliches Recht geben. Die grenzenlose Zuwanderung von Hunderttausenden Menschen aus vormodernen, außereuropäischen Gesellschaften untergräbt und zerstört den National- und Rechtsstaat.[264]

Das heißt, die Institutionen des Staates und damit der Staat selbst verändern sich durch den Zustrom von Migranten aus dem islamischen Raum. Diese Transformation, diese Islamisierung, läuft aber nicht in allen Bereichen der Gesellschaft und des Staates in derselben Geschwindigkeit ab.

In bestimmten Teilen, etwa in kriminellen Milieus, ist dieser Prozess bereits jetzt nahezu abgeschlossen, hier spielen Deutsche praktisch keine Rolle mehr. Die Unterwelt, insbesondere die Organisierte Kriminalität, wird zu annähernd 100 Prozent von Zuwanderern beherrscht. Kriminelle deutsche Banden oder gar eine deutsche Mafia gibt es ausschließlich in der medialen Scheinwelt der öffentlich-rechtlichen *Tatort*-Krimis und in links-grüne Gruselgeschichten, also lediglich in den Fantasien linker Deutschlandhasser.

Im staatlichen Bereich läuft dieser Zersetzungsprozess langsamer ab, aber auch hier hat er, wie in diesem Kapitel anhand einiger Beispiele dargelegt, längst begonnen. Die staatlichen Institutionen und Behörden werden sich entsprechend verändern, werden zunehmend dysfunktional und immer offensiver gegen die eigene Bevölkerung agieren.

Würde es darum gehen, den Staatsapparat zu optimieren, seine Effizienz und Leistungsfähigkeit zu steigern, würden seine Mitarbeiter ausschließlich nach ihren Fähigkeiten, Kompetenzen und Eignungen ausgewählt werden. Das ist in Deutschland schon lange nicht mehr der Fall, hier zählen vielmehr Quoten, die über das Leistungsprinzip gestellt werden. Diese Quoten, also die Bevorzugung bestimmter Gruppen, nennt man auch »positive Diskriminierung« oder »Affirmative Action«. Und positive Diskriminierung von Minderheiten bedingt die Diskriminierung des anderen Teils der Bevölkerung, also der Deutschen.

Das Ziel von Quoten für Migranten oder sexuelle Minderheiten ist es, den Staat oder andere Organisationen von innen zu transformieren.

Diese Transformation läuft aufgrund der inneren Logik solcher auf marxistischer Ideologie beruhenden Maßnahmen auf die Zerstörung, die Dekonstruktion des Systems hinaus. Bei diesem Crashkurs sitzt das Justemilieu vorne und gibt Vollgas, auf der Rückbank das linke und opportunistische Fußvolk, das blöd genug ist, an pervertierte linke Konzepte wie Wokeness, Multikulti, soziale Gerechtigkeit oder Intersektionalität zu glauben und sich schuldig zu fühlen, dass es in eine Gesellschaft geboren wurde, die anderen kulturell, technologisch und wissenschaftlich überlegen war.

5.5 Zerfall der Infrastruktur

Zu Beginn des Jahres 2025 ruft der Netzbetreiber TransnetBW die Bürger in Baden-Württemberg dazu auf, Strom zu sparen, nur noch zu bestimmten Zeiten Wäsche zu waschen, zu kochen oder Akkus zu laden, damit das Stromnetz nicht zusammenbricht und einen Blackout in Baden-Württemberg auslöst.[265] Nur 4 Tage zuvor ruft der Präsident der Netzagentur, Klaus Müller, die Menschen zu Sparsamkeit beim Heizen auf. Denn sie hätten in der aktuellen Heizsaison schon viel zu viel Gas verbraucht.[266]

Was ist geschehen? Hat eine Naturkatastrophe das Land verwüstet, herrscht in Deutschland Krieg? In gewisser Weise stimmt beides. Allerdings hat nicht die Natur, sondern das politmediale Establishment das Land verwüstet, und es führt auch Krieg, allerdings gegen die eigene Bevölkerung. Teil dieser Kriegsstrategie ist die Zerstörung der Infrastruktur des Landes, die vor allem von der Ampelkoalition vorangetrieben wurde.

Deutschland stand bis vor wenigen Jahren noch für Verlässlichkeit, Präzision, Pünktlichkeit oder Gründlichkeit. Der weltweite Erfolg von Marken wie Mercedes, VW oder Siemens beruht beziehungsweise beruhte auf diesem Image und diesen Werten. »Made in Germany« war ein Qualitätssiegel, es signalisierte: Produkte, die in diesem Land hergestellt werden, sind verlässlich, solide, haltbar, ausgereift und innovativ. Deutschland war weltweit ein Vorbild, eine Nation, die auf den deutschen respektive preußischen Tugenden aufbaute, zu denen unter anderem Fleiß, Gewissenhaftigkeit, Gründlichkeit, Ordnungssinn, Pflichtbewusstsein, Pünktlichkeit, Redlichkeit, Sauberkeit, Verlässlichkeit und Zielstrebigkeit gehörten.

Diese sogenannten Sekundärtugenden, die von den Linken verachtet werden, prägten die Gesellschaft und den Staat. Sie haben Deutschland zu dem gemacht, was es bis vor Kurzem noch war und was es von der Dritten Welt unterschied. Da diese Tugenden allgemeingültig und Teil der deutschen Kultur waren, wenn auch keinesfalls alle Deutschen tugendhaft waren, war es bis vor gar nicht langer Zeit selbstverständlich, dass alles funktioniert, eben weil es für den überwiegenden Teil der Bevölkerung selbstverständlich war, zum Funktionieren des Staates und der Gemeinschaft ihren Teil beizutragen. Das hat sich mit der multikulturellen Transformation der Gesellschaft grundlegend geändert.

Dass der Staat seinen vielfältigen Aufgaben, die er im Laufe der vergangenen Jahrzehnte entsprechend der linken Ideologie ausgeweitet hat, noch nachkommt, ist alles andere als selbstverständlich. Obwohl die Steuern und Abgaben von Jahr zu Jahr erhöht werden, gibt es dafür keine adäquaten Gegenleistungen für die Bürger mehr.

Die deutsche Bahn ist dafür ein gutes Beispiel. Der Spruch »Pünktlich wie die Eisenbahn« klingt heute nur noch wie Hohn. Ein Vertreter des Aufsichtsrates der Deutschen Bahn sagte im August 2024 gegenüber der *Süddeutschen Zeitung*:

> Fahrpläne werden nicht mehr gerechnet, sondern nur noch geschätzt.[267]

Er spricht von einem »Kontrollverlust« und »katastrophalen Folgen«. Der *Focus* schreibt:

> Signalstörungen, Stellwerksausfälle und kaputte Weichen haben bei der Deutschen Bahn mittlerweile ein Ausmaß angenommen, das einen geordneten Ablauf des Zugverkehrs kaum noch möglich macht.[268]

Besserung ist nicht in Sicht, im Gegenteil, es wird von Jahr zu Jahr schlechter. 2023 waren die Züge noch unpünktlicher als im Jahr davor. 2023 kamen nur 65,2 Prozent der Fernzüge pünktlich an ihr Ziel, wobei man Verspätungen von bis zu 6 Minuten großzügig ohnehin als pünktlich wertet. In bestimmten Regionen, wie etwa am Bahnhof in Bonn, waren mehr als die Hälfte der Fernzüge unpünktlich. Im Jahr 2022 sind 40 000 Züge ersatzlos ausgefallen, es gab 80 000 Störungen.

So wie bei der Bahn bricht überall in Deutschland die Infrastruktur zusammen. Manchmal im buchstäblichen Sinn wie in Dresden, wo die Carolabrücke, eine der vier Elbbrücken der Stadt, am 11. September 2024 kollabierte. Nach dem Einsturz mussten selbst die systemtreuen Mainstream-Medien zugeben:

> Die Carolabrücke in Dresden liegt teilweise in Trümmern. Sie taugt als Sinnbild für den Zustand der deutschen Infrastruktur.[269]

Die Brücke ist vor sich hin gerostet, bis sie zusammenbrach, ohne dass sich die dafür zuständigen Stellen darum gekümmert hätten.

Während die deutschen Medien schnell wieder zur Tagesordnung, also zu ihren Lieblingsthemen Klima, LGBT, Kampf gegen rechts, Trump und Putin, zurückkehrten, schrieb etwa die britische *Daily Mail*:

> Schockierender Moment: Brücke in Dresden stürzt in den darunterliegenden Fluss kurz nachdem eine Straßenbahn sie überquert hatte.[270]

Und weiter:

> In Deutschland gibt es rund 130 000 Brücken, von denen viele vor Jahrzehnten erbaut wurden, als das Verkehrsaufkommen noch geringer war. Seit Langem werden Bedenken geäußert, dass Reparaturen und mehr Investitionen zur Modernisierung der alternden Bauwerke notwendig sind.[271]

Laut Bundesverkehrsministerium sind ausnahmslos alle 8000 Autobahnbrücken Sanierungsfälle![272]

Im Ausland reibt man sich angesichts des rasanten Verfalls Deutschlands die Augen. Wie ist es möglich, dass der einstige Vorzeigeindustriestaat, in dem alles lief wie ein Uhrwerk, innerhalb so kurzer Zeit derart verkommen konnte?

Das war auch der Tenor nach der Fußballeuropameisterschaft 2024. Selbst die *New York Times* war über die katastrophalen Zustände in Germany entsetzt:

> Effizienz. Zuverlässigkeit. Funktionalität. Viele Leute verbinden Deutschland mit diesem Klischee. Aber bei der Europameisterschaft 2024 hat sich bisher keines dieser Klischees bewahrheitet. Die Turnierorganisatoren hatten Probleme, die Zuschauer vor den Stadien unter Kontrolle zu halten. Die Fans mussten auf dem Weg zu und von den Spielen miserable Bedingungen ertragen. Die U-Bahn- und Bahnverbindungen in den Austragungsstädten waren aufgrund der zusätzlichen Nachfrage überlastet.[273]

Was die ausländischen EM-Besucher entsetzte, ist für die Deutschen mittlerweile Normalität. Sie erleben den Verfall und Niedergang seit Jahren in Echtzeit mit, haben sich an die permanente Verschlechterung der Zustände längst gewöhnt. Sie haben einen Fatalismus entwickelt, wie man ihn nur aus der Dritten Welt kennt. Man erträgt die Missstände, arrangiert sich mit der voranschreitenden Zerrüttung seiner Welt.

Gute Nerven und viel Geduld braucht etwa, wer deutsche Flughäfen nutzt. Verspätungen, verpasste Anschlussflüge, Servicewüsten und überteuerte Preise sind zur Regel geworden. In einem internationalen Ranking der besten und pünktlichsten Flughäfen liegen deutsche Airports weit abgeschlagen, lediglich der unbedeutende Flughafen Dortmund schafft es als bester gerade einmal auf Platz 35. Deutschlands internationales Transportdrehkreuz Frankfurt landet bei dem Ranking von 239 Flughäfen auf dem blamablen 222. Platz.[274]

Deutschland hat sich auch im Flugverkehr, der für jedes Land eine internationale Visitenkarte ist, in die Liga der Dritte-Welt-Staaten – wenn überhaupt – eingereiht. Der Bau des Berliner Flughafens geriet zur internationalen Blamage. Erste Planungen begannen 1997, eröffnet wurde der Flughafen über 20 Jahre später im Oktober 2020.[275] Zum Vergleich: der weltgrößte Flughafen, der Peking Daxing Airport, wurde in nur 4 Jahren auf einer grünen Wiese errichtet. Das zeigt, wie groß mittlerweile die Kluft zwischen der Industrienation China und Deutschland geworden ist. Dazu passt ins Bild, dass man bei der Eröffnung des Hauptstadtflughafens über die jahrelangen Verzögerungen, die mehrere Milliarden verschlungen hatten, nur müde scherzte. Airport-Chef Lütke Daldrup kündigte damals an:

> Wir werden diese Krise aus meiner Wahrnehmung meistern und den BER gemeinsam zu einem erfolgreichen Flughafen machen.[276]

Es kam – wenig überraschend – anders: »Airlines flüchten aus Deutschland – das falsche Luftfahrt-Kalkül von Habeck und Co.«, schrieb die *Welt* im Oktober 2024. Ryan Air, die viertgrößte Fluglinie der Welt, hat ihr Angebot am Berliner Flughafen drastisch reduziert. Sie begründet diesen Schritt so: »Überhöhte Zugangskosten und chronisches Missmanagement« seien der Grund dafür, dass der »bankrotte Flughafen« stark unterausgelastet sei.[277]

Die *Welt* schreibt vom »Niedergang der deutschen Luftfahrt«:[278]

> Am kommenden Wochenende beginnen in Hamburg die Herbstferien. Doch statt Vorfreude auf die Reisesaison herrscht am Flughafen der Hansestadt eher Weltuntergangsstimmung. Grund ist ein beispielloser Exodus der Airlines vom Standort. Ryanair, Eurowings und Condor kündigten in den vergangenen Tagen an, ihr Flugangebot ab Hamburg im großen Stil zusammenzustreichen. Die Lufthansa dürfte bald folgen.[279]

Überall dasselbe Bild: Chaos auf den Flughäfen und Bahnstrecken, schlecht ausgebaute digitale Netze, marode Straßen. Selbst der wichtigste Claqueur von SPD und Grünen, die ARD, kommt nicht umhin zu schreiben:

> Der Zustand der deutschen Infrastruktur hat sich in den vergangenen Jahren nochmals verschlechtert. Mehr Straßen- und Schienenabschnitte sind sanierungsbedürftig.[280]

Bei der jüngsten Zustandserfassung der deutschen Autobahnen für die Jahre 2021/2022 wurden insgesamt 7112 Kilometer Autobahnfahrstreifen als sanierungsbedürftig eingestuft. Bei der vorigen Erfassung 2017/2018 waren es noch 5797 Kilometer.[281]

Warum die Infrastruktur in Deutschland immer mehr verkommt, hat einen simplen Grund: Der Staat investiert die Steuergelder vor allem in seine ideologischen Projekte, die ihrerseits die Staatsausgaben weiter in die Höhe treiben.

Die Energiewende, in deren Rahmen sogar aktiv wertvolle Infrastruktur, nämlich Kraftwerke, zerstört werden, ist ein Milliardendesaster, und die Massenzuwanderung treibt die Staatsausgaben in astronomische Höhen. Für die Infrastruktur ist deshalb kaum noch Geld vorhanden, obwohl sie für ein im internationalen Wettbewerb stehendes Industrieland zukunftsentscheidend ist. Wer einen immer größeren Teil seines Staatshaushaltes für seine importierten Sozialfälle und deren Nachkommenschaft ohne nachhaltige Effekte verbrennen muss, der zerstört seine Zukunft. Während der Verfall kontinuierlich voranschreitet, haben sich die Bürger an die desolaten Zustände gewöhnt. Wer jedoch nach einem Aufenthalt in Dubai, Singapur, Katar, Peking oder Riad wieder in heimischen Gefilden landet, dem wird die Dramatik des Niedergangs Deutschlands aufgrund des direkten Vergleiches schmerzhaft bewusst.

Wer die physische Infrastruktur, Strom-, Wasser- und Verkehrsnetze, verkommen lässt, verspielt seine Zukunft. Sie ist, man kann es nicht oft genug schreiben, die Grundvoraussetzung für eine prosperierende Wirtschaft. Allein um die maroden Straßen zu erneuern, müsste Deutschland in den nächsten 6 Jahren 283 Milliarden Euro ausgeben.[282] Es geht aber nicht nur um Geld, sondern auch um den politischen Willen, die Steuergelder in die richtigen Kanäle zu leiten. Und der ist bei den Linken und Globalisten definitiv nicht vorhanden. Sie zerstören die Infrastruktur oder lassen sie schlicht verkommen. Zumal Personen wie ein Robert Habeck oder eine Nancy Faeser nicht in die Politik gegangen sind, um Sachpolitik zu betreiben – dazu sind sie fachlich und intellektuell gar nicht in der Lage –, sie interessieren sich nicht für Schienennetze, Kanalisation, Polizeiausrüstung oder Hochspannungsleitungen.

Mit den Niederungen der Sach- und Tagespolitik wollen diese Personen sich nicht abgeben, fühlen sich zu Höherem berufen, wollen die Welt verändern, ihre kruden Ideen und Utopien auf Kosten anderer verwirklichen. Das ist lange gut gegangen, weil Deutschland von seiner Substanz zehren konnte. Dies betrifft nicht nur die materielle Infrastruktur, also Straßen, Brücken, öffentliche Gebäude und Datenleitungen, sondern auch die immaterielle, wie die Bildung der Bürger, die Rechtsordnung oder die innere Sicherheit.

Dessen sind sich die Politiker der Einheitsparteien bewusst. Es ist ihnen aber egal; sie haben andere Prioritäten. Das gibt etwa Robert Habeck auch offen zu. Bei einem Leseabend Anfang 2025 sagte er vor Publikum:

> Die Last der Kosten für Geflüchtete in den Kommunen führt dazu, dass andere Ausgaben im Sportbereich oder im Bildungsbereich teilweise einfach nicht mehr möglich sind und unterbleiben. Da ist also eine andere Realität entstanden.[283]

Anders ausgedrückt: Die Rundumversorgung und die Bedürfnisse der massenhaft von der herrschenden Klasse importierten Migranten aus dem Orient und Afrika stehen über jenen der eigenen Bevölkerung. Weil die Massenmigration die Kassen der Kommunen, Länder und des Bundes leert, müssen eben die Einheimischen auf immer mehr verzichten: etwa auf die Bildung ihrer Kinder, auf intakte Straßen und Brücken, auf angemessene Lebensqualität, ausreichende Sicherheit oder adäquate Gesundheitsversorgung.

Da ist eben eine »neue Realität entstanden«, sagt einer der Führer jener Klasse, die diese Realität gezielt herbeigeführt hat, lapidar. Und er sagt es seinen Fans und Wählern bei dieser Veranstaltung quasi direkt ins Gesicht: Ihr seid Bürger zweiter Klasse. Gewöhnt euch dran. Habeck und die Linken werden nicht trotz, sondern aufgrund solcher Aussagen von der Mainstream-Presse hofiert. Jetzt hat man fast all seine Reserven und Ressourcen verbraucht, der Schuldenberg ist explodiert, die Kreditwürdigkeit steht auf dem Spiel, die Infrastruktur ist marode und Fachkräfte fehlen.

Unter solchen Voraussetzungen und Rahmenbedingungen ist es fast unmöglich, jene Standards aufrechtzuerhalten, die in Deutschland und für die Bürger bisher selbstverständlich waren und als Normalzustand angesehen worden sind. Um das Funktionieren des Staates auf einem westlichen Niveau gewährleisten zu können, sind immer größere Anstrengungen und der Wille der herrschenden Klasse nötig. Doch die Praxis zeigt, dass der Trend überall in die andere Richtung, nach unten, geht.

Um eine komplexe, hoch entwickelte Infrastruktur aufrechtzuerhalten, braucht man neben finanziellen Mitteln vor allem auch Menschen, die nicht nur über eine adäquate Ausbildung, sondern auch über entsprechende Einstellungen und Werte verfügen. Diese Menschen fehlen in immer größerer Zahl in den Bereichen Bildung, Forschung, Industrie, Handwerk, Gesundheit und Sicherheit. Woran es Deutschland insbesondere mangelt, ist der Mittelbau und Fachpersonal aus dem MINT-Bereich,[284] also jene Kräfte, die den Laden trotz aller Widrigkeiten am Laufen halten könnten. Diejenigen, die aufgrund ihrer Haltung und Orientierung imstande sind, die vielen Fehlentscheidungen beziehungsweise eine gegen die Bevölkerung gerichtete Politik mit Leistung, Improvisation, Kreativität und Loyalität auszugleichen und abzufedern.

Auch hier hat man längst die Belastungsgrenze überschritten: Selbst die engagiertesten Lehrer sind angesichts der gekippten demografischen Verhältnisse in den Klassenzimmern nicht mehr in der Lage, dem Nachwuchs Wissen zu vermitteln. Auch die klügsten Techniker schaffen es kaum noch, die Folgen der Energiewende auszugleichen. Selbst der loyalste Polizist kann in multikulturalisierten Stadtteilen nicht mehr für Sicherheit und Ordnung sorgen. Auch der robusteste Arzt kann nur eine bestimmte Zahl an Patienten pro Tag behandeln.

Im ganzen Staat blinken seit Jahren die Alarmleuchten, und viele Systeme sind nur deshalb noch nicht kollabiert, weil es noch genügend

Menschen gibt, die bis zu ihrer Belastungsgrenze und darüber hinaus jene Pflichten erfüllen, die sie übernommen haben. Wenn ein Motor zu lange im roten Bereich dreht, endet das früher oder später in einem Totalschaden. Darauf steuern wir zu. Immer mehr Menschen sind ausgelaugt, demotiviert, in die innere Emigration gegangen oder auf der Suche nach anderen Jobs.

Die herrschende Klasse verachtet die Menschen, die sich um die materielle Basis einer Gesellschaft kümmern, als »minderwertige Lebensform«,[285] wie es der Soziologe Helmut Schelsky ausgedrückt hat. Sie beutet sie aus, hat ihnen viel zu lange viel zu viel zugemutet. Der Bogen ist in vielen Bereichen längst überspannt, und mit der Ruhestandswelle der Babyboomer ist ein Kollaps vieler Systeme unvermeidbar.

Ein Beispiel aus Österreich, um das zu verdeutlichen: Die Zustände in der chronisch unterbesetzen Polizei in Wien sind für die Beamten derart unerträglich geworden, dass immer mehr Polizisten nur noch eines wollen: raus aus diesem multikriminellen Hotspot. »Hunderte Polizisten wollen weg aus Wien«, schreibt der *Kurier* im Oktober 2024.

Die Ursachen dafür sind: permanente Überlastung, Überstunden (70–80 im Monat sind die Regel), steigende Kriminalität und Gewalt gegen Polizisten sowie die fehlende Rückendeckung durch Politik und Justiz. Dazu kommt die anhaltende Hetze der linken Mainstream-Medien und NGOs. Das Ergebnis: Die Wiener Polizei läuft nur noch im Notfallmodus.

Solche Zustände herrschen mittlerweile in ganz Europa und auch in Deutschland. Immer mehr Bereiche des Staatsapparates stehen vor dem Zusammenbruch oder sind bei Licht betrachtet längst dysfunktional. Wenn die Bahn ihre Fahrpläne nur noch schätzen kann, Jugendliche nach 9 Jahren Schulbesuch nicht richtig lesen und schreiben können – wie eine Studie der Pädagogischen Hochschule Weingartenzeigt –,[286] wenn eine verlässliche Stromversorgung nicht mehr gewährleistet werden kann und die Polizei den Kampf gegen das Verbrechen vielerorts schon verloren hat, dann ist der Crash nur noch eine Frage der Zeit.

5.6 Demokratie und Deep State

Es sind diese katastrophalen Zustände, die die Stimmung in den Bevölkerungen überall im Westen haben kippen lassen. Die politische Landschaft hat sich verändert.

Am 20. Januar 2025 wurde Donald Trump, den man mit zahlreichen Prozessen, Verleumdungen und sogar Attentaten von der Macht fernhalten wollte, zum zweiten Mal als Präsident der Vereinigten Staaten ins Amt eingeführt.

Gleichzeitig wirft im benachbarten Kanada eine Ikone der Wokeness, Premierminister Justin Trudeau, das Handtuch. Er hat Kanada nach europäischem Vorbild mit Muslimen geflutet[287] und die Bürgerrechte und die Meinungsfreiheit – auf »Hass« im Internet droht in Kanada mittlerweile lebenslange Haft[288] – massiv eingeschränkt. Er hat es zu weit getrieben; die Kanadier haben von der irren linkswoken Politik die Nase voll.

Auf dieser Seite des Atlantiks ein ähnliches Bild: In den Niederlanden regiert seit Sommer 2024 die rechte, islamkritische Partij voor de Vrijheid (PVV) von Geert Wilders mit drei weiteren Parteien. Frankreich ist seit den von Präsident Emmanuel Macron vorgezogenen Parlamentswahlen im Sommer 2024 politisch instabil. In Italien regiert die Mitte-Rechts-Politikerin Giorgia Meloni. Deutschland musste nach dem Scheitern der linken Ampelkoalition eine vorgezogene Bundestagswahl abhalten, bei der die AfD trotz flächendeckendem Dirty Campaigning aller anderen politischen, staatlichen und medialen Kräfte ihren Stimmenanteil verdoppelte. Und in Österreich ist nach langem Hin und Her eine neue Bundesregierung aus Konservativen, Sozialdemokraten und Liberalen vereidigt worden. Angeführt wird das Dreiparteien-Bündnis von Kanzler Christian Stocker (ÖVP). Es ist eine »Koalition der Verlierer«, da die FPÖ unter Herbert Kickl mit 28,8 Prozent erstmals stimmenstärkste Partei wurde.

Überall das gleiche Bild: Die politische Landschaft Europas hat sich verändert, die linken Parteien und die weit nach links abgedrifteten ehemals bürgerlichen (Union, ÖVP, Les Républicains und so weiter) und pseudoliberalen (FDP, Neos etc.) Kräfte verlieren Wähler und Vertrauen. Sie müssen, um sich noch an der Macht halten zu können, immer größere und damit instabilere Koalitionen gegen die aufstrebenden rechten Parteien eingehen. Diese Zusammenschlüsse von Parteien aus dem linksextremen bis postbürgerlichen Spektrum haben aber wenig Rückhalt in der Bevölkerung, um jene Politik fortzuführen, die immer mehr Bürger ablehnen, jene Politik also, die sie eigentlich abwählen wollten.

Diese Koalitionen der Wahlverlierer eint nur noch der Wille zur Macht und die Verteidigung ihrer Jobs und Privilegien gegenüber den rechten Wahlsiegern, wie etwa die Brombeer-Koalition in Thüringen, wo Postkonservative (CDU), Kommunisten (BSW) und Sozialisten (SPD) eine Verliererregierung gebildet haben, nachdem die AfD die Landtagswahl im September 2024 überlegen mit 32,8 Prozent gewonnen hat. Man grenzt damit freilich nicht nur die AfD, sondern auch ein Drittel der Bürger aus dem politischen Entscheidungsprozess aus, degradiert sie zu Bürgern zweiter Klasse, deren Stimme keinen Einfluss auf die Machtverteilung im System hat. Denn obwohl, um beim Beispiel Thüringen zu bleiben, eine satte Mehrheit (56,4 Prozent) der Bürger AfD und CDU gewählt haben, bekommen sie eine Regierung, die einen knallharten linken Kurs fährt und nichts von dem umsetzt, was die Mehrheit der Bevölkerung fordert.

Eine Schlüsselrolle in dieser Machtstrategie kommt den ehemals bürgerlichen Parteien zu, die nicht nur politisch weit nach links gerückt sind und konservative Politik in der Regel nur noch vortäuschen, sprich: die Wähler systematisch betrügen, sondern die auch keine Koalitionen mit den ihnen weltanschaulich näherstehenden rechten Kräften eingehen. Das macht diese Parteien zwar mittelfristig unglaubwürdig – in vielen EU-Ländern wie etwa Italien oder Frankreich spielen sie politisch keine Rolle mehr –, aber bis dahin können sie noch an der Macht partizipieren und massive Schäden anrichten.

Diese Machtstrategie ist hochgefährlich und zutiefst undemokratisch, zerstört sie doch das Vertrauen von immer mehr Bürgern in die Demokratie, den Rechtsstaat und die Parteien. Ein solcher Prozess endet zwangsläufig entweder in einem autoritären beziehungsweise totalitären Regime oder in einem Bürgerkrieg. Diese Ausgrenzung, Abwertung und Kriminalisierung rechter Parteien und ihrer Wählerschaft führt zu einer tiefen Spaltung der Gesellschaft, es entstehen immer mehr Frontlinien innerhalb der Bevölkerung. Eine solche Politik schürt Hass und Revanchegefühle. Wenn Bürger ihrer legitimen Meinung und ihrer politischen Einstellung wegen verfolgt, kriminalisiert und diffamiert werden, wenn der bescheidene Wunsch nach einem friedlichen, sicheren Leben in Würde für den Staat und seine Handlanger als Gefahr und Subversion gewertet wird, kommt es – vor allem wenn die Unzufriedenen immer mehr werden – zwangsläufig zu Spannungen, die sich irgendwann entladen müssen, so sehr man diese Leute auch einschüchtert. Zudem schürt das politmediale Establishment bei seinem Kampf um die Macht immer mehr Hass. Normale Bürger, die sich schlicht und zu Recht um die Sicherheit ihrer Kinder sorgen, werden dafür von Prominenten, Journalisten und Politikern als Nazis, als Schwerverbrecher, als Pack oder Blinddarm beschimpft.

Regelrecht ausgeartet ist diese Entmenschlichung der berechtigterweise besorgten Bürger während der Coronapandemie, als man Kritikern der Coronamaßnahmen den Tod gewünscht beziehungsweise sie auf das Widerlichste beschimpft hat.

In meinem Buch *Gegen das Vergessen* habe ich das Hass-Vokabular der Politiker und Prominenten aufgelistet. Hier ein kurzer Auszug:

> [...] asoziale Arschlöcher, dumme Sautrottel, faschistische Bagage, gefährliche Sozialschädlinge, Halbmenschen, Kriminelle, Pack, Ratten, Staatsfeinde, Todesengel, Terroristen, Volksverräter und so weiter und so fort.[289]

> Viele sprachen sich sogar offen für das Töten von Impfgegnern aus. So hat, selbstredend ohne Konsequenzen, der Autor und Comedian Dieter Wischmeyer, der unter anderem für die ZDF *heute-show* arbeitet, in einem Interview gesagt:
> ›Bis der letzte Impfgegner noch nicht ausgerottet ist, wird es wahrscheinlich so weitergehen.‹[290]

Für diese Hassorgie, diese Tötungsfantasien und für dieses Außerkraftsetzen des Rechtsstaates reichte ein relativ harmloses Virus aus, das, wie sich schnell herausstellte, weniger tödlich war als die Maßnahmen, mit denen man es bekämpfen wollte. Man stelle sich vor, wozu Menschen wie ein Herr Wischmeyer imstande sind, wenn sie mit einer echten Gefahr und Notsituation konfrontiert sind. Und in der AfD sieht diese Klasse allemal eine größere Gefahr als im Coronavirus.

Andererseits schätzt das Justemilieu aber auch völlig falsch ein, was es mit seinem Hass, seiner Menschenverachtung und Ausgrenzung von immer mehr Bürgern ausgelöst und in Gang gesetzt hat. Wie sehr es die Lage verkennt, hat das Establishment nach der Coronapandemie bewiesen, als es, nachdem es einen Teil der Bevölkerung ohne reale Grundlage drangsaliert hatte, einfach zur Tagesordnung überging und keine Worte des Bedauerns oder der Entschuldigung fand. Selbst dann nicht, als immer mehr Daten und Fakten auftauchten, die zeigten, dass ihre menschenverachtende, autoritäre Politik mehr Schaden als die Pandemie verursacht hat und die »Schwurbler« von Anfang an recht hatten.

Diese Ignoranz macht deutlich, wie sehr die globalistische Klasse die Rechten, die in Wahrheit nichts anderes als normale Bürger sind, verachten. Sie sind für sie, wie eben auch die Coronapandemie gezeigt hat, menschliche Verschubmasse, Laborratten, die man nach Bedarf und Belieben benutzt.

Robert Habeck hat das mehr oder weniger offen eingestanden. Im Mai 2024 sagte er bei einem Bürgerdialog:

> Die Debatte um das Gebäudeenergiegesetz, also wie heizen wir in Zukunft, war ja ehrlicherweise auch ein Test, wie weit die Gesellschaft bereit ist, Klimaschutz – wenn er konkret wird – zu tragen.[291]

Die Regierung führt also mit ihren Bürgern Experimente und Tests durch, spielt mit ihrem Leben, ihrer Sicherheit, ihrer Zukunft und ihrem Wohlstand. Und wenn das Experiment scheitert, was linke Experimente immer zu tun pflegen, sagt man lapidar: »Ist mir egal«, wie es einst Angela Merkel nach der Grenzöffnung getan hat, die so viel Tod und Leid über »ihr« Land gebracht hat.

Diese zutiefst menschenverachtende Politik erzeugt auf der Seite der Betroffenen ebenfalls, nennen wir es, starke Gefühle. Immer mehr Bürger erkennen angesichts der aus dem Ruder laufenden linken Experimente, dass sie keine Bürger, sondern nur Versuchskaninchen in der Gewalt skrupelloser, linker Ideologen sind, deren irrstes und folgenschwerstes Experiment zweifellos die Massenzuwanderung ist.

Was linke Zauberlehrlinge wie Habeck aber nicht zu realisieren scheinen, ist, dass sie mit ihrer Politik jeglichen Rückhalt in der Bevölkerung verlieren und schon bald von zwei Seiten unter Druck geraten werden: Die politische Herrscherklasse hat von den von ihr massenhaft ins Land geholten Migranten aus dem islamischen Raum weder Dankbarkeit noch irgendeine Art von Unterstützung oder Entgegenkommen zu erwarten. Diese neu geschaffene Bevölkerung verfolgt ihre eigenen Pläne und Interessen und strebt vielmehr selbst die Herrschaft an. Parteien wie die Grünen oder woke Promis sind für sie nur nützliche Idioten, derer man sich entledigt, sobald man sie auf dem Weg zur Macht nicht mehr benötigt. Das alles liegt zwar auf der Hand, zu realisieren scheinen diese Leute in ihrer Abgehobenheit es aber nicht.

Es dürfte ihnen auch nicht gelingen, die von ihnen ausgelösten Gegenkräfte und Widerstände in der Gesellschaft mittelfristig mit totalitären und polizeistaatlichen Methoden in den Griff zu bekommen, obwohl sie das mit steigender Skrupellosigkeit versuchen werden. Das politmediale Establishment wird sich damit bestenfalls etwas länger an der Macht halten können, zum Preis einer totalen Eskalation. Je brutaler die herrschende Klasse gegen die eigene Bevölkerung vorgeht, desto gewaltiger der Crash.

Auch die Anbiederung an die Muslime wird sie, so wie es der französische Autor Michel Houellebecq in seinem, Roman *Unterwerfung* beschrieben hat, nicht retten, sondern nur ihr Ende beziehungsweise eben ihre Unterwerfung bedeuten. Auch hier ist die Entwicklung absehbar, zumal Politik und Behörden schon jetzt vor der immer machtbewusster auftretenden islamischen Gemeinschaft einknicken, jede Konfrontation mit den Muslimen meiden, indem sie schrittweise Macht, Einfluss und Kompetenzen an sie abtreten, kurz indem sie zurückweichen. Was man den Bürgern als Toleranz und Interkulturalität verkauft, ist nur die Erosion der Macht, der Verlust beziehungsweise die Abtretung der Staatsgewalt oder das Ergebnis von vorauseilendem Gehorsam. In den Schaltstellen des Staatsapparates ist man sich darüber im Klaren: Sobald die Muslime sich politisch organisieren und die Massen mobilisieren, hat der Staat mit seinem demotivierten, multikulturalisierten und durch den woken Zeitgeist zersetzten Sicherheitsapparat bei einer direkten Konfrontation keine Chance.

Schon jetzt kann man nur noch zusehen, wie diese neue, wachsende Bevölkerungsgruppe den öffentlichen Raum erobert, wie etwa die vergleichsweise noch harmlosen, aber sich jährlich ausweitenden Silvesterkrawalle zeigen. Behörden, Politik und Medien sind sogar zu feige, ihre Feinde, die den Jahreswechsel nutzen, um dem Staat und der Gesellschaft den Krieg zu erklären, beim Namen zu nennen. Und ein Krieg ist es. Wie sonst sollte man die Angriffe auf die Vertreter des Staates mit Pyrotechnik und Kugelbomben interpretieren? Allein in

Berlin sind dabei in der Silvesternacht 2024 37 Polizisten verletzt worden. Doch dieser Angriff auf den Staat und die Gesellschaft wird von Politik und Medien bis zur Unkenntlichkeit geframed. Die *Berliner Zeitung* behauptete etwa, dass überwiegend Deutsche für die Krawalle verantwortlich gewesen seien. Eine Auswertung der Vornamen, der zu Silvester in Berlin Festgenommenen durch das Nachrichtenportal *Nius* zeigte, dass der Großteil dieser »Deutschen« arabische und andere nicht deutsche Vornamen trug.[292] Die Bürger sollen tunlichst nicht erfahren, dass mitten in Deutschland längst der Dschihad, der heilige Krieg gegen die Ungläubigen begonnen hat, dass hier zunehmend Verhältnisse herrschen wie in jenen Regionen, aus denen man die jungen Männer hunderttausendfach angelockt hat.

Derzeit sind jedenfalls zwei beziehungsweise drei große politisch-gesellschaftliche Strömungen zu beobachten. Erstens: die immer schneller voranschreitende Islamisierung, also die schrittweise Machtergreifung der Muslime. Zweitens rückt die dadurch bedrängte und zurückweichende autochthone Bevölkerung als Reaktion darauf politisch nach rechts. Diese beiden Prozesse führen, drittens, zu einer immer schnelleren Erosion der Macht der herrschenden linken Klasse, auf die sie mit immer autoritärerer Politik, mit Zensur, Gesetzen gegen »Hass«, Wahlannullierungen und so weiter reagiert. All diese Maßnahmen richten sich nahezu exklusiv gegen die eigene, die autochthone Bevölkerung,[293] die dadurch von zwei Seiten unter Druck gerät.

Diese Entwicklungen sind weit vorangeschritten und werden sich weiter verstärken. Schon jetzt manifestieren sie sich in den Wahlergebnissen quer durch Europa: Islamische Parteien formieren sich, Islamisten nutzen bestehende Parteistrukturen, um an die Macht zu kommen, rechte Parteien gewinnen die Wahlen, die linken und postbürgerlichen schließen Bündnisse, um an der Macht zu bleiben. Diese instabilen linken Verliererkoalitionen, die nur den Niedergang verwalten und beschleunigen, steigern den Frust in der autochthonen Bevölkerung. Immer mehr Bürger hoffen und drängen auf einen politischen Paradigmen- und Machtwechsel, der aber durch die sogenannten Brandmauern unterbunden wird. In einem vielschichtigen Rückkoppelungsprozess schaukeln sich diese krisenhaften Entwicklungen gegenseitig auf.

Die Erosion der etablierten Macht wird sich durch die gerade skizzierten Entwicklungen weiter beschleunigen. Weshalb die Linke ihre Brandmauern immer höher ziehen, die Propaganda verstärken und die Zensurmaßnahmen verschärfen muss. Doch das Ende dieser Strategie ist absehbar, auch für jene, die diese Mauer mit immer größerem Aufwand und weniger Erfolg errichten, um die Realität draußen zu halten. Den Einheitsparteien gelingt es aufgrund des voranschreitenden Niedergangs kaum noch, die Bürger von ihrer desaströsen Politik oder ihrer Mission, die Welt zu retten, zu überzeugen.

Ein politischer Kurs- beziehungsweise Paradigmenwechsel, wie etwa ein Stopp der Massenzuwanderung oder der Bau neuer Kernkraftwerke, kommt für sie aus mehreren Gründen aber nicht infrage. Einer davon ist, dass man damit das Scheitern seiner Politik, sein massives Versagen eingestehen und für die massiven und oftmals blutigen Folgen die Verantwortung übernehmen müsste. Diese menschliche Größe und charakterliche Festigkeit dürften Figuren wie Merkel, Scholz, Habeck und Lauterbach fehlen.

Deshalb versucht man inzwischen, die Wahlen mit zweifelhaften bis hin zu kriminellen Methoden zu beeinflussen. Die bisher bewährten Instrumente greifen angesichts der Dramatik der Lage allerdings nicht mehr und verfehlen immer öfter ihre Wirkung, wie etwa: das Framing, die Propaganda und Desinformation der öffentlich-rechtlichen und der anderen Mainstream-Medien, die kreative Gestaltung von Kriminalstatistiken, die Erzeugung von falschen Ängsten, die Schaffung von Feindbildern und virtuellen Gefahren, der exzessive Schuldkult, die moralische Erpressung und die Dutzenden anderen Instrumente aus dem Arsenal zur Steuerung und Unterdrückung der Bevölkerung.

Weshalb man mit seiner abgenutzten Nazi- und Rassismuskeule immer aufgeregter herumfuchtelt, immer hysterischer auf die politischen und gesellschaftlichen Gegenbewegungen einprügelt und im Kampf um die Macht immer weiter aufrüstet. Ja, man schreckt selbst vor Methoden nicht mehr zurück, wie man sie bisher vor allem aus dem Nationalsozialismus, Kommunismus und Stalinismus kannte. Auch die Rhetorik und Sprache des politmedialen Establishments gleicht sich auffallend jener an, derer sich die Führungen dieser vergangenen Diktaturen bedienten. Wer, wie das in Deutschland üblich geworden ist, seinen politischen Gegner entmenschlicht, mit Tieren, Seuchen oder Fäkalien vergleicht, verfolgt ein ganz bestimmtes Ziel.

Die linksextreme, staatlich finanzierte Amadeu Antonio Stiftung schreibt über diese Hasssprache:

> Diese Abwertungen basieren auf der Annahme, dass bestimmte Menschengruppen weniger wert als andere seien. Damit werden ihnen gegebenenfalls auch gleiche Rechte abgesprochen – schlimmstenfalls das Recht zu leben.[294]

Wer so spricht, wer Menschen zu Abschaum und Ungeziefer erklärt, will die natürliche Hemmschwellen senken, will damit zu Gewalt gegen diese Gruppen aufstacheln. Genau das bezweckt etwa die FDP-Abgeordnete Marie-Agnes Strack-Zimmermann, wenn sie die AfD einen »Haufen Scheiße«[295] nennt. Was macht man mit Scheiße? Man spült sie weg. Oder wenn CDU-Chef Friedrich Merz die AfD als »Natter« bezeichnet, die ihn beziehungsweise seine Partei »erwürgen« will.[296]

Die Linke hat in den vergangenen Jahrzehnten ihre Macht im Staat gefestigt. Sie hat, gemäß den Lehren und Strategien des italienischen Kommunisten Antonio Gramsci (1891–1937), die zentralen Schaltstellen des Staates und der Gesellschaft besetzt und damit die kulturelle Hegemonie und Deutungshoheit errungen. Sie hat mithin ausnahmslos alle relevanten Bereiche, insbesondere jene, in denen

Bedeutung und Meinung produziert werden (Bildung, Kultur, Wissenschaft, Medien und Marketing), unterwandert und unter ihre Kontrolle gebracht. Sie bestimmt daher den öffentlichen Diskurs, setzt die politischen Themen – Klima, Gender, Schuldkult, Migration –, gibt die politische Marschrichtung vor und hat sich so ein massives Machtfundament geschaffen.

Und man nutzt seine linken Netzwerke, den Tiefen Staat, um die bestehenden Machtverhältnisse und -strukturen unabhängig vom Willen der Bevölkerung und den Wahlergebnissen aufrechtzuerhalten. In Deutschland mit bisher gutem Erfolg. Ohne die Aktivitäten des Tiefen Staates und die Macht dieser Netzwerke säße die AfD vermutlich längst in der Bundesregierung, und die Grünen wären eine vom Verfassungsschutz beobachtete, extremistische Öko-Sekte ohne politischen Einfluss.

Angesichts der dramatischen Umwälzungen, des für alle Bevölkerungsteile spürbaren Niedergangs bekommt dieses Fundament aber allmählich Risse, zumal auch die in der neosozialistischen Ideologie immanenten Widersprüche immer offener zutage treten. Ihre unterschiedlichen Ausprägungen sind völlig inkompatibel; die Ideologie der Einheitsparteien ist inkonsistent, sie wird, wie alle linken Lehren und Experimente, an diesen inneren Widersprüchen scheitern, weil etwa in einer multikulturalisierten Gesellschaft – die in Deutschland eine islamisierte ist – die Macht- und Herrschaftsansprüche der Muslime und die der Linken frontal aufeinanderprallen. Und wer die vergangenen 1400 Jahre menschlicher Geschichte kennt, weiß, wer als Sieger dieses Clash of Cultures hervorgehen wird.

Die Macht- und Manipulationsstrategien der Linken greifen nicht mehr angesichts der Überfremdung, der kaputten Infrastruktur, der Machtübernahme des öffentlichen Raumes durch Migrantenbanden, des sinkenden Wohlstandes und der düsteren Zukunftsaussichten. Über Jahre wurden die Menschen mit einer Vielzahl an virtuellen Gefahren eingeschüchtert, diszipliniert und von jenen Fehlentwicklungen abgelenkt, die sie real und direkt betreffen.

Vor allem die Grünen machen seit ihren Anfängen erfolgreich Politik mit der Angst, haben es darin zur Meisterschaft gebracht. Anfang der 1970er-Jahre haben die Vorväter der grünen Bewegung die Menschen in Panik versetzt, indem sie das baldige Ende der weltweiten Rohstoffe und Ressourcen wie Erdöl verkündet haben. Es folgten in kürzer werdenden Abständen immer neue Weltuntergangsszenarien wie atomarer Supergau, Waldsterben, Ozonloch, Corona und so weiter.

Während die Menschen gebannt auf die immer neuen, aber nie eintretenden grünen Apokalypsen starrten wie das Karnickel auf die Schlange, konnte die Linke bequem ihre eigentliche politische Agenda durchziehen, die nichts mit Umweltschutz, Menschlichkeit und Gerechtigkeit zu tun hat. Nachdem sich die Menschen völlig grundlos vor den grün-linken Weltuntergangsszenarien gefürchtet haben, sehen sie sich nun mit der realen Katastrophe konfrontiert, welche die Linke in der Zwischenzeit weitgehend ungestört auslösen konnte. Der Westen steht vor den Trümmern linker, globalistischer Politik. Europa ist islamisiert, hoch verschuldet, deindustrialisiert, wirtschaftlich am Ende, militärisch bedeutungslos, politisch instabil, überaltert und verschuldet.

Angesichts der in der Bevölkerung kippenden Stimmung und mangels eines Plan B verstärkt man seine Politik der Angst, erhöht die Dosis des Mittels, das seine Wirkung zu verlieren droht. Reichte vor wenigen Jahrzehnten noch der saure Regen, muss es mittlerweile der Weltuntergang und ein globales Massensterben sein.

So prophezeien etwa die linksextremen Umweltaktivisten von Extinction Rebellion:

> Die Wälder brennen, Arten und Ökosysteme sterben. Die Zukunft des Lebens, wie wir es kennen, ist in höchster Gefahr. Viele Millionen Menschenleben sind bedroht.[297]

2020 dann warnte »die« Wissenschaft zu Beginn der Coronapandemie vor einer, wie man den Menschen weismachen wollte, extrem tödlichen Seuche:

> »Ohne Maßnahmen weltweit 40 Millionen Tote«.[298]

Und das vom Staat finanzierte linksextreme Rechercheportal Correctiv belog die Republik, indem es aus einem harmlosen Treffen konservativer Politiker und Privatpersonen einen internationalen Skandal, ja, eine Staatsaffäre machte:

> Hochrangige AfD-Politiker, Neonazis und finanzstarke Unternehmer kamen im November in einem Hotel bei Potsdam zusammen. Sie planten nichts Geringeres als die Vertreibung von Millionen von Menschen aus Deutschland.[299]

Angesichts der Dramatik der aktuellen Lage gelingt es dem politmedialen Establishment nur noch mit völlig absurden Lügengeschichten und Verschwörungsnarrativen, mit der Warnung vor Millionen von Seuchen- und Klimatoten oder Millionen von Deportierten irgendwie von ihrem eigenen Versagen respektive ihrer tödlichen Agenda abzulenken und die Bürger ruhigzustellen. Doch die blutige Realität der Gegenwart (Magdeburg, Solingen, Mannheim oder Aschaffenburg) ist allemal furchteinflößender als das Massensterben in einer fiktiven Zukunft.

Je näher der Mulitkulticrash rückt, desto hysterischer und überzogener reagiert das Establishment. Sein Handeln wird irrationaler, ja, zunehmend pathologischer. Nach jedem neuen islamistischen Attentat oder Massenmord fahren die dafür politisch Verantwortlichen und ihre Handlanger innerhalb von Minuten routiniert ihre Propagandamaschinerie hoch, um jedes noch so grausame importierte

Verbrechen für ihren Kampf gegen rechts, sprich: gegen die eigene Bevölkerung zu instrumentalisieren. Dabei wird die Realität bis zur Unkenntlichkeit entstellt, wird, wenn irgend möglich, die AfD zum eigentlichen Urheber solcher Taten erklärt. Entweder unterstellt man Rechten und Islamisten, zusammenzuarbeiten – »Islamisten und Rechtsextreme bilden eine unheilige Allianz«[300] (*Spiegel*) –, oder man wirft den Rechten vor, mit ihrem »antimuslimischen Rassismus« solche Verbrechen bis hin zu Massenmorden provoziert zu haben. Diese Argumente sind zwar an den Haaren herbeigezogen und widersprechen sich, doch das ist der Politik egal, da es ausschließlich darum geht, die eigene Verantwortung zu verschleiern und selbige seinen Kritikern anzulasten.

Nach dem Massenmord von Magdeburg, der hätte verhindert werden können, wenn Nancy Faeser ihrer Aufgabe als Innenministerin nachgekommen wäre, baute diese dann auch schon mal frech jedem möglichen Vorwurf oder Protest vor, indem sie sagte:

> Zur AfD kann ich nur sagen: Jeder Versuch, eine solch furchtbare Tat zu instrumentalisieren und das Leid der Opfer zu missbrauchen, ist widerwärtig.[301]

Nein, Faeser und ihre Clique finden es nicht widerwärtig, wenn Islamisten in Deutschland dank ihrer Untätigkeit unbehelligt Massenmorde planen, ankündigen und durchführen können und dabei wie in Magdeburg 6 Menschen getötet und 299 zum Teil lebensgefährlich verletzt werden. Widerwärtig ist für sie nur die Kritik daran. Auch nachdem ein Afghane, der eigentlich hätte im Gefängnis sitzen müssen, am 22. Januar im bayerischen Aschaffenburg eine Kitagruppe attackiert und dabei einen 2-jährigen Jungen und einen 41-jährigen Passanten tötete,[302] galt Faesers größte Sorge der eventuell dräuenden Unannehmlichkeit, ihre Open-Border-Politik aufgrund der Stimmungslage in der Bevölkerung ändern zu müssen:

> Ich kann nur sehr deutlich davor warnen, eine solche furchtbare Tat für Populismus zu missbrauchen.[303]

Je lauter und aggressiver Muslime einen deutschen Gottesstaat fordern, je mehr Menschen beim Dschihad auf deutschem Boden massakriert werden, je mehr Todesopfer die Massenzuwanderung aus dem islamischen Raum und Afrika fordert, desto hysterischer warnen Einheitspartien, Behörden und Mainstream-Medien vor der Gefahr von rechts.

Angesichts der realen Gefahren, angesichts dessen, dass sich immer mehr Menschen ihr Leben nicht mehr leisten können, Frauen Angst haben, nach Einbruch der Dunkelheit noch auf die Straße zu gehen, Bürger, die jahrzehntelang gearbeitet haben, eine Rente bekommen, die kaum noch zum Leben reicht, und die eigenen Kinder einer düsteren Zukunft entgegensehen, haben die virtuellen Probleme und Schreckgespenster der Grünen, auch wenn man sie bis ins Karikaturhafte aufbläst, ausgedient, interessiert sich kaum noch jemand für die Randthemen, auf die sich Politik und Medienöffentlichkeit seit Jahren fokussiert haben. Sie – wie etwa die Bedürfnisse von sexuell desorientierten Miniminderheiten – muten außerhalb linker Echokammern im Lichte der blutigen Multikultirealität geradezu bizarr und surreal an.

Das linke Machtgefüge gerät ins Wanken, die Menschen verlieren das Vertrauen in den Staat, in die Demokratie, die Parteien. Dieser Vertrauensverlust ist überall spürbar. Mehr als die Hälfte der Deutschen – 51 Prozent – haben nur noch »wenig oder geringes Vertrauen in die Demokratie und ihre Prozesse«.[304] Das hat eine repräsentative Umfrage der Körber-Stiftung im Sommer 2024 ergeben. Immer mehr Menschen sehen im Parteienstaat nicht die Lösung, sondern das Problem, empfinden den immer übergriffigeren Staat, der ihnen immer mehr abverlangt und gleichzeitig seine Kernaufgaben – Sicherheit, Grenzschutz, Bildung oder Gesundheit – vernachlässigt, als Bedrohung.

Der Zeitgeist hat sich geändert. Es sind einmal mehr die USA, die den Trend vorgeben, da sich aufgrund des amerikanischen Mehrheitswahlrechtes die politischen Verhältnisse schneller verschieben können als etwa in den Ländern der EU. Die Wokeness mitsamt ihrer vielen Metastasen – von Black Lives Matter, Diversity, White Privilege, Antikolonialismus, Critical Race Theory über Frühsexualierung bis hin zum Kampf gegen rechts – hat ihren Zenit überschritten, weil die Menschen erkannt haben, dass diese Lehren vor allem dazu dienen, die westliche Gesellschaft in ihrem Kern zu zerstören. Für die abendländische Kultur und ihre Errungenschaften steht symbolisch der »alte weiße Mann«, weshalb er zum zentralen Feindbild und universellen Sündenbock der neuen Linken wurde. So schreibt der Kommunikationswissenschaftler Norbert Bolz:

> Für die Übel dieser Welt kennt die aktuelle Debatte vor allem einen Schuldigen: den alten weißen Mann. Er steht für Kolonialismus, Rassismus und Sexismus, und auf sein Konto gehen sowohl die Armut in der Welt als auch die Zerstörung der Natur und natürlich der Klimawandel.[305]

All das wird in den USA unter Präsident Trump nun infrage gestellt. Der Milliardär Elon Musk sorgt über seine Plattform X wieder für mehr Meinungs- und Informationsfreiheit – auch in Europa. Meta-Chef Mark Zuckerberg, der sich den neuen Machtverhältnissen schnell angepasst hat, reduziert auf seinen Kommunikationskanälen Facebook, Instagram und WhatsApp jene Zensurmaßnahmen, die unter linker Vorherrschaft in den vergangenen Jahren installiert wurden. Auch Google ist nicht mehr bereit, die ausufernden Zensurforderungen der EU umzusetzen.

Zuckerberg hat zugegeben, dass »Regierungen und etablierte Medien immer mehr »Zensur gefordert« haben, »vieles davon offensichtlich politisch motiviert«.[306] Er bestätigte, dass die sogenannten

Faktenchecker nur dazu da waren (und es in Deutschland noch immer sind), nicht konforme Meinungen zu zensieren:

> Faktenprüfer waren einfach zu politisch voreingenommen und haben mehr Misstrauen gesät, als sie jemals Vertrauen schaffen konnten.[307]

Er räumte ein, dass die Reichweiten systemkritischer Meinungsäußerungen mit Algorithmen stark eingeschränkt wurden und die Biden-Regierung die Zensur massiv eingefordert habe.[308]

In Europa reagiert das politmediale Establishment auf diese Entwicklungen aus den USA mit autoritärer Politik und immer hysterischeren Maßnahmen. Geradezu absurd waren etwa die Reaktionen der EU und der europäischen Mainstream-Parteien und -Medien auf einen harmlosen Polittalk zwischen AfD-Chefin Alice Weidel und Elon Musk, der im Januar 2025 auf X live übertragen wurde. Tagelang hetzten Politiker und Medien gegen Musk, sprachen von ausländischer politischer Einmischung, und die EU setzte gar eine Taskforce ein, die das Gespräch live überwachte:

> Ein Team von an die 150 Beamten der Europäischen Kommission in Brüssel und eines ihrer Ableger in Sevilla hat gestern zugehört und überprüft, ob sich die Social-Media-Website X auch beim Gespräch ihres Besitzers Elon Musk mit AfD-Chefin Alice Weidel an alle Vorschriften der EU gehalten hat. Die Kontrolleure stammen aus der Generaldirektion Kommunikationsnetze, die der Kommission unterstellt ist, und die die Einhaltung des Gesetzes über digitale Dienste überwacht.[309]

Die Reaktionen des Establishments auf die neuen Strömungen, auf diesen Gegenwind, mögen in ihrer Überzogenheit noch so skurril sein, sie sind aber ernst zu nehmen. Denn sie verfolgen ein Ziel:

Demokratie, Bürgerrechte und die Freiheit weiter einzuschränken, ja, am besten ganz abzuschaffen.

Dass das kein Alarmismus, keine Übertreibung ist, zeigen etwa die Vorgänge in Rumänien, die im Vorwort näher beschrieben sind. Weil die Rumänen nicht so gewählt haben, wie vom politmedialen Establishment in Bukarest und in Brüssel erwartet wurde, hat man die Wahl unter fadenscheinigen Gründen vom rumänischen Verfassungsgericht annullieren lassen und damit einen Präzedenzfall geschaffen, um künftig jede Wahl in Europa, bei der rechte Kräfte die Mehrheit erringen sollten, aufheben zu können.

Zum Jahreswechsel 2024/2025 warnte Bundespräsident Frank-Walter Steinmeier dann auch gemäß dem neuen linken Bedrohungsnarrativ eindringlich vor ausländischer Wahlbeeinflussung. Wörtlich sagte der Bundespräsident:

> Einflussnahme von außen ist eine Gefahr für die Demokratie – sei sie verdeckt [...] oder offen und unverhohlen, wie es derzeit besonders intensiv auf der Plattform X betrieben wird.[310]

Diese Aussagen sind so bemerkenswert wie beunruhigend. Der höchste Mann im Staat sprang damit auf den Zug der Einheitsparteien und der Mainstream-Medien auf, die allesamt vor subversiven und finsteren ausländischen Kräften warnen, die danach trachten, die Bundestagswahl in Richtung AfD zu beeinflussen.

Solche Warnungen kannte man bisher nur aus autoritären Systemen und Diktaturen. Nun werden sie auch in Deutschland als Demokratie-Not-Aus-Schalter vom politischen Establishment eingesetzt. Nach den Ereignissen im EU-Staat Rumänien ist auch klar, warum Steinmeier, ARD, SPD, Union, *Spiegel* und Co. diese angebliche Bedrohung für sich und Deutschland entdeckt haben: Sollte die AfD künftig wichtige Wahlen deutlich gewinnen, können diese mit dem Segen der EU jederzeit als von außen beeinflusst erklärt und annulliert werden.

Zumal in einer globalen und vernetzten Welt wirklich jede Wahl von außen beeinflusst wird – außer vielleicht im abgeschotteten Nordkorea. Solange die globalistischen Einheitsparteien bequeme Mehrheiten errungen haben und von ausländischen »Philanthropen« wie George Soros (dazu weiter unten mehr) oder Bill Gates unterstützt worden sind, war ausländische Einflussnahme nie ein Problem. Seit patriotische Parteien in ganz Europa Wahlerfolge feiern, wird Wahlbeeinflussung zur neuen großen Gefahr für die Demokratie hochstilisiert.

Die gesetzliche Grundlage dieses Demokratie-Not-Aus-Schalters ist der Digital Services Act (DSA), der seit Februar 2024 vollumfänglich in der EU angewandt wird. Er dient nicht nur der Zensur und Meinungskontrolle – er hat etwa die rechtliche Basis für die Trusted Flagger, sprich: das halbstaatliche linksextremistische Denunziantennetzwerk geschaffen. Der DSA regelt unter anderem auch, ob eine nationale Wahl als rechtmäßig gilt oder ob sie für ungültig erklärt werden kann. Der ehemalige EU-Kommissar Thierry Breton hat im Januar 2025 klargestellt, dass auch eine deutsche Bundestagswahl auf Grundlage des DSA nach rumänischem Vorbild annulliert werden könne.

Die Schweizer *Weltwoche*:

> Thierry Breton, ehemaliger EU-Kommissar, will die Einhaltung europäischer Gesetze bei der Bundestagswahl streng überwachen, um eine mögliche Einmischung zu verhindern. Sollte dies nicht gelingen, hält er eine Annullierung der Wahl für denkbar.[311]

Von Wahlbeeinflussung wird wie gesagt immer nur dann gesprochen, wenn nicht linke Parteien Erfolge feiern. Umgekehrt wird eine Beeinflussung von Wahlen und die Finanzierung linker Gruppen aus dem Ausland als ehrenwertes Engagement betrachtet. So ist der mehr oder weniger einzige Zweck der weltweit operierenden Open Society Foundations (OSF) von Wirtschaftsmagnat George Soros, die über ein Vermögen von über 5 Milliarden US-Dollar verfügen,[312] die Wahlen und politischen Machtverhältnisse in Ländern auf der ganzen Welt zu beeinflussen.

Diese Doppelstandards hat auch der ungarische Europaabgeordnete András László von Viktor Orbáns Fidesz scharf kritisiert:

> Als zehn Millionen US-Dollar illegal an die ungarische Linke für ihren Wahlkampf 2022 geflossen sind, haben die Eliten in Brüssel geschwiegen. Als die US-Botschaft in Budapest begann, Gelder an linke Medien zu verteilen, schwiegen die Eliten in Brüssel. Als das ungarische Parlament ein Gesetz zum Schutz der Souveränität verabschiedete, um diese weitere Einmischung zu verhindern, verklagte die Europäische Kommission Ungarn.[313]

Nun haben Brüssel und das politmediale Establishment das Gespenst der politischen Beeinflussung als neue Universalwaffe entdeckt, um unerwünschte Wahlergebnisse und damit demokratische Machtwechsel jederzeit unterbinden zu können.

Neben einer möglichen Wahlannullierung gibt es auch noch das Instrument des Parteienverbots, das seit Monaten in Deutschland diskutiert wird und bereits in anderen europäischen Staaten de facto umgesetzt worden ist. Etwa 2004 in Belgien. Das oberste Gericht erklärte den rechten Vlaams Blok zu einer rassistischen Organisation und verbot drei mit der Partei assoziierte Vereine.[314]

In Deutschland hält man die Diskussion um ein AfD-Verbot politisch und medial am Laufen, damit man die rechte Partei möglichst nachhaltig als gefährlich und unwählbar darstellen kann, um so die Wahl zu beeinflussen und um den Boden für ein Verbot zu bereiten. Ein solches wird konkret werden, sobald die AfD auf Bundesebene einen überzeugenden Wahlerfolg einfährt und damit zur reellen Gefahr für die Einheitsparteien wird.

Auch vor einer direkten Manipulation der Wahlen schreckt man nicht zurück. Eine solche hat das Nachrichtenmagazin *Tichys Einblick* in Berlin aufgedeckt. Herausgeber Roland Tichy sprach von »offenkundigem Wahlbetrug«.[315] Die Wahl zum Berliner Abgeordnetenhaus von 2021 musste komplett wiederholt werden, die Bundestagswahl in 455 Wahlbezirken des Landes Berlin. Sowohl Politik, Justiz und Medien versuchten diesen Betrug an den Wählern und der Demokratie lange zu vertuschen und, als man damit scheiterte, zu verharmlosen. Dass Wahlen, also das Herzstück jeder Demokratie, zugunsten linker Parteien manipuliert und die Wähler betrogen werden, hat niemanden aus dem politmedialen Establishment als Skandal empfunden. Schließlich heiligt der Zweck die Mittel.

Es gibt keine Manipulationstechnik, keine Schweinerei und Intrige und auch kein Verbrechen – inklusive Mord –, zu dem das politmediale Establishment nicht bereit wäre, um seine Macht abzusichern. In Österreich wurde etwa die in der Bevölkerung populäre konservativ-rechte Regierung von Sebastian Kurz (ÖVP) und Heinz Christian Strache (FPÖ) 2019 vom Tiefen linken Staat unter Mithilfe der Wiener Unterwelt und des Bundespräsidenten sowie vermittels eines von deutschen und österreichischen Journalisten manipulierten Videos[316] aus dem Amt geputscht.

Auch offene Gewalt gegen nicht linke Oppositionelle ist kein Tabu: Im ersten Halbjahr 2024 wurden 48 AfD-Politiker körperlich angegriffen, in den meisten Fällen von Linksextremisten. Zum Vergleich: Im selben Zeitraum wurden 13 Politiker der Grünen, 5 der CDU, 5 der Linken, 3 der SPD und einer der CSU attackiert.[317] Dass vor allem Gewalt gegen AfD-Politiker ausgeübt wird, ist die Folge einer seit Jahren andauernden breiten medialen und politischen Hetzkampagne, die darauf abzielt, die Hemmschwelle der Gewalt gegen rechte Politiker und Protagonisten abzusenken. Meist geschieht dies verklausuliert und mehr oder weniger subtil, immer öfter auch ganz offen und direkt.

So hat ZDF-Star Jan Böhmermann über den öffentlich-rechtlichen Rundfunk zur Ermordung von Rechten aufgerufen:

> Nicht immer die Nazikeule rausholen, sondern vielleicht einfach mal ein paar Nazis keulen.[318]

Unter »Keulen« versteht man das Schlachten von Vieh, etwa Schweinen, um die Ausbreitung von Seuchen zu verhindern.

Diese Aussage hatte für Böhmermann im deutschen Doppelstaat – mehr dazu in Kapitel 5.7 – selbstredend kein Nachspiel, auch kein strafrechtliches. Die Justiz konnte in diesem Mordaufruf keinen Mordaufruf erkennen. Was nicht verwundert, ist doch die politisierte Justiz zu einer der wichtigsten Machtstützen und Helfershelfer des politmedialen Establishments geworden. Etwa indem sie, wie im Fall Böhmermann, Gewalttäter oder Aufhetzer mit Freisprüchen, milden Urteilen oder damit belohnt, erst gar kein Ermittlungsverfahren einzuleiten. Die Absicht dahinter ist klar: Damit sollen potenzielle linke Gewalttäter ermutigt und motiviert werden, AfD-Politiker und andere konservative und rechte Oppositionelle zu attackieren, zu verletzen oder auch zu töten. Anders sind solche Entscheidungen nicht zu verstehen.

So hat Richter Hans Schlüter-Staats die Linksterroristin Lina E., die mit ihrer sogenannten Hammerbande mindestens 13 Menschen schwer, zwei davon lebensgefährlich, verletzt hat, für ihr »achtenswertes Motiv«[319] ausdrücklich gelobt. Zur Verdeutlichung: Lina E. und ihre Komplizen haben unschuldige Menschen, die sie als politisch rechts eingeordnet haben, mit Hämmern das Gesicht, den Kopf und die Gelenke zertrümmert und sie anschließend mit Säure übergossen.[320]

Weil so etwas im woken Deutschland achtenswert ist, wurde Lina E. vom Richter auf freien Fuß gesetzt. Ihre ohnehin lächerlich geringe Strafe von 5 Jahren und 3 Monaten musste sie nicht antreten, weil sie angeblich unter Rheuma leidet. Das ist kein Rechtsstaat, sondern die linke Karikatur davon. Mit solchen Entscheidungen motiviert man das linke, gewaltbereite Fußvolk, die Stiefeltruppen des Establishments, möglichst brutal gegen die einzig verbliebene Oppositionspartei im postdemokratischen Blockparteiensystem vorzugehen. So kann man zudem verhindern, dass sich Bürger für diese Partei engagieren und exponieren, denn wer will schon riskieren, bedroht, attackiert oder verletzt zu werden. Der Staat pumpt Milliarden in dieses linksextreme Milieu, aus dem sich solche Terroristen und Extremisten rekrutieren. Unter Überschriften wie »Demokratieförderung«, »Kampf gegen rechts« und »Nie wieder« fließen Milliarden Euro an Steuergeldern an linke politische Vorfeldorganisationen, also an NGOs, Antifa, Linksextremisten etc. In den vergangenen Jahren waren das, laut einer Anfragebeantwortung durch die Bundesregierung im Jahr 2023, 1,5 Milliarden.[321] Diese Gelder gehen auch an gefährliche Gruppierungen und offen gewaltbereite Linksextremisten, wie die *Welt* berichtet:

> Allerdings profitieren auch problematische Organisationen von den Fördergeldern. So etwa der Berliner Verein Eoto [...]. Für ihn ist hauptberuflich unter anderen der Grünen-Lokalpolitiker Jeff Kwasi Klein tätig, der im vergangenen Mai physische Gewalt als geeignete Protestform würdigte.[322]

Die Grenzen zwischen Linksextremisten, linksextremen Terroristen, linken Parteien und dem Staat sind in Deutschland längst fließend; diese Gruppen bilden ein Geflecht. Die Grüne Jugend hatte etwa Straffreiheit für Lina E. gefordert,[323] die Mainstream-Presse und viele linke Politiker zeigten mehr oder weniger offen ihre Sympathien für diese Terroristin.

So schrieb die *taz*:

> Selbstjustiz ist nicht zu rechtfertigen. Und doch ist das Strafmaß von fünf Jahren und drei Monaten Gefängnis [die sie bisher gar nicht absitzen musste, d. A.] für die Linksextremistin Lina E. heftig.[324]

Der Staat, die Einheitsparteien und der mediale Mainstream schaffen ein Klima, das Gewalt gegen rechte Oppositionelle fördert. Das sollte nicht weiter verwundern, da selbst die Bundesinnenministerin Nancy Faeser beste Kontrakte in diese Szene unterhält. Gern hat sie einen Gastbeitrag für die linksextreme Zeitschrift *antifa* geschrieben, die von einem vom Verfassungsschutz beobachteten Verein, der die parlamentarische Demokratie als faschistisch einstuft, herausgegeben wird.[325] Wenn das Establishment den Bock zum Gärtner macht, ist das kein Versehen, keine Fehlentscheidung, sondern Kalkül, weil Teil des Plans.

Man schafft Rahmenbedingungen, die Gewalt gegen Dissidenten fördert und zum Teil legitimiert. So versuchten Tausende Linksextremisten den Parteitag der AfD am 11. und 12. Januar 2025 im sächsischen Riesa mit Gewalt zu verhindern beziehungsweise zu stürmen. Dabei wurden auch AfD-Politiker und -Funktionäre eingeschüchtert, bedroht, attackiert und verletzt, wie etwa der Brandenburger AfD-Landeschef.[326] Auch in diesem Fall störte sich das politmediale Establishment nicht an der linken Gewalt, sondern nur daran, dass die Polizei den Parteitag der AfD geschützt hatte.

Das ZDF titelte:

> AfD-Parteitag: Kritik an Polizeieinsatz[327]

Gewalt gegen rechte Oppositionelle wird von den Behörden, den Einheitsparteien und den Medien systematisch vertuscht und verharmlost, ja nicht einmal als Problem gesehen. Man feiert sie vielmehr als zivilgesellschaftliches Engagement, berichtet über die Opfer solcher Gewalttaten mit hämischem Unterton und bekundet mehr oder weniger offen Sympathien für die Gewalttäter.

Man muss also nicht erst den Teufel an die Wand malen – der deutsche Rechtsstaat und die deutsche Demokratie sind bereits in einem desaströsen Zustand. Unter den hier beschriebenen Rahmenbedingungen kann es keine fairen Wahlen und somit keine echte Demokratie mehr geben. Weil selbst diese Methoden nicht mehr ausreichen, um die bröckelnde Machtbasis der linken Globalisten abzusichern, wird man in Zukunft zu noch restriktiveren und brutaleren Mitteln greifen. Sogar Mordanschläge auf rechte Politiker werden zu einer von Linken akzeptierten und praktizierten Methode. Auch das ist keine überzogene Darstellung, sondern längst Realität, zumal im US-Wahlkampf 2024 gleich zwei Attentate auf Donald Trump verübt worden sind. Und die Linke in den USA und Europa hat mehr oder weniger offen bedauert, dass der amerikanische Präsident sie überlebt hat.

So hatte Sebastian Hotz vom Rundfunk Berlin-Brandenburg (RBB) und ehemaliger Gagschreiber von Jan Böhmermann gepostet:

> Leider knapp verpasst. Ich finde es absolut fantastisch, wenn Faschisten sterben.[328]

Keine Frage, das politmediale Establishment ist wirklich zu allem bereit, um seine Vormachtstellung zu verteidigen und seine globalistische Agenda weiter durchziehen zu können. Die demokratische Maske hat man längst fallen lassen. Dass die zum Vorschein gekommene totalitäre Fratze der Linken von vielen Bürgern noch immer nicht als solche erkannt wird, liegt unter anderem an den gleichgeschalteten Medien, die mit ihrer Propaganda alles vernebeln, und auch daran, dass viele sie gar nicht sehen wollen. Wer einen Schritt zurücktritt, die tägliche Desinformation und Propaganda ausblendet, also Platons Höhle[329] verlässt und ans Tageslicht tritt, der sieht das Folgende: staatlich geförderte Gewalt gegen rechts, Wahlbetrug, gleichgeschaltete Medien, Rufmordkampagnen auf Basis von Lügen (Potsdam-Lüge), Diskussionen über Parteiverbote, Richter, die linke Gewalt belohnen, und Geheimdienste, die politisch missbraucht werden. Dass sind die Methoden, mit denen das politmediale Establishment eine kaum noch existente Demokratie vor der rechten Gefahr zu schützen vorgibt.

Dass die Demokratie in Trümmern liegt und nur noch in der linken Propaganda existiert, ist im Sinne all jener, die von den herrschenden Machtverhältnissen profitieren und kein Interesse daran haben, dass Wahlen sie verschieben könnten. Das bedeutet auch, dass ein politischer Machtwechsel auf friedlichem und demokratischem Weg nicht mehr möglich ist, sondern nur noch mittels Gewalt, Unruhen, Aufständen und Rebellion. Darauf läuft es leider hinaus, zumal die politische Klasse in den Bürgern, die ihre Politik und Weltsicht kritisieren, ohnehin nur noch Gegner sieht.

Robert Habeck ist ein Paradebeispiel dafür. Wer ihn kritisiert, wird von ihm persönlich verfolgt:

> 805 Strafanträge seit Amtsantritt: Keiner zeigt so viele Bürger an wie Minister Habeck[330]

Wolfram Weimer, der frühere Chefredakteur der *Welt*, von *Focus* und *Cicero*:

> Wir haben das in der Geschichte der Republik noch nie gehabt, dass zwei amtierende Minister, zwei Schlüsselminister, die Außenministerin und der Vizekanzler, hunderte von Strafanzeigen [...] gestellt haben, Strafanzeigen gegen Menschen, die sie kritisiert haben.[331]

Das wirft ein grelles Licht auf das Demokratieverständnis dieser politischen Klasse, die in den Bürgern Untertanen oder gar Feinde sieht.

Habeck repräsentiert wie kein anderer diese autoritär agierende links-globalistische Politikerkaste, die Deutschland, die deutsche Nation und das deutsche Volk hassen und das Land, so wie die westliche Kultur, voller Überzeugung gegen die Wand fahren wollen. Wer es wagt, diesen kulturellen Selbstmord zu kritisieren oder zu verhindern, wird als »Staatsfeind« oder gleich als »Rechtsextremist« abgeurteilt.

Dazu passend verkündete Habeck schon in seinem 2010 erschienenen Buch *Patriotismus*:

> Patriotismus, Vaterlandsliebe also, fand ich stets zum Kotzen. Ich wusste mit Deutschland noch nie etwas anzufangen und weiß es bis heute nicht.[332]

Leute wie Robert Habeck betrachten Deutschland mitsamt seinen 83 Millionen Einwohnern als ihr persönliches Experimentierfeld. Sie spielen mit dem Schicksal und dem Leben von Millionen von Menschen, die für sie nichts anderes als politische Verschubmasse sind. Habeck ist ein politischer Hasardeur, dem jegliches Verantwortungsbewusstsein fehlt. Das hat er in dieser extremen Ausprägung mit Angela Merkel gemein. Im Wahlkampf 2025 ließ er auf das Siegestor in München gar sein übergroßes Konterfei samt dem Slogan: »Bündniskanzler – Ein Mensch. Ein Wort«[333] projizieren. Selbst der CSU-Generalsekretär Martin Huber konstatierte bei Habeck »Größenwahn«.[334] Keine Frage, dieser Mann sieht sich, unabhängig vom Wählerwillen, zum Bundeskanzler berufen.

Skrupellose Ideologen, politische Irrläufer und größenwahnsinnige Weltretter hat es immer gegeben und wird es immer geben. Sie sind gar nicht das Problem. Es sind vielmehr jene Netzwerke und Machtzirkel, die – aus welchen Gründen auch immer – solche Charaktere und politischen Hasardeure unterstützen, fördern, schützen und wählen, die Politiker wie Merkel, Habeck, Faeser, Baerbock, Scholz oder Lauterbach zur Macht verhelfen. Diese Kräfte im Schatten der Macht brauchen Frontfiguren wie Habeck an der Spitze der Politik und des Staates, die dem Volk das verkaufen und in die Praxis umsetzen, was im Hintergrund auf nationaler und suprastaatlicher Ebene geplant wird. Für diesen Job sind inkompetente, sich selbst maßlos überschätzende Narzissten die Idealbesetzung.

Nius-Chefredakteur Julian Reichelt kommentierte das so:

> Robert Habeck ist ein Universal-Dilettant, wie es ihn nur einmal alle paar Jahrzehnte gibt, er ist einfach auf sagenhaft vielen Feldern vollkommen inkompetent. In einer Gesellschaft mit funktionierenden Medien wäre es für einen Mann wie Robert Habeck absolut undenkbar gewesen, über viele Jahre so hoch aufzusteigen.[335]

Hätten Politiker wie Faeser, Habeck oder Paus weniger Hybris, weniger ideologischen Furor und dafür zumindest ein Basiswissen in Ökonomie, Physik, Energiewirtschaft, Finanzwesen und Geschichte, sie würden die wahnsinnigen ideologischen Projekte, die Deutschland in den Abgrund stürzen, wohl nicht umsetzen. Die Realität, kritische Bürger und die Meinungsfreiheit sind deshalb ihre größten Feinde. Wenn solche Politiker, die Einheitsparteien und die Medien gemeinsam zum Kampf gegen rechts blasen, meinen sie damit immer ihren Feldzug gegen die Opposition und die Demokratie.

Keine 100 Jahre nach dem Dritten Reich und wenige Jahrzehnte nach der kommunistischen DDR-Diktatur ist Deutschland einmal mehr auf autoritären beziehungsweise totalitären Abwegen. Bereits in den vergangenen Jahren und Jahrzehnten sind die großen politischen Weichenstellungen stets an den demokratischen Prozessen vorbei und über die Köpfe der Bevölkerung hinweg beschlossen worden. Niemand hat die Europäer befragt, ob sie ihren Kontinent mit Millionen kulturfremder Migranten teilen wollen, niemand hat sie gefragt, ob sie wollen, dass man sein Geschlecht so oft wechseln können soll wie seine Unterhosen, ob sie auf CO_2-freie und billige Atomenergie verzichten wollen oder ob man die Autoindustrie, das Rückgrat der deutschen Wirtschaft und des Wohlstandes, mittels Verbrennerverbot und Mobilitätswende zerstören soll. All das sind Elitenprojekte, die auf Teufel komm raus gegen die Interessen der Bürger durchgedrückt werden.

Über all diese ideologischen und utopischen Projekte wurde nie abgestimmt, deshalb sieht man auch jetzt keinen Grund, diese Transformation der Gesellschaft, den Great Reset, abzublasen, egal, wie viele Opfer er schon gefordert hat und noch fordern wird. Der Zug Richtung Abgrund fährt weiter, unabhängig davon, in welcher Farbkombination die Einheitsparteien CDU, CSU, SPD, Grüne und BSW eine Regierung bilden, sie werden die Agenda der Globalisten weiter umsetzen.

Das politmediale Establishment steuert und verwaltet nur den Niedergang des Landes. Seine Aufgabe ist es, den Great Reset, der nichts anders als der kulturelle Suizid Deutschlands beziehungsweise des Westens ist, möglichst widerstandslos über die Bühne zu bringen. Nach diesem Wipe will man auf der frisch formatierten europäischen Festplatte eine neue politische und gesellschaftliche Ordnung aufsetzen.

Sollte es wider Erwarten zu nennenswertem Widerstand dagegen, also zu Unruhen kommen, wird man nicht zögern, diese mit größtmöglicher Brutalität niederzuschlagen. Das haben die Briten – siehe auch Kapitel 6 – bereits vorexerziert. Die linke Labour-Regierung hat Hunderte zuwanderungskritische Demonstranten im Sommer 2024 in der unseligen Tradition der Standgerichte innerhalb von Stunden zu mehrjährigen Freiheitsstrafen verurteilen lassen und Verbrecher aus den Gefängnissen entlassen, um Platz für die neuen politischen Häftlinge zu schaffen.[336] Nur wenige Tage nach Beginn der Proteste gegen die Zuwanderungspolitik berichtete der *Tagesanzeiger*:

> Im Zuge dieser Krawalle wurden laut der BBC bisher 1140 Personen festgenommen und bereits 474 davon angeklagt. Über 100 der Angeklagten sind sogar schon, im Eilverfahren, abgeurteilt worden. Einige haben mehrjährige Haftstrafen erhalten [...].[337]

Mit diesen menschenverachtenden Methoden aus dem Repertoire totalitärer Systeme konnte der linke Premier Keir Starmer, der als ehemaliger oberster Staatsanwalt über Jahre die Sexverbrechen muslimischer Banden, sogenannter Grooming-Gangs, gedeckt haben soll,[338] den aufkeimenden Widerstand umgehend beenden.

Diese Strategie könnte auch in Deutschland funktionieren, zumal man sich auch hier auf die Unterstützung durch gewaltbereite Islamisten und kriminelle Banden wird verlassen können, die auch in Großbritannien tatkräftig bei der Niederschlagung der Proteste mitgeholfen haben.

Entsprechende Strategien und Pläne liegen längst in den Schubladen, nicht zuletzt, da der Multikulticrash immer wahrscheinlicher und absehbarer wird. 2025 und 2026 werden sich die Krisen und Fehlentwicklungen immer schneller aufschaukeln und verstärken: Rezession, Pleitewelle, Deindustrialisierung, explodierende Staatsausgaben, Fachkräftemangel, Brain-Drain, Bildungsabsturz, Kriminalität, Erosion des Gewaltmonopols, islamistischer Terror, Energiekrise und so weiter. An unzähligen Stellen stehen die deutsche Gesellschaft und der Staat auf der Kippe. Es droht ein Dominoeffekt, der jederzeit ausgelöst werden kann.

Selbst wenn es zu einem radikalen politischen Kurswechsel in Brüssel oder Berlin kommen sollte – was unwahrscheinlich ist –, ist es längst zu spät, da die meisten Niedergangsprozesse und die demografischen Umwälzungen zu weit fortgeschritten, die tragenden Teile unserer Gesellschaft bereits zu morsch sind. Das Deutschland, wie es noch in den 1990ern existierte, ist für immer Geschichte.

Die Zerstörung der bürgerlichen Gesellschaft, der Familie, des Nationalstaates und des Volkes ist seit jeher das Ziel der Linken gewesen. In den vergangenen Jahrzehnten hat man es unter dem Vorwand der Klimarettung, der sozialen Gerechtigkeit, Gleichberechtigung, Geschlechtervielfalt, des Kampfes gegen Antisemitismus oder Homophobie erfolgreich vorangetrieben. All diese hehren und moralischen Ziel waren und sind eine Mogelpackung, waren immer nur ein Vorwand, um die Gesellschaft und den Staat nach linken Plänen umzubauen. Deshalb wurden auch all diese Ziele, die man den Bürgern wie eine Karotte vor die Nase hält, glatt verfehlt beziehungsweise verraten, während man die dahinterstehende Agenda, die Transformation (sprich: die Zerstörung) unserer Gesellschaft erfolgreich umgesetzt hat.

So ist unter der Herrschaft der globalistischen Einheitsparteien Deutschland für Juden wieder lebensgefährlich geworden. Auch Schwule, Transmenschen und Lesben, die von den Linken aller Parteien in den Mittelpunkt ihrer Politik gestellt worden sind, werden immer öfter Opfer von gewalttätigen Übergriffen. »Die Berliner Polizeipräsidentin warnt Juden und Homosexuelle vor gefährlichen Orten«,[339] titelt 2024 *Die Zeit.* Und der *Tagesspiegel* berichtet: »Judenfeindlichkeit in Deutschland: Kippa-Tragen ist gefährlich.«[340]

Der Linken, deren politische Existenzberechtigung vor allem auf dem Kampf gegen rechts und Antisemitismus sowie für sexuelle Minderheiten beruht, sind diese Juden und Schwulen in Wahrheit egal. Die linke *taz* bezeichnet etwa die Berichte über die steigende Gewalt gegen Juden und Schwule als »eine alarmistische Debatte in Berlin«.[341] Die Sorge um die Sicherheit der Juden nennt die *taz* verächtlich »Geraune«. Das ist pure Menschenverachtung, für Juden interessiert sich die Linke nur, wenn sie diese für ihren Kampf gegen rechts instrumentalisieren kann.

Juden, Schwule und andere Minderheiten waren für die Linken nie etwas anderes als Mittel zum Zweck. Jetzt, wo auch diese Randgruppen zu Opfern der Multikulturalisierung und Islamisierung werden, sagt man ihnen, so wie einst Merkel im Jahre 2015: Ist mir egal. Denn über allem stehen die linke Ideologie und die globalistische Agenda. Und die sind allemal wichtiger als Menschenleben. Nicht ohne Grund wählen Homosexuelle mittlerweile überwiegend die AfD, wie die Dating-App Romeo ermittelt hat. Was von den Mainstream-Medien umgehend in Zweifel gezogen wurde, weil nicht sein kann, was nicht sein darf.[342]

Das politmediale Establishment kann zwar ein gewaltiges Heer, eine riesige Maschinerie und hohe Brandmauern im Kampf gegen rechts aufbieten, hat aber bei seinem Machtkampf eine Flanke völlig offen gelassen – die zu den Muslimen. So brutal man jeden Widerstand aus der eigenen Bevölkerung und von rechts auch niederschlägt, so wehr- und hilflos ist man gegen den aufstrebenden Islam. Auf dieser Seite ist von Politik und Staat keinerlei Widerstand und Gegenwehr zu erwarten. Auch das ist keine Prophetie, sondern seit Jahren politische Praxis. Der Staat und die Regierung gehen jedem Konflikt mit Muslimen aus dem Weg, versuchen jede noch so unverschämte Forderung zu erfüllen, das System lässt sich unterwandern, ohne etwas dagegen zu unternehmen – aus Angst, aus vorauseilendem Gehorsam und vor allem, weil man weiß, dass man eine Auseinandersetzung nicht gewinnen kann. Weshalb man durch Appeasement, immer weiteren Zugeständnissen und schrittweise Kapitulation versucht, eine staatliche Autorität vorzutäuschen, die man in dieser Bevölkerungsgruppe längst eingebüßt hat.

5.7 Der Doppelstaat

Ernst Fraenkel (1898–1975), ein aus Deutschland geflüchteter jüdischer Jurist und Politikwissenschaftler hat 1941 in den USA das Buch *Der Doppelstaat* veröffentlicht. Darin analysiert er das nationalsozialistische Rechtssystem und kommt zu dem Schluss, dass die »National-Sozialisten« zwei Systeme, einen doppelten Staat geschaffen hatten.

Das Herrschaftssystem des Nationalsozialismus bestand nach Fraenkel aus zwei Sphären. Zum einen aus dem sogenannten »Normenstaat«, der durch die Existenz tradierter und neuer Rechtsvorschriften gekennzeichnet ist, die auf Berechenbarkeit angelegt sind und in dem das Privateigentum geachtet und geschützt wird.

Die Juden, andere ethnische Minderheiten und Regimekritiker standen außerhalb des Normenstaates. Sie waren der Willkür des »Maßnahmenstaates« unterworfen, der nicht an Rechten und Gesetzen, sondern ausschließlich an Überlegungen der »situativ-politischen Zweckmäßigkeit« orientiert war. Entscheidungen werden, so Fraenkel, nach Sachlage getroffen. In diesem Sektor »fehlen die Normen und herrschen die Maßnahmen«. Er schreibt:

> Man hat davon auszugehen, dass alle Lebensbereiche der Regelung durch das Recht unterliegen. Ob ihr doch im Einzelfall die Entscheidung nicht nach dem Gesetz, sondern nach der Lage der Sache erfolgt, entscheiden die Träger der politischen Gewalt souverän. Ihre Souveränität besteht gerade darin, dass sie über den dauernden Ausnahmezustand verfügen.[343]

Diese Analyse des nationalsozialistischen Herrschafts- und Rechtssystems erinnert frappant an das rezente Deutschland, wo der Grundsatz, dass gleiches Recht für alle gilt, systematisch – also mit System – ebenfalls mit Füßen getreten wird, wenn auch unter anderen Vorzeichen und mit anderen Folgen. Auch im rezenten Deutschland bestimmt einmal mehr die herrschende Klasse unter Umgehung rechtsstaatlicher Prinzipien, welcher Teil der Bevölkerung dem Normen- und welcher dem Maßnahmenstaat unterworfen wird.

Der deutsche Durchschnittsbürger, der in der Öffentlichkeit und in den sozialen Medien politisch unauffällig bleibt, sprich: sich nicht kritisch gegenüber dem links-globalistischen Herrschaftssystem äußert, lebt im Normenstaat; für ihn gelten die Gesetze.

Im Gegensatz zu einer anderen Gruppe, jener der Migranten mit bestimmtem Hintergrund. Sie stehen quasi über dem Recht. Bei ihnen werden, wie es Fraenkel beschrieben hat, die Gesetze nach der situativ-politischen Zweckmäßigkeit getroffen. Das bedeutet in der Praxis, dass die Gesetze, wenn es im Sinne der herrschenden Klasse ist und im Einklang mit deren politischen Zielen steht, zu deren Vorteil bis an die Grenzen gebeugt oder sogar gebrochen werden. Für sie gelten die Regeln, Normen und Gesetze also nur bedingt.

Etwa wenn ein sogenannter Schutzsuchender, wie in Kapitel 5.4 beschrieben, als Arzt praktizieren darf, obwohl ihm dafür offensichtlich die Befähigung fehlt, und er Menschenleben am laufenden Band gefährdet. Warum ließen die Verantwortlichen das zu? Weil ein Arzt, sprich: eine Fachkraft, mit islamischem Hintergrund ihr ideologisches Projekt und ihr Multikultinarrativ stützt, während ein arabischer Hochstapler, der als Fake-Mediziner Menschenleben gefährdete, den »Rechten« in die Hände spielen würde.

Im Zusammenhang mit der Massenzuwanderung wird in Deutschland seit Jahren das Recht gebrochen, werden politische Entscheidungen nicht auf Basis von Gesetzen oder dem Mehrheitswillen der Bevölkerung gefällt, sondern allein auf Basis von Ideologie, machtpolitischen Interessen und einer pervertierten linken Moral.

Das hat im großen Stil im Jahr 2015, im sogenannten Willkommensherbst, begonnen. 2016 hatten die beiden renommierten Verfassungsrechtler Udo Di Fabio und Hans-Jürgen Papier der Bundesregierung dauerhaften Rechtsbruch vorgeworfen. Denn diese sei, so Di Fabio, verpflichtet

> wirksame Kontrollen der Bundesgrenzen wieder aufzunehmen, wenn das gemeinsame europäische Grenzsicherungs- und Einwanderungssystem vorübergehend oder dauerhaft gestört ist.[344]

Er sprach auch davon, dass Merkel das Rechtssystem »in schwerwiegender Weise deformiert«[345] habe. Und Hans-Jürgen Papier, ehemaliger Präsident des Bundesverfassungsgerichts, warnte in einem Interview mit dem *Handelsblatt*:

> Die Flüchtlingskrise offenbart ein eklatantes Politikversagen. Noch nie war in der rechtsstaatlichen Ordnung der Bundesrepublik die Kluft zwischen Recht und Wirklichkeit so tief wie derzeit. Das ist auf Dauer inakzeptabel.[346]

Auch der Verfassungsjurist Karl Albrecht Schachtschneider hat 2016 eine Verfassungsbeschwerde gegen die Bundesregierung eingereicht. Darin heißt es:

> Die Maßnahmen der Bundeskanzlerin der Bundesrepublik Deutschland, Frau Dr. Angela Merkel, und der Bundesregierung der Bundesrepublik Deutschland, Asylbewerber und Flüchtlinge so gut wie unbegrenzt in die Bundesrepublik Deutschland einreisen zu lassen und diese nicht unverzüglich, nachdem sie das Gebiet Deutschlands betreten haben, zurückschieben zu lassen, verletzen die Souveränität im Kern der Verfassungsidentität Deutschlands und die Rechtsstaatlichkeit als Element der Verfassungsidentität Deutschlands und somit die Freiheit der Bürger der Bundesrepublik Deutschland [...].[347]

Selbstredend haben solche Beschwerden und profunde Kritiken nichts an der Rechtspraxis geändert, zumal der Justizapparat längst Teil des Herrschaftssystems geworden ist, ebenso wie die Mainstream-Medien, die diesen renommierten Kritikern keine Bühne geboten haben, weshalb sich der konstante Rechtsbruch beziehungsweise die äußerst kreative Auslegung der Gesetze im Bereich der Zuwanderung und Zuwanderer etablieren konnte. Das hat dazu geführt, dass in Deutschland de facto jeder illegale Migrant, egal ob er Terrorist oder sonst ein Schwerverbrecher ist, im Land verbleiben kann. Das ist eine permanente Verhöhnung und Gefährdung des Rechtsstaates und der gesetzestreuen Bürger. Tatsächlich werden nur sehr wenige Migranten aus Deutschland abgeschoben. 2023 waren es 16 430. Und davon wurden gerade einmal 829 nach Syrien und 1208 nach Afghanistan zurückgebracht.[348] Das sind absurd niedrige Zahlen, wenn man in Rechnung stellt, dass allein im Jahr 2023 über 108 000 Syrer und mehr als 61 000 Afghanen als mutmaßliche Straftäter in Erscheinung getreten sind.[349]

Selbst wenn Abschiebungen angeordnet werden, werden sie in der Regel nie durchgeführt: Zwischen Januar und September 2024 sind von insgesamt 38 328 geplanten Abschiebungen 23 610 nicht vollzogen worden. Das heißt, zwei von drei angeordneten Abschiebungen (61 Prozent) finden nie statt.[350]

Die Abschiebungen von Kriminellen und Terroristen scheitern regelmäßig daran, dass die Betroffenen untertauchen oder geplante Rückführungsflüge kurzfristig nicht durchgeführt werden können und so weiter. Weder die Politik noch die Behörden sind daran interessiert, die ohnehin laschen Gesetze anzuwenden. Diese Praxis hat schon viele das Leben gekostet. Die meisten der Attentäter, die in Deutschland Menschen ermordet haben, hätten von Gesetzes wegen gar nicht im Land sein dürfen.

So wie Sulaiman A., der am 31. Mai 2024 in Mannheim den Islamkritiker Michael Stürzenberger schwer verletzt und den Polizisten und Familienvater Rouven Laur brutal ermordet hat. Er lebte 9 Jahre illegal in Deutschland.[351] Der Rechtsstaat ist mittlerweile derart erodiert, die Mainstream-Medien derart korrumpiert, dass Fälle, in denen Migranten, die entweder längst hinter Gittern oder außer Landes hätten sein müssen, auch weiterhin morden, massakrieren und vergewaltigen konnten, ohne dass dies einen großen Skandal auslösen würde. Und jene, die dafür verantwortlich sind, weil sie aus politischen Gründen wegsehen, Gesetze nicht vollziehen oder Warnungen ignorieren, brauchen keinerlei Konsequenzen zu fürchten. Wer die linke Ideologie über die Gesetze stellt, hat nichts zu befürchten, selbst wenn das Menschenleben kostet.

Es scheint vielmehr so zu sein, dass die Behörden in vielen Fällen die importierten Terroristen, Islamisten und Sexualstraftäter decken. Darauf deutet zumindest vieles im Fall des Massenmordes in Magdeburg hin. Das Bundeskriminalamt, die Landeskriminalämter, das Bundesamt für Migration und Flüchtlinge (BAMF), der Verfassungsschutz, Politik und Justiz haben die unzähligen Hinweise, die sie seit Jahren über den Attentäter erhalten hatten, ignoriert beziehungsweise nicht adäquat darauf reagiert. Dieses Nichtagieren, das hartnäckige Wegschauen der Behörden und Geheimdienste, deutet darauf hin, dass System dahintersteckt.

Dass der (mutmaßliche) arabische Massenmörder Taleb al-Abdulmohsen eine tickende Zeitbombe war, wussten die Behörden, Verfassungsschützer und Gerichte. Zumal er aus seinen Anschlagsplänen und seinem Hass auf die Deutschen nie einen Hehl gemacht hat. Und doch hat man systematisch weggesehen. Dabei ist die Liste der handfesten Hinweise, die über Jahre konsequent ignoriert worden sind, erschreckend lang:

Bereits 2013 drohte der fragwürdige Mediziner der Ärztekammer in Mecklenburg-Vorpommern mit einem Anschlag. Er wurde weder abgeschoben noch vor Gericht gestellt; die Behörden konnten keine Indizien für eine »reelle Anschlagsvorbereitung« finden. Wenn ein in Deutschland offiziell Schutz suchender Araber offen Anschläge ankündigt, reicht das augenscheinlich nicht, um zum Schutze der Bevölkerung aktiv zu werden. Der Saudi kam mit einer Geldstrafe von 900 Euro davon.

Im Januar 2014 drohte al-Abdulmohsen bei der Suche nach finanzieller Unterstützung beim Stralsunder Amt mit Suizid und einer Tat, »an die man sich lange erinnern werde«. 2015 rief er sogar im Kanzleramt an, bezeichnete Richter als »Rassisten« und kündigte die Beschaffung einer Pistole an. Trotz allem wurde er nicht als Gefährder eingestuft.

2016 bekam er binnen Monaten nach Antragsstellung Asyl in Deutschland, ohne nähere Prüfung und ohne psychiatrisches Gutachten.

Im Mai 2024 schrieb er auf X in den Kommentaren zu einem Beitrag von Bundesinnenministerin Nancy Faeser:

> Es ist sehr wahrscheinlich, dass ich in diesem Jahr sterbe, um Gerechtigkeit zu schaffen. Der deutsche Terrorismus wird zur Rechenschaft gezogen.[352]

Trotz der offensichtlichen Gefahr reagierten die Behörden nicht. Zwar gab es 2023 eine Gefährdungsbeurteilung durch das Landeskriminalamt Sachsen-Anhalt und das Bundeskriminalamt, doch diese kam zum Schluss, dass von al-Abdulmohsen »keine konkrete Gefahr« ausgehe.[353] Zu aller Beruhigung hatte die Polizei dem Saudi Monate vor der Tat eine schriftliche »Gefährderansprache« zukommen lassen.

Allerdings hatten die saudischen Behörden ihre deutschen Kollegen zumindest zweimal auf den Mann aufmerksam gemacht. Ohne jeden Erfolg.

Die Hartnäckigkeit, mit der Polizei, Verfassungsschutz, Justiz und Politik alle Hinweise und Attentatsdrohungen ignoriert haben, ist ebenso atemberaubend wie die Nonchalance und Selbstverständlichkeit, mit der sie, nachdem 6 Menschen ermordet und 300 schwer verletzt wurden, darüber hinwegsah.

Jochen Kopelke, Bundesvorsitzender der Gewerkschaft der Polizei (GdP), sagte der *Welt*:

> Nur weil deutsche Sicherheitsbehörden Hinweise aus dem Ausland erhalten oder in Sozialen Netzwerken gedroht wird, heißt das noch lange nicht, dass die Polizei das alles sofort verarbeiten darf und kann.[354]

Eine solche Aussage ist nicht nur hochgradig unverschämt, sondern eine Verhöhnung der Opfer und ihrer Angehörigen sowie jener, die aufgrund harmloser Postings in den sozialen Medien ins Räderwerk der deutschen Behörden und der Justiz geraten sind.

So hat die Polizei in Ribnitz-Damgarten in Mecklenburg-Vorpommern ein 16-jähriges Mädchen im laufenden Schulbetrieb aus dem Klassenzimmer gezerrt, um ihr eine sogenannte »Gefährderansprache« zu halten. Der Grund: Das Mädchen hatte bei einer Diskussion im Unterricht gesagt: »Wer die Grünen wählt, der hat kein Gehirn.«[355] Bei einem 14-jährigen Jungen führte die bayerische Polizei 2024 eine Hausdurchsuchung durch, weil dieser auf TikTok den Hashtag »AllesfürDeutschland« verwendet hatte.[356]

Solche Äußerungen sind für Polizei und Geheimdienste Anlass genug, selbst gegen Kinder massiv vorzugehen, wenn sie keinen passenden Migrationshintergrund vorweisen können. Zum Vergleich: Taleb al-Abdulmohsen hatte im August 2024 diese Aussagen auf X gepostet:

> Wenn Deutschland Krieg will, werden wir ihn haben. Wenn Deutschland uns töten will, werden wir sie abschlachten, sterben oder voller Stolz ins Gefängnis gehen.[357]

Die Reaktion darauf: Keine! Nicht einmal eine mündliche Gefährderansprache, wie das mittlerweile sogar bei kritischen deutschen Schulkindern üblich ist, wurde durchgeführt. Hat man den passenden Migrationshintergrund, darf man sogar das Abschlachten von Deutschen ohne Konsequenzen ankündigen und vorbereiten. Kann das tatsächlich nur ein Versagen sein? Natürlich nicht. Das ist der deutsche Doppelstaat in Aktion.

Auch der Attentäter von Solingen, der drei Menschen massakriert hat, hätte sich nicht mehr in Deutschland aufhalten dürfen. Issa al H. hätte bereits im Juni 2023 abgeschoben werden sollen, die Maßnahme wurde jedoch nie durchgeführt. Auch der Afghane Enamullah O., der in Aschaffenburg im Januar 2025 einen 2-Jährigen und einen Mann ermordet hat, hätte zum Tatzeitpunkt im Gefängnis sitzen müssen.[358]

Die Liste solchen vorgeblichen Behördenversagens, das so viele Menschen das Leben gekostet hat, ist in den vergangenen Jahren sehr lang geworden. Angesichts dessen ist es reichlich naiv anzunehmen, es handle sich um Pannen, Versäumnisse oder Unprofessionalität. Nein, die Islamisten, Dschihadisten und gewöhnlichen Kriminellen aus diesem Kulturkreis werden bei ihrem Glaubenskrieg und ihren Taten offensichtlich von Teilen des Staates gedeckt; man lässt sie, so wie al-Abdulmohsen, einfach gewähren. Der moderne deutsche Doppelstaat hat viel Blut an seinen Händen. Wie viele Menschen bereits aufgrund dieser Rechtsbeugung ihr Leben lassen mussten, ist schwer einschätzbar, da – selbstredend – keine Statistiken darüber geführt werden.

Auch kriminelle Banden und andere Verbrecher genießen im deutschen Maßnahmenstaat viele Freiheiten und Sonderrechte. Man spricht in diesem Zusammenhang gerne vom sogenannten Migrantenbonus, der Zuwanderern aus bestimmten Weltgegenden von Politik, Justiz und anderen staatlichen und staatsnahen Institutionen zuerkannt wird.

Dass der Staat bei importierten Kriminellen und Terroristen besonders nach- und kurzsichtig ist, hat aber nicht nur ideologische und politische Gründe, sondern noch einen anderen: Angst. Oftmals ist es pure Angst, die hinter besonders milden Urteilen oder dem Bemühen steckt, dafür zu sorgen, dass es erst gar nicht zu einem Prozess kommt. Mittlerweile ist die Furcht vor kriminellen Clans oft größer als das Vertrauen in den Rechtsstaat. Das gilt nicht nur für Zeugen und Verbrechensopfer, sondern auch für Vertreter des Staates, für Richter und Staatsanwälte.

So berichtete 2021 die *Bild*:

> Mitglieder krimineller Clans bedrohen nicht nur konkurrierende Geschäftspartner. Inzwischen ist es schon so weit gekommen, dass sogar Richter bedroht werden![359]

Wie dramatisch die Lage tatsächlich ist, über die Politik und Behörden in der Regel eisern schweigen, hat der Berliner Oberstaatsanwalt Ralph Knispel in seinem Buch *Rechtsstaat am Ende* beschrieben: »Unser Rechtsstaat ist in Teilen nicht mehr funktionsfähig«,[360] konstatiert Knispel, und weiter: In Berlin »können sich 55 Prozent der Kriminellen darauf verlassen, nicht belangt zu werden«.[361] Knispel warnt vor einem staatlichen Kontrollverlust, denn der Respekt vor den Vertretern der Staatsmacht sei im Sinkflug, was in Kombination mit der zunehmenden Resignation innerhalb der Justiz und den Sicherheitskräften sowie dem Verlust des Vertrauens der Bevölkerung in das Rechtssystem und den Staat eine »explosive Gemengelage« ergebe. Seit diesem dramatischen Warnruf hat sich die Lage weiter verschärft.

Der deutsche Rechtsstaat und seine Vertreter sind mit den Folgen der Massenzuwanderung völlig überfordert, zumal sie auch kaum Rückendeckung seitens der Politik und der Medien bekommen. Mit dem unkontrollierten Menschenzustrom aus vormodernen Gesellschaften haben sich in Deutschland tribalistische Strukturen, eine neue Gewaltkultur, ein neuer Umgang mit Konflikten, ein völlig anderes Verständnis davon, wie ein Staat funktioniert und wie das Zusammenleben geregelt wird, etabliert. So kommt eine Studie im Auftrag des Ministeriums der Justiz und für Europa Baden-Württemberg aus dem Jahr 2019 über Paralleljustiz zu dem Ergebnis:

> Missachtung und offene Anfeindung des Rechtsstaats und seiner Institutionen sowie Angriffe auf das staatliche Gewaltmonopol finden sich in unterschiedlichsten gesellschaftlichen Milieus. Insbesondere im Überschneidungsbereich von Organisierter Kriminalität und Paralleljustiz sowie bei der aggressiven Inanspruchnahme des öffentlichen Raums und der generellen Ablehnung der staatlichen Rechtsordnung sind Alteingesessene ebenso wie Migran-

> ten vertreten. Allerdings finden sich milieuspezifische Faktoren auch in wichtigen kulturellen Prägungen wie kollektivistischer, meist patriarchalischer (Groß-)Familienstruktur in Verbindung mit Schamkultur sowie formalen, gewaltsam durchgesetzten Ehr- und Hierarchievorstellungen.[362]

Lässt man den Hinweis auf die »Alteingesessenen« außer Acht, der nur aus politisch korrekten, nicht wissenschaftlichen, faktischen Gründen eingefügt wurde, ergibt sich ein klares Bild: Der deutsche Staat importiert seit Jahren millionenfach seine eigenen Gegner und Feinde – und er weiß das. Mehr noch, er unterstützt und fördert jene Kräfte, die ihn verachten und zerstören wollen, und geht gegen jene vor, die das kritisieren.

Während etwa Islamisten ungestraft öffentlich die Einführung eines Kalifats fordern dürfen, fährt der Staat mit schwersten Geschützen auf, um das Land vor der angeblich bevorstehenden Machtergreifung durch die Reichsbürger – einer Handvoll verschrobener älterer Herren – zu schützen. Während man aus ideologischen Gründen, aus vorauseilendem Gehorsam und vor allem aus Feigheit vor dem weitaus gefährlichsten und größten Feind des demokratischen Rechtsstaates einknickt, eben weil er groß und brandgefährlich ist, lässt man bei den Reichsbürgern die Muskeln spielen, um jene Macht zu demonstrieren, über die man längst nicht mehr verfügt. Diese Doppelstandards zeigen, in welcher tiefen Krise der Rechtsstaat in Deutschland steckt.

Dass wir in einem Doppelstaat leben und die Gesetze nicht mehr für alle gleichermaßen gelten beziehungsweise völlig unterschiedlich ausgelegt werden, zeigt auch das Beispiel des Aktivisten Martin Sellner. Der Österreicher, gegen den strafrechtlich nichts vorliegt, kann sich kaum noch frei in Deutschland, Österreich und der Schweiz bewegen. Gegen ihn werden Einreiseverbote verhängt, »Wegweisungen«[363] ausgesprochen, ihm werden Veranstaltungen untersagt und so weiter und so fort. Und das mit zumeist fragwürdigen Begründungen. Sellner steht aufgrund seines politisch nicht erwünschten Engagements außerhalb des Rechts- beziehungsweise Normenstaates; für ihn gelten also die Regeln, die das politmediale Establishment entsprechend seinen Erfordernissen situativ festlegt. Er ist mehr oder weniger vogelfrei.

Parallel zum Niedergang des deutschen Rechtsstaates beziehungsweise Rechtssystems etablieren die muslimischen Migrantenmilieus ihre eigene Rechtsprechung. Der deutsche Normen- und Maßnahmenstaat bekommt zunehmend Konkurrenz durch die islamische Paralleljustiz. Politik und Medien sehen in dem neuen sich etablierenden archaischen Rechtssystem, das auf der Scharia beruht – mehr dazu in Kapitel 6 – kein Problem und keine Konkurrenz, im Gegenteil, man begrüßt und fördert diese Entwicklung.

2016 schreibt der öffentlich-rechtliche Bayerische Rundfunk:

> Abseits der Strukturen aus Polizei, Richtern und Staatsanwälten wird in manchen muslimischen Gemeinden Recht gesprochen, eine Form von Paralleljustiz. Friedensrichter, die vor allem in den Großstädten tätig sind, genießen hohes Ansehen.[364]

In den wachsenden muslimischen Communities spielt der deutsche Rechtsstaat eine immer geringere Rolle, dort bestimmen islamische Friedensrichter, Ältestenräte, Clanchefs und die Scharia das Zusammenleben. Sie regeln und sanktionieren Verstöße gegen Vorschriften, die nichts mit den Gesetzen Deutschlands, die für alle im Land gelten sollten, zu tun haben.

Das gilt auch für Österreich, wie mehrere Beispiele zeigen: In Wien haben 2024 nicht etwa Polizei und Justiz einen seit Jahren schwelenden brutalen Bandenkrieg zwischen Tschetschenen und Syrern beendet, nein, der Konflikt wurde erst beigelegt, als sich die »Ältesten« der beiden muslimischen Communities eingeschaltet und eine gemeinsame Friedenserklärung unterzeichnet hatten.

Der *Standard* berichtet:

> Nun sind »die Ältesten« auf beiden Seiten [...] zusammengetreten, um eine »formelle Vereinbarung« zu unterzeichnen, wie es heißt.[365]

Dass Clanälteste, die über keinerlei Legitimation oder offizielle Funktion im österreichischen Staat verfügen, das Zusammenleben im »Rechtsstaat« Österreich regeln, die Aufgaben von Polizei, Staatsanwälten, Rechtsanwälten und Richtern übernehmen, ist eine Bankrotterklärung des Rechtsstaates. Trotzdem waren die Reaktionen aus Politik und Medien auf die »Friedenserklärung« eines obskuren Ältestenrates fast ausschließlich positiv. Das zeigt: Man hat den Rechtsstaat und die westlichen Werte längst entsorgt. Unter anderem, weil man weiß, dass Polizei und Justiz in diesem Teil der Gesellschaft nicht mehr über die notwendige Autorität und Macht verfügen, um Gesetze durchzusetzen. Deshalb macht man gute Miene zum bösen Spiel.

Mittlerweile etabliert sich auch in Europa, wie das in islamischen Gottesstaaten üblich ist, eine islamische Sittenpolizei. Immer öfter treten Muslime, vor allem in jugendlichen Milieus, als Sittenwächter auf. Etwa in der Gesamtschule Nordstadt in Neuss im deutschen Bundesland Nordrhein-Westfalen. Die arabischen Jugendlichen schüchtern ihre Mitschüler ein, zwingen Mädchen, das Kopftuch zu tragen, fordern von den Lehrern, dass Muslime die Schule vorzeitig für das Freitagsgebet verlassen dürfen und so weiter. Allein auf Druck dieser »Scharia-Polizei« sollen einige Schüler schon zum Islam konvertiert sein.[366]

In Wien wurden 2021 mehrere selbst ernannte islamische Sittenwächter verurteilt. Die Gruppe mit einigen Hundert Mitgliedern hatte vor allem tschetschenische Frauen brutal unter Druck gesetzt, wenn sie nicht nach den Regeln des Islams gelebt haben.[367] Es ist weder eine Prophezeiung noch eine Prognose festzustellen, dass der Rechtsstaat scheitern wird – er ist es nämlich in weiten Teilen schon längst.

5.8 Nation und Volk

Der Nationalstaat gilt der globalistischen Linken als Träger und Ursache allen Übels, als Wurzel von Nationalismus, Chauvinismus und Rassismus.

So schreibt der Autor Wilfried Grießer:

> Jedes nationalstaatliche Denken wird mit Nationalismus und dieser mit Rassismus und Faschismus gleichgesetzt.[368]

Selbst das öffentliche Zeigen der Nationalfahne gilt in Deutschland bereits als verdächtig, weshalb man mittlerweile sogar auf öffentlichen Gebäuden immer öfter das offizielle Symbol der Dekadenz und des Niedergangs, die Regenbogenfahne, hisst.

Bereits 2013, während der Siegesfeier der CDU nach der Bundestagswahl, hatte Angela Merkel dem CDU-Generalsekretär Hermann Gröhe auf offener Bühne eine Deutschlandfahne entrissen und diese neben der Bühne entsorgt. Im Video zu dieser Szene ist das angewiderte Gesicht Merkels gut zu sehen. Es zeigt, wie sehr diese Frau, die sich selbst nicht als Bundes-, sondern als »Weltkanzlerin« sah, den deutschen Staat verachtet. Sie, welche die Mutter eben jener beiden Projekte ist, die Deutschland am effektivsten zerstörten, nämlich die Massenzuwanderung und die Energiewende.

Das Konzept des Nationalstaates ist aus linker, globalistischer Perspektive ein Relikt vergangener Zeiten, das es zu »dekonstruieren« gilt, so die Botschaft, die über alle Kanäle tagtäglich verbreitet wird. Weshalb jeder, der Sympathien für den Nationalstaat erkennen lässt oder nationale Symbole wie die deutsche Fahne öffentlich zeigt, als politisch verdächtig gilt.

Bezeichnend ist diesbezüglich ein Vorfall vom 1. Mai 2024 in Berlin Neukölln. Ein 87-jähriger Rentner wollte ein Zeichen gegen die an diesem Tag traditionell randalierenden Linksextremisten setzen und hat eine Deutschlandfahne auf seinem Balkon entrollt.[369] Die gewalttätigen Demonstranten fühlten sich prompt provoziert, griffen das Haus mit Pyrotechnik an, beschimpften den Mann und bedrohten ihn mit dem Tod. Das interessierte die Behörden nur peripher; sie ermittelten vielmehr gegen den Rentner, weil dieser die deutsche Fahne mit Bundesadler, die sogenannte Bundesdienstflagge, öffentlich gezeigt hatte. Das demonstriert, dass die Vertreter des Staates weniger den Staat und sein Volk, sondern vielmehr die Interessen der Globalisten und Linksextremisten vertreten und schützen.

Der niederländische Historiker Thierry Baudet:

> Es war eines der wichtigsten Themen der Eliten der Nachkriegszeit. [...] Die nationale Souveränität musste geschwächt, der Nationalstaat untergraben werden – sodass es nie wieder Krieg gäbe.[370]

Der Nationalstaat hat beim linken Establishment ausgedient, ist bestenfalls ein Überbleibsel vergangener Tage. Mithilfe von überstaatlichen und supranationalen Organisationen und Institutionen soll er ausgehöhlt werden. Mithilfe von Massenzuwanderung kulturfremder Menschen soll der innere Zusammenhalt des Staatsvolkes geschwächt werden. Es ist ein Mehrfrontenkrieg gegen den Nationalstaat und das Staatsvolk.

Nicht gewählte Parlamente und Regierungen entscheiden immer öfter und in allen wichtigen Fragen über unser aller Zukunft, sondern supranationale Gebilde wie die EU, die UNO, die Welthandelsorganisation (WTO), die Weltgesundheitsorganisation (WHO), internationale Gerichtshöfe oder große Stiftungen. Weltweite Abkommen wie das

Kyotoprotokoll, die Agenda 2030, der UN-Zukunftspakt oder der UN-Migrationspakt sollen den politischen Entscheidungsspielraum und die Souveränität der Nationalstaaten immer weiter beschränken, sie in ein globales Regelwerk zwingen.

Der Nationalstaat, der durch Staatsvolk, Staatsgebiet und Souveränität definiert ist, ist Träger des Rechtsstaates. Rechtsstaaten sind immer Nationalstaaten. Aber nicht alle Nationalstaaten sind Rechtsstaaten. Eine repräsentative Regierung kann nur existieren, wenn es ein kollektives Wir gibt, das sich nicht nur in getrennten Klassen, Gruppen oder Individuen zeigt, sondern als ein Ganzes, dass sich seiner territorialen, seiner nationalstaatlichen Gemeinsamkeit bewusst ist. Thierry Baudet:

> Demokratien unterstellen die Existenz eines *demos*, eines Volkes, durch das das Parlament auch tatsächlich als Forum von Verhandlungen und Entscheidungen legitimiert ist.[371]

Auch der Gedanke des Rechtsstaates unterstellt einen *demos*. Ohne ein geteiltes Empfinden von Moral, ohne gemeinsame Traditionen und Umgangsformen, ohne gemeinschaftlich erlebte Kultur kann es kein verbindliches Recht geben. Die grenzenlose Zuwanderung von Hunderttausenden Menschen aus vormodernen, außereuropäischen Gesellschaften untergräbt und zerstört den National- und Rechtsstaat.

Wilfried Grießer schreibt in seinem Buch *Flucht und Schuld*:

> Die wachsenden Migrationsbewegungen nach Europa sowie innerhalb Europas können den »klassischen« Nationalstaat, der mit seinen Koordinaten von Sprache, Geschichte und Kultur auch eine gewisse ethnische Homogenität und vor allem Kontinuität seiner Bevölkerung stillschweigend voraussetzte, zweifellos irritieren. [...] Die Irritation des klassischen Nationalstaates ist jedoch nicht erst

> die Folge, sondern mit ein Grund für die Massenzuwanderung.[372]

Massenmigration und die anderen Bemühungen der Linken, den Nationalstaat in seinen Grundfesten zu zerstören, haben Wirkung gezeigt. Ein Staatsvolk existiert in Deutschland nicht mehr. Die Solidargemeinschaft ist längst zerfallen. Ethnische und religiöse Gruppen, Clans und andere Parallelgesellschaften kämpfen für ihre gruppenspezifischen Interessen und Ansprüche; ein verbindendes kulturelles, nationalstaatliches Element ist nicht mehr vorhanden. Es gibt in Deutschland keine allgemein verbindlichen Regeln, Normen, Werte, keine gemeinsame Kultur und auch keine von der Mehrheit akzeptierte Verfassung mehr, weil für viele Neubürger Religion, Tradition und gruppenspezifische Interessen über dem Gesetz und der Verfassung stehen.

In einem politischen Multikultigebilde gibt es nichts Verbindendes mehr, das Zusammenleben muss täglich neu ausgehandelt werden. Was oft genug scheitert. Je größer und durchsetzungsfähiger die Zuwanderergruppe – sprich: je mehr Muslime es in Deutschland gibt –, desto besser kann sie sich gegen die schrumpfende und überalterte deutsche Bevölkerung durchsetzen, desto mehr islamische Interessengruppen legen ihre Tarnung als weltoffen, tolerant und demokratisch ab und gehen dazu über, unverblümt ihren Machtanspruch zu formulieren.

Dem immer machtbewussteren Auftreten können und wollen die Noch-Mehrheitsbevölkerung und der Staat nichts entgegensetzen. Man weicht immer weiter zurück, verzichtet auf seine Werte, Traditionen und Errungenschaften, gibt auf, wofür Generationen von Europäern gerungen und gekämpft haben. Dieses Zurückweichen, diese schrittweise Selbstaufgabe wird den Bürgern als moralische Verpflichtung, als Toleranz, Weltoffenheit und als Wiedergutmachung verkauft für die große Schuld, die der Europäer – und speziell der

Deutsche – historisch auf sich geladen hat. Mittels dieses Schuldkults wird die Bevölkerung seit Jahren moralisch erpresst, auf dass sie eine Politik abnickt, die auf ihre Kosten geht und gegen ihre Interessen gerichtet ist. Deshalb ist es selbstverständlich und alltäglich geworden, dass sich die autochthone Bevölkerung immer mehr zurücknimmt und sich fremden Regeln unterwirft – in den Schulen, im öffentlichen Raum, in der Politik und auch im Berufsleben.

Diese Kapitulation auf Raten, diese freiwillige Unterwerfung dient dazu, Konflikte zu vermeiden beziehungsweise aufzuschieben. Dabei sind Konflikte so oder so unvermeidlich. Denn indem die Muslime ihren Machtanspruch stetig erweitern, wird mit der Aushöhlung des Rechtsstaates und der Abtretung der Staatsgewalt der Crash – also der Zusammenbruch der öffentlichen Ordnung – unweigerlich folgen. Schon jetzt flammen in ganz Europa Unruhen auf. Immer öfter führen selbst kleinste Anlässe zu Krawallen und Konflikten.

So ist es mittlerweile in Deutschland zur Tradition geworden, dass zu Silvester jugendliche Migranten Sicherheitskräfte mit Feuerwerksraketen attackieren. Bei der Fußball-WM 2022 ist es zu massiven Ausschreitungen von Marokkanern in Belgien und den Niederlanden gekommen.[373] In Frankreich wiederum sind Unruhen, brennende Autos und Straßenschlachten nichts Außergewöhnliches mehr, so wie etwa in Dijon, wo sich schon 2020 schwer bewaffnete Tschetschenen und Nordafrikaner tagelange Straßenschlachten geliefert hatten.[374]

In diesen immer öfter aufbrechenden Konflikten und Machtkämpfen stehen die Bürger der überalterten, zersplitterten autochthonen Bevölkerung, die auch kaum noch über funktionierende Familienstrukturen verfügt, im wahrsten Sinne des Wortes auf verlorenem Posten. Sie sind den in Großfamilien, Clans und anderen Primärgruppen organisierten Zuwanderern deutlich unterlegen. Die ethnischen, religiösen und sozialen Konflikte und die Verteilungskämpfe werden angesichts der nicht abreißenden Zuwanderung und der Fragmentierung der Gesellschaft zunehmen und gewalttätiger werden. Solidarität existiert im Multikultistaat nur noch als Schlagwort und Vorwand, um die letzten Leistungsträger ausbeuten und die importierten Leistungsempfänger halbwegs ruhigstellen zu können.

Von den aus dem Islamgürtel hereingeholten Neubürgern ist kaum Solidarität zu erwarten; die gilt ihren Familien, Glaubensbrüdern, Clans beziehungsweise Volksgruppen, nicht aber dem Staat und seinen Institutionen. Und schon gar nicht der sie in der Regel finanzierenden autochthonen Bevölkerung, deren Vertreter als »Ungläubige« verachtet oder gehasst werden.

Kurz: Man hat das Staatsvolk zersetzt, die Tore zum Staatsgebiet geöffnet und die Staatsgewalt abgetreten. Man hat den Nationalstaat sturmreif geschossen.

Im Jahr 2018 riefen unter der Führung von Robert Menasse und Ulrike Guerot Intellektuelle quer durch die EU die »Republik Europa« aus. Man nannte es das »European Balcony Project«. Die Europäische Republik wurde von der linken europäischen Intelligenzija von Dutzenden Theaterbühnen symbolisch ausgerufen. So verkündete die Kulturelite Europas:

> An die Stelle der Souveränität der Staaten tritt hiermit die Souveränität der Bürgerinnen und Bürger. Wir begründen die Europäische Republik auf dem Grundsatz der allgemeinen politischen Gleichheit jenseits von Nationalität und Herkunft.[375]

Künstler und Intellektuelle sind stets die politische Vorhut der Linken, die den Boden für kommende politische Weichenstellungen bereitet. Europäer ist, wer es sein will. Jeder kann Europäer, Deutscher, Italiener oder Ungar sein. Voraussetzungen dafür braucht es keine. Die Leiterin des Deutschen Zentrums für Integrations- und Migrationsforschung, Naika Foroutan:

> Jeder ist ein Deutscher, der auf dem deutschen Gebiet wohnt.[376]

Kultur, Sprache und Tradition haben für Linke nur noch einen Wert, wenn ihr Ursprung außereuropäisch ist.

Weil in der europäischen multikulturellen Praxis vor allem Menschen aus islamischen Gesellschaften Europäer werden, muss Europa zu einer islamischen Region, einem transnationalen islamisch geprägten Siedlungsgebiet werden. Ist der Traum von Menasse und der europäischen Linken verwirklicht, gibt es keine Deutschen und kein Deutschland, keine Franzosen und kein Frankreich und auch kein Europa mehr. Paris ist dann nicht mehr von Bagdad, Wien von Tripolis oder Rom von Grosny zu unterscheiden. Wenn alle Europäer sind, ist Europa alles und gleichzeitig nichts mehr. Das ist die linke Utopie.

Die neomarxistischen Kräfte haben die europäischen Nationalstaaten schon weitgehend demontiert. Das so entstandene kulturelle, strukturelle und demografische Vakuum wird von robusteren und durchsetzungsstärkeren Gruppen, primär von Muslimen, von ethnischen Gruppen mit starkem inneren Zusammenhalt aufgefüllt. Was die Intellektuellen mit ihrem Projekt relativ klar formuliert haben, ist das, woran die globalistischen Eliten seit Langem arbeiten: die Dekonstruktion, sprich endgültige Zerstörung von Nation und Volk.

> Wir sind uns bewusst, dass der Reichtum Europas auf Jahrhunderten der Ausbeutung anderer Kontinente und der Unterdrückung anderer Kulturen beruht. Wir teilen deshalb unseren Boden mit jenen, die wir von ihrem vertrieben haben. Europäer ist, wer es sein will. Die Europäische Republik ist der erste Schritt auf dem Weg zur globalen Demokratie.[377]

Wobei Demokratie im marxistischen Sinn zu verstehen ist, als die Herrschaft beziehungsweise Diktatur des Proletariats, also eine linke Weltregierung. Wer eine solche globale Dystopie anstrebt, muss die Völker, Sprachen, Religionen mischen und die nationalen Grenzen überwinden. Beides ist in Deutschland schon weitgehend verwirklicht worden. Deutschland hat de facto keine Grenzen, denn Grenzen und ein eigenes Territorium hat nur, wer beides schützt, indem er darüber bestimmt, wer seine Grenzen überschreiten darf und wer nicht. Das ist in Deutschland nicht mehr der Fall, und das deutsche Volk, das über eine gemeinsame Geschichte, über gemeinsame Traditionen und Werte verbunden ist, existiert nur mehr in Bruchstücken.

Deutscher zu sein, hat keinen Wert mehr und erfordert keinerlei Anstrengung. Die deutsche Staatsbürgerschaft wird mittlerweile im großen Stil beim deutschen Superschlussverkauf verramscht. Möglich macht es das »Turbo-Einwanderungsgesetz« der Ampelregierung. Nach der Reform des Staatsbürgerschaftsrechts kann man bereits nach 5 beziehungsweise 3 Jahren Aufenthalt im Land deutscher Staatsbürger werden.[378] Zudem können nun Bürger aus allen Ländern die Doppelstaatsbürgerschaft beantragen.

Das heißt: Deutscher kann praktisch jeder werden, der es schafft, seinen Fuß auf deutschen Boden zu setzen und einige Monate selbst für seinen Unterhalt zu sorgen. Man verlangt von den Neubürgern nichts mehr, nicht einmal, dass sie ihre alte Staatsbürgerschaft aufgeben. Das ist ein klares Zeichen: Es sind künftig keinerlei Integrationsbemühungen mehr notwendig. Deutscher kann jeder sein, der dies will. Ein linker Traum wird wahr. Mit der Doppelstaatsbürgerschaft kann man somit auch Teilzeitdeutscher werden.

Und wer sich, wie die Europäer und Deutschen, selbst hasst, die eigenen kulturellen Leistungen verachtet, kann nicht erwarten, dass sich die Zuwanderer über die Sozialsysteme hinaus integrieren. Wer sich selbst verachtet, wird verachtet, der hat sich selbst aufgegeben, der begeht kulturellen Suizid.

5.9 Ohnmächtig und wehrlos

Es sind Bilder, die sich in das kollektive österreichische Gedächtnis eingeprägt haben: Im September 2015 versuchten sich drei Polizisten und eine Polizeibeamtin heranstürmenden muslimischen Migranten nahe der slowenischen Grenze auf einer Brücke bei Bad Radkersburg in den Weg zu stellen. Die Hunderten Männer schoben sie einfach beiseite und marschierten feixend ins Land.

Dass Europa seit 2015 seine Tore für Armutsmigranten weit offen hält, seine Grenzen und Interessen nicht mehr schützen kann beziehungsweise will, ist unter anderem auch eine Folge des Geburtenrückgangs. Nicht nur deshalb, weil Zuwanderer das dadurch entstandene Vakuum auffüllen, sondern weil die Europäer auch mental nicht mehr in der Lage sind, ihre Heimat, ihr Territorium und ihre Interessen militärisch zu verteidigen. Sinkende Geburtenzahlen führen zwingend zur Verweichlichung und Infantilisierung einer Gesellschaft. Europas Aufstieg zur Kolonialmacht hängt ursächlich mit dem enormen Geburtenüberschuss in jener Zeit zusammen.

Der Demograf Gunnar Heinsohn schreibt dazu:

> Obwohl Europas Verluste durch Krieg, Seuchen und Auswanderungen in die Kolonien immer nur stiegen, erreichte es – nach rund 50 Millionen Einwohnern um 1500 – im Jahr 1915 eine halbe Milliarde Menschen. Was oben wegfällt, wird von unten immer reichlicher nachgeschoben, weil die Kinderzahlen pro Frauenleben bis 1915 zwischen vier und sieben liegen.[379]

Das entspricht einer Geburtenrate wie aktuell in Afghanistan.

Die damals demografisch »überzähligen« Europäer erobern 90 Prozent der Erde. Die hohe Kapazität zur Absorbierung von Verlusten in Kombination mit technischer Innovation und die auf der Marktwirtschaft basierende ökonomische Leistungsfähigkeit machten die

Europäer zu unüberwindbaren Gegnern. In den beiden Weltkriegen starben rund 24 Millionen junger Männer, heute ist jeder westliche Gefallene statistisch gesehen der einzige Sohn oder gar das einzige Kind einer Mutter.

Rund um Europa stellt sich die Situation völlig anders dar: In Afrika und im Islamgürtel gibt es Hunderte Millionen »überzählige« Söhne. Hier explodieren die Bevölkerungszahlen. Heinsohn weist in seinem Buch *Söhne und Weltmacht* eindrucksvoll nach, dass sich eine Gesellschaft umso kriegerischer, aggressiver und expansiver verhält, je größer der Überschuss an jungen Männern ist.

Heinsohn spricht von einem »Youth Bulge«, einer Jugendblase. Er hat einen Kriegsindex entwickelt, das Verhältnis zwischen 15- bis 19-jährigen und 55- bis 59-jährigen Männern im jeweiligen Land. In europäischen Staaten liegt dieses Verhältnis, dieser Index, deutlich unter 1. Auf 1000 ältere Männer, die bald ihre Posten und Jobs für die nachkommende Generation räumen werden, kommen je nach Land 500–800 junge Männer. In Deutschland liegt der Index bei 0,65, in Österreich bei 0,75. In afrikanischen Ländern ist er zum Teil 10-mal höher. In Uganda warten über 8000 junge Männer auf die frei werdenden Positionen von 1000 alten Männern. Das führt zwangsläufig zu Spannungen und Konflikten. Je höher der Index, desto instabiler die Lage:

> Ab Index 2,5 gibt es eine Skala von Reaktionen: Auswanderungsbegehren, Migration und Flucht, Kriminalität, Zwangsarbeit, individuelle Morddelikte, Bandenmorde, Terror, Putsch, Revolution, Bürgerkrieg, Vertreibung, Genozid, grenzüberschreitende Kriege.[380]

Das erleben wir gerade vor und zunehmend auch hinter unserer europäischen Haustür: Kriege, Bürgerkriege, Unruhen, Terror, Kriminalitäts- und Gewaltexplosion, Clanstrukturen etc. Die weitaus häufigste

Reaktion auf einen hohen Kriegsindex, sprich: auf einen hohen Überschuss an jungen Männern, ist laut Heinsohn die Migration. In der Dritten Welt wollen laut Erhebungen rund eine Milliarde Menschen auswandern. Ihr bevorzugtes Ziel ist der Westen, insbesondere Europa, weil hier die Grenzen weitgehend offen, die Sozialleistung großzügig und die Wehrbereitschaft am geringsten ist. Der Großteil der sogenannten Flüchtlinge besteht schlicht aus Armutsmigranten.

Wer von Afrika und dem Islamgürtel nach Europa drängt, ist in der Regel ein »überzähliger« junger Mann. Im Jahr 2023 wurden 329 120 Asylanträge in Deutschland gestellt, zu 72 Prozent von Männern.[381] In der EU waren es im selben Jahr 1 049 550 Asylanträge, davon 731 805 von Männern.[382] Europa ist zum Überlaufbecken für »überschüssige« Männer aus Afrika und Asien geworden. Die Regionen mit großen Jugendblasen exportieren ihre Problemfälle nach Europa, das noch über genügend Mittel verfügt, um sie zu versorgen, und zu wenig Kraft und Widerstandsgeist hat, um sich gegen diese Übernahme zu wehren. Die verweichlichten, kinderarmen Europäer verschenken den von früheren Generationen geschaffenen Reichtum, obwohl sie dafür keine adäquate Gegenleistung und schon gar keine Dankbarkeit zu erwarten haben. Je größer der Männerüberschuss einer Gesellschaft, desto expansiver, aggressiver und kriegerischer verhält sie sich. Das bedeutet umgekehrt: Je weniger junge Männer, desto pazifistischer, toleranter, wehrloser und verweichlichter.

Verfügt eine Nation nicht mehr über genügend männlichen Nachwuchs, also Testosteron, kann sie – trotz eventueller technischer Überlegenheit – keine größeren kriegerischen Auseinandersetzungen mehr führen. Das ist einer der Gründe, warum die USA ihre Rolle als Weltpolizei immer seltener wahrnehmen können und wollen. Ihnen fehlen die männlichen Ressourcen. Ein Beispiel: Trotz unzähliger und andauernder Konflikte und Kriege ist die Bevölkerung Afghanistans von 1950 bis heute von 8 auf knapp 40 Millionen Menschen gewachsen. Während sich die Regierung in Washington bei jedem am

Hindukusch gefallene US-Soldaten gezwungen sah, diesen Einsatz vor der Bevölkerung zu rechtfertigen. Nicht zuletzt aufgrund dieses Umstandes haben die USA ihre Truppen aus Afghanistan abgezogen.

Die US-Army hat bereits vor Jahren aus diesen Entwicklungen den Schluss gezogen, dass »urbane Kriegsführung (Häuserkampf) wahrscheinlich völlig undurchführbar«[383] ist. Westliche Armeen können sich keine Gefallenen mehr leisten, weil die Mütter dieser Söhne, die oftmals Einzelkinder sind, dagegen aufbegehren würden. Kinderarme Gesellschaften sind nicht bereit, ihre Söhne zu opfern. Stirbt der Sohn einer kinderreichen Familie, wird er, wie etwa bei den kinderreichen Palästinensern, zum Volkshelden, stirbt das Einzelkind einer Europäerin, in dessen jahrelange Ausbildung Zigtausende Euros investiert worden sind, ist das eine Tragödie.

Das ist auch der Grund, warum Europa nicht mehr in der Lage ist, seine Interessen mit militärischen Mitteln zu verteidigen. Den Europäern fehlt das Mindset dazu, sie sind zu »Pazifismus« und »Toleranz« verdammt. Das kann man am Zustand der deutschen Bundeswehr und anderer europäischer Streitkräfte erkennen. Die meisten sind de facto nicht mehr einsatzfähig, nicht in der Lage, einen größeren militärischen Konflikt zu bewältigen. Und das ist auch nicht mehr ihre Aufgabe.

Wie wehr- und hilflos die Deutschen geworden sind, zeigte sich im Jahr 2015, als kein politischer Verantwortungsträger bereit war, die Grenze im Fall des Falles auch unter Einsatz von Gewalt zu verteidigen. Selbst Wasserwerfer waren ein No-Go. Es brach vielmehr ein Sturm der Entrüstung los, als die AfD die Selbstverständlichkeit ansprach, dass man Grenzen auch schützen müsse. So titelte der *Spiegel*:

> Spitzenpolitiker entsetzt über Waffeneinsatz-Äußerungen von AfD-Frauen[384]

Dabei verfügt ein Staat nur dann über Grenzen, wenn er sie im Ernstfall auch zu schützen bereit ist. Andernfalls hat er eben keine und damit auch kein eigenes Territorium mehr. Angela Merkel hatte die Grenzen 2015 für Millionen Migranten unter anderem deshalb geöffnet, um »unschöne Bilder von Polizei- und Bundeswehreinsätzen gegen Flüchtlinge« zu vermeiden.[385]

Die Europäer sind mental nicht mehr in der Lage, ihr Territorium mit allen Mitteln zu schützen. Waffeneinsätze an europäischen Außengrenzen oder tote »Schutzsuchende« würden die Parteien, Mainstream-Medien und NGOs in helle Aufregung versetzen. Kaum ein politischer Verantwortungsträger ist deshalb bereit – eventuell mit Ausnahme derer in den osteuropäischen Ländern –, wirklich alle Maßnahmen zum Schutz seiner Staatsgrenzen einzusetzen. Kinderarme Gesellschaften sind wehrlos, weil sie über zu wenige militärische Kräfte verfügen und die wenigen autochthonen jungen Männer kaum noch Bereitschaft zeigen, etwas für ihr Land, dessen Unabhängigkeit und ihre Freiheit zu riskieren. Laut einer Umfrage aus dem Jahr 2024 sind 57 Prozent der Deutschen nicht gewillt, ihr Land zu verteidigen, wenn es militärisch angegriffen würde. Weniger als ein Drittel würde nach eigenem Bekunden zur Waffe greifen.[386]

Ohne ein einsatzbereites Heer und ohne echten Grenzschutz gibt es auch keine Sicherheit, weder eine äußere noch eine innere. Wie schnell Polizeikräfte an ihre Grenzen stoßen, zeigen die bereits erwähnten Vorfälle in Dijon in Frankreich. Dort hatten sich im Sommer 2020 schwer bewaffnete Clans aus Tschetschenien und Nordafrika tagelang Straßenschlachten geliefert. Nur Spezialtruppen konnten dem Einhalt gebieten. Die Aufrechterhaltung der inneren Sicherheit ist neben der Landesverteidigung die wichtigste Aufgabe des Heeres. Dazu muss es gut gerüstet und vorbereitet sein. Die Armeen in vielen europäischen Ländern, allen voran Deutschland und Österreich, sind dazu nicht mehr in der Lage. Dazu schreibt der wichtigste Militärhistoriker der Gegenwart, Martin van Creveld:

> Die Verweiblichung der Streitkräfte ist ein Phänomen, das fast ausschließlich auf die westlichen Länder beschränkt zu sein scheint.[387]

Bei diesen Truppen stehen nicht mehr Kampfkraft und -willen, sondern Geschlechtergerechtigkeit und Feminismus im Mittelpunkt.

Das geburtenschwache, überalterte und verweichlichte Europa ist eine leichte Beute für andere, kinderreichere, selbstbewusstere, männlichere Kulturen geworden. Eine Gesellschaft ohne Kinder hat keine Zukunft, begeht kulturellen Selbstmord. Das wissen die Kinderlosen. Viele wollen nicht, wie sie vorgeben, den Planeten und das Klima retten, sondern ihre eigene Kultur zerstören. Die Ursachen dafür liegen in einer toxischen Mischung aus Verantwortungslosigkeit, Schuldkult und Hass auf die eigene Kultur.

5.10 Der Verrat an unseren Kindern

Es sind grausame, unerträgliche Bilder: Eine Gruppe von zwanzig Migranten zwischen 12 und 15 Jahren quält und misshandelt einen 14-jährigen deutschen Jungen. Die Kinder aus Syrien und Afghanistan haben sichtlich Spaß daran, eine wehrlose »Kartoffel«, ein »Opfer«, wie man Deutsche in diesen Kreisen auch gerne nennt, zu drangsalieren.[388] Ihre Grausamkeiten verbreiten sie stolz per Video über die sozialen Medien.

Diese brutale und verstörende Tat, die zumindest von einigen wenigen Mainstream-Medien aufgegriffen wurde, ist mitnichten ein Einzelfall. Deutsche Kinder werden immer öfter Opfer von Gewalt, Mobbing, sexueller Belästigung und Psychoterror. Die Schule ist von einem Hort der Bildung zu einem Ort der Gewalt und Angst geworden. Und die deutschen Kinder werden mit diesem Problem völlig allein gelassen. Lehrer, Direktoren, Schulbehörden, Medien und Politik verharmlosen oder verschweigen solche brutalen Taten und die systematische Gewalt gegen die längst zur

Minderheit im eigenen Land gewordenen Kinder. Sie opfern ihren eigenen Nachwuchs und damit ihre eigene Zukunft und Kultur für eine längst gescheiterte Ideologie aus Feigheit, Angst und auch aus Überzeugung.

Das politmediale Establishment liefert – oftmals im wahrsten Sinne des Wortes – die Kinder mit einer unglaublichen, ja, monströsen Empathielosigkeit ans Messer. Immer öfter sterben auch Minderjährige bei solchen Gewaltaktionen und Torturen.

So wie Filipp Sergejev. Der gebürtige Kasache wurde Ende Januar 2024 im Alter von 16 Jahren in einem Skaterpark in Meinerzhagen (NRW) zu Tode geprügelt, weil er einen Streit schlichten wollte. Sein Bruder, der die Attacke überlebte, berichtet:

> Die sind richtig aggressiv, haben Messer dabei. Das geht hier richtig ab. Sie sind siebte, achte, neunte Klasse.[389]

Im Sommer 2024 dann wurde Philippos Tsanis im Kurpark von Bad Oeynhausen auf dem Nachhauseweg von der Abifeier seiner Schwester von einer Migrantenmeute zu Tode geprügelt. Der polizeibekannte Haupttäter, Mwafak al S., kam 2016 aus Syrien und ist seither durch zahlreiche Verbrechen in Erscheinung getreten. Philippos, der ein großes christliches Kreuz sichtbar um den Hals trug, wurde, so der Obduktionsbericht, durch »mehrere stumpfe Schläge und Tritte gegen den Kopf«[390] ermordet.

Bei einem Jugendfußballturnier Pfingstsonntag 2024 in Frankfurt tötete ein 16-jähriger Marokkaner mit französischem Pass den 15-jährigen Paul aus Berlin, indem er ihn brutal gegen Kopf und Hals schlug. Der Täter wurde – wie das in Deutschland bei solchen von Migranten verübten Taten gängige Rechtspraxis ist – lediglich zu einer Bewährungsstrafe verurteilt.

Am 22. Januar 2025 attackierte Enamullah O., ein ausreisepflichtiger Afghane, im Park Schöntal in Aschaffenburg eine Kitagruppe mit einem Messer. Er töte dabei einen 2-jährigen Jungen und verletzte ein 2-jähriges Mädchen schwer.[391]

Das sind nur vier wahllos herausgegriffene Fälle aus einer nicht enden wollenden Serie von Morden an Kindern und Jugendlichen, die von deutschen Gerichten gerne als »Totschlag« oder »Körperverletzung mit Todesfolge« verharmlost werden. Unsere Kinder werden am Multikultialtar geopfert. Sie dürfen nicht mit Mitgefühl, Unterstützung oder Hilfe rechnen, denn nach dem linken Multikultinarrativ haben sie die Täter und nicht die Opfer zu sein.

Besonders deutlich führt das ein Fall aus Wien vor Augen. Dort soll eine Bande jugendlicher Migranten ein 12-jähriges Mädchen wiederholt vergewaltigt haben. Das Gericht sprach einen der Täter, einen zum Zeitpunkt der Tat 15-jährigen Syrer, frei. Die Begründung des Freispruchs macht sprachlos: Dass das Mädchen gegebenenfalls zuvor Nein gesagt habe, sei denkbar, »allerdings passiere es oft, dass man erst Nein sagt, und sich dann durch Zärtlichkeiten überzeugen lässt«,[392] so der Schöffensenat.

Das geschändete und traumatisierte Mädchen, das nach seinem mehrfachen Missbrauch die Schule und den Wohnort wechseln musste, wurde somit von der österreichischen Justiz gleich doppelt verhöhnt: Der frei gesprochene Syrer musste 100 Euro (!) Wiedergutmachung an das Opfer zahlen. Mehr Verachtung kann man einem Kind kaum entgegenbringen.

Auch die Berichterstattung der ARD über den Kindermord in Aschaffenburg verdeutlichte, wie zynisch, empathielos und gleichgültig die politmediale Klasse den blutigen Folgen ihrer eigenen Politik, ihres eigenen Engagements gegenübersteht. Die ARD-Journalistin Barbara Ecke beschrieb die Bluttat als »interessant und spannend«, sie vermied auch tunlichst das Wort Mord und vermeldete stattdessen, der 2-Jährige sei »gestorben«.[393] Das zeigt die völlige Abgehobenheit dieses Milieus, wie sehr es sich von der Realität entfernt hat, die es, selbst wenn es sich um eine so grausame Tat wie in Aschaffenburg handelt, wie einen Kinofilm – interessant und spannend – kommentiert.

Angesichts der moralischen Verwahrlosung der politischen und medialen Führungsschicht sieht die Zukunft der einheimischen Kinder noch düsterer als die ohnehin schon grauenvolle Gegenwart aus. Schon jetzt sind die deutschen Kinder in großen Teilen des Landes in der Minderheit, in immer mehr der islamisierten Schulen sind sie bereits Exoten. In Wien sprechen 70 Prozent der schulpflichtigen Kinder eine andere Sprache als Deutsch. In Deutschland sieht es nicht besser aus: In immer mehr Sekundarschulen in Berlin liegt der Anteil an Kindern mit nicht deutscher Muttersprache bei über 90 Prozent.[394]

In den Wiener Volksschulen (entspricht der deutschen Grundschule) ist der Islam bereits die am stärksten vertretene Religion. Jedes dritte Kind ist muslimisch. In 6 von 23 Bezirken sind muslimische Kinder in der absoluten Mehrheit.[395]

Angesichts solcher Verhältnisse stellt sich auch nicht mehr die Frage, ob man die muslimischen Kinder integrieren kann. Längst haben sich die Mehrheits- und Machtverhältnisse innerhalb der jungen Bevölkerungsgruppe so verschoben, dass sich die zur Minderheit werdenden deutschen Kinder sprachlich, kulturell und religiös an ihre muslimischen Altersgenossen mit ihrer archaischen Kultur anpassen müssen. Das ist unter anderem an der Veränderung der Jugendsprache festzumachen, in die nicht nur immer mehr arabische und türkische Ausdrücke einfließen, die Migranten verändern auch die Grammatik: »Deutsche Jugendliche übernehmen vermehrt die Aussprache und Satzbildung ausländischer Jugendlicher und benutzen auch häufig Worte aus dem Türkischen oder Arabischen. Dabei handelt es sich um eine dauerhafte Veränderung, weil die Jugendlichen diese Sprache verinnerlichen und auch als Erwachsene so sprechen werden«,[396] so Norbert Dittmar, Professor für Linguistik an der Freien Universität Berlin.

Nicht nur sprachlich sind die Kinder gezwungen, sich der neuen, robusteren Mehrheit anzupassen beziehungsweise unterzuordnen:

Für immer mehr Kinder ist der Schulalltag zur Hölle geworden. Deutsche Kinder werden gedemütigt, drangsaliert und müssen Schutzgelder zahlen. Die Situation ist so dramatisch geworden, dass selbst die linken Mainstream-Medien über diese unerträglichen Zustände berichten. Unter der Schlagzeile »›Manche Eltern bezahlen Schutzgeld für ihre Kinder‹: Brutalität an Nürnberger Schulen nimmt zu« schreiben etwa die *Nürnberger Nachrichten:*

> Die Zunahme von brutalen Übergriffen kann auch an Nürnberger Schulen beobachtet werden: Die Zahl der Gewaltdelikte hat sich verdoppelt.[397]

Immer mehr Kinder konvertieren aufgrund des Druckes, der auf sie von muslimischen Mitschülern ausgeübt wird, zum Islam. Ein Staatsschützer schlägt 2024 in der *Bild* Alarm:

> Es wenden sich auch immer mehr Eltern deutscher Kinder an Beratungsstellen, weil die christlichen Kinder konvertieren wollen, um in der Schule keine Außenseiter mehr zu sein.[398]

Der Staatsschützer weiter:

> Meist treten die männlichen muslimischen Schüler auch sehr drohend und teilweise gewalttätig auf. Da entstehen regelrechte Parallelgesellschaften auf den Schulhöfen. Und wenn jetzt im Sommer erneut sehr viele Flüchtlingskinder in die Schulen kommen, wird die Situation noch brisanter.[399]

Man kann sich kaum vorstellen, was deutsche Kinder in (ehemals) deutschen Schulen ertragen müssen, zumal sie von Lehrern, Schulbehörden und Politikern komplett im Stich gelassen werden, welche die Gewalt und selbst Morde achselzuckend als Einzelfälle abtun, die nichts mit der Massenzuwanderung zu tun hätten. Unter anderem auch deshalb, weil sie selbst Angst haben und eingeschüchtert sind. Einerseits von den immer durchsetzungsstärkeren Muslimen, andererseits vom autoritären linken Machtsystem, dem sie zwar selbst angehören, das aber keinerlei Abweichungen und Kritik mehr zulässt.

Der Schulalltag inklusive des Unterrichts und der Lehrinhalte hat sich deshalb dramatisch geändert. Vieles, was noch auf der Agenda steht, wird nicht mehr unterrichtet, weil die Lehrkräfte die Reaktionen der Schüler fürchten, wenn die von ihnen vermittelten Inhalte mit islamischen Glaubensvorstellungen und dem muslimischen Weltbild kollidieren.

Das kann für die Pädagogen sogar tödlich enden. In Frankreich wollte der Lehrer Samuel Paty anhand von sogenannten Mohammed-Karikaturen mit seinen Schülern über die Meinungsfreiheit diskutieren. Bilder von Mohammed anzufertigen, ist nun aber im Islam verboten, weshalb ein 18-jähriger Tschetschene mit Namen Abdullah Ansorow islamische Gerechtigkeit walten ließ und dem ungläubigen Paty mit einem 35 Zentimeter langen Messer den Kopf abschnitt.[400] Dass noch nicht mehr Lehrerköpfe gerollt sind, liegt vor allem daran, dass die Pädagogen keine Inhalte und Stoffe mehr unterrichten, die die »Gefühle« der Muslime in irgendeiner Weise verletzen könnten. Auch in diesem Punkt hat sich der angeblich laizistische, aufgeklärte Staat längst den Muslimen und ihrem vormodernen Weltbild unterworfen.

Und wie reagiert die Politik auf die Zustände in den Schulen? Wie üblich verrät sie die eigenen Kinder und die wenigen mutigen Lehrer, spielt das Problem herunter. Was kann es für ein größeres Verbrechen und widerwärtigeres Verhalten geben, als Kinder aus Feigheit und ideologischer Verbohrtheit brutaler Gewalt, die man noch dazu selbst importiert hat, auszusetzen, als tatenlos zuzusehen, wie sie gemobbt, misshandelt und geschlagen werden?

Die *Neue Zürcher Zeitung* schreibt:

> Sie drangsalieren Schüler, pochen auf Sonderrechte und halten ihre Religion für überlegen: Islamistisch inspirierte Jugendliche sorgen in Einwanderungsgesellschaften für Unruhe und Gewalt. Statt die Gefahr zu bekämpfen, machen Pädagogen die Täter zu Opfern.[401]

Das geschieht Tag für Tag, weil es Politiker und Medien zulassen, nicht nur nicht einschreiten, sondern diese Verbrechen auch verheimlichen und die Täter damit schützen und motivieren, noch brutaler weiterzumachen. Angesichts solcher Rahmenbedingungen fallen in den Schulen die letzten Hemmschwellen und Hemmungen: Die importierte Gewalt richtet sich gegen Schüler, aber auch gegen Lehrer: Laut einer Umfrage der Robert Bosch Stiftung aus dem Jahr 2024 klagt bundesweit die Hälfte aller Lehrkräfte über psychische oder physische Gewalt.[402]

In Nordrhein-Westfahlen hat der Philologenverband (PhV) diesbezüglich Lehrer befragt. Das Ergebnis ist erschütternd:

> 76 Prozent der Lehrkräfte an Gesamtschulen und 47 Prozent an Gymnasien erklärten, in den vergangenen Jahren Gewalt erlitten zu haben, 15 Prozent der Gymnasiallehrer und 42 Prozent der Gesamtschullehrer sogar häufig oder sehr häufig. Knapp die Hälfte der Übergriffe waren Beschimpfungen oder Bedrohungen, gut 10 Prozent körperliche Gewalttaten.[403]

Die Lehrerschaft der Friedrich-Bergius-Sekundarschule in Berlin hat im November 2024 aus Verzweiflung einen Brandbrief verfasst. Die *Bild* berichtete:

> Es gebe eine »bedrohliche Gewaltbereitschaft und verbale Übergriffe« vor allem der männlichen Schüler, heißt es darin. Unfassbar: Von 39 Lehrern sind täglich 10 bis 13 krankgeschrieben [...]. Besonders besorgniserregend: das komplett respektlose Verhalten der Schüler in den Pausen und beim Toilettengang. [...] 70 Prozent der Siebtklässler könnten »keine analogen Uhren mehr lesen«. Viele Schüler kommen aus prekären Verhältnissen, oft aus Flüchtlings-Familien, die kaum Deutsch sprechen.[404]

In der österreichischen Zeitung *Heute* klagt eine verzweifelte Lehrerin aus Oberösterreich:

> Die Kinder haben die natürliche Grenze und den Respekt verloren.[405]

Nein, sie haben diese Grenze nicht »verloren«, sie wurde und wird ihnen von niemandem gesetzt. Hunderttausende Kinder aus den untersten Gesellschaftsschichten und kriminellen Milieus archaischer Gewaltkulturen ins Land zu holen, ist politischer Irrsinn und hochgradig unverantwortlich gegenüber der eigenen Bevölkerung. Diese dann auch noch schutzlos diesen Neubürgern auszuliefern, ist ein schweres Verbrechen!

Selbst die linke *Zeit* schlägt Alarm:

> Zahl der Gewaltfälle an Schulen geht in die Tausende – Schläge, Tritte, sexuelle Übergriffe: Fälle von Gewalt gehören an deutschen Schulen zum Alltag. So gibt es in Berlin an jedem Schultag im Schnitt fünf Polizeieinsätze.[406]

Und absolut nichts, was wirklich zur Lösung dieses Problems beitragen würde, wird von Politik und Behörden unternommen, weshalb die Situation immer unerträglicher wird. Seit vielen Jahren werden die Bürger mit Symbolpolitik, Alibimaßnahmen, Arbeitsgruppen und leeren Versprechen abgespeist, während in den Schulen immer öfter Gewalt und Anarchie herrschen und systemtreue »Experten« sich allen Ernstes fragen, was die Ursache für diese Entwicklungen sein könnte.

Auf Basis dieser Ignoranz entwickeln sie absurde Scheinstrategien, die die Situation für unsere Kinder weiter verschärft: »Workshops zur gewaltfreien Kommunikation«, Schulpsychologen, Antiaggressionstraining (für die Opfer) etc. sind angesichts der realen Situation in Wahrheit eine Kapitulation vor der selbst geschaffenen Realität. In der Broschüre »Krisenprävention – Handlungsempfehlungen für die Schulen in Nordrhein-Westfalen« heißt es:

> Nach einem Gewaltvorfall in der Schule ist es zwingend erforderlich, mit der gewalttätigen Schülerin oder dem gewalttätigen Schüler zeitnah ein Gespräch zu führen. [...] Voraussetzung für ein solches Gespräch ist ein im Kollegium vereinbarter pädagogischer Grundkonsens hinsichtlich sozialer Fürsorgeverantwortung, ethischmoralischer Werthaltung, verbindlicher Regeleinhaltung und logischer Konsequenzen.[407]

Man kann sich gut vorstellen, was bei einem solchen Gespräch herauskommt, was es für eine Wirkung auf einen jugendlichen Gewalttäter hat. Man sollte auch bedenken: Was sich aktuell in den Klassen und auf den Schulhöfen abspielt, betrifft morgen die gesamte Gesellschaft.

So ist es zum Volkssport im Milieu jugendlicher Migranten geworden, deutsche Mädchen sexuell zu belästigen und Videos davon ins Netz zu stellen: Diese werden dadurch doppelt gedemütigt, wenn sie weltweit im Internet als wehrlose Opfer und menschlicher Dreck vorgeführt werden. Darum geht es den Tätern, zu zeigen, wer das Sagen hat, wer die Opfer sind und über welche Macht sie über sie verfügen.

Das Nachrichtenportal *Nius* schreibt:

> Die Reichweite dieser Videos ist erschreckend. Einige der Accounts, die diese Inhalte veröffentlichen, haben Millionen von Abonnenten auf TikTok. Einzelne Videos erreichen teilweise Millionen Aufrufe.[408]

Diese Mädchen werden sexuell erniedrigt, gedemütigt und weltweit als Opfer vorgeführt, und der Aufschrei aus Politik und Medien sowie die Betroffenheitsbekundungen der Promis bleiben aus. Das ist die neue Multikultinormalität unserer Kinder. Der Gipfel der Heuchelei ist, dass viele linke Politiker und Akteure in Medien, Behörden oder NGOs, die für diese katastrophalen Zustände verantwortlich sind, ihren eigenen Nachwuchs vor diesen Zuständen systematisch abschirmen.

Diese Leute stecken ihre Kinder selbstredend in Privatschulen und wohnen in Stadtvierteln, die noch nicht durch importierte Unterschichten bereichert worden sind. Die Freizeit verbringen ihre Kinder nicht mehr im öffentlichen Raum – in Parks oder Fußballkäfigen –, sondern ebenfalls in geschützten Bereichen. Kurz: Man bewahrt sich und seine Kinder vor der multikulturellen Realität, schafft sich – im übertragenen Sinn – eine monokulturelle Gated Community.

Das bedeutet: Man ist sich also durchaus bewusst, welche Verbrechen man an der Bevölkerung, insbesondere den Kindern, mit seiner Politik und seinem politischen Engagement begeht, weil man alles dafür tut, seinen eigenen Nachwuchs davor zu schützen.

Es ist diesem in der Regel staatlich alimentierten linken Milieu, das sich selbst als gesellschaftliche Elite, als neuer politischer Adel begreift, aber nicht nur gleichgültig, dass die Kinder des Durchschnittsdeutschen unter diesen Zuständen zu leiden haben, man macht aus ihnen auch ganz gezielt wehrlose Opfer. Denn die Kinder werden im von linken Ideologen durchsetzten staatlichen Bildungssystem mit Wokeness-, LGBTQ-, Genderismus-, Geschlechtervielfalts-, Toleranz- und Vielfaltsgeschwafel psychisch deformiert und zu Feiglingen und Opfern erzogen. Gleichzeitig wachsen ihre migrantischen Altersgenossen in streng hierarchischen, gewaltaffinen Strukturen auf und bekommen von ihrem sozialen Umfeld ganz andere Werte und Verhaltensregeln vermittelt.

Um es plakativ auszudrücken: Wenn sich ein genderfluider, veganer Klimahüpfer und ein kickboxender tschetschenischer Jugendlicher gegenüberstehen, weiß man, wie die Konfrontation enden wird. Man setzt die deutschen Kinder in einem Dschungel aus, verschweigt ihnen die Gefahren und gibt ihnen weder das geistige Rüstzeug noch ein Survivalequipment mit auf den Weg – nichts, womit sie sich wehren oder durchsetzen könnten. Und ohne eine gewisse Robustheit ist man im neuen multikulturellen Alltag vor allem eines: Opfer.

5.11 Der Untergang des Christentums

Zum Fundament, auf dem Europa ruht, gehört die christliche Religion. Sie hat das Abendland zu dem gemacht, was es bis vor Kurzem war und in Bruchstücken noch heute ist. Nach Jahrzehnten linker Propaganda und des Kampfes gegen das Christentum, das für Marxisten so zerstört werden muss wie die Familie und die Nation, wird selbiges vom Durchschnittsbürger nur noch als eine historische Abfolge (angeblicher) Verbrechen – Kreuzzüge, Hexenverbrennungen, Inquisition, Antisemitismus etc. – gesehen.

Auch das ist eine von oben gesteuerte Entwicklung. Der Historiker und Publizist David Engels:

> Man kann der real existierenden Europäischen Union vieles zuschreiben, aber ganz sicherlich keine wie auch immer

> geartete Zuneigung zum christlichen Glauben und seiner Tradition: Ganz im Gegenteil überwiegt der Eindruck, dass die Wurzeln, ja die eigentliche Seele unserer Zivilisation den Brüsseler Eurokraten nicht nur peinlich, sondern regelrecht unsympathisch sind, und sie dementsprechend im Rahmen des Möglichen alles Denkbare tun, den christlichen Glauben ideologisch zu neutralisieren, juristisch zurückzudrängen und demographisch auszutrocknen.[409]

Auch das ist ein strategisches Ziel der Massenzuwanderung, die, wie es Engels schreibt, »Austrocknung« des Christentums, wohlgemerkt nicht der Religion, denn der Islam wird nicht nur nicht kritisiert oder in die Schranken gewiesen, er wird von den linken Pseudoatheisten in seinem expansiven Machtstreben gefördert und unterstützt.

1950 gehörten knapp 96 Prozent der Deutschen den beiden großen christlichen Konfessionen Katholizismus und Protestantismus an. Andersgläubige und Nichtreligiöse machten in der Summe damals lediglich 4,4 Prozent aus.[410] Kurz: Deutschland war ein durch und durch christliches Land.

Das heutige Deutschland hat mit den damaligen Verhältnissen nichts mehr zu tun. Es herrscht jetzt, wie die Bertelsmann Stiftung in ihrem Religionsmonitor 2023 schreibt, »religiöse Vielfalt«. Und Vielfalt ist in unserer links-woken Welt bekanntlich das oberste Ziel, ein Wert an sich und der angestrebte Idealzustand des woken Utopia.

Doch diese Vielfalt ist nichts anderes als eine Parole, ein Vorwand, der dazu dient, die bestehenden Strukturen und Verhältnisse zu zerstören. Denn Deutschland ist weder ethnisch noch religiös vielfältig. Vielmehr ist die rezente religiöse Landschaft in Deutschland eintönig und alles andere als eine bunte Wiese, sondern eher eine Wüste, die von einem absterbenden Christentum und einem aufstrebenden Islam gekennzeichnet ist. Dazu kommen noch die Konfessionslosen. Die vielen anderen im Land vertretenen Religionen, von Buddhismus über Hinduismus bis hin zum Shintoismus, sind Randerscheinungen ohne jede gesamtgesellschaftliche Relevanz.

Auch die Grenze zwischen Christen und Konfessionslosen ist fließend. Einerseits sind viele Menschen nur noch auf dem Papier Christen, die ihren Glauben nicht oder nur noch selten praktizieren und die auch nicht mehr nach den Regeln ihrer Religion leben. Zum andern haben die beiden großen Konfessionen, insbesondere die Protestanten, ihre Religion verweltlicht, das heißt, das Göttliche und Transzendente aus ihren Lehren weitgehend verbannt. Sie haben ihre Religion in eine zeitgenössische linke Weltanschauung verwandelt, sie sind zu einem links-grünen Sozialverein degeneriert, der auf einer Linie mit den linken Einheitsparteien liegt und deren Politik zu beinahe 100 Prozent mitträgt und unterstützt.

Das hat man unter anderem während der Coronapandemie unter Beweis gestellt, als man sogar seine wichtigste seelsorgerische Aufgabe, den Kontakt zu den Gläubigen und das Feiern der Heiligen Messe, auf Zuruf des Staates eingestellt und damit seine Gemeinde in einer Zeit, wo sie besonders auf kirchlichen Beistand angewiesen war, verraten und im Stich gelassen hat. Die Gleichschaltung mit der linken Ideologie geht bei der evangelischen Kirche so weit, dass sie Gläubige, die nicht an die SPD und die Grünen glauben, ausschließt.

So hat etwa die Evangelische Kirche in Mitteldeutschland alle AfD-Mitglieder aus ihren Gremien geworfen. Landesbischof Friedrich Kramer dazu:

> Menschenverachtende, fremdenfeindliche und antikirchliche Positionen vertragen sich nicht mit der Übernahme eines Amtes im Gemeindekirchenrat oder an einer anderen Leitungsstelle in unserer Kirche.

Und der Evangelische Pressedienst berichtet:

> Die Evangelische Kirche Berlin-Brandenburg-schlesische Oberlausitz (EKBO) hat die rechtlichen Voraussetzungen für den Ausschluss von AfD-Politikern aus kirchlichen Ämtern geschaffen. Die Kirchenleitung habe das Ältestenwahlgesetz entsprechend angepasst.[411]

Damit setzt die evangelische Kirche ihre unselige Tradition fort, sich stets dem politischen Zeitgeist und den herrschenden Machtverhältnissen zu unterwerfen. Während der NS-Zeit standen offizielle Vertreter der evangelischen Kirche bis auf seltene Ausnahmen geschlossen hinter Adolf Hitler. Sie machten das damals wie heute nicht aus Angst, sondern aus »Überzeugung«:

Der Historiker Helge-Fabien Hertz schreibt, dass die meisten Pastoren

> für den Nationalsozialismus eintraten und dass sie nicht zuletzt auch im Rahmen des Pfarramtes, also von der Kanzel, für den NS warben – und das, obwohl gerade Pastoren einen gewissen Handlungsspielraum hatten, weil eben die Kirchen im Nationalsozialismus doch einen gewissen Schutzraum boten, der auch abweichendes Verhalten ermöglicht hätte.[412]

Mit derselben Begeisterung vertritt die evangelische, aber auch der Großteil der katholischen Kirche die Ideologie des Globalismus und der offenen Grenzen. Dementsprechend wird nicht mehr Gott, sondern das Fremde, der exotische Schutzsuchende, der »edle Wilde« angebetet. Der Flüchtling wird sakralisiert und steht im Zentrum des Denkens und Handelns der linken christlichen Politreligion.

Der Erzbischof von Köln, Rainer Maria Woelki, hat den christlichen Altar bei der Fronleichnamsmesse 2016 durch ein Flüchtlingsboot ersetzt. Der kritische Theologe und Publizist David Berger schrieb damals:

> Zum Fronleichnamstag ließ Woelki eigens ein Flüchtlingsboot importieren, um es als Altar und Kanzel zu nutzen und damit die auch für die Kirchen äußerst lukrativen Flüchtlinge gleichsam heiligzusprechen.[413]

Woelki hat das Flüchtlingsboot zu einem religiösen Fetisch erhoben. Dieser kultische Gegenstand, der am Kölner Domplatz von den Gläubigen angebetet wurde, stand dort, wo einige Wochen zuvor, in der Silvesternacht 2015, eben diese neuen Heiligen, Hunderte einheimische Frauen attackiert und sexuell bedrängt und erniedrigt hatten.

Aufgrund ihrer Anbiederung an den Zeitgeist und ihrer Verweltlichung ist die Kirche beliebig, sprich: entbehrlich geworden, hat all ihre zentralen Funktionen und Aufgaben verloren. Die Kirche, deren neue Dreifaltigkeit Klima-Migration-LGBTQ ist, ist zur einer Randströmung innerhalb des linken Politspektrums herabgesunken, sie hat bis auf wenige konservative Widerstandsnester aufgehört, als Religion zu existieren.

Was am Evangelischen Kirchentag diskutiert, gepredigt und gebastelt wird, unterscheidet sich in nichts von dem, was bei einem Parteitag der Grünen auf dem Programm steht. So wurde etwa beim Evangelischen Kirchentag 2019 in Dortmund der Workshop »Vulven malen« angeboten.[414] Die linken Zeitgeistmedien waren begeistert.

Der *Stern*, dessen Auflage so schnell sinkt wie die Mitgliederzahlen der evangelischen und katholischen Kirche, schrieb, ganz verzückt über diese infantil sexualisierende Aktion, weibliche Geschlechtsteile zu zeichnen:

> So sieht moderner Glaube aus.[415]

Dass die Kirche kaum noch über gesellschaftliche Relevanz verfügt und bei der öffentlichen Meinungsbildung kaum noch eine Rolle spielt, ist Großteils selbst verschuldet. Den Absolutheitsanspruch, also die Überzeugung, die letztgültige Wahrheit über Gott, die Welt und den Menschen zu verkünden, das zentrale Element jeder Weltreligion, hat man längst zugunsten einer auf dem linken Multikulturalismus basierenden Beliebigkeit aufgegeben. Vom christlichen Glauben ist 2000 Jahre nach Christi Geburt nicht mehr viel übrig geblieben.

Offiziell sind nur noch die Hälfte der Bevölkerung in Deutschland Christen, doch davon verdient nur noch ein kleiner Teil auch diese Bezeichnung. Im Gegensatz zum Islam, der mit seinem absoluten Wahrheitsanspruch, seinem rigorosen Auftreten und seinen simplen, strengen und nicht verhandelbaren Regeln vor allem bei jungen Menschen gut ankommt, weil er ihnen Orientierung, Halt, Struktur und Selbstbewusstsein, also all das bietet, was die katholische und evangelische Kirche dem Zeitgeist geopfert haben.

Zugehörigkeit zu einer Religionsgemeinschaft (in Prozent)

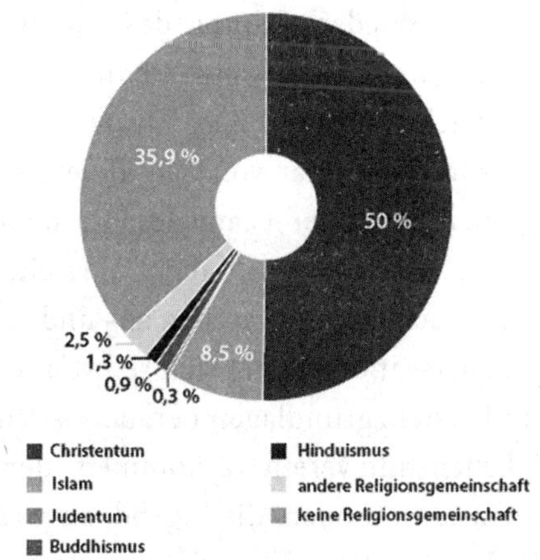

Religionsmonitor 2023; Basis: Bevölkerung Deutschland ab 16 Jahren (N=4.363), gültige Fälle, gewichtet. (Bertelsmann Stiftung)

Die Behauptung, Deutschland sei in religiöser Hinsicht vielfältig, ist also eine Lüge der Linken, die nur das ohnehin Offensichtliche verbergen soll: die Islamisierung des Landes.

Zwei Drittel der Christen praktizieren ihre Religion (Gebet, Besuch der Messen, Beichte etc.) selten bis nie. Die Katholiken und Protestanten sind bis auf wenige konservative Randgruppen gänzlich in der woken Ideologie aufgegangen. Für die zentralen Fragen des Menschseins – Woher kommen wir? Wohin gehen wir nach dem Tod? – interessiert man sich hingegen kaum noch. Von den Amtskirchen ist nichts mehr zu erwarten, wenn es darum geht, die eigenen Werte und Überzeugungen zu verteidigen. Die hat man längst verraten. Kurz: Die Kirchen marschieren auf dem Weg zum Multikulticrash ganz vorne mit und lösen sich dabei sukzessive auf.

Dabei hätte die Kirche gerade in Zeiten wie diesen, wo vom linken Establishment die alten bürgerlichen Strukturen zerstört werden und viele Menschen nach Halt und Orientierung suchen, eine wichtige Aufgabe. Diese Zeiten der Krise und des Umbruchs wären eine Chance für die Wiederbelebung des christlichen Glaubens. Wie attraktiv eine Religion sein kann, wenn sie klare und strenge Regeln hat, selbstsicher auftritt, den Absolutheitsanspruch stellt und sich dementsprechend klar von den anderen Religionen und Ideologien abgrenzt, führt der Islam der Kirche vor. Doch diese kann oder will die klare Botschaft nicht verstehen und hat sich sowohl von Gott als auch den Menschen ab- und voll und ganz der linken Ideologie zugewandt. Sie hat sich selbst und ohne Not ihrer Funktionen und Existenzgrundlagen beraubt, ist zu einem Sozial-, Esoterik- und Lebenshilfeverein verkommen, der es nicht mehr schafft, Menschen, insbesondere die Jugend, zu erreichen. Die Kirchen sind Teil des Problems, sie schätzen das Fremde und die Andersgläubigen mehr als ihre eigenen Schäfchen, die man, sobald es der Staat beziehungsweise die Linken verlangen, ohne Skrupel verrät.

Diese Haltung haben die beiden deutschen Kirchenfürsten, EKD-Ratsvorsitzender Heinrich Bedford-Strohm und Kardinal Reinhard Marx, bei einem Besuch in Jerusalem demonstriert. Die beiden Gottesmänner haben am Tempelberg, nur um die Muslime nicht zu provozieren, ihre Kreuze abgenommen, sprich ihren Glauben verraten. Seine christliche Grundhaltung sei nicht, das Kreuz »demonstrativ vorneweg zu tragen«[416] und dadurch Zwietracht zu säen, versuchte Bedford-Strohm seine Rückgratlosigkeit zu rechtfertigen.

Was ist von solchen Kirchenvertretern zu erwarten, die ihren Glauben bei der erstbesten Gelegenheit verraten? Kardinal Woelki sagte 2016 im Zuge der Diskussionen um die Massenzuwanderung von Muslimen:

> Die Vorschläge der AfD-Parteispitze, finde ich, die kann man nicht ernst nehmen. Diese nennt den Islam eine politische Ideologie, die nicht mit unserem Grundgesetz vereinbar sei. (Lacht) So, so. Das muss man sich auf der Zunge zergehen lassen.[417]

Die opportunistische Kirche unterwirft sich, so wie dem linken Zeitgeist, auch dem Islam, der vermutlich schon jetzt mehr praktizierende Gläubige in Deutschland als die beiden Kirchen hat. Diese haben ohne jedes erkennbare Anzeichen von Widerstand, Mut und Courage, ihren eigenen Untergang längst eingeleitet. Was auf sie zukommen wird, wie mit Christen in Ländern und Regionen mit muslimischer Mehrheitsbevölkerung verfahren wird, sie in der Regel diskriminiert, verfolgt, vertrieben oder ausgerottet werden – siehe Kapitel 7 –, verdrängt und verleugnet man.

Dieser Prozess hat auch in Deutschland und Europa unter dröhnendem Schweigen von Politik und Medien längst begonnen. So haben sich 2023 die Angriffe auf christliche Gotteshäuser in Deutschland mehr als verdoppelt: Waren es 2022 noch 135 Fälle, so waren es im Jahr darauf bereits 277.[418] Das sind aber nur jene Fälle, die das Bundeskriminalamt (BKA) als »politisch motiviert« eingestuft hat. Insgesamt wurden 2023 2000 Kirchen in Deutschland, also jeden Tag fünf, angegriffen, zerstört oder sonst wie geschändet. Das ist eine unmissverständliche Kriegserklärung an das Christentum und an die abendländische Kultur, doch die Adressaten, also Politik, Mainstream-Medien und die Kirchen selbst, weigern sich, sie zur Kenntnis zu nehmen.

Selbst als eine der bekanntesten Kirchen, die Kathedrale Notre-Dame de Paris, in Flammen aufging, wurde schnell die Hypothese verbreitet, der Brand sei bei Restaurierungsarbeiten versehentlich ausgebrochen. In Wahrheit deutet alles auf Brandstiftung hin, so wie in unzähligen anderen französischen Kirchen, die fast ausschließlich auf das Konto von Muslimen gehen.

Im Schnitt gibt es in Frankreich jeden Tag drei Übergriffe auf Kirchen und christliche Symbole. Französische Bischöfe haben, so vermutet Stefan Lunte, Mitarbeiter der EU-Bischofskommission COMECE, »lange versucht, diese Vorfälle unter der Decke zu halten«.[419]

Autor Manfred Marea scheibt zum Brand in Notre Dame:

> Von Anfang an wurde jedoch die Unfallhypothese bevorzugt; aus offensichtlichen Gründen der politischen Zweckmäßigkeit und zur Wahrung des sozialen Friedens.[420]

Man versucht auch hier die immer heftigeren Angriffe zu verheimlichen oder umzudeuten, nicht um den ohnehin längst gebrochenen sozialen Frieden zu wahren, sondern den längst tobenden Krieg gegen die Kirche und den Westen vor den Bürgern geheim zu halten.

Auch in Österreich werden systematisch Kirchen attackiert, besonders schlimm ist die Lage im Wiener Bezirk Favoriten, in dem Österreicher eine Minderheit darstellen. Dort werden die Kirchen, die in diesem islamisierten Stadtteil wie Fremdkörper wirken, regelmäßig angegriffen. 2020 hatten rund fünfzig junge Muslime die Kirche St. Anton gestürmt, randaliert und »Allahu Akbar« gegrölt.

2024 wurde dieselbe Kirche mit Parolen wie »Der Islam wird siegen«, »Religion über weltliches Leben« oder »Bete, bevor es zu spät wird«[421] besudelt. Die Kirchenvertreter sehen in diesen Attacken und Schmierereien kein Problem, man entfernt sie nicht einmal mehr, hat längst kapituliert. Als ein 25-jähriger Afghane im Wiener Stephansdom islamische Parolen grölte, Kirchenbesucher in Angst und Schrecken versetzte und von der Polizei abgeführt werden musste, verharmloste Dompfarrer Toni Faber den Vorfall als »nicht besorgniserregend«, denn der Afghane hätte vermutlich »keine gewalttätigen Motivationen« gehabt.[422]

Solche Reaktionen sind typisch und erklären, warum den Kirchen immer mehr Gläubige abhandenkommen: Duckmäusertum, Feigheit und fehlender Selbstbehauptungswille sind eben nicht sonderlich attraktiv; wer will schon so einer Gemeinschaft angehören? Eine solche Institution hat keinen Nutzen und keine Vorbildfunktion mehr, sie hat sich damit selbst marginalisiert.

Die logische Folge ist, dass immer mehr Menschen die Kirchen verlassen und Halt und Orientierung woanders suchen. Das Vakuum, das sie hinterlassen, wird von Scharlatanen, Esoterikern, Ideologen und Islamisten gefüllt. »Die verwaisten Altäre sind von Dämonen bewohnt«, so der Schriftsteller Ernst Jünger über den Niedergang der Kirchen.

Allein in den Jahren 2022 und 2023 verließen eine Million Menschen die katholische Kirche in Deutschland.[423] Bei der evangelischen waren es im selben Zeitraum 750 000.[424]

Die beiden Kirchen reagieren auf den Schwund ihrer Anhängerschaft, indem sie noch weiter nach links rücken und sich noch stärker dem woken Zeitgeist anbiedern. Indem sie etwa die linksextreme Klimaaktivistin Greta Thunberg zur Quasiheiligen ernennen, verraten sie auch noch ihre letzten Überzeugungen. Berlins katholischer Bischof Heiner Koch hat etwa

> die Vorbild-Wirkung der schwedischen Klimaschutz-Aktivistin Greta Thunberg mit der von Jesus Christus verglichen.[425]

In ihrem Selbsthass, Schuldkult und ihrer Feigheit geht die Kirche denselben Weg wie ganz Europa, nämlich den in den Abgrund. Das ist nicht moralisch, christlich, woke, sozial oder bewundernswert, sondern einfach nur erbärmlich und Folge unserer kulturellen Degeneration.

5.12 Die Rolle der Frauen

Die kommunistische Führung in Peking hat im September 2021 die Medien- und Unterhaltungsbranche unmissverständlich aufgefordert, der dort vorherrschenden »abnormalen Ästhetik« und der »verkommenen Moral« den Kampf anzusagen und die vielen »verweichlichten Männer« von den Bildschirmen und Bühnen zu verbannen.

Mit anderen Worten: Die Kommunistische Partei Chinas (KPCh) will keine androgynen Stars mehr im Fernsehen sehen, keine femininen, geschminkten Männer. Dabei geht sie nicht zimperlich vor; die Regierungsvertreter verwendeten in ihrem offiziellen Statement den Begriff »niang pao«, eine abwertende Bezeichnung für Homosexuelle. Es ist nicht die erste Kampagne, die sich gegen die Verweiblichung und Verweichlichung der chinesischen Männer richtet.

Zu Beginn desselben Jahres startete das Bildungsministerium eine Kampagne gegen die »Feminisierung« der Jugendlichen, da diese Entwicklung »das Überleben der chinesischen Nation« bedrohe. Das Vorgehen ist, wie in einem autoritären System üblich, hart und rücksichtslos – unbegründet sind die Sorgen der Staatsführung aber nicht. Sie befürchtet eine ähnliche Entwicklung wie in Europa, wo die Feminisierung der Gesellschaft weit vorangeschritten ist und deren negative Folgen für die nichtwestlichen Gesellschaften und Kulturen offensichtlich sind. Für eine aufstrebende, machtbewusste Nation mit dem

Anspruch, eine weltweite Führungsrolle einzunehmen, wie das bei China der Fall ist, wären die Konsequenzen einer solchen Entwicklung fatal. Sie würden vieles von dem infrage stellen und gefährden, wofür China steht oder zu stehen glaubt, was es sich zum Ziel gesetzt hat: militärische und wirtschaftliche Stärke, technischen Fortschritt, innovative Forschung und eine Jugend, die sich für Naturwissenschaften, Technik und den Aufstieg des Landes begeistern kann. All das klingt für die dekadenten, woken Europäer natürlich politisch hochgradig verdächtig. Insofern ist die EU mit ihren *Baizuos* (chinesisches Schmähwort für Gutmenschen) die Antithese zu dem, was Peking anstrebt.

Das verweiblichte und verweichlichte Europa mit seinen Karnevalsarmeen, seiner pervertierten Hypermoral, seiner Weltrettungsattitüde, seinem kulturellen Selbsthass, seiner Unfähigkeit, die eigenen Interessen auf der Weltbühne durchzusetzen, seiner zwanghaften Beschäftigung mit Randthemen, den Bedürfnissen von sexuellen Minderheiten und der damit einhergehenden Ausblendung realer Probleme und Zukunftsfragen dient Peking als abschreckendes Beispiel dafür, wohin sich China unter keinen Umständen entwickeln darf.

Die vom politmedialen Establishment im Westen betriebene Feminisierung der Gesellschaft wird von China, Russland, dem islamischen Raum und auch Afrika genau verfolgt. Das hysterische Europa wird von ihnen kaum noch ernst genommen, seine offensichtlichen Schwächen werden eiskalt ausgenutzt. Europa ist geopolitisch zur Lachnummer verkommen, doch die politische Elite Europas begreift das in ihrer moralischen Selbstüberschätzung nicht einmal im Ansatz.

Vielen Konservativen und Rechten ist der Niedergang Europas zwar schmerzlich bewusst, doch viele von ihnen sehen die Ursachen und Gründe primär in der Dominanz der Linken in Politik und Kultur und in der Macht der globalistischen Netzwerke. Doch diese Erklärung greift zu kurz. Die europäischen Zerfallsprozesse, die europäische Selbstaufgabe haben auch eine stark weibliche Note – so wie etwa die in Europa von den Grünen etablierte Technik- und Fortschrittsfeindlichkeit. In der Sowjetunion waren und in China sind Naturwissenschaften, Industrialisierung, Technik und Fortschritt hingegen zentrale Säulen des linken Systems. Dass die Sowjets letztendlich nicht mit dem Westen mithalten konnten, lag weniger am fehlenden Fortschrittsgeist als an der Tatsache, dass Wirtschaft und Forschung staatlich gelenkt wurden, sprich: an ihrem leistungsfeindlichen System.

Auch andere Ausprägungen des europäischen Niedergangs, wie etwa der mangelnde Selbstbehauptungswille, die Vergottung alles Fremden und die Verachtung alles Eigenen – Haltungen die ihren Niederschlag etwa in der suizidalen Willkommenskultur, dem Unwillen, seine Grenzen zu schützen, oder den kaum noch einsatzfähigen Armeen finden –, kann man nicht dem Sozialismus und Globalismus allein anlasten. Die linke Ideologie ist zwar die Basis und Voraussetzung, aber nicht die Ursache für diese Entwicklungen. Für viele dieser Verfallserscheinungen ist auch die voranschreitende Verweiblichung der Gesellschaft und der europäischen Männer verantwortlich, die in den 68er-Jahren ihren Ursprung hat und nun immer mehr Metastasen bildet: Wokeness, Genderismus, LGBT-Kult, Fridays for Future, intersektionaler Feminismus und so weiter.

Diese Strömungen und Entwicklungen sind stark von Frauen getrieben, zumal die Grünen, die trotz bescheidener Wahlergebnisse in den vergangenen Jahren die einflussreichste und prägendste politische Kraft waren, eine durch und durch weibliche Veranstaltung sind. Keine andere Partei hat einen höheren Frauenanteil, bei ihren Mitgliedern betrug er 2021 42 Prozent. Damit ist er mehr als doppelt so hoch wie bei den bürgerlichen und rechten Parteien, bei denen die Frauenquote zwischen 15 Prozent (AfD) und 22 Prozent (CSU) liegt. Es wählen auch deutlich mehr Frauen die Grünen und andere linke Parteien als Männer.

Eine Studie der Universität Köln aus dem Jahr 2023 kommt zu dem Ergebnis:

> Es gibt große Geschlechterunterschiede im Wahlverhalten. [...] Jüngere Frauen wählen überdurchschnittlich häufig grün, die Linke oder die SPD.[426]

Auch die protestantische Kirche, die ebenfalls eine der wichtigsten Triebfedern bei der Multikulturalisierung und Islamisierung ist, ist stark weiblich geprägt: Frauen geben in den Gremien auf Gemeindeebene den Ton an. Von den bundesweit 115 373 engagierten Mitgliedern sind 62 676 Frauen,[427] und 8 von 10 Mitarbeiter der evangelischen Kirche sind weiblich.[428]

Es war Angela »Mutti« Merkel, getrieben von linken, weiblichen Kräften in Politik, Medien und Zivilgesellschaft, die 2015 verkündete »Wir schaffen das!« und damit die Schleusen für Millionen von Männern aus vormodernen, archaischen Kulturen geöffnet und Deutschland auf Crashkurs geführt hat. Merkel repräsentierte wie keine andere das verweiblichte Deutschland, das im Laufe der vergangenen Jahrzehnte die männlichen Eigenschaften, Stärken und Tugenden verdammt und marginalisiert hat. Wir leben inzwischen in einer Gesellschaft, in der alles, was als männlich identifiziert werden kann, negativ konnotiert wird: Stärke, Risikobereitschaft, Mut oder Forscher- und Pioniergeist.

Männlichkeit ist mittlerweile »toxisch«, sobald sie in Verbindung mit der falschen, nämlich der weißen, Rasse, heterosexueller Orientierung und falscher Gesinnung auftritt. Der weiße Mann ist zum universalen Feindbild der Linken geworden, eben weil er für fast alle technischen und zivilisatorischen Errungenschaften der Menschheit verantwortlich ist. Im Konzept der toxischen (weißen) Männlichkeit haben die Neosozialisten den Klassenkampf der internationalen und den Rassismus der nationalen Sozialisten zusammengeführt. Jedenfalls müssen – mittels Quoten und anderer politischer Instrumente – die toxischen weißen Männer, die die woke Gesellschaft vergiften, durch ihre importierten Geschlechtsgenossen und vor allem durch Frauen an den zentralen Stellen der Macht ersetzt werden, selbst dort, wo sie aus biologischer Sicht völlig fehl am Platz sind, etwa beim Militär.

In der Wissenschaft ist der Frauenanteil mittlerweile deutlich höher als der der Männer, allerdings nicht in jenen Zweigen, die für eine hoch entwickelte industrielle Gesellschaft bedeutend sind, also im MINT-Bereich, sondern vor allem in den weichen, weiblichen Sozial- und Geisteswissenschaften. Das hat den gesamten europäischen Wissenschaftsbetrieb verändert, der vielfach nichts mehr mit Wissenschaft zu tun hat. Bei Fächern wie Gender-, Postcolonial-, Whiteness-, Diversity-, Demokratie- oder Queer-Studies geht es ausschließlich um Ideologie und politischen Aktivismus. Während in Fernost entwickelt und geforscht wird, beschäftigen sich europäische (Pseudo-)Wissenschaftler vor allem mit den Befindlichkeiten sexueller und ethnischer Minderheiten oder weltfremden, kulturzersetzenden konstruktivistischen Ansätzen, wie man die Gesellschaft im Geiste von Karl Marx transformieren kann.

Ähnlich degeneriert durch die Verweiblichung ist auch die Bundeswehr – siehe Kapitel 5 –, die von den deutschen Verteidigungsministerinnen Ursula von der Leyen, Annegret Kramp-Karrenbauer und Christine Lambrecht in eine kampfunfähige bunte Karnevalstruppe umgebaut wurde.

Selbstredend haben der globale Süden und die Weltmächte diese Verweiblichung der europäischen Gesellschaft und Politik registriert und reagieren entsprechend ihrer macht- und geopolitischen Interessen darauf. Das ist auch eine der Ursachen, warum Millionen von Männern nach Europa strömen, weil sie wissen, dass sie niemand davon abhält und sie hier keinen Widerstand, sondern viel weibliche Fürsorge, Übernächstenliebe und Geld zu erwarten haben. Einer der Gründe für diese exzessive und selbstschädigende Fremdenverehrung ist wiederum die Verweiblichung von Politik und Gesellschaft, die ihrerseits unter anderem eine Folge der Kinderlosigkeit vieler Frauen ist.

Der konservative Philosoph Arnold Gehlen hat diese Zusammenhänge bereits in seinem 1968 erschienenen Buch *Moral und Hypermoral* beschrieben:

> Der Pazifismus, der Hang zur Sicherheit und zum Komfort, das unmittelbare Interesse an mitfühlbaren menschlichen Details, [...] die Bereitschaft zur Hinnahme und Akzeptanz der Dinge und Menschen, wie es so kommt – das sind doch Qualitäten, die ihren ursprünglichen und legitimen Ort im Schoße der Familie haben und in denen folglich der Feminismus seine starke Farbe dazu tut, denn die Frau trägt instinktiv in alle Wertungen die Interessen der Kinder hinein. Die Sorge für Nestwärme, für verringertes Risiko und Wohlstand. Hier liegen die Vorbedingungen zu einer endlosen Erweiterung des Humanitarismus [...].[429]

In einfacheren Worten ausgedrückt: Die vielen kinder- und familienlosen Frauen in Europa weiten ihren unausgelebten Drang zur Fürsorge mangels eigener Familie auf die Gesellschaft, ja, den ganzen Planeten aus. Was innerhalb der Familie nützlich und notwendig ist, wie etwa die bedingungslose Mutterliebe, wird in ihrer überdehnten und damit pervertierten Form, die Gehlen »Humanitarismus« beziehungsweise »Hypermoral« nennt, hochgradig gefährlich. Der »bedürftige« Refugee muss die Kinder ersetzen, die die europäischen Frauen nicht bekommen haben. So wie Mütter immer zu ihren Kindern stehen, sind auch die linken Willkommensmamas trotz aller Verbrechen, die viele ihrer Schützlinge begehen, nicht zu einem Umdenken bereit. Deshalb ist auch die Bezeichnung »Mutti« für Merkel so zutreffend, hat die Bundeskanzlerin doch ihrem Land viel Nachwuchs »geschenkt«.

Viele Frauen sind bei Multikulturalisierung und Islamisierung sowohl die treibenden Kräfte als auch ihre bevorzugten Opfer – wie man bereits in der Silvesternacht 2015/2016 in Köln beobachten konnte. Seit dieser Zeit sind die Vergewaltigungszahlen explodiert; sogenannte Femizide, also Frauenmorde, nehmen zu, und immer größere Teile Deutschlands werden vor allem für Frauen zu No-Go-Zonen – sie werden, wie in den meisten islamischen Ländern üblich, aus dem öffentlichen Raum, der Öffentlichkeit verdrängt.

Die Frauen sind, zumindest auf den ersten Blick, die großen Verlierer dieses von ihnen selbst vorangetriebenen Prozesses, denn die Islamisierung Deutschlands bedeutet vor allem, dass die Frauen alle Fortschritte und Errungenschaften, für die sie gekämpft haben, nicht nur verlieren, sie werden zurück in vormoderne Zeiten katapultiert. Wie kann es also sein, dass insbesondere Frauen den massenhaften Import ihrer künftigen Unterdrücker und Peiniger befeuern und bejubeln? Wie lässt sich dieses Paradoxon erklären? Zuallererst ist es gar kein Paradoxon, nur ein scheinbarer Widerspruch, da Frauen in der Regel, was wechselnde Machtverhältnisse betrifft, extrem anpassungsfähig und flexibel sind.

Insofern ist es auch kein Widerspruch, dass die neuen woken Feministinnen zumeist auch hochgradig islamophil sind. Sie sind ihren Geschlechtsgenossinnen nur etwas weiter voraus, haben sich den kommenden gesellschaftlichen Umwälzungen schon vorsorglich angepasst. Weshalb sie auch die traditionelle Feministin Alice Schwarzer als Rassistin und islamophob verachten, weil sie den Islam als frauenfeindlich kritisiert.

Die neuen »Feministinnen« sehen etwa im islamischen Kopftuch, der Burka, im Hidschab und so weiter keine patriarchalen Instrumente und Symbole weiblicher Unterdrückung, sondern vielmehr ein feministisches Statement: So schreibt das zeitgeistige Onlinemagazin *Watson*:

> Hijabi und Feministin: Drei Muslimas erklären, warum das für sie kein Widerspruch ist[430]

Auch der öffentlich-rechtliche SWR kämpft an vorderster Front für die Verhüllung der Frauen:

> Das Kopftuch ist für sie ein Zeichen der Selbstbestimmung und der Freiheit. Mit ihm entscheiden sie selbst, was andere sehen und was nicht.[431]

Man ignoriert die negativen Folgen der Islamisierung beziehungsweise lügt sie sich schön, stellt in Abrede, dass die steigende Gewalt gegen Frauen im direkten Zusammenhang mit der Massenzuwanderung aus dem Islamgürtel steht, sprich: man betreibt Realitätsverweigerung im großen Stil. Der Grund für das scheinbar paradoxe Verhalten liegt im Weiblichen selbst. Frauen orientieren sich in der Regel an der Macht, wenden sich der Seite zu, die ihnen Schutz, Sicherheit und Versorgung bietet. Dass deutsche Frauen derzeit tendenziell linke Parteien wählen, liegt vor allem daran, dass der sozialistische Umverteilungsstaat diese eben erwähnten Funktionen (noch) erfüllt. Er sorgt für alles, bietet – wenn auch immer mangelhafter und unzuverlässiger – Sicherheit, Altersversorgung, Orientierung, Sinn, Gemeinschaft etc.

Das war in den 1960er- und 1970er-Jahren noch anders. Zu der Zeit war der primäre Bezugs- und Ankerpunkt für Frauen nicht der linke Nanny-Staat, sondern die Familie, weshalb Frauen tendenziell christlichsoziale, konservative Parteien, also die Union in Deutschland, die ÖVP in Österreich oder die Democrazia Cristiana in Italien, die damals noch die Interessen der Familien vertraten, gewählt haben.

Dass Österreichische Demokratiezentrum schreibt über das Wahlverhalten der Frauen:

> Wie bereits in der Ersten Republik hatten sie den »Konservativen«, d.h. der ÖVP, mehrheitlich ihre Stimme gegeben. Und auch bei den folgenden Wahlgängen sollte dies so

> bleiben. Erst Mitte der 1970er-Jahre begann sich dieser Bias zugunsten der SPÖ zu verschieben [...].[432]

Die Autorin Margit Eisen schreibt:

> Mehr Feminismus und die Emanzipierung der Frau haben hauptsächlich dazu geführt, dass wir jetzt statt der Familie als wichtigste Einheit der Gesellschaft den Wohlfahrtsstaat haben.[433]

Erst durch die gezielte Zerstörung der Familienstrukturen und den Ausbau des linken Nanny-Staates wurde die Mehrheit der Frauen, wie von den Sozialisten intendiert, zu Sozialistinnen. Was damals in den 60ern und 70ern umgesetzt wurde, basierte unter anderem auf den Überlegungen des kommunistischen Revolutionärs und marxistischen Theoretikers Leo Trotzki (1879–1940), für den die Frau der Schlüssel bei der Verwirklichung des sozialistischen Gesellschaftsmodells war. Gemäß Trotzki gehört die Familie, der »Familienherd« zerstört, müssen »die Kinder so weit als möglich von der Familie getrennt werden, um sie so vor den Traditionen der althergebrachten Lebensart zu bewahren«. Die Frau musste aus der »Gefangenschaft in der Familie und im Haushalt«[434] befreit werden, damit sie zur gut steuerbaren, vom Staat abhängigen Sozialistin werden konnte. Das haben die deutschen Schüler Trotzkis, Marx', Engels etc. erfolgreich im Laufe der Nachkriegszeit in die Praxis überführt.

Dank der Massenzuwanderung aus dem islamischen Raum kommt es nun zu einer erneuten Verschiebung der gesellschaftlichen und politischen Kräfteverhältnisse, die die Frauen von den Linken zum Islam überlaufen lässt. Wird dieser doch zu einem immer größeren Machtfaktor, was ihn automatisch attraktiv für viele Frauen macht. Selbst »überzeugte« Feministinnen werden übergangslos zu Muslimas werden, ohne dass sie darin einen Widerspruch oder Rückschritt erkennen würden.

Dieser Prozess hat längst eingesetzt. So gibt es einen Trend bei jungen Frauen in Deutschland, die, nachdem sie zum Islam konvertiert sind, in sozialen Medien, insbesondere TikTok, Werbung für ihren neuen Glauben betreiben. Auch der öffentlich-rechtliche SWR hat eine Art Werbefilm für die Konversion zum Islam ausgestrahlt, in der deutsche Frauen über ihr neues, erfülltes Leben als Muslima schwärmen durften. So verkündet eine enthusiastische Konvertitin:

> Ich bin eigentlich, merke ich auch so im Alltag, bin ich total stolz darauf, auch mit Kopftuch und so durch die Welt zu gehen und zu sagen: Ich bin Muslimin. Wenn ich so im Alltag bin, wie ich mich draußen bewege, dann merke ich einfach die Kraft, die auch da ist. Und auch diese himmlische Führung und auch die Freude, die wir so mitbekommen.[435]

Wie viele junge Frauen bereits zum Islam konvertiert sind, ist völlig unbekannt, weil es dazu – wohl aus gutem Grund – keine Erhebungen, Studien und Zahlen gibt. Es dürften viele sein, denn, so fragt die Nutzerin @mariare1na in einem TikTok Video: »Warum konvertieren so viele europäische Mädchen zum Islam?«, und sie beantwortet sich die Frage auch gleich selbst: »Wir sind aufgewacht.«[436]

Die Autorin Sineb El Masrar zu diesem neuen Trend, der von den Mainstream-Medien totgeschwiegen wird:

> Es geht immer um Aufmerksamkeit und Anschluss, diese Frauen suchen Anerkennung, Gemeinschaft und eine Art Ersatzfamilie. [...] Das Klischeebild ist: Man kümmert sich umeinander.[437]

Frau Masrar bestätigt, was an dieser Stelle bereits beschrieben worden ist: Viele Frauen wenden sich dorthin, wo sie Sicherheit, Geborgenheit und Schutz erwarten. Je mehr die deutsche Noch-Mehrheitsgesellschaft schrumpft und damit an Macht und Einfluss verliert, desto attraktiver wird der Islam für die Frauen.

Von weiblicher Seite ist also wenig Widerstand gegen die Islamisierung Europas zu erwarten. Im Gegenteil: Viele Frauen werden, sobald ein demografischer Kipppunkt erreicht worden ist, mit wehenden Regenbogenfahnen zum Islam überlaufen und die bunten Wimpel gegen Kopftücher eintauschen. Aus Powerfrauen, Selbstverwirklicherinnen, linken Aktivistinnen werden schon bald brave, verhüllte Muslimas, die sich der Scharia unterwerfen und Allah huldigen.

Und dieser Übergang wird für sie ganz selbstverständlich sein. Die Mode-, Sport- und Kosmetikmarken sind längst auf diesen Zug aufgesprungenen und werben immer öfter mit Muslimas. Die *Süddeutsche Zeitung*:

> In einem aktuellen Werbevideo von H&M trägt eine junge Muslima Kopftuch. Das Netz feiert den schwedischen Konzern für seine »Toleranz«. Jetzt hat sich das Model geäußert – und spricht von einem »Boom« muslimischer Mode. Sie werde von Anfragen junger Frauen überschüttet.[438]

Diese enorme »Flexibilität« hat evolutionsbiologische Gründe, da Frauen in praktisch allen Kulturen und zu allen Zeiten durch die Heirat dazu gezwungen waren, sich neuen sozialen Umgebungen, Bezugspersonen und Machtverhältnissen anzupassen. Auch bei kriegerischen Auseinandersetzungen werden Frauen nicht als Gegner und Feinde, sondern als Beute betrachtet und in die Gesellschaft der Sieger integriert, was in der Regel reibungslos funktioniert.

Auch die Islamisierung ist eine Machtübernahme, bei der die Frauen auf die Seite der Gewinner wechseln werden. Das ist keine Verschwörungstheorie oder Mutmaßung, sondern ein laufender Prozess. Dass die jungen importierten Muslime, die für die Explosion der

Vergewaltigungszahlen der vergangenen Jahre hauptverantwortlich sind, sich fast ausschließlich an deutschen Frauen vergehen, ist ebenfalls kein Zufall, sondern eine von vielen Begleiterscheinungen dieser Machtübernahme, dieser Kolonialisierung. Sie sind schlicht Kriegsbeute. Die *Neue Zürcher Zeitung* schreibt:

> Tausende Frauen in Deutschland hat sie [die irreguläre Einwanderung, d. A.] die sexuelle Unversehrtheit gekostet.[439]

KAPITEL 6

Die Islamisierung Deutschlands

1. In Hamburg marschieren am 27. April 2024 über 1000 Islamisten auf und fordern lautstark die Einführung eines Kalifats in Deutschland, also das Ende des demokratischen Rechtsstaates und die Errichtung eines Gottesstaates, in der ein Kalif die weltliche und religiöse Macht ausübt. Es war weder die erste noch die letzte öffentliche Machtdemonstration und Kampfansage von »Muslim Interaktiv«. Wenige Wochen später mobilisierte dieser Islamistenverein mehr als doppelt so viele Anhänger, die lautstark durch Hamburg zogen.[440]

Polizei und Verfassungsschutz schritten nicht ein. Warum auch? Thomas Haldenwang, von 2018 bis 2024 oberster Verfassungsschützer des Landes, hat zwar hinter jedem Strauch und in jedem kritischen Bürger einen Nazi entdeckt, betonte aber, dass das Kalifat, also ein islamischer Gottesstaat, in dem Menschen in der Regel verfolgt, gefoltert und getötet werden,

> eine denkbare Staatsform von ganz vielen [ist], die es weltweit gibt. Es gibt Kommunismus, Sozialismus, es gibt religiös geführte Systeme, es gibt Monarchien – all das gibt es. All das kann man auch in Deutschland sagen.[441]

Verfassungsschutz, Politik und Mainstream-Medien sehen die Demokratie ausschließlich von rechts bedroht und bereiten gleichzeitig mit ihrem alles überlagernden Kampf gegen rechts den Boden für die Machtübernahme der Islamisten, deren totalitäre Bestrebungen sie in einer Mischung aus linkem Deutschlandhass, vorauseilendem Gehorsam, Feigheit und Erfüllung globalistischer Interessen völlig ignorieren.

Islamische Machtdemonstrationen wie solche Kalifat-Kundgebungen, die eine unmissverständliche Kriegserklärung an den deutschen Rechtsstaat sind, lösen bei Staatsschutz, Politik und Medien bestenfalls verhaltene und bei den staatlich finanzierten linken Vorfeldorganisationen und NGOs gar keine Reaktionen aus.

2. Frankfurt am Main erstrahlte im März und April 2024 erstmals zum islamischen Fastenmonat in Ramadan-Festbeleuchtung. In der innerstädtischen Fußgängerzone blitzten und leuchteten Halbmonde und »Happy Ramadan«-Schriftzüge. Andere deutsche Städte, die, um die religiösen Gefühle der Muslime nicht zu verletzen, immer öfter Weihnachtsmärkte in »Wintermärkte« umbenennen,[442] sind begeistert und kündigten umgehend an, den Ramadan ebenfalls mit Festbeleuchtung auf Steuerzahlerkosten zu feiern, um den Islam besser sichtbar zu machen. Bei Ramadanfeiern und anderen islamischen Festen sind auch – anders als bei Weihnachtsmärkten – keine massiven Sicherheitsvorkehrungen notwendig, weil es – trotz anderslautender linker Propaganda – keine radikalen Christen gibt, die in solche Veranstaltungen mit Lkws oder SUVs rasen, sich in die Luft jagen oder wild um sich stechen.

3. In Köln erteilte im Herbst 2024 die Kölner Oberbürgermeisterin Henriette »Armlänge« Reker der islamistischen DITIB-Gemeinde nach einer 2-jährigen Testphase die Erlaubnis, die Stadt zeitlich unbefristet mit ihrem Muezzin-Ruf per Lautsprecheranlage beschallen zu dürfen.[443] Von der Kölner Fatih-Moschee – zu Deutsch: »Eroberer-Moschee« – wird nun jeden Freitag der Machtanspruch des Islams über die Stadt Köln und ihre Bewohner stimmgewaltig verkündet. Viele der Eroberten sind von so viel kultureller Vielfalt, der eigenen Weltoffenheit und Toleranz (sprich: Unterwürfigkeit) nachgerade verzückt.

So freute sich der Kölner *Express*:

> Seit mittlerweile zwei Jahren gehört er in Köln-Ehrenfeld dazu: Der freitägliche Muezzin-Ruf von der Zentralmoschee, der die Gläubigen zum Freitagsgebet auffordert.[444]

Dass die DITIB, die Türkisch-Islamische Union der Anstalt für Religion, ein islamistischer Verein ist, der der türkischen Religionsbehörde unterstellt ist, macht die Entscheidung Rekers doppelt problematisch.

4. In Mannheim lädt der örtliche »Islamische Arbeiterverein« öffentlich in seine Moschee zum »Mädelsabend« ein. Mädchen ab 13 Jahren sollen, wie es in der Einladung heißt, »auf die Ehe vorbereitet werden«:

> Wer heiratet, hat die Hälfte seines Glaubens vervollständigt.

Mitten in Deutschland wird im Jahr 2024 für die Kinderehe geworben beziehungsweise werden Kinder auf eine solche vorbereitet. Auch hier gibt es keinen Aufschrei. Und dem Verfassungsschutz ist das Treiben dieses Islamistenvereins egal, hat sich doch dessen Vorstand, wie es von den Staatsschützern heißt, »glaubhaft von extremistischen Inhalten distanziert.«[445] Er verbreitet sie halt nur öffentlich …

5. Ebenfalls 2004, am 31. März, attackiert Sulaiman Atae, ein Islamist und Gotteskrieger aus Afghanistan, der sich seit Jahren illegal in Deutschland aufhält, den Aktivisten und Kritiker des politischen Islams Michael Stürzenberger bei einer öffentlichen Informationsveranstaltung auf dem Mannheimer Marktplatz. Der 25-jährige, vom deutschen Staat alimentierte Terrorist verletzt Stürzenberger schwer, tötet den 29 Jahre alten Polizisten und Familienvater Rouven Laur mit einem gezielten Stich in den Hals und verletzt fünf weitere Personen schwer.

Dieser islamische Anschlag erregte nur deshalb die mediale und öffentliche Aufmerksamkeit, weil ein Polizist dabei ums Leben gekommen war, ein Umstand, den selbst die islamophilen Multikultianhänger in Politik und Medien nicht verschweigen konnten.

Stürzenberger, der seit vielen Jahren mutig vor den Gefahren des politischen Islams warnt und deshalb von Islamisten und Linken immer wieder bedroht und körperlich attackiert wurde, ist von Politik und vom Mainstream-Medien mehr oder weniger offen für diesen tödlichen Anschlag verantwortlich gemacht worden. Nach dem Motto: Selbst schuld – die realen und gefährlichen Feinde von Freiheit und Demokratie sollte man besser nicht herausfordern.

Weshalb die Behörden Stürzenberger auch verboten hatten, sich vor solchen Attentaten zu schützen. Er wollte bei seinen öffentlichen Veranstaltungen, bei denen es bereits mehrfach zu bedrohlichen Situationen gekommen war, eine Stichschutzweste tragen, was ihm von der Polizei untersagt wurde, da dies eine »passive Bewaffnung« darstelle.[446]

Vizekanzler Robert Habeck reagiert so auf das Attentat:

> Furchtbare Szenen der Gewalt heute in Mannheim, bei denen sogar ein Polizist schwer verletzt wurde, als er das tat, was seine Aufgabe ist: Menschenleben schützen, egal wann, wo und wen.[447]

Deutlicher kann man seine Verachtung für den mutigen Freiheitskämpfer Stürzenberger nicht ausdrücken: Habeck bedauert ausschließlich den Polizisten (der zu diesem Zeitpunkt noch um sein Leben rang), weil dieser jemanden geschützt habe, der es eigentlich nicht wert war. Die unmissverständliche Botschaft des Vizekanzlers: Kritiker des politischen Islams haben es nicht besser verdient, wenn sie schwer verletzt oder ermordet werden.

Nachdem Stürzenberger für seinen mutigen Einsatz für Freiheit und Demokratie von einem Terroristen mit einem Mordanschlag bestraft wurde, attackierte ihn nach dem Vizekanzler auch noch die deutsche Justiz und verurteilte den Journalisten für seinen Einsatz für die Demokratie wegen Volksverhetzung, damit er seine Lektion auch wirklich lernt und künftig auf sein angebliches Recht auf freie Meinungsäußerung verzichtet. Die Mao'sche Lektion »Bestrafe einen, erziehe Hunderte« lautete in diesem Fall: Wer den (politischen) Islam kritisiert, muss mit Reaktionen beziehungsweise Sanktionen von mordlüsternen Islamisten, linksextremen Gewalttätern und/oder den offiziellen Vertretern des deutschen Rechtsstaates rechnen.

»Volksverhetzung« bedeutet im Deutschland der 2020er-Jahre, die Wahrheit auszusprechen, wie zum Beispiel auf die Gefahren des politischen Islams aufmerksam zu machen. Stürzenberger wurde unter anderem wegen folgenden Satzes zu einer Haftstrafe und nach einer Revision zu einer Geldstrafe von 3600 Euro verurteilt:

> Weil das ist das Programm des politischen Islams: Die Frauen unter die Kontrolle zu bekommen. [...] Wir werden es nicht zulassen, dass Frauen bei uns in Deutschland, die leicht bekleidet rumlaufen, Freiwild werden von fundamental eingestellten Moslems, die sie als Freiwild ansehen. Und es kommt hundertfach zu Vergewaltigungen! Wir sagen nicht, dass jeder Moslem vergewaltigt, um Gottes willen.[448]

6. Als in der Nacht vom 7. auf den 8. Dezember 2024 der syrische Machthaber Baschar al-Assad aus Damaskus nach Moskau floh, wurde das nicht nur auf den Straßen Syriens, sondern vor allem auch in Deutschland und Österreich lautstark gefeiert. Zigtausende Muslime bejubelten, dass Terroristen, Gotteskrieger und Islamisten, die die deutschen Mainstream-Medien verharmlosend als »Rebellen« bezeichnen, einen Diktator gestürzt hatten, der trotz seines brutalen Vorgehens zumindest die religiösen Minderheiten im Land vor jenen geschützt hat, die nun, nach seinem Sturz, an die Macht gekommen sind.

In Wien versammelten sich spontan und illegal[449] 30 000 muslimische Männer – Frauen waren kaum zu sehen – und feierten vor dem Parlament diesen islamischen Umsturz. Die Polizei konnte und wollte diese illegale Demonstration, bei der gegen zahlreiche Gesetze verstoßen wurde (zum Beispiel gegen den Einsatz von Pyrotechnik), nicht auflösen. Die 30 000 Muslime in kampffähigem Alter, die nicht nur Pyrotechnik, sondern auch (Schreckschuss-)Pistolen abfeuerten, wie Videos in den sozialen Medien zeigen, stellten die Polizei vor vollendete Tatsachen. Diese verharmloste im Verbund mit Medien und Politik diese Machtdemonstration, um ihre eigene Machtlosigkeit zu kaschieren. Wenn in einem einst demokratischen Land zigtausend Männer den öffentlichen Raum in Besitz nehmen, um die Errichtung eines islamischen Gottesstaates – denn in einen solchen wird sich Syrien verwandeln – zu feiern, und die Polizei das angesichts der ungleichen Kräfteverhältnisse hinnehmen muss, weiß man, dass dieses Schicksal auch dem Land bevorsteht, in dem sich solche Szenen abspielen.

In Österreich verfügt die Polizei im ganzen Land nur über rund 24 000 Polizeikräfte, von denen aber nur ein Teil tatsächlich für Einsätze auf der Straße tauglich ist. Demgegenüber stehen Zigtausende Männer, die allesamt durch eine gemeinsame Politreligion verbunden sind, von denen viele Kriegs- und Kampferfahrung haben und die mehr oder weniger auf Knopfdruck mobilisiert werden können.

Das ist eine äußerst beunruhigende und bedrohliche Lage, die von keinem Politiker, Experten oder Mainstream-Medium thematisiert wurde und wird. Stattdessen machten sie aus dieser muslimischen Machtdemonstration und indirekten Kriegserklärung im Herzen Europas ein friedliches Freudenfest anlässlich eines gestürzten Diktators. Dabei ist wohl jedem klar, dass sich mit dem Sieg der Islamisten in Syrien die Lage – vor allem für die religiösen Minderheiten (Christen, Alawiten oder Aleviten) – dramatisch verschlechtern wird. Wieder einmal belog man sich und die Bürger, um der Wahrheit und der düsteren Zukunft nicht ins Auge blicken zu müssen.

Die hier angeführten sechs Ereignisse, die allesamt aus dem Jahr 2024 stammen, stellen nur Beispiele dar; dieser kurze Auszug aus der Chronik der Islamisierung Deutschlands beziehungsweise Österreichs ließe sich über Hunderte Seiten fortsetzen. Aber auch diese wenigen Schlaglichter zeigen eindrücklich, wie weit die Islamisierung in Europa und Deutschland bereits fortgeschritten, wie sehr der Islam bereits zur bestimmenden Kraft im Land geworden ist, wie sehr er unser aller Leben dominiert, wie sehr er die rechtsstaatlichen, demokratischen Strukturen bereits unterspült hat, wie sehr sich die offiziellen Machthaber und Vertreter des Rechtsstaates bereits den künftigen Machthabern unterworfen beziehungsweise längst kapituliert haben.

Das Gewaltmonopol hat man an die Neubürger aus dem Orient verloren, die reale Macht, die unser Zusammenleben und unsere mittelfristige Zukunft bestimmt, geht längst nicht mehr von der Regierung und den staatlichen Institutionen aus. Unsere Zukunft wird schon seit Langem nicht mehr in den Parlamenten und Landtagen entschieden, sondern einerseits von suprastaatlichen Organisationen und andererseits von den immer machtbewusster auftretenden Muslimen im Land.

Um diesen Machtverlust zu kaschieren, vermeiden die Regierungen und deren Handlanger – die Medien, Künstler und NGOs – jeden Konflikt mit den neuen Herren und kompensieren ihren Bedeutungsverlust, ihre politische Kastration, mit einem umso brutaleren Vorgehen gegen jene, über die sie noch Macht ausüben können: die eigene Bevölkerung.

Während Islamisten, Islamverbände und Gotteskrieger de facto über dem Gesetz stehen, wird es bei den ungläubigen Deutschen besonders streng ausgelegt, werden Verstöße mit größtmöglicher Härte bestraft. Kritiker der Willkommenspolitik, der Islamisierung und des politischen Islams sind nicht nur die Feinde der Islamisten, sondern auch des politmedialen Establishments. Vor allem deshalb, weil das Justemilieu gegenüber den durchsetzungsstarken Muslimen kapituliert hat und seine Politik an den Wünschen und Bedürfnissen der Islamisten ausrichtet.

Großbritanniens Premier Winston Churchill sagte bei einer Rede 1940:

> Jeder hofft, dass das Krokodil ihn als Letzten frisst, wenn er es genug füttert. Alle hoffen, dass der Sturm vorüberzieht, bevor sie an der Reihe sind, gefressen zu werden.[450]

Auch die Grünen, Linken, Woken, die Mainstream-Medien und die Kulturschickeria, die die Muslime hofieren und die Islamkritiker verfolgen, legen sich nicht mit dem Krokodil an, sie füttern es besonders fleißig, wodurch es natürlich immer schneller immer größer wird. Die dahinterstehende Hoffnung, deshalb vom Krokodil verschont zu bleiben, wird sich nicht erfüllen, auch wenn man noch so viele Existenzen von Islamkritikern, also von »Rechten«, »Hetzern« und anderen Beschmutzern des islamischen Nestes, zerstört.

Während etwa die älteren, etwas kauzigen Herren von den Reichsbürgern für viele Jahre hinter Gitter wandern, können Muslime offen das Kalifat, sprich: das Ende des deutschen Rechtsstaates, fordern. Staatsfeind ist nur, wer ohnehin keine realen Chancen und keine Macht hat, seine Pläne umzusetzen. Das politmediale Establishment versucht mit dem harten Vorgehen gegen Kritiker des Islams zudem eine Autorität vorzutäuschen, die es gegenüber den Muslimen schon jetzt eingebüßt hat. Das heißt, je weiter die Islamisierung voranschreitet, desto brutaler wird gegen Islamkritiker vorgegangen werden. Noch erledigen das in vorauseilendem Gehorsam die deutsche Regierung, die Behörden und das gesamte politmediale Establishment, später, wenn sie einflussreich genug sind, werden es die Muslime selbst tun. Derzeit begnügen sie sich damit, Druck auf Regierung, Behörden und Medien auszuüben. In Großbritannien, wo die Islamisierung schon weit fortgeschritten ist, ist man auch diesbezüglich Deutschland einen

Schritt voraus: Hier existieren bereits inoffizielle Bündnisse zwischen Regierung, Behörden und Islamisten zur Bekämpfung ihrer beider Kritiker: So haben während der einwanderungskritischen Proteste im Sommer 2024 Muslime und Polizei gemeinsam Jagd auf britische Demonstranten gemacht. Das Magazin *Tichys Einblick*:

> Muslim-Milizen sind ihm [Premier Keir Starmer, d. A.] willkommene Verbündete, auch wenn sie offen Straftaten begehen.[451]

Ähnliches zeichnet sich in Deutschland ab, wo im Bundestag ein Antrag der Union zum Kampf gegen den politischen Islam »als Gefahr für unsere freiheitliche Demokratie« abgelehnt wurde,[452] während in den Kampf gegen rechts jedes Jahr Hunderte Millionen Euro investiert werden, für den Deutschland ein ganzes Heer an Aktivisten, Institutionen, Vereine, Behörden oder Meldestellen unterhält. Sie sind nicht nur die Hilfstruppen der Linken, sondern vor allem auch der Muslime.

So hat etwa der Vorsitzende des Zentralrates der Muslime in Deutschland (ZMD), Aiman Mazyek, nachdem der linksextreme Aktivistenverein Correctiv, der die auf die AfD abzielende Potsdam-Lüge in die Welt gesetzt hatte, dazu aufgefordert, sich an den landesweiten Demos gegen Rechtsextremismus zu beteiligen.[453] Mazyek und andere Islamlobbyisten liefen allerdings etwa zur gleichen Zeit gegen eine Aussage im CDU-Grundsatzprogramm Sturm, die da lautete: »Muslime, die unsere Werte teilen, gehören zu Deutschland.«[454] Die Union beleidige und »stigmatisiere« damit die Muslime, so Mayzek. Die CDU gehorchte und änderte den Satz, wie von ihr verlangt, ab.

Das politmediale Establishment ist längst zum nützlichen Idioten und Handlanger der Muslime geworden, der Islam längst zur bestimmenden Kraft in Deutschland, der die linke Herrscherklasse, die sich noch an den Schalthebeln der Macht wähnt, vor sich hertreibt.

Deutschland droht islamisiert zu werden, es findet auch keine schleichende Islamisierung statt, das Land ist bereits stark islamisch geprägt, und die Muslime weiten ihren Einfluss ganz offen und direkt aus. Sie beeinflussen politische Entscheidungen, erobern den öffentlichen Raum, bestimmen die Lehrpläne in den Schulen, was in öffentlichen Kantinen gegessen wird, sie verändern die deutsche Sprache, bestimmen welche Kleidung Frauen im öffentlichen Raum tragen dürfen, wo und wann sie sich noch frei und ungefährdet bewegen dürfen, ob und falls ja, wie und zu welchen Bedingungen, wir noch öffentlich Feiern, Feste und Konzerte abhalten dürfen etc.

Der Islam ist zur bestimmenden Kraft in Deutschland geworden, obwohl laut Schätzungen der Mainstream-Medien und sogenannter Experten – offizielle Zahlen sind de facto verboten – gerade einmal 7 Prozent der Deutschen Muslime sind.[455] Man braucht nicht viel Fantasie, um sich ausmalen zu können, wie das Leben in Deutschland aussehen wird, wenn ihr Anteil bei 10, 20 oder 40 Prozent liegt oder sie – was in nicht mehr allzu ferner Zukunft der Fall sein wird – die Bevölkerungsmehrheit stellen werden.

Schon jetzt treten muslimische Verbände, deren religiöse Vertreter und auch viele Muslime im alltäglichen Leben immer fordernder, selbstbewusster und unduldsamer auf. Man setzt seine Interessen äußerst konsequent und rücksichtslos durch, lässt keinerlei Zweifel darüber aufkommen, wer hier bald das Sagen hat und wo die Ungläubigen in ihrer Hierarchie künftig stehen werden: Mit ernsthaftem Widerstand müssen sie dabei nicht rechnen, die Einheimischen haben längst kapituliert, weichen zurück, geben ihr Land und ihre Rechte auf.

Dieses Zurückweichen wird von den Meinungsführern in Politik und Medien als Toleranz, Dialog, Solidarität und moralische Verpflichtung verkauft, in Wahrheit ist es eine Mischung aus Feigheit, mangelndem Selbstbehauptungswillen, kulturellem Selbsthass und ideologischer Verblendung. Zudem wird das Offensichtliche hartnäckig geleugnet, nämlich dass eine islamische Transformation Deutschlands überhaupt stattfindet.

So schreibt etwa die Deutsche Welle, sprich: der öffentlich-rechtliche Rundfunk:

> Die hartnäckigste Verschwörungstheorie, die zurzeit den politischen Diskurs beeinflusst, ist die sogenannte »Islamisierungsthese«. Sie besagt, Muslime würden gezielt Europa unterwandern. Niedrige Geburtenraten hierzulande und massive Zuwanderung von Muslimen würden die deutsche Bevölkerung schrittweise verdrängen.[456]

Man erklärt kraft seiner Medienmacht und Deutungshoheit die für alle wahrnehmbare Realität zur Verschwörungstheorie. Fakt ist, dass die Zahl der Muslime in Deutschland rasant steigt, ebenso wie ihr Einfluss auf Staat und Gesellschaft. Dass das kein Zufall, keine Naturgewalt ist, sondern nach Plan abläuft, versteht jeder, der sich mit der Geschichte des Islams und seiner Glaubenslehre auseinandersetzt. Die Politologin und Islamexpertin Nina Scholz:

> Nach allgemeiner islamischer Auffassung war es Gott selbst, der den Menschen die Regeln der Scharia auferlegt hat, die somit unumstößlich sind. Endziel ist daher eine islamische Weltherrschaft, die sich in einem weltumspannenden Kalifat manifestiert, an dessen Spitze ein Kalif als Nachfolger des Propheten Mohammed stehen soll.[457]

Wenn also in Hamburg Muslime die Errichtung eines Kalifats fordern, befolgen sie nur, was ihnen Allah über seinen Propheten Mohamed aufgetragen hat. Sie sind insofern auch keine Extremisten oder Islamisten, die ihre Religion »missbrauchen«, sondern schlicht gläubige Muslime.

Je weiter die Transformation Deutschlands voranschreitet, desto verbissener bestehen jene, die sie unterstützen, auf ihrem Dogma, dass die Islamisierung nur eine rechte Verschwörungstheorie sei: Die Bundeszentrale für politische Bildung (BPB) warnt die Bürger in einem Beitrag mit dem Titel: »Verschwörungstheorie ›Islamisierung‹«:

> Das Szenario dieser Verschwörungstheorie ist bedrohlich: Der Islam breitet sich angeblich in Europa aus und stülpt der christlich-westlichen Gesellschaft eine fremde, barbarische Kultur über. Solch düstere Prophezeiungen zum vermeintlichen »Untergang des Abendlandes« finden sich im Internet zuhauf, sei es in Facebook-Gruppen gegen den »Volkstod« oder auf Youtube-Videos zur »schleichenden Islamisierung Europas«.[458]

Die Bevölkerung wird vom Establishment und seinen Handlangern, wie die Zitate des öffentlich-rechtlichen Rundfunks oder der Bundeszentrale für politische Bildung belegen, systematisch getäuscht und betrogen, man spricht den Bürgern ihre Wahrnehmung und ihren Verstand ab, um sie ruhigzustellen, damit sie sich widerstandslos ihrem zugedachten Schicksal fügen. Würde ihnen bewusst, was sie in einem islamisierten Deutschland, in einem Kalifat, einem Gottesstaat, erwartet, zumindest ein Teil würde ob der düsteren und blutigen Aussichten aufbegehren und sicher nicht mehr jene Parteien wählen, die ihnen diese Zukunft zumuten wollen. Islamisierung bedeutet das Ende von Demokratie, Rechtsstaat und Freiheit, es bedeutet für uns Ungläubige Unterdrückung, Diskriminierung, Entrechtung, Verfolgung und vielfach auch den Tod. Jeder, der an der Islamisierung Deutschlands beteiligt ist, sei es als Politiker oder als journalistischer Schreibtischtäter, der die Bürger belügt, ist ein Verfassungsfeind, ein Verräter, Kollaborateur, an dessen Händen klebt Blut. Und das nicht erst in der Zukunft, sondern schon jetzt, denn diese Transformation, diese häppchenweise Machtübernahme fordert Tag für Tag neue Opfer.

Wie konnte es so weit kommen? Warum weigern sich so viele Menschen, sich das Offensichtliche einzugestehen und auszusprechen, dass der Multikultikaiser nackt ist? Die staatliche Propaganda und Desinformation, die systematischen Lügen funktionieren nur, weil sich die meisten Bürger belügen lassen, ihre düstere Zukunft gar nicht kennen wollen, sie zu feige und bequem sind, sich dagegen zu wehren. Sie opfern sogar ihre eigenen Kinder.

Das ist unter anderem das Ergebnis eines langen Erziehungs- und Indoktrinationsprozesses: Die Linke hat die Menschen über Jahrzehnte entsprechend programmiert: »Ängste entstehen in einem primitiven Teil des Gehirns, das keinen Hochschulabschluss hat«,[459] sagt der Angstforscher Borwin Bandelow in einer Diskussion im Deutschlandfunk, in der es darum geht, diese Angst »umzudrehen«. Umzudrehen bedeutet, wie kann man Menschen natürliche und sinnvolle Verhaltensweisen abtrainieren, damit sie sich ihrem von der Politik vorbestimmten Schicksal möglichst widerstandslos fügen.

Bandelow bedient mit dieser Aussage eines der zentralen Narrative der Linken und der Zuwanderungslobby. Die Angst vor dem Fremden sei etwas Dummes, Primitives, Rückständiges, das nicht in unsere moderne Zeit passe. Bundespräsident Joachim Gauck warnte dementsprechend während der Flüchtlingskrise 2015/2016:

> Viele Deutsche reagieren mit Angst, manche sogar mit Hass auf »die Fremden«, die bei uns Hilfe suchen.[460]

Und der Nachrichtensender n-tv zitiert Bandelow in einem Erklärbeitrag wie folgt:

> Diese Xenophobie ist ein Erbe unserer Vorfahren.[461]

Angst vor dem Fremden ist nach Darstellung der herrschenden Klasse also etwas Primitives, Archaisches, etwas, das der moderne aufgeklärte Mensch längst überwunden haben sollte. Nur noch der tumbe AfD-Wähler und andere geistig und kulturell zurückgebliebene Rechte würden in diesem geistigen Urzustand verharren. Ein moderner Mensch solle, so die Botschaft, keine Angst mehr vor dem Fremden haben, sie sei eine geistige Störung, eine Krankheit, etwas, woran vor allem unintelligente Menschen mit rechter Gesinnung litten.

Man nennt die Fremdenangst deshalb auch Xenophobie, und eine Phobie ist bekanntlich eine geistige Störung, die dann vorliegt

> wenn die Furcht (Phobie):
> unrealistisch ist,
> in keinem Verhältnis zur tatsächlichen Gefahr steht,
> so überzogen ist, dass der Betroffene keinen normalen Aktivitäten mehr nachgehen kann.[462]

Dass man natürliches und überlebenswichtiges Verhalten pathologisiert, ist eine perfide Strategie, eine manipulative Technik der psychologischen Kriegsführung, die man auch »Gaslighting« nennt. Dabei werden Menschen gezielt desorientiert, verunsichert und in ihrem Realitäts- und Selbstbewusstsein beeinträchtigt. Es geht darum zu erreichen, dass die andere Person an ihrer Wahrnehmung der Realität zu zweifeln beginnt. In Deutschland wird diese Manipulationstechnik in Bezug auf den Islam und die Islamisierung im großen Stil angewendet.

Die nachvollziehbare und durch und durch rationale Reaktion auf eine reale Bedrohung durch eine totalitäre Ideologie, die schon Hunderte (!) Millionen Menschen das Leben gekostet hat, als etwas Irrationales Primitives und Böses, darzustellen, ist ein fast ebenso großes Verbrechen, wie jene, die im Namen des Islams seit Jahrhunderten an Ungläubigen begangen werden.

Die Angst vor dem Fremden ist nicht nur *nicht* dumm, sondern überlebenswichtig. Besonders dumm ist vielmehr, wenn man ohne Not Millionen von Anhängern einer Politreligion ins Land lässt, die im Laufe der Geschichte schon so viel Leid und Tod über die Menschheit gebracht hat. Das ist *nicht* moralisch, das ist *nicht* intelligent, das ist *nicht* bewundernswert und es ist auch *nicht* woke – das ist schlicht und einfach verantwortungslos und kriminell. Dass die Islamisierung Deutschlands und Europas gesteuert wird, beweist allein die Tatsache, dass die Bürger von den Machthabern darüber systematisch mit unterschiedlichsten Manipulationstechniken getäuscht werden.

Schon sehr viele Menschen haben für diese »Dummheit« mit ihrem Leben bezahlt. Wie extrem dumm es ist, millionenfach Muslime ins Land zu holen, ohne sich intensiv mit der Geschichte, der Ideologie und den Grundlagen des Islams auseinanderzusetzen, erleben wir in Echtzeit: Terror, Kalifats-Forderungen, Messerattacken, Vergewaltigungen und so weiter.

Stellt man den Menschen, die hauptverantwortlich für den Massenzustrom nach Deutschland sind – also Politikern, Journalisten, NGO-Aktivisten und Vertretern der Asylindustrie – konkrete Wissensfragen über den Islam, seine Geschichte, sein Rechtssystem, sein Weltbild oder seine tragenden fünf Säulen, erhält man – wenn überhaupt – nur oberflächliche Antworten. Das ist auch kein Wunder, da sich kaum einer von diesen Leuten ernsthaft mit diesem Themenkomplex auseinandergesetzt hat, sich deren »Wissen« über den Islam vielmehr vor allem aus naiven, multikulturellen Fantasien und Projektionen zusammensetzt.

Diese Menschen wissen nichts über Muslime, deren Religion, Ziele und Weltbild erfüllen für den woken Linken einfach nur dieselbe Funktion wie einst die Arbeiter für die Sozialisten oder der »edle Wilde« für den Vordenker der Gutmenschen, Jean-Jacques Rousseau (1712–1778). Karl Marx wusste nichts über die Bedürfnisse der einfachen Arbeiter, und Rousseau hatte keine Ahnung von den Kulturen der indigenen Völker – sie dienten ihnen, so wie heute der Muslim den Linken, nur als Projektionsfläche für ihre Ideologien und als Vorwand zur Umsetzung ihrer politischen Ziele.

Die Linke benutzt den Zuwanderer, so wie einst den Arbeiter, als Vorwand für ihre Umverteilungspolitik, von der sie selbst am meisten profitiert. Man braucht die angeblich Unterdrückten und Ausgebeuteten für sein eigenes politisches Geschäftsmodell. Der nicht integrierbare Muslim ist ein wertvoller Rohstoff für die milliardenschwere Asyl-, Integrations- und Sozialindustrie. Er schafft allein mit seiner bloßen Anwesenheit Zigtausende Arbeitsplätze für das unproduktive linke Milieu und gewaltige Umsätze für diesen parasitären »Wirtschaftszweig«. Um sich die Dimension vorstellen zu können: Allein die Caritas und die Diakonie, zwei der Big Player in der milliardenschweren Asylindustrie, beschäftigen in Deutschland 1,4 Millionen hauptamtliche Mitarbeiter und damit deutlich mehr als jeder Industriekonzern im Land.

Nicht zuletzt deshalb lässt man die Muslime, angelockt durch eben diese Wohlfahrtsindustrie, auch weiterhin millionenfach ins Land, zumal das Reservoire an diesem »Rohstoff« unerschöpflich ist. Deutschland hat seit 2010 weit über 150 Milliarden Euro an Sozialleistungen an Ausländer ausbezahlt.[463] Am Ende dieses linken Pyramidenspiels steht ein bankrottes und islamisiertes Land. Für die extreme Linke, die gern »Deutschland verrecke« skandiert, und die Globalisten ist dies das eigentliche Ziel der Massenzuwanderung, die meisten anderen, insbesondere das linke und gutmenschliche Fußvolk, sind schlicht zu indoktriniert, uninformiert und dumm, um das zu begreifen.

Unwissenheit, Geschichtslosigkeit und Ignoranz gegenüber dem Islam sind die Grundvoraussetzung für die Islamisierung eines Landes, das über die Mittel und Möglichkeiten verfügt, diese Gefahr abzuwenden. Hätten die Bürger mehr Wissen und Verständnis dafür, was der Islam ist, welche Ziele er verfolgt, was Muslime antreibt, was sie über uns Kafir[464] denken – sie hätten ihr Land niemals dieser Gefahr ausgesetzt. Voraussetzung und Basis für die Flutung Deutschlands und Europas mit primär muslimischen Migranten ist, dass man die Gefahren, die vom Islam für alle nicht muslimischen Gesellschaften und Systeme ausgehen, negiert, die blutige und imperialistische Geschichte des Islams uminterpretiert.

Selbstredend behaupten viele Menschen, insbesondere die linken Akademiker, sie würden sich selbstverständlich mit dem Islam auseinandersetzen. Vielleicht, aber erstens nur sehr oberflächlich und zweitens aus Quellen, die den Islam nicht aus historischer, wissenschaftlicher Perspektive, sondern ausschließlich aus ideologischer betrachten, sprich, in denen ein Bild vom Islam gezeichnet wird, das der Umsetzung linker politischer Ziele dienlich ist. Auch die Muslime selbst präsentieren den Islam den Europäern nicht, wie er ist, sondern wie ihn die Ungläubigen sehen sollen. Linke und Muslime belügen die Bürger systematisch über das Wesen und die Ziele des Islams. Bei den Muslimen nennt man das »Taqīya«. Das ist eine im Koran enthaltene Anleitung, wie man sich Ungläubigen gegenüber zu verhalten hat. Im Kern geht es darum, die Ungläubigen über die wahren Ziele des Islams zu täuschen, solange man ihnen gegenüber in einer schwächeren Position ist. Zu diesen Falschdarstellungen gehören Aussagen, die jeder Kafir hundertfach gehört hat: Der Islam ist eine Religion des Friedens, Töten ist im Islam verboten, islamistische Attentäter missbrauchen ihre Religion und so weiter und so fort. Und man hängt sich ein demokratisch-westliches Mäntelchen um. So sagt der Islamismusexperte Ahmad Mansour über die Taqīya:

> Die Strategie ist […], mit ganz harmlosen Narrativen Einfluss zu nehmen, indem sie etwa sagen: »Wir wollen Demokratie, Antirassismus, mehr Integrationsarbeit machen« usw.[465]

Der durchschnittliche Bürger und auch viele politische Verantwortungsträger haben ein völlig verzerrtes, ein falsches Bild vom Islam. Wer von den Grünen und den Willkommensklatschern hat jemals den Koran oder die Hadithen gelesen, hat eine Ahnung davon, was die Sunna oder ein Dhimmi ist. Wer von ihnen weiß denn, dass das von Linken beständig als tolerant und friedlich gepriesene al-Andalus, also die von muslimischen Eroberern von 711 bis 1492 unterworfene iberische Halbinsel, nichts anders als ein islamophiler linker Mythos ohne jeden Realitätsbezug ist.

Diese Ignoranz, Unwissenheit und Geschichtslosigkeit erlaubt es den Muslimen, ihre Ziele ohne jeden Widerstand voranzutreiben. Der deutsche Kunsttheoretiker Bazon Brock:

> Diese heute weit verbreitete Attitüde [...] der Lügenbarone in höherem Auftrag kommt ganz ohne islamistische Intervention aus. In keiner anderen Hinsicht lässt sich die Furcht vor Islamisierung als Untergang des Abendlandes begründen als mit den bedenkenlos kriminellen Dummheiten europäischer Selbsterhöher. Zu fürchten ist nicht der Islam, sondern [sind] seine hiesigen Wegbereiter in welterlösender Mission [...].[466]

Ja, der Islam wäre aufgrund seiner systemimmanenten Fortschritts- und Wissenschaftsfeindlichkeit trotz seiner intensiven Expansionsbestrebungen keine Gefahr für den Westen, zumal Europa jahrhundertelang die Versuche des Islams, Europa zu kolonialisieren, letztendlich aufgrund technologischer und militärischer Überlegenheit zurückschlagen konnte. Wenn nach Jahrhunderten erfolgreichen Abwehrkampfes Europas nun mehr oder weniger flächendeckend islamisiert wird, liegt der Grund dafür vor allem an der Schwäche, Dekadenz und Skrupellosigkeit globaler Eliten. Der Journalist Peter Scholl-Latour hat es so ausgedrückt:

> Ich fürchte nicht die Stärke des Islams, ich fürchte die Schwäche des Christentums. Wir sind nicht mehr wehrhaft. Wir verteidigen nicht mehr unsere Kultur.[467]

Es ist tatsächlich unglaublich dumm und ein Verbrechen an der Menschheit, Millionen Fremde zu importieren, ohne deren Kultur, Religion und Absichten zu kennen, ja, überhaupt kennen zu wollen. *Wie* unglaublich dumm das ist, soll hier kurz beschrieben werden.

Das Weltbild der Muslime ist im Gegensatz zu unserem kein universalistisches, weil Muslime und Nichtmuslime nicht dieselben Rechte haben, weil Muslime der Überzeugung sind, über den Ungläubigen zu stehen, ihnen überlegen zu sein. Der Islam ist ein Herrschaftskonzept und eine Gesetzesreligion, die alle Bereiche des gesellschaftlichen Lebens umfasst, bis hin zu Speisevorschriften und intimen Handlungen. Eine Trennung von Staat und Religion, wie es sie in Europa gibt, steht diesem Anspruch diametral entgegen. Das islamische Recht, die Scharia, stammt direkt von Gott, der Mensch kann es somit gar nicht ändern und ergo auch nicht »modernisieren«.

Eine solche Ordnung ist ihrem Wesen nach nicht mit einer Demokratie und einem Rechtsstaat vereinbar. Das islamische Recht widerspricht der westlichen Rechtsordnung fundamental. Unter anderem, weil nach islamischem Recht nicht alle Menschen gleich sind: Frauen und Männer, Muslime und Nichtmuslime (*kuffār*) haben nicht dieselben Rechte. In der Scharia werden bestimmte Gruppen und Personen ungleich behandelt, systematisch diskriminiert. Nicht nur in der Theorie, sondern auch in der Praxis: In allen Ländern mit muslimischer Mehrheit werden Nichtmuslime diskriminiert und schlechter behandelt als Muslime, egal ob in der Türkei, in Katar, Indonesien oder Pakistan.

Der amerikanische Islamexperte Bill Warner:

> Der Koran sagt, dass der Kafir betrogen werden darf, dass man sich gegen ihn verschwören darf, das er gehasst, versklavt, verhöhnt und gefoltert werden darf, und Schlimmeres. Das Wort [Kafir, d. A.] wird üblicherweise mit »Ungläubiger« übersetzt, doch diese Übersetzung ist nur teilweise richtig. Das Wort »Ungläubiger« ist von der Bedeutung her und gefühlsmäßig neutral. Während »Kafir« das beleidigendste, das am meisten mit Vorurteilen beladene und hasserfüllteste Wort in der arabischen Sprache ist.[468]

Die Scharia ist auch nicht mit einer westlichen Rechtsordnung, die öffentliches Recht, Privatrecht und Strafrecht umfasst, vergleichbar, sie regelt alle Bereiche des Lebens, umfasst nicht nur rechtliche, sondern auch moralische und soziale Normen. Sie lässt keinerlei Individualismus und persönliche Freiheiten zu. Der Islam ist zudem eine missionarische Religion, also auf Expansion ausgerichtet. Den Islam zu verbreiten, ist die Pflicht jedes Muslims: Dem, der dieser Verpflichtung nicht nachkommt, wird am Tag des Gerichts dieses Versäumnis angelastet, und er macht sich zu Lebzeiten zum Außenseiter der weltweiten Umma (Gemeinschaft der Muslime).

Das Ziel der Verbreitung des Islams ist letztlich die Schaffung einer einheitlichen Gesellschaft, in der das islamische Gesetz (die Scharia) über allen Menschen aufgerichtet ist. Auch das ist keine Theorie, altes Schrifttum, sondern gelebte Praxis. Bereits 2013 erhob der Migrationsforscher Ruuds Koopmans in einer länderübergreifenden europäischen Studie, dass »zwei Drittel der befragten Muslime religiöse Gesetze für wichtiger als die Gesetze des Landes, in dem sie leben«, halten.[469] Das ist zwar verfassungsfeindlich und müsste den Staatsschutz auf den Plan rufen, die Alarmglocken bei jedem Demokraten läuten lassen, doch fundamentalistisch und extremistisch ist das aus muslimischer Perspektive nicht. Zahlreiche andere und jüngere Studien und Umfragen haben Koopmans' Zahlen bestätigt.

Aufschlussreich ist etwa eine repräsentative Umfrage des staatlichen Österreichischen Integrationsfonds (ÖIF) aus dem Jahr 2019 unter jungen Muslimen in Wien. Dabei gaben 72 Prozent, also knapp drei Viertel der jungen Afghanen an, religiös zu sein.[470] 47 Prozent, also jeder zweite junge Afghane, sind der Meinung:

> An der Spitze eines Staates sollte ein religiöser Gelehrter stehen.[471]

55 Prozent sagen:

> Vorschriften meiner Religion stehen über den Gesetzen.[472]

Dass die Scharia für alle gelten soll, Staat und Religion nicht zu trennen sind, ist also nicht – wie uns das politmediale Establishment und seine Experten versuchen einzureden – die Einstellung einer fundamentalistischen Minderheit, sondern die Mehrheitsmeinung unter Muslimen.

Ednan Aslan, stellvertretender Direktor des Instituts für Islamisch-Theologische Studien in Wien schreibt:

> Bemerkenswert ist jedenfalls, dass in den islamischen Ländern Muslime, die einen islamischen Staat nicht als Teil der islamischen Tradition betrachten, kaum Gehör finden. Auch in Europa ist die Situation eindeutig: Kaum eine islamische Organisation bezeichnet die Gründung eines islamischen Staates als unislamisch. Sie würden zwar sagen, dass man einen solchen in Europa nicht brauche, weil die Muslime ohnehin die Minderheit bilden, oder dass es unklug wäre, daran zu arbeiten. Aber sie lehnen ihn weder theologisch noch historisch grundsätzlich ab.[473]

Aslan spricht damit die gefährliche Doppelstrategie des Islams an, die auf ihren Gründer Mohammed zurückgeht und die der Kölner Erzbischof Kardinal Meisner im Jahr 2001 so beschrieben hat:

> Ich kenne kein islamisches Land, das tolerant ist. Toleranz predigt der Islam immer nur dort, wo er in der Minderheit ist.[474]

Dem kann auch der türkische Präsident Recep Tayyip Erdoğan zustimmen. 1999 sagte er:

> Die Demokratie ist nur der Zug, auf den wir aufspringen, bis wir am Ziel sind.[475]

Christoph Kletzer, Professor für Recht und Philosophie am King's College London, warnt ebenfalls vor der gefährlichen Doppelstrategie des Islams:

> Es gibt die relativ gemäßigte, abwartende Form [des Islams, d. A.] aus der Zeit in Mekka und daneben die aggressive Variante nach der Eroberung Medinas. Als sich die Gefolgschaft Mohammeds in Mekka formierte und sich in einer Position der Schwäche gegenüber der mehrheitlich polytheistischen Bevölkerung befand, predigte der Koran Anpassung und Toleranz. Sobald der Islam aber in Medina erstarkte, war von dieser Toleranz auf einmal wenig zu hören, und das islamische Eroberungs- und Herrschaftsprotokoll mit seinen Gewaltfantasien gegenüber den Ungläubigen, den Kuffār, nahm Gestalt an.[476]

Deutschland befindet sich am Weg von Mekka nach Medina, die toleranten Zeiten, als sich Islamvertreter in Politik und Talkshows tolerant gaben und sich für Vielfalt, Dialog und Demokratie aussprachen, gehen aufgrund der sich immer mehr zugunsten der Muslime verschiebenden Macht- und Mehrheitsverhältnisse zu Ende. Man tritt zunehmend fordernder und bestimmter auf, schafft immer öfter Tatsachen. Es geht nur noch um die Durchsetzung der eigenen Interessen. Auf das Toleranz- und Demokratiegewäsch, das nie mehr als Dekor beziehungsweise Täuschung war, wird mehr und mehr verzichtet.

Das Ziel, das man verfolgt, hat sich seit Mohammed, also seit rund 1400 Jahren, nicht geändert. Es geht darum, das »Haus des Krieges« zu befrieden. Das hört sich aber nur im ersten Augenblick gut an.

Der Islam teilt die Welt in zwei Reiche, sogenannte Häuser, ein. Einerseits in das »Haus des Friedens«, was so viel bedeutet wie »Gebiet des Islams«. Das sind die Länder und Regionen, in denen sich die Menschen zum islamischen Glauben bekennen. Der Rest der Welt fällt unter die Kategorie »Haus des Krieges«. Durch den Dschihad, den »heiligen Krieg«, sollen alle Menschen unter die Herrschaft des islamischen Weltsystems gebracht werden. Erst dann ist der Kampf gegen die Ungläubigen zu Ende.

Das ist keine Verschwörungstheorie, sondern zentrales Element der islamischen Lehre. In den islamischen Texten nimmt der Dschihad breiten Raum ein: 24 Prozent des späteren Korans, 21 Prozent der Hadithen (die Überlieferungen der Gefährten Mohammeds) und 67 Prozent der Sira (der Biografie Mohammeds) beschäftigen sich ausschließlich mit dem Dschihad, also dem Krieg gegen die Ungläubigen.[477]

Der Islam ist also nur in der Utopie friedlich, zur Erreichung ebendieser muss – nach den bereits etwa 270 Millionen Toten – noch viel mehr Blut fließen. Der Kampf gegen die Ungläubigen gehört zu den Pflichten eines jeden Muslims. So steht im Koran, Sure 4,89:

> Sie möchten gern, dass ihr ungläubig werdet, wie sie ungläubig sind, sodass ihr (alle) gleich seiet. Nehmt euch

> daher von ihnen keine Vertrauten, bevor sie nicht auf Allahs Weg auswandern! Kehren sie sich jedoch ab, dann ergreift sie und tötet sie, wo immer ihr sie findet [...].[478]

Weshalb Muslime seit Mohammed einen heiligen Krieg gegen die Ungläubigen führen. Das Leben des Propheten stellt für einen gläubigen Muslim das höchste Ideal und die Verwirklichung der Befehle Allahs dar. Und das Leben Mohammeds war kein Kindergeburtstag. Ibn Ishaq, der bekannteste Biograf des Propheten, hat seinen Glaubensbrüdern eine vielsagende Szene überliefert:

> Schließlich mussten sich die Quraiza ergeben, und der Prophet ließ sie im Gehöft [...] einsperren. Sodann begab er sich zum Markt von Medina [...] und befahl, einige Gräben auszuheben. Als dies geschehen war, wurden die Quraiza geholt und Gruppe um Gruppe in den Gräben enthauptet. [...] Insgesamt waren es sechs- oder siebenhundert Männer; einige behaupten sogar, es seien zwischen acht- und neunhundert gewesen.[479]

In dieser Tonart ging es bei der islamischen Expansion ohne Unterbrechungen munter weiter. Wenige Jahrzehnte nach Mohammeds Tod waren große Teile Arabiens, Nordafrikas und die iberische Halbinsel islamisiert. Vor allem, aber nicht nur, mittels Krieg.

Dschihad nur mit »heiliger Krieg« zu übersetzen, wäre zu kurz gegriffen, es bedeutet im weiteren Sinn »Anstrengung, Bemühen und Kampf«. Diese »Anstrengung«, die Ungläubigen zu bekehren, zu unterwerfen oder zu töten, erfolgt auf vielen Ebenen und eben nicht nur mit dem Schwert, also mit militärischen und terroristischen Mitteln.

Wenngleich 98 Prozent der Hadithen vom Dschihad in Form des heiligen Krieges handeln. Diesem seit dem 7. Jahrhundert endlosen

Kampf sind nach Schätzungen des Islamkenners Dr. Bill Warner, dem Präsidenten des Center for the Study of Political Islam (CSPI), bisher mindestens 270 Millionen Menschen zum Opfer gefallen. Und dieser gewaltige Leichenberg wächst täglich. Etwa in großen Teilen Afrikas, wo die Islamisierung – zum Beispiel in Nigeria – besonders brutal vorangetrieben wird (mehr dazu in Kapitel 7).

Die Islamisierung funktioniert aber eben nicht nur mittels Krieg, sondern auf vielen Ebenen. Der Dschihad, die islamische Expansion und die Islamisierung Europas werden im Wesentlichen über folgende Wege vollzogen:

Einwanderungsdschihad

Über legale und illegale Einwanderung werden die Gesellschaften der Ungläubigen in Europa demografisch islamisiert, die kinderarme autochthone Bevölkerung wird von den Muslimen zunehmend marginalisiert. Zumal sich viele Muslime – entgegen woker Propaganda – nicht in ihrer neuen Heimat integrieren, sondern im Gegenteil, ihre Ansprüche und Interessen analog zu ihrer steigenden Zahl immer konsequenter durchsetzen. Demokratische Gesellschaften mit muslimischer Mehrheitsbevölkerung existieren nicht, sie sind nur ein Multikultimythos, den es real nie gegeben hat, nie geben wird und auch nicht geben kann.

Geburtendschihad

Muslime bekommen in der Regel mehr Kinder als die »Ungläubigen« in Europa oder auch die Juden in Israel. Bereits jetzt sind dank der Masseneinwanderung und des Geburtendschihads die Muslime nach nur wenigen Jahrzehnten in den unteren Altersdekaden in der Mehrheit: So ist etwa der Islam in den Wiener Pflichtschulen bereits die am stärksten vertretene Religion, und in Berlin und anderen deutschen Städten ist Mohammed der beliebteste Vorname für Jungen.[480] Der Österreichische Integrationsfonds schrieb 2020:

Frauen, die in Österreich geboren wurden, bekamen durchschnittlich 1,16 Kinder. Frauen mit Geburtsland in Syrien und Afghanistan gebaren mit 4,21 und 3,45 Kindern überdurchschnittlich viele Kinder in Wien.[481]

Bildungsdschihad

Das Bildungssystem, das die Linken seit den 1960er-Jahren vom Kindergarten bis zur Hochschule infiltriert haben, wird nun sukzessive von den Muslimen unterwandert beziehungsweise übernommen. Der Islam spielt in den deutschen Schulen eine immer wichtigere Rolle. Die Lehrpläne und der Unterricht werden zunehmend an die Wünsche und Befindlichkeiten der Muslime angepasst. Themen, die Muslime verärgern könnten, werden ausgeklammert, und man setzt schariakonforme Speise-[482] und Kleidungsvorschiften[483] um. In den Schulen werden den Kindern auf Betreiben linker Ideologen und auf Druck islamischer Verbände die üblichen Taqīya-Lügen über die Religion des Friedens aufgetischt. Entsprechend den großen inhaltlichen Schnittmengen zwischen linker und islamischer Ideologie werden die Schüler mit antikapitalistischen, antiwestlichen und antiweißen Inhalten, mit woker Ideologie und europäischem Schuldkult indoktriniert. Man bereitet die Kinder auf ihr Leben, auf ihren künftig Dhimmi-Status in einer islamisierten Gesellschaft vor, deren Regeln sie sich als Ungläubige und aufgrund ihrer historischen Schuld und der Überlegenheit des Islams unterzuordnen haben. Zumal auch im Bildungssystem zwar die Geschichte des Christentums, Europas und der Weißen äußerst kritisch betrachtet und als eine unablässige Abfolge von Verbrechen dargestellt wird, während der Islam über jede Kritik erhaben ist. Weshalb jede noch so fundierte Kritik am Islam als Hass, Hetze und antimuslimischer Rassismus gewertet wird.

Mit der Islamisierung der Schulen etablieren sich dort zwangsläufig auch die islamischen Werte, Lehren, Regeln und Feindbilder. Eine Einstellungsbefragung des Zentrums für Islamische Theologie

Münster unter angehenden Islamlehrern ergab, dass jeder dritte von ihnen Juden als Feinde sieht und ein Viertel die Schariasierung deutscher Politik befürwortet.[484]

Ideologischer Krieg

Dschihadisten instrumentalisieren linke, linksextreme und zeitgeistige Strömungen und Gruppierungen, um ihre eigenen Ziele und Interessen durchsetzen zu können. Sie nutzen den Einfluss, den solche Gruppen im akademischen Betrieb, in den Medien, der Kultur und Zivilgesellschaft haben, sie übernehmen deren Vokabular, Rhetorik und Narrative, sie schließen sich dem linken Kampf gegen »Unterdrückung«, »Kapitalismus«, »Kolonialismus« und »weißen Rassismus« an.

Islamverbände verpacken ihre islamische Agenda gerne zeitgeistig, haben die links-woke Rhetorik übernommen, sprechen von Diversität, Multikulturalität, Vielfalt oder Inklusion und vernebeln damit ihre gruppenspezifischen Interessen, die das Gegenteil von tolerant, inklusiv und demokratisch sind. Es gibt viele Allianzen von Islamisten und Linken. So marschieren etwa Muslime, Linke und die Klimahüpfer von Fridays for Future unter dem Banner des Antikolonialismus für die Hamas-Terroristen auf. Besonders absurd und beinahe tragisch ist, wenn sich Schwule, Transen und Lesben für diesen Kampf einspannen lassen, um Seit an Seit mit ihren größten (Tod-)Feinden für die »gute Sache« zu demonstrieren. Haben doch gerade sie in einer islamischen Gesellschaft kein leichtes, wenn überhaupt ein Leben:

> Mit Brunei, Iran, Jemen, Mauretanien, Nigeria und Saudi-Arabien sehen sechs Länder für homosexuelle Handlungen die Todesstrafe vor. In sechs weiteren (Afghanistan, Pakistan, Katar, Somalia, Uganda und die Vereinigten Arabischen Emirate) könnte die Todesstrafe unter bestimmten Bedingungen gegen Homosexuelle ausgesprochen werden.[485]

Auch der Feminismus dient Islamisten als Vehikel für die Islamisierung des Westens. Vor allem in intellektuellen Kreisen und öffentlich-rechtlichen TV-Talkshows sind konvertierte und/oder junge Kopftuchfeministinnen beliebt, die den woken Frauen die Vorzüge des Islams predigen. Man verkauft ihnen sogar den Islam als an sich feministisch:

> Diese Feminist*innen sagen, der Islam stehe von Anfang an für eine antipatriarchale Botschaft.[486]

Da ist zwar lächerlich, doch woken Gutmenschen, die alles Fremde unkritisch preisen und das Eigene hassen, kann man selbst solch haarstäubenden Unsinn verkaufen.

Kommunikationskrieg

Dschihadisten und ihre Millionen von Sympathisanten nutzen selbstredend auch Kommunikationsmittel, insbesondere die sozialen Medien, für ihre Propaganda, Desinformation und Missionierung. Ein relativ junger Trend ist, dass deutsche Mädchen, die zum Islam konvertiert sind, via TikTok ihre Altersgenossinnen von den Vorzügen der »Religion des Friedens« zu überzeugen versuchen.

Psychologische Kriegsführung

Radikale Muslime versuchen jegliche Kritik am Islam zu unterbinden, indem sie diese als rassistisch, islamophob oder rechtsextrem diffamieren. Dabei präsentieren sie sich stets als Opfer, als von der latent rassistischen Mehrheitsbevölkerung verfolgte Minderheit. Mit Erfolg: Solche Schlagzeilen wie die der *Hamburger Morgenpost* vom 1. Juli 2023 liest man in Deutschland regelmäßig:

> Expertenbericht: Muslimfeindlichkeit bei jedem zweiten Deutschen[487]

Selbst wenn zum x-ten Mal in Europa ein Moslem Ungläubige mit einem Lkw plattfährt, sie in die Luft jagt, absticht oder um einen Kopf kürzer macht, gelingt es den Islamverbänden und linken Spindoktoren mit entsprechendem Framing, die Muslime als die eigentlichen Opfer solcher (Massen-)Morde darzustellen. Regelmäßig weisen nach solchen Bluttaten die Islamverbände und das politmediale Establishment in bester Taqīya-Tradition drauf hin, dass solche Anschläge nichts mit dem Islam zu tun hätten – obwohl die Taten in den sozialen Medien und von vielen Muslimen öffentlich gefeiert werden –[488] und nun die Muslime unter Generalverdacht gestellt würden, sprich, dass sie die eigentlichen Opfer seien. Es mag zynisch klingen, aber solche Attentate sind eine Win-Win-Situation für Islamisten: Man schüchtert die Mehrheitsbevölkerung durch brutalen Terror ein und kann hernach als selbst ernanntes »Opfer« dieser Gewalt weitere Sonderrechte von ebendieser verängstigten Bevölkerung beanspruchen.

Die Opferrolle ist in westlichen Ländern zum politischen Geschäftsmodell vieler Gruppen, aber vor allem für Muslime geworden. So hat etwa der islamische Verein CLAIM – Allianz gegen Islam- und Muslimfeindlichkeit in einer »Studie« behauptet, dass die Attacken gegen Muslime in Deutschland massiv zunehmen würden. Die Mainstream-Medien haben diese Behauptung ungeprüft übernommen.

Das Magazin *Tichys Einblick* hat sich hingegen die Studie genau angesehen und ist zu dem Schluss gekommen:

> Schon die Datenqualität treibt jedem, der sich mit empirischer Sozialwissenschaft auch nur ein bisschen auskennt, unmittelbar die Tränen in die Augen.[489]

Das Perfide an solchen »Studien« ist, dass sie die Realität auf den Kopf stellen. Denn wie alle Kriminalstatistiken zeigen, leidet die deutsche Bevölkerung unter der massiven Gewalt muslimischer Zuwanderer. Und doch müssen sich die realen Opfer von dubiosen Islam-NGOs und dem politmedialen Establishment, die allesamt von der Bevölkerung finanziert werden, pauschal als Gewalttäter und Rassisten verhöhnen lassen.

Bei den Bestrebungen, jede Kritik am Islam zu unterbinden, arbeiten Islamisten und EU-Führung eng zusammen. So finanziert Brüssel den »Europäischen Islamophobie-Bericht« des umstrittenen österreichischen Politologen Farid Hafez.

Der EU-Abgeordnete Markus Pieper (CDU) kritisiert, dass

> Hafez wiederholt Mittel aus dem EU-Haushalt erhalten hat, obwohl er eng mit der Muslimbruderschaft und der türkischen Regierung verbunden ist, die versuchen, unabhängige Journalisten und Medienfreiheit unter dem Vorwand der Islamfeindlichkeit zum Schweigen zu bringen.[490]

Lawfare – die Instrumentalisierung des Rechts

Mit Islam- und Zuwanderungskritikern wird nicht diskutiert, sie werden delegitimiert. Islamisten nutzen das westliche Rechtssystem, um ihre Kritiker und Feinde einzuschüchtern, zu bedrohen und schlussendlich mundtot zu machen. Als Komplizen stehen ihnen linke Parteien und die von Linken unterwanderte Justiz zur Seite. Zu diesem Zweck werden auf nationaler und europäischer Ebene quasi am Fließband neue Verordnungen, Gesetze und Straftatbestände gegen Hass, Hetze und Islamfeindlichkeit produziert: der Digital Services Act, das Netzwerkdurchsetzungsgesetz, das Gesetz zur Bekämpfung des Rechtsextremismus und der Hasskriminalität und so weiter.

Ihr gemeinsames Ziel ist es unter anderem, jegliche Kritik am Islam zu verbieten und die Kritiker zu marginalisieren und auch zu inhaftieren. Islamkritiker landen immer öfter vor Gericht und sogar im Gefängnis. Ein Beispiel ist der Bestsellerautor Akif Pirinçci, den man aufgrund seiner kritischen Bücher und Blogbeiträge zu 9 Monaten Haft wegen Volksverhetzung in erster Instanz verurteilt hat.[491] Auch

Michael Stürzenberger wurde für sein Engagement gegen den Islamismus verurteilt.[492]

Eroberung des öffentlichen Raumes

Parallel zu ihrer steigenden Zahl nehmen die Muslime, insbesondere die jungen, den öffentlichen Raum – Bahnhöfe, Parks, Plätze oder Freibäder – in Besitz. Dort schüchtern sie andere ein, verdrängen die Einheimischen und schaffen mithin Fakten. Dadurch entstehen immer mehr No-Go-Areas, Zonen also, in denen der Staat nicht mehr in der Lage ist, seine Gesetze durchzusetzen. Öffentliche Bereiche, in denen nun andere Kräfte – Banden, Clans, Hassprediger, Ältestenräte etc. – die Macht ausüben und die Regeln des Zusammenlebens bestimmen. Es sind für den Rechtsstaat verlorene, exterritoriale Gebiete. Die Nation zerfällt.

Frankreichs Präsident Emmanuel Macron hatte 2020 wörtlich zur »Rückeroberung« solcher Gebiete aufgerufen.[493] Er bezeichnete sie als »verlorene Territorien der Republik«. Doch Macrons »Reconquista« scheiterte angesichts seiner halbherzigen Maßnahmen kläglich.

In Deutschland demonstrieren muslimische Jugendliche in jeder Silvesternacht mit zunehmender Intensität, wer auf den Straßen und schon bald überall im Land das Sagen haben wird. Das sagte auch wörtlich einer der migrantischen Randalierer in die Kamera eines *Bild*-Reporters:

> Wir haben das Sagen, nicht die Polizei![494]

So verwandeln sie zu jedem Jahreswechsel den öffentlichen Raum in ihr persönliches Bürgerkriegsgebiet, auf dem Einsatzkräfte mit Geschossen und Feuerwerkskörpern attackiert und verletzt werden. Politik und Mainstream-Medien verharmlosen diese unmissverständliche Kriegserklärung, um ihre Ohnmacht zu verbergen.

Nur wenige Medien, wie etwa die *Bild*, schreiben Klartext:

> Böller werden gezielt auf Beamte geschossen, Raketen auf Retter, Feuerwehrleute unter Beschuss. In der Silvesternacht sind deutschlandweit Polizisten und Einsatzkräfte attackiert worden, die meisten in Berlin. Es gab reihenweise verletzte Beamte: Das ist ein Angriff auch auf unseren Staat![495]

Zum Vergleich: Die systemtreue *Süddeutsche Zeitung* schreibt über dieselbe Silvesternacht:

> Tausende feiern überwiegend friedlich[496]

Unterwanderung

Radikale Muslime nutzen die staatlichen und gesellschaftlichen Strukturen für ihre politischen Ziele. So wie einst die Linke haben sie ihren islamischen »Marsch durch die Institutionen« längst angetreten: sei es in der Politik, der Justiz, der öffentlicher Verwaltung, innerhalb der Verbände, bei den NGOs oder im Bildungssystem. Problematisch ist dabei, dass sie in erster Linie nicht die Ziele und Interessen ebendieser Institutionen vertreten, sondern die des Islams. Es geht ihnen nur darum, diese Institutionen zu unterwandern und entsprechend der Ziele ihrer Politreligion zu transformieren, sprich: zu islamisieren.

Mittlerweile sitzen die Islamisten überall, in der Polizei, den Parteien, den Gerichten, den NGOs etc. So ist etwa der Leiter einer »Trusted Flagger«-Meldestelle, die darüber wacht, dass die Deutschen keine politisch inkorrekten beziehungsweise islamkritischen Inhalte im Internet und den sozialen Medien posten, ein Moslem mit besten Kontakten zu Islamisten.

Legalistischer Islam

Sogenannte legalistische islamistische Gruppen verfolgen ihre extremistischen Ziele ganz offen mit politischen Mitteln innerhalb der bestehenden Rechtsordnung. Sie kämpfen für das Recht auf Kopftuchtragen oder dafür, die Scharia in Teilbereichen, etwa im Familienrecht, einzuführen. Besonders aktiv auf diesem Feld ist beispielsweise der Zentralrat der Muslime in Deutschland (ZMD).

Terror

Überall in der Welt verüben Islamisten Terroranschläge. Im Haus des Krieges, also dort, wo Ungläubige in der Mehrheit sind beziehungsweise über die politische Macht verfügen, gilt die Faustregel: Je höher der Anteil der Muslime, desto höher die Terrorgefahr. Besonders viele Terroranschläge auf europäischem Boden hat es bisher in Frankreich gegeben, einem Land, in dem der Anteil der Muslime an der Gesamtbevölkerung im EU-Vergleich mit am höchsten ist. Wohingegen islamischer Terror in Ländern wie Polen oder Ungarn, wo der Anteil der Muslime bei unter 1 Prozent liegt, unbekannt ist. Je mehr Muslime, desto mehr Gotteskrieger, Extremisten und Islamisten.

Ab einem gewissen Bevölkerungsanteil ist ein Kipppunkt erreicht, der bei etwa 15–20 Prozent liegt, ab da geht der unkoordinierte Terror, der von unterschiedlichen Gruppen sporadisch ausgeht, fließend in einen permanenten Kriegszustand, einen Bürgerkrieg über. In dieser Phase befinden sich Länder wie Nigeria oder der Libanon. Die nächste Stufe ist erreicht, wenn Christen und andere Ungläubige in der Minderheit sind und Muslime uneingeschränkt Macht ausüben, wie etwa in Somalia.

Über die aktuelle Lage in dem afrikanischen Land schreibt die christliche NGO Open Doors:

> Die Gefahren, die man als Christ in Somalia eingeht, sind extrem. Die meisten, wenn nicht alle, sind Konvertiten mit muslimischem Hintergrund. Das macht sie zu einem wertvollen Ziel für al-Shabaab, eine militante Gruppe, die wiederholt ihren Wunsch geäußert hat, das Land von Christen

> zu befreien. Wenn sie entdeckt werden, werden Christen häufig auf der Stelle getötet.[497]

Die kurze Aufzählung zeigt, dass die Islamisierung, sprich die Zerstörung beziehungsweise Eroberung der westlichen Kultur und Gesellschaft von unterschiedlichen Kräften in der muslimischen Bevölkerung unterstützt und vorangetrieben wird. Ob ein Muslim gemäßigt, radikal oder extremistisch auftritt, sagt nichts über seine Ziele aus, sondern lediglich, über die Methoden, mit denen er sie erreichen möchte.

Sehr viele Muslime, die sich als gemäßigt und tolerant gebärden – die »feministische« Muslima mit Kopftuch, die führenden Kräfte von Islamverbänden oder die muslimischen Islamexperten, die in Talkshows auftreten –, streben, so wie der mordende Gotteskrieger, eine islamische Gesellschaft an.

Einen Euroislam, also einen toleranten, mit westlichen Werten kompatiblen Islam, der den Bürgern von einigen Muslimen, linken Politikern und Experten versprochen oder besser vorgegaukelt wird, war nie mehr als eine Karotte, die man den Ungläubigen vor die Nase gehalten hat, denn der Islam ist im Kern nicht reformierbar. Er hat sich seit 1400 Jahren nicht geändert.

Der renommierte ägyptisch-deutsche Politikwissenschaftler und Islamkritiker Hamed Abdel-Samad schreibt in seinem Buch *Der islamische Faschismus*:

> Dieser »Kult der Überlieferung« ist ein zentraler Aspekt des islamischen Denkens: Es gilt die Unantastbarkeit des Koran, in dem alles Wissen enthalten ist. Der politische Islam fühlt sich mit einem Auftrag Gottes versehen, der losgelöst von Zeit, Raum und Realität erfüllt werden muss. Salafisten und Dschihadisten verteufeln eine zeitgemäße Interpretation der Texte, denn die Gebote Gottes dürfe der Mensch nicht umdeuten.[498]

Das politmediale Establishment muss solche Mythen und immer groteskere Lügengeschichten in Umlauf bringen, um seine eigene Untätigkeit, Unterwürfigkeit und Komplizenschaft mit dem Islam gegenüber der autochthonen Restbevölkerung als tolerante, moralische und alternativlose Politik verkaufen zu können.

Dass die Ausbreitung des Islams das Ende des aufgeklärten, abendländischen Westens bedeutet, steht für jeden, der sich mit der Geschichte dieser Religion auseinandergesetzt hat, außer Zweifel. Dass ausgerechnet das überalterte, schwache, von Schuld geplagte und verweichlichte Europa, wo der Hass auf die eigene Geschichte und Kultur besonders stark und der Selbstbehauptungswille besonders schwach ausgeprägt sind, dass ausgerechnet dieses Europa dem Islam die Stirn bieten könnte, erscheint geradezu lächerlich.

Der konservative britische Autor Douglas Murray schreibt:

> Nur Europäer und ihre Nachkommen erinnern sich an ihre Sünden. Also müssen auch nur Europäer und ihre Nachkommen ununterbrochen dafür büßen.[499]

Die Buße besteht in der Selbstaufgabe, Selbstauflösung, in der Kapitulation vor den islamischen Kolonialisten. Europa hat längst die Waffen gestreckt, die Eliten sind aus purer Angst und vorauseilendem Gehorsam längst zum Helfershelfer der Islamisten geworden. Egal ob die EU, die nationalen Regierungen, NGOs, Stiftungen oder der linke Wissenschaftsbetrieb, sie alle unterstützen die Islamisierung Europas, durch ihre Politik, ihr Engagement, durch neue Gesetze, Propaganda, Desinformation und sozialen Druck.

So kritisiert etwa Yasemin El-Menouar, Leiterin des Programms »Lebendige Werte« der Bertelsmann Stiftung, die EU als »antimuslimische Union«[500] und behauptet, ohne das freilich mit Zahlen belegen zu können: »Die Gewalt gegen Muslime nimmt in Europa zu.« Stiftungen, NGOs, Brüssel, Islamisten, nationale Regierungen und

Islamverbände spielen sich den Ball gegenseitig zu, um mit immer schärferen Maßnahmen, Gesetzen und Initiativen jegliche Kritik am Islam und Islamismus zu unterbinden.

Wenn Dschihadisten einmal mehr Ungläubige massakrieren wie in Berlin, Madrid, Brüssel, Magdeburg, London, Nizza, Paris oder Wien, dann beschränken sich die Verwalter des europäischen Niedergangs auf das Absondern hohler Phrasen, in denen das Wort Islam – wenn überhaupt – nur in positivem Kontext vorkommt. Und sie intensivieren den Kampf gegen Islamkritiker. Noch deutlicher kann man seine Komplizenschaft mit den Islamisten und seine Unterwürfigkeit gegenüber dem Islam nicht mehr zum Ausdruck bringen. Um Konflikte mit den Muslimen zu vermeiden, werden von der herrschenden Klasse die Bürgerrechte beschnitten, Parteiverbote diskutiert, werden – wie in Rumänien – demokratische Wahlen annulliert, wird die Meinungsfreiheit eingeschränkt.

Was steht am Ende einer solchen Entwicklung? Was passiert, wenn Muslime in Deutschland den Ton angeben, sie die Mehrheit stellen und damit auch über Wahlen die politischen Schalthebel und Machtzentren besetzen können? Selbstredend werden sie sich, sobald sie die linken Parteien als nützliche Idioten nicht mehr benötigen, politisch selbst organisieren und mit eigenen Parteien bei Wahlen antreten. In vielen europäischen Ländern hat dieser Prozess schon begonnen.

Etwa in Schweden, wo die Islampartei Nyans (Die Neuen) bei der Reichstagswahl 2022 in den Migrantenvierteln der Großstädte bis zu 30 Prozent der Stimmen erreicht hat.[501] Auch in Großbritannien feierten Islamisten bei den Kommunal- und Bürgermeisterwahlen im Mai 2024 große Erfolge. Viele radikale Muslime zogen in Stadt- und Gemeinderäte ein, entweder als Kandidaten der Grünen oder als »Unabhängige«. Im Wahlkreis Gipton und Harehills in Leeds feierte etwa der Islamist Mothin Ali seinen Erdrutschsieg von 51,6 Prozent standesgemäß in islamischen Gewändern und mit lauten »Allahu Akbar«-Rufen vor den Kameras.[502] So wie in Leeds sitzen nun überall mehr oder weniger radikale Muslime in den Gemeinderäten. Oder sie regieren längst in den Großstädten wie Sadiq Khan in London seit 2016.

Wenn Muslime in gewissen Bezirken, Regionen, Städten einen relevanten Teil der Bevölkerung stellen, werden sie automatisch zu politischen Machtfaktoren, zumal alle Parteien, wenn sie Wahlen gewinnen wollen, auf deren Stimmen angewiesen sind.

Die britische Politologin Rafaela M. Dancygier hat sich mit diesem Thema intensiv beschäftigt. Sie schreibt:

> Europäische Parteien, die in Regionen mit einem muslimischen Bevölkerungsanteil tätig sind, sehen sich muslimischen Wählerschaften gegenüber, die nicht an bestimmte Parteien gebunden sind und deren ethnische Netzwerke und religiöse Institutionen sich zu einer schlagkräftigen Wählermacht zusammenschließen. Auf ihrer Suche nach Wählerstimmen werden die lokalen Parteieliten diese Realitäten kaum ignorieren können. Infolgedessen können sie ungeachtet ideologischer Spannungen oder nicht muslimischer Opposition eine große Zahl muslimischer Kandidaten und Wähler auf ethnisch-religiöser Basis einbinden.[503]

Anders ausgedrückt: Muslime wählen Parteien nicht aufgrund ihrer Ideologie, sie wählen jene Kräfte, die ihre speziellen muslimischen Interessen am besten bedienen. Weil das die Parteien wissen und sie auf muslimische Stimmen angewiesen sind, richten sie ihre Politik in zunehmendem Maße an dieser Klientel aus. Selbstredend werden auch in Deutschland die Muslime immer mehr politische Ämter übernehmen. Ob man als Grüner, Roter, Gelber, Schwarzer oder als Vertreter einer neuen Islampartei »Allahu Akbar« ruft, macht dabei keinen Unterschied.

Deutschland wird mit jedem Jahr und zunehmendem Tempo islamischer. Es gleicht sich Ländern wie Afghanistan, Syrien, Somalia oder Pakistan an und nicht jenen wie Katar, den Vereinigten Arabischen Emiraten oder dem Oman. Denn Deutschland importiert vor allem die Unterschicht aus den erstgenannten Staaten und verfügt darüber hinaus auch nicht über nennenswerte Rohstoffe. Die Entwicklung hin zu einem islamischen Entwicklungsland – als korruptes Shithole mit niedrigem Lebensstandard, in dem die Menschenrechte mit Füßen getreten werden – ist also vorgezeichnet. Sollte sich jemand in Ihrem Umfeld in absehbarer Zeit fragen, wie es so weit kommen konnte, geben Sie ihm dieses Buch zu lesen.

Obwohl das Justemilieu diese Entwicklung anstrebt, scheinen sich Figuren wie Robert Habeck, Nancy Faeser, Jan Böhmermann, Herbert Grönemeyer, Caren Miosga und wie sie alle heißen nicht im Klaren zu sein, was auch sie erwartet, wenn das Projekt abgeschlossen ist. Dabei könnten sie jederzeit einen Blick in ihre eigene Zukunft werfen; sie müssten sich nur die Zustände in Syrien, im Libanon, in Nigeria oder anderen islamischen Ländern ansehen, wo Ungläubige diskriminiert, verfolgt und auch in großer Zahl ermordet werden.

KAPITEL 7

Der Genozid an den Deutschen

Landwirtschaftsminister Cem Özdemir, selbst türkischstämmig, schrieb im September 2024 einen Gastbeitrag in der *Frankfurter Allgemeinen Zeitung* über die Ängste seiner Tochter vor Migranten: »Wenn sie in der Stadt unterwegs ist, kommt es häufiger vor, dass sie oder ihre Freundinnen von Männern mit Migrationshintergrund unangenehm begafft oder sexualisiert werden«,[504] beschwert sich der Minister, dessen Partei für diese Zustände, an denen seine Tochter nun leidet, nicht nur mit-, sondern hauptverantwortlich ist.

Er könnte sich also bei sich selbst beschweren, sich selbst anklagen und bei seiner Tochter und allen anderen belästigten und vergewaltigten Frauen und den unzähligen sonstigen Opfern grün-linker Politik entschuldigen und Besserung geloben. Das macht er selbstredend nicht. Ein Grüner übernimmt als überzeugter Ideologe und Gesinnungsethiker niemals die Verantwortung für seine Taten und Entscheidungen, egal wie blutig und mörderisch ihre Folgen auch sein mögen. Selbst Massenmörder wie Mao oder Stalin werden von den Linken bis heute verehrt.

Özdemir hat, so wie seine grünen Genossen, vielmehr jahrzehntelang alle als Nazis, Chauvinisten, Rassisten und Hetzer beschimpft, die ihn vor dem gewarnt haben, was er nun öffentlich bejammert. Jetzt, wo er und seine Familie selbst an den Folgen seiner grünen Politik leiden, beklagt er öffentlich diese Entwicklungen. Das ist heuchlerisch und charakterlos, kurz typisch grün. Aber das ist hier nicht das Thema.

Interessanter als der zweifelhafte Charakter eines Özdemirs ist der offene Brief eines Vaters, den er als Reaktion auf diesen Gastbeitrag in der *Frankfurter Allgemeinen Zeitung* geschrieben hat. Die Tochter von Michael Kyrath, die 17-jährige Ann-Marie, wurde gemeinsam mit ihrem 19-jährigen Freund auf dem Nachhauseweg von der Schule am 25. Januar 2023 von einem Palästinenser mit Dutzenden Messerstichen niedergemetzelt.

Ihr Vater kritisiert in seinem Brief an Özdemir nicht nur dessen politische 180-Grad-Wende, nachdem seine Tochter belästigt worden ist, sondern berichtet auch, dass ihm seit dem tragischen Ereignis über 300 Eltern geschrieben haben, deren Kinder dasselbe Schicksal erlitten haben, also von zumeist muslimischen Gewalttätern ermordet wurden. Das ist eine unglaubliche Zahl und eine, die erahnen lässt, wie viel Leid, wie viele zerstörte Leben und Tote dieses linke Polit-Experiment, das uns trotz allem nach wie vor als alternativlos, bereichernd und glückseligmachend verkauft wird, tatsächlich verursacht hat. Zumal sich nur ein sehr kleiner Teil der vielen betroffenen Angehörigen an den engagierten Michael Kyrath gewandt hatten. Kyrath schreibt in seinem Brief an Özdemir:

> Können Sie es sich vorstellen, was so eine Tat mit den Hinterbliebenen macht? Mit uns als Eltern? Mit den Großeltern, Mitschülern, Lehrern, Freunden, Nachbarn?
>
> Wir werden niemals den Schulabschluss unserer Kinder mitfeiern! Wir werden ihnen niemals zu einer bestandenen Berufsausbildung oder Studium gratulieren! Wir werden nicht an ihren Hochzeiten teilnehmen, und wir werden auch niemals eigene Enkelkinder willkommen heißen. Wir werden unsere Kinder nie wieder in den Arm nehmen dürfen und ihnen sagen, dass wir sie lieben! Bei mir haben sich über 300 Elternpaare gemeldet, die in den letzten fünf Jahren ihre Kinder verloren haben.

> Was uns alle eint, sind fünf Eckpunkte:
> 1. Immer das gleiche Täterprofil
> 2. Immer das gleiche Tatwerkzeug
> 3. Immer die gleichen Tatmotive
> 4. Immer der nahezu gleiche Tathergang und
> 5. immer die gleichen Floskeln der verantwortlichen Politiker nach einer solchen Tat![505]

Niemand weiß genau, wie viele Kinder und Jugendliche aufgrund linker Zuwanderungspolitik bereits ermordet, verstümmelt, vergewaltigt, verprügelt und traumatisiert worden sind, niemand will es wissen. Darüber gibt es keine Statistik, keine Studien, keine Talksendungen, keine Dokus etc. Die politische und geistige Elite des Landes kümmert sich ausschließlich um das angebliche Leid und die Bedürfnisse jener, die für diese Taten verantwortlich sind.

Es ist unglaublich, niemand von den Mainstream-Parteien, den Medien, der Wissenschaft, Kultur und Zivilgesellschaft interessiert sich auch nur peripher dafür, wie viele Deutsche in den vergangenen Jahren in Deutschland ermordet, missbraucht, verletzt und traumatisiert worden sind, weil sie Deutsche, weil sie Weiße, weil sie Ungläubige sind. Es ist ein brutales Verbrechen an der Menschheit, das vor unser aller Augen jeden Tag abläuft. Im Jahr 2023 wurden 26 113 Messerattacken in Deutschland registriert.[506] Das sind 72 pro Tag! Dass das dramatische Ausmaß der Messerkriminalität erstmals nicht in einem deutschen Medium, sondern von der *Neuen Zürcher Zeitung* veröffentlicht und mit Zahlen belegt wurde, spricht ebenfalls Bände. Die Schweizer Journalisten haben recherchiert, was die deutschen Kollegen aus ideologischen Gründen und Verantwortungslosigkeit nicht interessiert, sie haben dafür die Traumaregister der Deutschen Gesellschaft für Unfallchirurgie (DGU) erfasst und ausgewertet. Die *Neue Zürcher Zeitung* berichtet, dass bei der explodierenden Messerkriminalität »ausländische Tatverdächtige […] stark überrepräsentiert«[507]sind. DGU-Generalsekretär Dietmar Pennig sagt zur Statistik: »Ein größeres Warnsignal an die Politik als diese Statistik kann ich mir schwer vorstellen.«[508]

Trotzdem versuchen die gleichgeschalteten Medien und Parteien jedes Menschenleben, das dieser Politik zum Opfer gefallen ist, als Einzelfall, als (neue) Normalität, als unvermeidbare Entwicklung darzustellen, obwohl, wie Michael Kyrath in seinem offenen Brief festgestellt hat, hinter dem Großteil der Angriffe stets dasselbe Muster steckt, die Täter-Opfer-Konstellation in der Regel immer dieselbe ist.

Die Täter sind überwiegend bestimmte Ausländergruppen beziehungsweise Deutsche mit einem bestimmten Migrationshintergrund, die Opfer in der Regel Deutsche. Als Innenministerin Nancy Faeser im April 2024 die Kriminalstatistik für das vorangegangene Jahr präsentiert hat, musste selbst sie eingestehen: »Es gibt mehr Ausländer-Kriminalität«,[509] was angesichts der Zahlen eine massive Untertreibung ist. Man könnte oder man müsste vielmehr sagen, Kriminalität ist in erste Linie ein Problem der Zuwanderung. Von den 2,2 Millionen Tatverdächtigen im Jahr 2023 waren 1,3 Millionen Deutsche und 923 269 Personen ohne deutschen Pass – obwohl der Ausländeranteil in der Bevölkerung bei nur 15 Prozent liegt. 15 Prozent der Bevölkerung sind beinahe für die Hälfte der Straftaten verantwortlich. Und selbst das ist nur die halbe Wahrheit. Diese Zahl bezieht sich nur auf Verdächtige ohne deutschen Pass. Wie viele der 1,3 Millionen eingebürgert worden sind, wie viele Migrationshintergrund haben, wurde nicht erfasst. Würde man das tun, würde das gesamte Ausmaß des Verbrechens der politischen Elite offenbar. Und auch die Zahlen von 2023 sind nur eine Momentaufnahme, der Trend ist seit Jahren ungebrochen: Immer mehr Deutsche werden Opfer von Nichtdeutschen. Und die Gewalt nimmt immer dramatischere Ausmaße an. 2023 hat es um 8,6 Prozent mehr Fälle von Gewaltkriminalität, also von Mord, Totschlag, Körperverletzung, Vergewaltigungen etc., gegeben als 2022.[510] Und dabei ist in der Regel das Opfer ein Deutscher und der Täter ein importierter Neubürger: »Insgesamt nahm die Zahl der

Tatverdächtigen im Vergleich zum Vorjahr um 7,3 Prozent zu. Die Zahl nicht deutscher Tatverdächtiger erhöhte sich um 17,8 Prozent, der zugewanderten Tatverdächtigen um 29,8 Prozent.«[511]

Und auch hier sind die deutschen Kinder besonders betroffen. Unter den jungen Straftätern ist das Ungleichgewicht viel größer:

> Die Zahl der Ausländer unter jungen Strafverdächtigen explodiert förmlich. Bei Kindern (0–14 Jahre) und Jugendlichen stieg sie um rund 31 Prozent. Bei Heranwachsenden (18–21 Jahre) um mehr als 27 Prozent.[512]

Und die Opfer von jungen Straftätern sind ebenfalls überwiegend jung.

Deutschland opfert seine Kinder am linken Multikultialtar, stellt die Ideologie über das Wohl und die Sicherheit der eigenen Kinder und lässt sie buchstäblich und in voller Absicht ins Messer laufen. Die Azteken im präkolumbischen Mesoamerika opferten ihren dreizehn Göttern täglich Menschen, damit die Sonne scheint, die Maisernte gut ausfällt, es genügend regnet, man von Krankheiten verschont bleibt und die Welt nicht untergeht.[513] Unsere Multikultiideologen opfern ebenfalls täglich Menschen, insbesondere Kinder, damit ihr Weltbild nicht zusammenbricht, sie an ihren Glaubenswahrheiten und Utopien festhalten können.

Kann es ein größeres Verbrechen geben, als seine Kinder zu opfern, für seine eigene Schrottideologie, seine Befindlichkeiten, damit der selbst ernannte woke Übermensch seine moralische Überlegenheit nicht verliert, sein Scheitern nicht eingestehen muss und weiterhin mit gutem Gewissen schlafen kann.

Als im Lauf des Jahres 2024 immer mehr Videos auftauchten, auf denen junge Migranten deutsche Kinder quälen, schlagen und demütigen, berichteten die Mainstream-Medien nur zurückhaltend und vermieden es, einen Zusammenhang mit der Herkunft der Peiniger herzustellen, oftmals blieb der Migrationshintergrund überhaupt unerwähnt. Besonders abstoßend und widerlich war das Verhalten der sozialistischen Wiener Stadtregierung und Verwaltung nach dem Mord an der 13-jährigen Leonie. Die Schülerin aus Niederösterreich wurde von drei »Schutz suchenden« Afghanen zu Tode vergewaltigt. Wenige Tage nach dem grausamen Verbrechen veranstalteten Angehörige und Betroffene eine Trauerkundgebung, bei der an einem Platz im ersten Bezirk in Wien zahlreiche Kränze abgelegt, Kerzen und Bilder des Mädchens aufgestellt wurden. Sofort nach der Trauerveranstaltung ließ die Stadt Wien diese Bilder, Kerzen und Kränze, die an das Mädchen erinnern sollten, von der Müllabfuhr entfernen und im Müll entsorgen.[514] Deutlicher kann man seinen miesen Charakter und seine Verachtung für die eigenen Kinder nicht zeigen. Man will die blutigen Folgen seiner Politik – die Stadt Wien ist besonders großzügig beim Verteilen von Steuergeld an Migranten – vertuschen, niemand soll sich an die vielen Todesopfer erinnern, sie müssen so schnell als möglich aus dem öffentlichen Bewusstsein verschwinden. Deshalb werden ihre Namen nicht genannt, ihre Bilder nicht gezeigt, sie bekommen keine Gedenktafeln, keine Mahnmale erinnern an islamistischen Terror. Nichts soll an die Tausenden Todesopfer der Massenzuwanderung erinnern.

Ein kleiner Teil der Gesellschaft nimmt die Mehrheit in Geiselhaft und das Leid und den Tod Tausender Menschen für ein ideologisches Projekt in Kauf, das längst gescheitert ist. Trotz der bisherigen Erfahrungen, der vielen Toten gibt es weder ernsthafte Bemühungen, die Migrantenströme einzudämmen, noch ernsthafte Sicherheitskontrollen, um an den Grenzen potenzielle Mörder, Terroristen, Vergewaltiger etc. auszusieben. Man setzt die europäische Bevölkerung gezielt einem Heer von Kriminellen und Extremisten aus, ohne dafür auch nur einen einzigen vernünftigen Grund nennen zu können. Was man den Bürgern diesbezüglich auftischt, sind ausschließlich Vorwände, Lügen und Ausreden. Die Folgen kann man unter anderem in den immer dramatischer werdenden Kriminalstatistiken nachlesen.

Das sind keine Kollateralschäden, das ist keine Naivität, das ist keine Inkompetenz, sondern Absicht. Douglas Murray:

> Die Machthaber bilden sich ein, dass es nichts ausmachen würde, wenn die Europäer und die europäische Kultur der Welt verloren gingen. Einige unter ihnen haben sich klar dafür entschieden, das Volk aufzulösen und sich ein anderes zu wählen […].[515]

Deshalb denkt das politmediale Establishment auch nicht daran, gegenzusteuern, obwohl die Lage von Jahr zu Jahr dramatischer wird, man ist nicht einmal bereit, das Problem offen zu benennen. Wozu auch? Es ist für sie keines.

Politik und Medien sehen eine ihrer wichtigsten Aufgaben vielmehr darin, alles zu unternehmen, um dieses blutige Verbrechen vor der Bevölkerung zu verheimlichen. Während Tag für Tag Bevölkerungsgruppen ins Land gelassen werden, die die Kriminalstatistik nach oben treiben, versucht man diese Tatsache zu verschleiern, versucht den Bürgern eine Normalität vorzugaukeln, die es längst nicht mehr gibt. Nach der Veröffentlichung der Kriminalstatistik im Jahr 2024 versuchte die ARD das amtliche und ohnehin nach politisch korrekten Kriterien geschönte Zahlenwerk in Zweifel zu ziehen. Das ARD-Format *Monitor* verbreitete über die sozialen Medien die Warnung: »Vorsicht bei den Zahlen«, diese seien »kein Abbild der Kriminalität«. Die Statistik sei »mit Vorsicht zu genießen«.[516]

Denn, so eine der fadenscheinigen Begründungen der ARD: »Expert:innen sagen: Ausländer:innen werden im Schnitt häufiger angezeigt. Das verzerrt das Bild.«[517] Soll heißen: Ausländer seien zu verängstigt und zu eingeschüchtert von den Nazideutschen, sodass sie selbst dann, wenn sie Opfer eines Verbrechens geworden sind, dieses nicht anzeigen. Diese Darstellung ist für jeden, der sich in der realen Welt und nicht nur in den linken medialen Blasen bewegt, derart absurd, dass es sich nicht lohnt, näher darauf einzugehen. Es ist nur ein Strohhalm, nach dem die linken Schreibtischtäter und Komplizen dieses Massenmordes greifen, um ihr wahnsinniges Projekt nicht zu gefährden. Das ist ein Argument, das stets dann hervorgeholt wird, wenn man das Offensichtliche in Zweifel ziehen und aus den deutschen Opfern Täter machen möchte.

Je mehr Todesopfer der Bevölkerungsaustausch fordert, je offensichtlicher wird, welch katastrophale Folgen die Massenzuwanderung hat, desto absurder, hysterischer und irrer werden die Verteidigungs- und Vertuschungsstrategien. So berichtet die ARD-*Tagesschau* über die Kriminalstatistik 2023:

> Und eine weitere Zahl in der Statistik aller Straftaten lässt aufhorchen: die der nicht deutschen Tatverdächtigen, zu denen auch Touristen oder Arbeitspendler zählen.[518]

Der öffentlich-rechtliche Rundfunk, dessen gesetzliche Aufgabe es wäre, die Menschen unabhängig und objektiv zu informieren, versucht das Problem der explodierenden Gewaltkriminalität durch zugewanderte muslimische Männer harmlosen Touristen und brav arbeitenden Pendlern in die Schuhe zu schieben. So, als ob Österreicher, die in Bayern arbeiten, oder Tschechen, die täglich über die Grenze pendeln, für die Messermorde in Deutschland verantwortlich wären. Man macht das aber so geschickt, dass es rechtlich nicht angreifbar ist, denn, ja, auch Arbeitspendler und Touristen sind Ausländer. Mehr Wahrheitsgehalt hat diese Aussage allerdings nicht, denn Touristen und Arbeitspendler stellen in der Gruppe der ausländischen Tatverdächtigen 0,09 Prozent.[519] Man stellt eine völlig irrelevante Gruppe in den Vordergrund, bringt sie mit einer Entwicklung in Verbindung, mit der sie absolut nichts zu tun hat, um von den wahren Tätern und ihren Hintermännern an den Schreibtischen in den Ministerien, Amtsstuben und Redaktionen, zu denen insbesondere die ARD-Redakteure zählen, abzulenken. Die ARD und die anderen öffentlich-rechtlichen Sender sind die eifrigsten und skrupellosesten Propagandisten der Massenzuwanderung, indem sie seit Jahren für offene Grenzen werben, die Kritiker dieser Politik als Verbrecher diffamieren und die Folgen verschweigen.

Das ist nicht nur journalistisch letztklassig, sondern auch eine gezielte Meinungsmanipulation und Desinformation, jene Verbrechen zu vertuschen, die die linke Herrscherklasse begeht und bei denen sie von der ARD und anderen Mainstream-Medien unterstützt wird. Sie lügen, tricksen, ihre Manipulationen werden immer aufwendiger, um das Offensichtliche zu verbergen, was aber angesichts der Dramatik der Entwicklungen immer öfter scheitert. So verbreiteten die meisten Mainstream-Medien, dass an den Silvesterunruhen 2024 in Berlin vor allem Deutsche beteiligt waren. Die *Berliner Zeitung* titelte: »1453 Straftaten, fast 700 Verdächtige – es sind vor allem Deutsche«.[520]

Diese »Deutschen« heißen Ali, Harun, Hamza, Khalid, Mehdi, Umit, Yasin, Youssef etc. Wie Recherchen von *Nius* ergaben, tragen 65 Prozent der »Deutschen« eindeutig keine deutschen Vornamen. Die Mainstream-Medien und Behörden lügen uns frech ins Gesicht, wollen uns täuschen. *Nius* schreibt: »Warum die offiziellen Kriminalstatistiken nichts mehr über die Realität aussagen«.[521] Die desinformierenden Mainstream-Medien verspielen damit ihre Glaubwürdigkeit, denn auf den in den sozialen Medien in großer Zahl kursierenden Videos etwa über die Silvesterunruhen kann jeder sehen, dass hier keine Deutschen die Straßen und Plätze in ein Schlachtfeld verwandeln, und selbst der harte Kern der Wählerschaft der Grünen weiß, auch wenn er es sich nicht offen eingesteht, wer für die steigende Zahl an Messerattacken, Terroranschlägen und Vergewaltigungen verantwortlich ist. Obwohl alle Teile der Gesellschaft – Behörden, Politik, Medien, NGOs, Bürger – die Wahrheit kennen, verbreitet das politmediale Establishment weiterhin linke Narrative und Verschwörungstheorien, um den Schein zu wahren, um nicht gegenzusteuern oder Verantwortung übernehmen zu müssen. Der Verbrecher, obwohl längst überführt, lügt unverfroren weiter, und seine Komplizen, die Medien, der Kulturbetrieb und die Zivilgesellschaft unterstützen ihn dabei. Um diese dauerhafte, immer größer werdende Lüge noch irgendwie aufrechterhalten zu können, müssen die Meinungsfreiheit immer weiter eingeengt und die Bürger mit immer größerem Druck und schärferen Gesetzen mundtot gemacht werden.

Diese autoritäre und verbrecherische Strategie führt in ihrer Gesamtheit dazu, dass die Gewalt gegen die Deutschen mehr oder weniger ungebremst immer bedrohlichere Ausmaße annimmt. Zumal die Bürger vom Staat kaum noch Hilfe zu erwarten haben, er sieht in ihnen vielmehr Untertanen, Gegner und Feinde. Wäre dem nicht so, würde er sie schützen und nicht permanent belügen und mit falschen Versprechen hinhalten. Hier einige Opfer dieses Verrates, dieser Politik:

- Am 10. März 2013 wird Daniel S. in Kirchweyhe beim Versuch, einen Streit zu schlichten, von Cihan A. zu Tode getreten.[522]
- Am 16. Oktober 2016 wird die Leiche der 19-jährigen Maria Ladenburger in einem Bach in Freiburg gefunden. Hussein K., der als minderjähriger Flüchtling aus Afghanistan nach Deutschland emigriert ist, hat die Studentin vergewaltigt und ermordet.
- Am 19. Dezember 2016 fährt der Tunesier Anis Amri mit einem Lkw in den Weihnachtsmarkt am Berliner Breitscheidplatz. Bei dem islamistischen Attentat sterben 13 Personen, 67 weitere werden zum Teil schwer verletzt.
- Am 7. Dezember 2017 ersticht in Kandel (Rheinland-Pfalz) ein als unbegleiteter minderjähriger Flüchtling eingereister Afghane seine 15-jährige deutsche Ex-Freundin Mia V.[523]
- 2019 stößt der Eritreer Habte A. am Hauptbahnhof in Frankfurt eine Mutter und ihr Kind vor einen einfahrenden ICE. Die Mutter überlebt, der 8-Jährige Leo stirbt.[524]

- Am 4. Oktober 2020 attackiert Abdullah al Haj Hasan in Dresden Thomas L. und Oliver L., ein homosexuelles Touristenpaar aus Nordrhein-Westfalen, mit einem Messer. Thomas L. stirbt, sein Partner wird schwer verletzt.
- Der staatenlose Palästinenser Ibrahim A. (34) sticht 6 Tage nach seiner Haftentlassung im Zug von Kiel nach Hamburg wahllos auf Fahrgäste ein. Er tötet das junge Paar Ann-Marie (17) und Danny (19) und verletzt vier weitere Passagiere schwer.[525]
- Am 10. Februar 2024 ermordet eine jugendliche Migrantengang die beiden Basketballspieler Volodymyr Yermakov (17) und Artem Kozachenko (18) aus der Ukraine am Bahnhof in Oberhausen. Der Haupttäter, der Deutsch-Türke Mert V. (15)., ist als Intensivtäter polizeibekannt. Er sticht mehrfach auf die Jugendlichen ein, weil sie, wie er sagt, Ukrainer waren.[526]
- Am 31. Mai 2024 versucht der 25-jährige Afghane Sulaiman A. den bekannten Islamkritiker Michael Stürzenberger bei einer Veranstaltung in Mannheim zu ermorden. Er verletzt Stürzenberger schwer und tötet den 29-jährigen Polizeihauptkommissar und Familienvater Rouven Laur.
- Am 23. Juni 2024 prügelt eine Migrantengruppe im Kurpark von Bad Oeynhausen den 20-jährigen Philippos T. zu Tode. Der junge Grieche hatte ein großes christliches Kreuz als Halskette getragen. Der Hauptverdächtige der Teenagergruppe ist der polizeibekannte 18-jährige Syrer Mwafak A., der 2016 im Rahmen einer Familienzusammenführung nach Deutschland gekommen ist.
- Der polizeibekannte Marokkaner Amine Y. (18) tritt am 15. Juli 2024 im Bahnhof von Uelzen (Niedersachsen) einen 56-jährigen Familienvater die Treppe hinunter. Das Opfer erleidet schwere Kopfverletzungen und stirbt noch auf den Stufen.[527]
- Am 20. Dezember 2024 ermordet der Saudi Taleb al-Abdulmohsen am Weihnachtsmarkt in Magdeburg 6 Personen und verletzt 299 zum Teil lebensgefährlich, darunter viele Kinder. Der

Mann hatte zuvor mehrfach öffentlich Anschläge und Gewalt angekündigt, trotzdem haben die Behörden nichts unternommen. Diese Aufzählung von Verbrechen, die es zumindest in die überregionale Presse geschafft haben, soll nur ein Schlaglicht darauf werfen, wie viele Menschen allein deshalb ermordet wurden, weil sie Deutsche und Ungläubige waren und weil der Staat sie nicht ausreichend schützte, obwohl dies seine wichtigste Aufgabe wäre. Stattdessen lässt er jedes Jahr Zigtausende weitere potenzielle Feinde der Bevölkerung massenhaft ins Land, die er, selbst wenn sie auffällig werden, wie etwa der Massenmörder von Magdeburg, weitgehend unbehelligt lässt.

Dass die Zahl der vollendeten Morde und vollendeten Totschlagdelikte in Deutschland konstant hoch ist und nicht dramatisch steigt, liegt vor allem an den Fortschritten in der Intensivmedizin. In den Krankenhäusern rettet man den vielen Opfern der linken Zuwanderungspolitik wie am Fließband das Leben: »Die Zahl schwerer Messerverletzungen in Deutschland hat drastisch zugenommen. Die Dunkelziffer dürfte noch deutlich höher liegen«,[528] schrieb die *Neue Zürcher Zeitung* im August 2024.

Zudem werden in Deutschland eindeutige Morde dank des Migrantenbonus von der Justiz gerne als schwere Körperverletzung mit Todesfolge verharmlost. Wenn Migranten allein oder in Rudeln andere zu Tode prügeln oder niederstechen, wendet die Justiz in der Regel die volle Milde des Gesetzes an, reizt alles aus, damit die Täter möglichst wenig Zeit im Gefängnis verbringen müssen und die Mordstatistik nicht von Rechten »instrumentalisiert« werden kann. Selbst wenn die Tötungsabsicht klar erkennbar ist, begnügt sich die Staatsanwaltschaft zumeist mit schwerer Körperverletzung mit Todesfolge. Eines von unzähligen Beispielen dafür ist etwa der Fall Jonny K. Eine sechsköpfige Migrantenbande prügelte den 20-jährigen Deutschen mit thailändischen Wurzeln am Berliner Alexanderplatz zu Tode. Die sechs Täter mussten nicht einmal in U-Haft. Der Haupttäter, der Boxer Onur U., und seine Komplizen wurden nicht wegen Mordes oder Totschlags, sondern lediglich wegen Körperverletzung angeklagt und verurteilt. Die Haftstrafen lagen zwischen 2 Jahren und 3 Monaten und 4,5 Jahren. Doch, wie die *Welt* berichtete, waren die ersten Täter bereits nach gut einem Jahr wieder auf freiem Fuß.[529] Der Haupttäter saß für einen brutalen Mord aus niederen Motiven, der von der deutschen Kuscheljustiz, die als Handlanger der verbrecherischen Multikultiideologen fungiert, zur Körperverletzung umdeklariert wurde, ganze 2 Jahre![530] Mit Recht hat ein solches Urteil nichts mehr zu tun.

Bei einem Fußballmatch beim Germany Cup in Frankfurt zwischen der französischen U-17-Mannschaft des FC Metz und des JFC Berlin wird der 15-jährige Paul P. von einem Marokkaner, der für die Franzosen spielt, erschlagen. Der 17-jährige Migrant wird wegen vorsätzlicher Körperverletzung sowie Körperverletzung mit Todesfolge schuldig gesprochen und kann nach dem Urteil, 2 Jahre Haft auf Bewährung, das Gericht als freier Mann verlassen.[531]

Am Ostermontag im Jahr 2019 raste der Kosovare Kushtrim H. mit 167 Sachen und ohne Führerschein durch das Stadtgebiet von Moers und rammt den Kleinwagen einer zweifachen Mutter. Die 43-Jährige stirbt. Die *Bild* titelt: »Gericht hebt Mord-Urteil lebenslang auf – Tot-Raser genießt seine Freiheit.«[532] Der Bundesgerichtshof (BGH) hatte das Mord-Urteil aufgehoben und Kushtrim H. kam sofort auf freien Fuß, weil er, wie es eine Gerichtssprecherin wörtlich ausdrückte, zum Tatzeitpunkt »noch relativ jung war«.[533] Er war 22.

Anklagen und Urteile wie in diesen geschilderten Fällen sind in Deutschland, wenn die Täter einen muslimischen Hintergrund haben, nicht die Ausnahme, sondern die Regel. Deshalb ist die Entwicklung bei den Körperverletzungen wesentlich aussagekräftiger, spiegeln diese Zahlen die zunehmende Gewalt und Verrohung in Deutschland doch wesentlich besser wider. 2023 wurden in Deutschland 682 742 Menschen Opfer von Körperverletzung, das ist ein neuer Spitzenwert. Zum Vergleich: 2014, kurz vor der riesigen Einwanderungswelle im

Zuge des Willkommenswahns, lag die Opferzahl bei 590 766.[534] Das ist ein Plus von über 15 Prozent.

Die zunehmende Gewalt – Mord, Totschlag und Körperverletzung – nur aus kriminalistischer Sicht zu betrachten, ist ein grober Fehler, weil dadurch die eigentlichen Probleme und die Hintergründe verdeckt werden, weil es sich bei vielen dieser Taten eben nicht um klassische Verbrechen, deren Motive in der Regel, Geld, Eifersucht oder Rache sind, handelt. Sie besitzen vielmehr eine starke kulturelle, ethnische und religiöse Komponente; sie müssen im Kontext der Islamisierung Deutschlands verstanden werden. Das mit fortschreitender Islamisierung auch die Verbrechen ansteigen, ist keine Koinzidenz, es besteht ein klarer kausaler Zusammenhang.

Der zunehmende Hass auf und die Gewalt gegen Deutsche werden unter anderem vom islamischen Weltbild gespeist, das wie bereits erwähnt klar zwischen Muslimen und Ungläubigen unterscheidet und nicht minder klar definiert, dass Letztere in jeder Beziehung in der islamischen Hierarchie unter den Muslimen rangieren. Ungläubige sind nicht die Freunde der Muslime.

Im Koran, Sure 3,28 heißt es:

> Die Gläubigen sollen sich nicht die Ungläubigen anstatt der Gläubigen zu Freunden nehmen. Wer das tut, hat keine Gemeinschaft (mehr) mit Allah.[535]

Ungläubige können und sollen – wie in Kapitel 6 beschrieben – diskriminiert, verfolgt und ihnen womöglich auch Schlimmeres angetan werden.

Das alles steht im Koran, der für Muslime das geschriebene Wort Gottes ist, das nicht verrück- oder interpretierbar ist. Selbstverständlich prägen solche Lehren, ein solches Weltbild, das Klima im Land und das Verhältnis der gesellschaftlichen Gruppen zueinander. Das tritt bei Massenmorden wie am Weihnachtsmarkt an der Berliner

Gedächtniskirche oder am Weihnachtsmarkt in Magdeburg ganz offen zutage, spiegelt sich aber auch in den alltäglichen Morden, Vergewaltigungen, dem Schülermobbing etc. wider.

Selbstredend wird das in den öffentlichen Debatten über die zunehmende Gewalt völlig ausgeblendet. Wer einen Konnex zwischen Massenzuwanderung, dem islamischen Welt- und Menschenbild und der zunehmenden Gewalt in Deutschland herstellt, wird selbst zum Verbrecher, der ist ein Hetzer. Von sogenannten Hate Crimes, von Hasskriminalität also, wird in konkreten Fällen nur gesprochen, wenn der Täter ein Deutscher und das Opfer keiner ist, was aber – zum Leidwesen des politmedialen Establishments, das solche Fälle für seine Propaganda dringend braucht – nur selten vorkommt. Im wesentlich häufigeren umgekehrten Fall ist es hingegen ein absolutes Tabu, von Hasskriminalität zu sprechen, die so definiert wird:

> Straftaten, bei denen das Opfer des Delikts vom Täter vorsätzlich nach dem Kriterium der wirklichen oder vermuteten Zugehörigkeit zu einer gesellschaftlichen Gruppe oder auch einem biologischen Geschlecht [...] gewählt wird und sich die Tat gegen die gewählte Gruppe als Ganze bzw. in diesem Zusammenhang gegen eine Institution, Sache oder ein Objekt richtet.[536]

So schlugen im Dezember 2024 Innenministerin Faeser und die Mainstream-Presse Alarm, dass die Hasskriminalität gegen Schwule, Lesben und Transsexuelle dramatisch zugenommen habe. Die ARD-*Tagesschau* vermeldete sogleich:

> Starker Anstieg queerfeindlicher Straftaten. [...] Die Polizei erfasste 2023 1785 Fälle gegen lesbische, schwule, bisexuelle, trans- und intergeschlechtliche sowie andere queere Menschen. Im Jahr zuvor waren es noch 1188 Taten.[537]

Auch die *Frankfurter Allgemeine Zeitung* berichtete:

> Die Polizei hat 2023 50 Prozent mehr Fälle von queerfeindlichen Straftaten registriert als im Vorjahr. Bei fast jeder fünften Tat spielte Gewalt eine Rolle. Die Bundesinnenministerin nennt die Zahlen »erschreckend«.[538]

Und Faeser sagte weiter:

> Queerfeindliche Gewalt muss als solche klar benannt und gezielt verfolgt werden. Wir müssen all diejenigen schützen und unterstützen, die wegen ihrer sexuellen Orientierung oder geschlechtlichen Identität Hass, Diskriminierung und Gewalt erleben.[539]

Indes erwähnen weder Faeser noch die Mainstream-Medien den Grund, warum immer mehr dieser Menschen attackiert werden und welchen kulturellen und religiösen Hintergrund viele der Täter haben. Die Schweizer *Neue Zürcher Zeitung* erklärt, warum Faeser und die deutschen Mainstream-Medien das verschweigen:

> Gewalt gegen Homosexuelle hat in Berlin in den letzten Jahren stark zugenommen. Der kulturelle Hintergrund dieser Taten wird gerne verdrängt – weil er mit Islamismus und Migration zu tun hat.[540]

Deshalb ist es pure Heuchelei, wenn Faeser vollmundig verkündet, diese Menschen schützen zu wollen, wenn sie nicht einmal bereit ist, das Problem und seine Ursachen beim Namen zu nennen. Das zeigt, dass selbst diese Gruppe, die so sehr von Politik und Medien hofiert wird und die im Mittelpunt der woken Ideologie steht, keinerlei Schutz vom politmedialen Establishment zu erwarten hat, sie nichts anders als politische Verschubmasse und ein Vehikel ist, um die globalistische Transformation voranzutreiben.

Dass Gewalt gegen (ungläubige) Frauen und gegen Schwule zunimmt, ist nur *ein* Aspekt dieses Religionskrieges, den die Muslime gegen die Ungläubigen führen. Auch in solchen Fällen sehen sich die Täter als Gotteskrieger, die den Willen Allahs umsetzen, den dieser eindeutig formuliert hat.

In seiner Abschiedsbotschaft soll Mohammed seinen Anhänger gesagt haben:

> Mir wurde aufgetragen, alle Männer so lange zu bekämpfen, bis sie sagen, »es gibt keine Gottheit außer Gott«.[541]

Diese Aussage deckt sich mit dieser (und vielen anderen) Koransure:

> Tötet die Götzendiener, wo immer ihr sie findet, und ergreift sie und belagert sie und lauert ihnen aus jedem Hinterhalt auf.[542]

Es ist deshalb absurd, solche Attacken nur aus einer Perspektive zu betrachten, die die Täter als lediglich psychisch gestört, traumatisiert oder einfach nur kriminell darstellt, das ist einzig und allein die westliche politisch korrekte Froschperspektive. Aus diesem Blickwinkel betrachtet sind derlei Taten einfach nur gewöhnliche Verbrechen; dass sie in einem viel größeren und für uns sehr bedrohlichen Zusammenhang stehen, wird völlig ausgeblendet.

Weshalb von Experten, Politikern und Medien selbst Attentate, zu denen sich islamistische Terrororganisationen bekennen oder wo die Täter einen eindeutigen islamistischen Hintergrund haben, als Einzelfälle, als Taten von Psychopathen oder sonst wie umgedeutet werden, nur um das Offensichtliche zu vertuschen. Damit soll auch verschleiert werden, dass die derzeit noch zumeist sporadischen und unkoordinierten Attentate sich langsam, aber sicher zu einem Bürgerkrieg auswachsen werden. Der Übergang von Terror zu Krieg erfolgt bei der Islamisierung eines Landes fließend und wird vor allem durch den Prozentsatz der rückständig denkenden Muslime an der Bevölkerung bestimmt. Dabei gilt die Faustregel, je höher ihr Anteil, desto blutiger wird es.

Das kann man deshalb vorhersagen, weil die Islamisierung von Ländern und Regionen in der Regel immer nach diesem Muster abläuft. Dafür gibt es unzählige historische und aktuelle Beispiele. Das sind keine Behauptungen oder Prognosen, das ist für Millionen von Menschen weltweit traurige Realität. Etwa im Nahen Osten oder in Afrika, wo man in vielen Regionen in Echtzeit beobachten kann, was auf Deutschland zukommen könnte.

Die NGO Open Doors beschäftigt sich mit der Christenverfolgung in aller Welt. In ihrem aktuellen Bericht (Stand Februar 2025) schreibt sie:

> Die Verfolgung hat [...] gegenüber 2024 erneut an Intensität zugelegt. Weltweit sind mehr als 380 Millionen Christen in 78 Ländern wegen ihres Glaubens intensiver Verfolgung und Diskriminierung ausgesetzt. In den 50 Ländern des Weltverfolgungsindex gilt dies sogar in einem sehr hohen bis extremen Maß. Davon betroffen sind 310 Millionen der dort lebenden 741 Millionen Christen.[543]

Christen, sprich: Ungläubige, werden mit Ausnahme der kommunistischen Systeme Nordkorea und China fast ausschließlich in muslimischen Ländern verfolgt. Laut dem Verfolgungsindex nachfolgend die Länder, in denen Christen am häufigsten verfolgt, gefoltert und ermordet werden:

1. Nordkorea
2. Somalia

3. Libyen
4. Eritrea
5. Jemen
6. Nigeria
7. Pakistan
8. Sudan
9. Iran
10. Afghanistan

In praktisch allen Staaten mit muslimscher Mehrheitsbevölkerung werden Christen beziehungsweise Ungläubige also vertrieben, ermordet oder zumindest diskriminiert. In keinem dieser Länder haben Ungläubige dieselben Rechte wie Muslime, in keinem können sie gleichberechtigt mit den Muslimen leben. Das liegt daran, dass der Islam nicht universalistisch ist: Er besitzt keine allgemeingültige Ethik für menschliches Verhalten. Vielmehr handelt es sich um eine dualistische Ethik, welche die Menschheit in zwei Gruppen einteilt: in Muslime und Kafir.

Das oberste Gebot des Islams ist, dass sich die gesamte Welt Allah unterwerfen und der Sunna Mohammeds folgen müsse. Der Dschihad, der Krieg gegen die Ungläubigen, ist das Instrument zur Erreichung dieses Ziels. Daran hat sich seit 1400 Jahren nichts geändert.

Bereits während der letzten Lebensjahre Mohammeds, also in der ersten Hälfte des 7. Jahrhunderts, starteten seine muslimischen Kämpfer ihre Überfälle von der arabischen Halbinsel auf das damals byzantinische Syrien und Persien.[544] Rund 80 Jahre nach seinem Tod im Jahr 632 hatte ein neues arabisch-muslimisches Reich die Christen aus weiten Teilen des Nahen Ostens und aus Nordafrika vertrieben. In einem weiteren Jahrhundert gerieten Sizilien, Sardinien, Korsika, Kreta und Süditalien unter muslimische Kontrolle. Seither hat sich der Islam immer weiter ausgebreitet in dem Bestreben, auch den Rest Europas zu unterwerfen. Die Muslime haben bereits im 8. Jahrhundert die iberische Halbinsel erobert und erfolglos versucht, weiter nach Norden vorzudringen. Die Osmanen schickten sich gar zweimal (1529 und 1683) an, Wien, den »Goldenen Apfel«, einzunehmen; sie eroberten Teile Ungarns und des Balkans. Allein in den vergangenen Jahrhunderten gab es unzählige Kriege und Abwehrschlachten der Europäer gegen die Invasoren.

Das haben die woken Europäer längst aus ihrem Geschichtsbewusstsein gedrängt, diese permanenten und bis heute anhaltenden Eroberungsversuche der Muslime und die nunmehr eingestellten europäischen Abwehrkämpfe wurden und werden aus ideologischen Gründen von den ideologisierten Wissenschaften völlig anders dargestellt.

So wissen die wenigsten, dass muslimische Piraten aus Nordafrika Europäer bis weit ins 18. Jahrhundert hinein entführt und versklavt haben. Zwischen 1530 und 1780 sind rund eine Million Europäer von muslimischen Sklavenhändlern verschleppt und in Nordafrika als Sklaven gehalten worden.

Auch die Kreuzzüge der Europäer waren, anders als heute von linken islamophilen Wissenschaftlern dargestellt, nicht das Ergebnis eines frühen abendländischen Imperialismus. Sie erfolgten vielmehr als Reaktion auf den aggressiven und expansiven Islam. Man wollte die heiligen Stätten der Christen befreien und schützen. Die Kreuzfahrerstaaten hatten für die Europäer keinerlei ökonomische Bedeutung und waren auch im Hinblick auf ihre Größe und Lage völlig irrelevant. Dieser historische Rückblick ist wichtig, um zu verstehen, welch enorme Risiken die Geschichtsvergessenheit beziehungsweise der linke Geschichtsrevisionismus birgt, zumal Europa Millionen von Muslimen ohne jede Not auf jenes Territorium einwandern lässt, das von unseren Vorfahren unter großen Anstrengungen und mit hohem Blutzoll über Jahrhunderte hinweg verteidigt wurde.

Während viele europäische Bürger aufgrund eines ideologisierten Bildungssystems und ihres fehlenden Geschichtsbewusstseins nicht wissen, was die muslimische Massenzuwanderung für Risiken und

Gefahren beinhaltet, wissen das die Globalisten und linken Ideologen nur allzu gut. Deswegen täuschen und belügen sie uns ja auch in einem fort.

Europa wird vor unser aller Augen von Muslimen kolonisiert, doch das Establishment versucht alles, damit wir den Blick woanders hinlenken: nach »rechts«, aufs Klima, auf Killerviren, auf den irren Trump oder wahlweise den bösen Putin.

Ein Unterfangen, das immer schwieriger wird, zumal viele Muslime ihre Absichten und Ziele zunehmend lauter und offensiver kundtun, etwa wenn Tausende von ihnen auf deutschen Straßen das Kalifat, also einen islamischen Gottesstaat fordern.

Samir Zaqout, Vorsitzender des Politbüros des Islamischen Dschihad im Gazastreifen, sagt:

> Der Prophet Mohammed hat auch die Eroberung Roms und Europas vorausgesagt. Dies und alles andere, was der Prophet Mohammed vorausgesagt hat, wird zur vorherbestimmten Zeit geschehen.[545]

Das ist nicht die Meinung eines Extremisten, sondern islamischer Common Sense. Wer wissen will, was uns bevorsteht, erfährt es. Doch die meisten wollen es nicht. Egal, wie offen einzelne Muslime über die Machtübernahme in Europa auch sprechen, das politmediale Establishment hält sich wie die berühmten drei Affen Augen, Ohren und Mund zu.

Ein Verhalten, wie es der Fabrikant Gottlieb Biedermann in Max Frischs Drama *Biedermann und die Brandstifter* an den Tag legt. Der gute Biedermann lässt die als harmlose Hausierer getarnten Brandstifter auf dem Dachboden einziehen, verköstigt sie, akzeptiert, dass sie Benzinfässer ins Haus schleppen, und gibt ihnen sogar noch die Streichhölzer, damit sie am Ende alles abfackeln können. Weil die Parallelen zwischen Max Frischs Drama und den aktuellen Entwicklungen so frappant und offensichtlich sind, wird der Stoff des Schweizer Schriftstellers auch kaum noch aufgeführt oder in den Gymnasien gelesen.

Was diese Biedermann'sche Politik für die Bevölkerung bedeuten kann, zeigen viele historische und aktuelle Beispiele. In der Türkei leben praktisch keine Christen mehr. Sie stellen gerade einmal 0,2 Prozent der Bevölkerung. Ende das 19. Jahrhunderts, also vor rund 120 Jahren, waren noch 25 Prozent der Bevölkerung des Osmanischen Reichs auf dem heutigen Gebiet der Türkei christlichen Glaubens. Zwischen diesen beiden Zahlen liegen Massenmorde, Vertreibungen und unendliches Leid.

Kurz: Die Christen im Osmanischen Reich und der Türkei wurden systematisch ausgerottet. Hier die wichtigsten »Stationen« dieser Auslöschung:

- 1894–1896 wurden bei ersten antiarmenischen Pogromen 80 000 bis 300 000 armenische Christen und etwa 25 000 Assyrer ermordet.
- 1909 wurden bei Pogromen in Adana und der Provinz Kilikien 30 000 armenische Christen ermordet.
- 1913 wurden bis zu 400 000 christliche Bulgaren aus Ostthrakien und anatolischen Gebieten vertrieben.
- 1915–1917 wurden bis zu 1,5 Millionen armenische Christen im Osmanischen Reich ermordet. Hunderttausende wurden nach Mesopotamien und Arabien deportiert. Im selben Zeitraum wurden auch bis zu 250 000 Assyrer/Aramäer ermordet.
- 1922–1923 wurden über 1,2 Millionen griechisch-orthodoxe Christen im Zuge der griechischen Niederlage im griechisch-türkischen Krieg vertrieben.
- 1955 verließen, nach dem vor allem gegen Griechen gerichteten Pogrom von Istanbul, Tausende griechisch-orthodoxe Einwohner das Land.[546]

Die Türkei ist kein Einzelfall. Die Vertreibung und Vernichtung von Christen und anderen Ungläubigen ist stets zentraler Teil der

Islamisierung. Im Nahen Osten, der Wiege der Christenheit, stehen die Christen vor ihrer kompletten Vernichtung.

Das musste selbst die islamophile ARD-*Tagesschau* eingestehen, auch wenn sie die Ursachen und Verursacher selbstredend nicht erwähnt hat:

> Seit Jahrzehnten nehmen Anzahl und Bedeutung der Christen im Nahen Osten kontinuierlich ab. Waren sie vor rund 100 Jahren mit rund 20 Prozent der Bevölkerung ein deutlich wahrnehmbarer Teil der orientalischen Gesellschaft, sind sie inzwischen vielerorts nur noch eine kleine Randgruppe.[547]

Auch in Schwarzafrika werden jedes Jahr Zehntausende Christen gefoltert, vertrieben, verschleppt und ermordet. Genaue Zahlen gibt es nicht, weil sich Europa für diesen Völkermord in Afrika kaum interessiert, nicht einmal die katholische Kirche. Mehr als ein paar Floskeln haben die verfolgten und bedrängten Christen Afrikas von Rom beziehungsweise Europa nicht zu erwarten, obwohl man im Vatikan von den Gräueln weiß.

Anlässlich einer Afrikareise in 2023 berichteten etwa Christen von den Verbrechen im Ostkongo:

> Überlebende Frauen schilderten, wie sie als Gefangene von Milizionären über Monate vergewaltigt wurden und das Fleisch getöteter Männer zum Essen vorgesetzt bekamen. Jugendliche berichteten, wie sie die Ermordung ihrer Familien miterleben mussten. Andere zeigten ihre verstümmelten Gliedmaßen.[548]

Besonders tatkräftig und brutal bei der Islamisierung Afrikas ist die Terrormiliz Boko Haram, die vor allem in Nigeria aktiv ist. Im bevölkerungsreichsten Land Afrikas sind knapp mehr als die Hälfte der Bevölkerung Muslime, im halben Land gilt bereits die Scharia, und die Christen kommen immer stärker unter Druck. Die Boko Haram hat sich zum Ziel gesetzt, aus Nigeria ein Kalifat zu machen, so wie das auch viele Muslime mit dem Segen des ehemaligen Staatsschutzchefs Thomas Haldenwang in Deutschland planen.[549]

Diese Ziele verfolgen sie mit äußerster Brutalität. Allein im Jahr 2014 hat Boko Haram nach Angaben des australischen Institute for Economics and Peace rund 7500 Menschen ermordet. Hunderttausende flüchteten vor den Schlächtern. Ganze Dörfer und Städte im muslimisch geprägten Nordosten des Landes wurden von Boko Haram erobert.[550]

In welche Weltgegenden man auch sieht: Naher Osten, Schwarzafrika, Südostasien – überall das gleiche Bild. Warum also sollte die Islamisierung in Deutschland anders verlaufen als in der Türkei, in Pakistan, im Libanon oder eben in Nigeria? Zumal der Selbstbehauptungswille und die Widerstandskraft im woken, feminisierten Europa deutlich geringer ausgeprägt sind als in den hier aufgezählten Ländern. Und vom Verhältnis zwischen Muslimen und Nichtmuslimen in Nigeria ist Deutschland nicht mehr allzu weit entfernt, wenn man in Rechnung stellt, dass die überalterte »biodeutsche« Bevölkerung in den kommenden Jahren in großer Zahl wegstirbt, während andererseits immer mehr junge muslimische Zuwanderer und Neugeboren nachkommen.

Da passt es ins Bild, dass das politmediale Establishment sein Islamisierungsprojekt mit einer breiten Palette an Maßnahmen gegen den möglichen Widerstand der Bevölkerung absichert. Dazu zählen, wie bereits beschrieben, die zahlreichen Zensurmaßnahmen, Meldestellen, Gesetze gegen Hass und Hetze und Verbote von kritisch berichtenden Medien. Aber auch die systematische Entwaffnung der Bürger, um sie zu wehrlosen Opfern zu machen. Diese Entwaffnung verkauft man ihnen auch noch als Maßnahme, die für ihre Sicherheit sorgen soll. Das Gegenteil ist der Fall.

Denn mit Waffenverboten werden nur gesetzestreue Bürger belegt. Wer unbescholtene Menschen entwaffnet, verhindert weder Terroranschläge noch Gewaltverbrechen, ganz im Gegenteil, er macht es den Terroristen und Kriminellen nur noch leichter, ihre Taten zu begehen. Verbrecher und Terroristen kümmern Gesetze im Allgemeinen und Waffenverbote im Besonderen wenig. Strengere Waffengesetze bringen also nicht mehr Sicherheit, sie nutzen vor allem den Gewalttätern.

So berichtet etwa ein Beamter des Wiener Landeskriminalamts:

> Jeder tschetschenische Jugendliche in einer Gang läuft mittlerweile mit einer Pistole herum.[551]

Und diese Waffen wurden ausnahmslos illegal beschafft. Das ist nämlich einfacher und billiger, als sich eine Waffe legal zu besorgen, auf welchem Wege Verbrecher sie in den meisten Fällen ohnehin nicht bekommen würden.
Die Presse schreibt:

> In den vergangenen zehn Jahren sind Delikte mit Schusswaffen um 95 Prozent angestiegen. Strengere Waffengesetze helfen dagegen nur bedingt: Zwei Drittel der Verbrechen werden mit illegalen Waffen begangen.[552]

Es ist kein Zufall, dass Befürworter der Massenzuwanderung aus dem Orient praktisch immer auch Verfechter eines strengeren Waffenrechts beziehungsweise sogar eines Verbots für Privatwaffen sind. Diese beiden Haltungen gehören untrennbar zusammen, weil sie demselben Ziel dienen, weil eine wehrlose Bevölkerung besser in Schach gehalten und gesteuert werden kann.

So hat Robert Habeck Anfang das Jahres 2025 angekündigt, die Bestimmungen für den Erwerb von Schusswaffen deutlich verschärfen zu wollen.[553]

Und Innenministerin Nancy Faeser sagte nach den Silvesterunruhen 2024:

> Wenn die FDP es nicht blockiert hätte, hätten wir längst ein deutlich schärferes Waffenrecht. Das bleibt für uns auf der Agenda.[554]

Diese Reaktionen sind Teil der linken Eskalationsstrategie. Man instrumentalisiert die via Massenmigration selbst angezettelten beziehungsweise verursachten Verbrechen und Unruhen, um noch härter gegen die eigene Bevölkerung vorgehen zu können.

Auch Faeser und Habeck wissen, dass sie mit schärferen Waffengesetzen oder gar Waffenverboten die Probleme, die sie selbst gezielt herbeigeführt haben, nicht in den Griff bekommen werden. Diese dienen ausschließlich dazu, die eigene Bevölkerung besser unter Kontrolle halten zu können, eben weil man weiß, dass die Zahl der Verbrechen, die von den importierten Neubürgern begangen werden, immer dramatischer ansteigen werden und mittelfristig die öffentliche Ordnung zusammenbricht. So wie es seit Jahren zu Silvester der Fall ist, wo man als Deutscher, insbesondere als Frau, in bestimmten Stadtvierteln nicht mehr auf die Straße gehen sollte. Was derzeit noch auf bestimmte Anlässe und Orte begrenzt ist, wird sich sowohl zeitlich als auch räumlich zunehmend ausweiten. Deshalb sorgt man vor und entwaffnet die Bürger, nicht die Verbrecher, Islamisten und Dschihadisten. Es gilt die Faustregel: je unfreier, je totalitärer ein politisches System, desto strenger seine Waffengesetze.[555]

In allen Diktaturen, egal ob kommunistisch, faschistisch, theokratisch oder monarchisch, gelten fast ausnahmslos extrem strenge Waffengesetze. Auch die Scharia verbietet es den Dhimmis, also den Ungläubigen, Waffen zu besitzen und zu tragen.[556] Und natürlich gab es auch im Nationalsozialismus strenge Waffenverbote für alle Regimekritiker und Juden.

Der Autor Stephen P. Halbrook schreibt in der *Allgemeinen Schweizerischen Militärzeitschrift*:

> Anschließend ergriffen die Nazis 1933 die Macht. Diese wurde konsolidiert durch die breite Suche und Beschlagnahme von Schusswaffen bei politischen Gegnern. Nach fünf Jahren der Unterdrückung und Ausmerzung von Dissidenten unterzeichnete Hitler 1938 ein neues Waffengesetz, welches die Parteimitglieder und Gruppierungen begünstigte, jedoch den Staatsfeinden den Waffenbesitz vorenthielt. Später im gleichen Jahr, wurden in einem grausamen Schlag, in der »Reichskristallnacht«, die Juden entwaffnet. Ohne jegliche Möglichkeit der Selbstverteidigung konnte die jüdische Bevölkerung leicht in die Konzentrationslager zur Endlösung deportiert werden.[557]

Auch in der DDR war Waffenbesitz streng untersagt.[558]

Wer, wie von fast allen Systemparteien geplant, große Teile der Zivilgesellschaft entwaffnet, während Waffenverbote unter Islamisten und Kriminellen verpuffen, sorgt nicht für mehr Sicherheit, der hat anderes im Sinn.

Der libertäre Philosoph Roland Baader hat es so ausgedrückt:

> Entwaffne ein Volk und du hast vielleicht 100 Täter behindert, aber hunderttausend neue Opfer.[559]

KAPITEL 8

Was auf uns zukommt

> Wir können nicht mehr Ausländer verdauen, das gibt Mord und Totschlag.[560]

So sprach Bundeskanzler Helmut Schmidt (SPD) schon 1981 auf einer Veranstaltung des Deutschen Gewerkschaftsbundes (DGB).

Damals lag der Ausländeranteil in der BRD bei unter 5 Prozent, heute liegt er (Migranten mit deutschem Pass nicht mitgerechnet) bei über 12 Prozent.[561]

Über 30 Jahre später, am 21. November 2015, sagte die damalige Fraktionsvorsitzende der Grünen, Katrin Göring-Eckardt:

> Unser Land wird sich ändern, und zwar drastisch. Und ich freue mich drauf![562]

Beide Politiker hatten recht: Deutschland hat sich »drastisch« verändert; das Morden hat längst begonnen und wird so bald nicht mehr aufhören, sondern immer weitere Kreise ziehen. Egal, ob sich Göring-Eckardt auf diese ungute Entwicklung »gefreut« oder doch eher an ein buntes Multikultiparadies gedacht hat, abseitig sind beide Gedankengänge gleichermaßen. Es ist vermutlich eine Mischung aus beidem, aber wer weiß schon, was im Gehirn einer Grünen vor sich geht.

Der jüdische Soziologe und Antisemitismusforscher Micheal Ley (1955–2023) bezeichnete die 68er und deren Epigonen, also die Grünen, als »Hitlers Kinder«. Sie seien, so Ley, nicht nur die biologischen

Abkömmlinge der Nationalsozialisten, sondern auch die ideologischen:

> Das Absurde der 68er war ihr Kampf gegen einen Feind, der schon längst besiegt war: der Faschismus. Weshalb bekämpften die Kinder des Nationalsozialismus eine Schimäre? Oder führten sie den Kampf der Welterlösung ihrer Eltern weiter? [...] Adolf Hitler und seine total fehlgeleiteten Kinder haben eines gemeinsam: den Größenwahnsinn. Während Hitler die Deutschen zu gottähnlichen Wesen sakralisierte, die aufgerufen seien, die Welt durch ein Tausendjähriges Reich zu retten, möchten seine Nachfolger jegliche deutsche und europäische Identität durch eine Massenflutung von Migranten konsequent eliminieren, um einen neuen Menschen zu schöpfen. [...] Hitler und seine Kinder sind gleichsam symbiotisch aneinandergekettet, ihre Zwangsvorstellungen enden notwendigerweise in einem zivilisatorischen Desaster.[563]

Dieser Drang zur (Selbst-)Zerstörung, zum kulturellen Suizid, ist nicht etwa eine Erfindung der Marxisten, der 68er oder der Grünen; dieser »Todestrieb«,[564] wie ihn der russische Mathematiker Igor Rostislawowitsch Schafarewitsch nennt, ist das Wesensmerkmal aller sozialistischen Systeme, die schon seit der Antike und bei den präkolumbischen Hochkulturen Mesoamerikas ihre blutigen Spuren durch die Menschheitsgeschichte ziehen.

Wogegen die Sozialisten seit Jahrtausenden immer und immer wieder kämpfen, sind das Individuum, die Familie, das Eigentum, die Religion und die Nation. Schafarewitsch:

> Wenn man den Sozialismus als eine der Äußerungen des menschlichen Strebens zur Selbstvernichtung auffasst,

> werden seine Feindschaft gegenüber der Individualität und sein Bemühen verständlich, die Kräfte zu zerstören, die die menschliche Persönlichkeit stützen und festigen: Religion, Kultur, Familie, individuelles Eigentum.[565]

Und der russisch-deutsche Kulturphilosoph und Soziologe David Koigen merkt an:

> Die Idee des Sozialismus, so wage ich zu behaupten, ist so alt, wie die menschliche Gesellschaft selbst, aber nicht älter.[566]

Dieses zivilisatorische Desaster, von dem Ley spricht, ist das Ziel, das »Hitlers Kinder«, also die rezente deutsche Linke aller Parteien, ansteuern.

Nach dem Kindermord am 22. Januar 2025 in Aschaffenburg[567] protestierten rund 50 000 Linke, darunter zahlreiche grüne Promis, gegen rechts. Bei dieser Demo, die mehr an eine schrille Untergangsparty erinnerte, machten Spitzenpolitiker der Grünen, so Familienministerin Lisa Paus und Katrin Göring-Eckardt, fröhliche Selfies. Klimaaktivistin Luisa Neubauer tanzte auf der Bühne, und die Menge forderte auf Transparenten (»Refugees welcome« und so weiter) noch mehr Zuwanderung. Fast wirkte es, als tanzten die Teilnehmer auf den Gräbern jener unschuldigen Opfer, die sie mit ihrer Politik zu verantworten haben, während sie nach noch mehr unkontrollierter Migration verlangten und mithin nach mehr Terror, mehr Vergewaltigungen und mehr Morden.

Dieser ideologische Wahnsinn endet für Deutschland und Europa in einen Multikulticrash, der – allein aufgrund der gegenüber früheren Zeiten hohen Bevölkerungszahlen – alle bisherigen Verbrechen an der Menschheit in den Schatten stellen könnte. Der Multikulticrash wird die Todesbilanz der Sozialisten, die derzeit bei etwa 100 Millionen Opfern liegt,[568] deutlich nach oben treiben.

Die Kombination aus europäischem Selbsthass, Schuldkult, sozialistischer Ideologie und islamischem Imperialismus ist eine absolut tödliche. Sowohl die islamische Politreligion als auch die Sozialisten fühlen sich berufen, die gesamte Welt zu beherrschen. Leo Trotzki war davon überzeugt, dass der Kommunismus nur auf globaler Ebene erfolgreich sein und nicht nur in einzelnen Ländern umgesetzt werden könne. Nach dieser »Theorie der permanenten Revolution« kann der Sozialismus als Übergangsgesellschaft zum Kommunismus nur auf internationaler Ebene funktionieren, weshalb die ganze Welt durch eine Revolution vom Kapitalismus befreit werden müsse. Diesen Grundsatz verfolgen die Globalisten, die, wie sie der Historiker David Engels bezeichnet, »Milliardärssozialisten«,[569] mit allem Nachdruck.

Der Islam hat mit seinem Absolutheitsanspruch mehr oder weniger dasselbe Ziel. Deshalb ist es die Pflicht der Muslime, die Ungläubigen weltweit zu bekehren, zu beherrschen und auszubeuten. Auch Morde sind ein legitimes Instrument der Islamisierung. Etwas, was Kommunisten zwar nicht so offen kommunizieren wie die Muslime, aber ebenfalls stets in die Praxis umsetzen.

Mohammed sagt:

> Der Islam ist überlegen, nichts ist ihm übergeordnet.[570]

Kommunisten sehen das ähnlich. Auch Karl Marx und Friedrich Engels sahen im Kommunismus die ideale Gesellschaftsform, die allen anderen überlegen ist. Entsprechend ihres Selbstverständnisses wurden diese beiden Ideologien beziehungsweise Politreligionen[571] zu den blutigsten und tödlichsten in der Geschichte der Menschheit.

Auch die islamische Blutspur zieht sich, seitdem Mohammed diese Wüstenreligion im 7. Jahrhundert erfunden hat, bis in unsere Tage. Und sie ist seit ihren Anfängen, als Mohammed erste Gemetzel veranlasste, nicht unblutiger und friedlicher geworden. Seit dem

Massenmord an den Banū Quraiza in Medina im Jahre 627[572] hat es in den vergangenen 1400 Jahren unzählige weitere gegeben. Der Islam ist für Genozide an Persern, Armeniern, Jesiden, Zoroastriern und Hindus verantwortlich. Allein bei der Islamisierung Indiens sollen nach Schätzungen des renommierten indischen Historikers Kishori Saran Lal (1920–2002) zwischen den Jahren 1000 und 1500 bis zu 80 Millionen Hindus massakriert worden sein. Und die Islamisierung Europas hat, nachdem sie jahrhundertelang immer wieder abgewehrt werden konnte, gerade erst begonnen.

Während sich die Inder militärisch gegen die Eroberungen und Kolonialisierung durch die Muslime gewehrt und auch Europa über Jahrhunderte gegen die muslimischen Invasoren gekämpft haben, ist das von den rezenten woken Europäern – mit Ausnahme jener aus dem Osten – nicht mehr zu erwarten. Zumindest gibt es keine Anzeichen dafür, dass es zu einem fundamentalen Umdenken, zu einem Wiedererstarken des abendländischen Selbstbewusstseins und Selbstbehauptungswillens kommen wird.

Es deutet vielmehr einiges drauf hin, dass sich die Europäer bei der Islamisierung ihrer bald nur noch ehemaligen Heimat so verhalten werden, wie jene Konzertbesucher, die am 13. November 2015 im Bataclan-Theater in Paris abgeschlachtet wurden.

Jesse Hughes, Frontmann der US-Band Eagles of Death Metal, beobachtete das Massaker, das Islamisten dort anrichteten, von der Bühne aus. Der Amerikaner und Trump-Fan war vor allem schockiert darüber, dass sich viele Besucher, allesamt links-woke junge Europäer, nicht verteidigen wollten beziehungsweise konnten und auch nicht vor den Angreifern flüchteten. Ohne Widerstand ließen sie sich abschlachten wie Schafe:

> Ich habe miterlebt, wie etwa sieben Menschen starben. Ein paar von ihnen standen einen Meter von der Absperrung entfernt. Sie hätten sich nach hinten fallen lassen und am

> Leben bleiben können, aber sie waren zu verängstigt, um sich umzudrehen. Ich erinnere mich an eine Frau, die einfach nur dastand und ihre Hände in einer Kapitulationspose erhoben hatte. Der Terrorist sah sie schließlich, und sie sagte nur: ›Nein, nein, nein.‹ Sie ergab sich vor meinen Augen dem Tod. Ich schrie sie an: ›Hey!‹ und ich glaube nicht, dass sie mich hören konnte. Sie war so verängstigt, ich glaube, sie hatte bereits aufgegeben.[573]

Was sich damals in der Pariser Konzerthalle ereignete, ist eine Metapher für die moderne europäische Gesellschaft, zumal der Veranstaltungsort Bataclan dafür bekannt war, sich »inklusiv« und »integrativ« zu engagieren,[574] sprich besonders woke und multikulturell zu sein.

Die von den Linken dressierten Europäer, denen man alle überlebenswichtigen Reflexe abtrainiert hat, sind nicht mehr in der Lage, ihr Territorium und ihre Interessen zu schützen, auf eine Gefahr beziehungsweise Bedrohung angemessen zu reagieren, ja nicht einmal sich selbst und ihre Kinder – sofern sie welche haben – zu verteidigen. Man kann kämpfen oder fliehen, aber zu erstarren und sich widerstandslos seinem Schicksal zu ergeben, ist erbärmlich. Genauso verhalten sich die Europäer, verhält sich die EU aktuell.

Schlimmer noch, es gilt bereits als gefährlich, verdächtig und verhetzend, die realen Gefahren und Bedrohungen auch nur anzusprechen, geschweige denn die Feinde zu benennen. Weshalb auch die Tausenden Todesopfer der Massenzuwanderung keine Gesichter und Namen haben, keine Denkmäler bekommen. Die Erstochenen, von Lkws Zerquetschten, in die Luft Gesprengten, Erschossenen oder Geköpften – sie alle werden von Politik und Medien ignoriert. Würde man ihrer öffentlich gedenken, ihren Todestag begehen – die Menschen würden sich schnell über das Ausmaß des Krieges beziehungsweise Genozids, der in Europa abläuft, bewusst. Das darf nicht geschehen.

Dieses Ignorieren und Verstecken der Terrortoten, die in Wahrheit Opfer eines Krieges sind, den es offiziell nicht geben darf, hat System. Ein Jahr nach dem Terroranschlag am Berliner Breitscheidplatz vom 19. Dezember 2016 schrieben die Angehörigen der Opfer einen offenen Brief an Bundeskanzlerin Angela Merkel, in dem sie sich über deren Ignoranz beschwerten:

> In Bezug auf den Umgang mit uns Hinterbliebenen müssen wir zur Kenntnis nehmen, Frau Bundeskanzlerin, dass Sie uns auch fast ein Jahr nach dem Anschlag weder persönlich noch schriftlich kondoliert haben. Wir sind der Auffassung, dass Sie damit Ihrem Amt nicht gerecht werden. Der Anschlag galt nicht den unmittelbar betroffenen Opfern direkt, sondern der Bundesrepublik Deutschland. Es ist eine Frage des Respekts, des Anstands und eigentlich eine Selbstverständlichkeit, dass Sie als Regierungschefin im Namen der Bundesregierung unseren Familien gegenüber den Verlust eines Familienangehörigen durch einen terroristischen Akt anerkennen. Auch Ihre bisherigen Aktivitäten zur Unterstützung unserer Familien sind nicht ausreichend.[575]

An dieser Ignoranz, an diesem verachtenswerten Umgang des politmedialen Establishments mit den Toten solcher Angriffe und deren Hinterbliebenen hat sich seither nichts geändert. Solchen Opfern wird nur gedacht, wenn man aus ihrem Tod politisches Kapital schlagen kann. Das funktioniert aber nur bei der Konstellation »Deutscher = Täter – Migrant = Opfer«. Bei diesem in Deutschland äußerst seltenen Szenario fahren Politik und Medien alles auf, was sie haben. Im umgekehrten Fall – mittlerweile Alltag in Deutschland – wird nach jeder Bluttat und jedem neuen Massenmord stattdessen in ritualisierter Form »gegen rechts« demonstriert, der AfD vorgeworfen, sie würde die Tat instrumentalisieren (sprich: die richtigen Schlüsse ziehen), und an die Bevölkerung appelliert, Muslime nicht unter Generalverdacht zu stellen. Auch mit diesem Verhalten trägt man aktiv und gezielt zur Vernichtung Deutschlands beziehungsweise Europas bei.

Der bevorstehende Multikulticrash ist das Ergebnis sozialistischer Politik und solcher Verhaltensweisen. Die Linke in ihren unterschiedlichen Ausprägungen arbeitet seit Jahrzehnten an der Zerstörung des Fundamentes und der tragenden Teile unserer Gesellschaft. Nichts bleibt ausgespart. Das Private ist politisch geworden, sprich: alles wird ideologisiert und politisch gesteuert. Dabei hat man an alles gedacht, den seinerzeitigen Klassenkampf auf sämtliche Bereiche der Gesellschaft und des menschlichen Lebens ausgeweitet. Selbst das Verhältnis zwischen den Geschlechtern (LGBT, Geschlechtervielfalt etc.) und Generationen (Oma als »Umweltsau«, alte weiße Männer etc.[576]) zueinander wurde gezielt zerstört, um die Gesellschaft zu atomisieren. Clowneske Dragqueens, die auf Betreiben des Staates und linker Gruppierungen in Schulen und Kitas Kinder sexuell desorientieren und indoktrinieren, sind ein Sinnbild für das dekadente Europa und zeigen, mit welcher Menschenverachtung, die selbst vor den Kleinsten nicht haltmacht, das politmediale Establishment an ihr Zerstörungswerk geht. Das Ergebnis sind immer mehr desorientierte Teenager, die nicht mal mehr wissen, ob sie männlich oder weiblich sind.[577] Solcherart indoktrinierte Kinder sind nur noch menschliche Verschubmasse, die man für dieses geplante zivilisatorische Desaster braucht und präpariert. Deren Leben man bedenkenlos zerstört, weil man seine Ideologie, seine Utopie über alles andere stellt.

Weil die bürgerliche Gesellschaft, die westliche Demokratie und der Kapitalismus im Verbund ein hocheffizientes, widerstandsfähiges und leistungsstarkes System sind, hat die Linke Jahrzehnte für ihr Vernichtungswerk benötigt. Jetzt scheint sie vor dem Ziel zu stehen, auch wenn sich nun, viel zu spät, verstärkt Gegenkräfte formieren und aus der Bevölkerung immer mehr Zulauf erhalten. Die bürgerliche Gesellschaft und die familiären Strukturen sind zerstört, von freier Marktwirtschaft kann dank Green Deal, EU-Bürokratie und Geldsozialismus kaum noch gesprochen werden, die Demokratie liegt in Trümmern, die Presse- und Meinungsfreiheit existiert nur noch auf dem Papier.

Das Fundament des Hauses Europa ist unterspült, das Dach durchlöchert, die tragenden Teile sind eingestürzt, die Leitungen herausgerissen, die Treppen morsch und die Bewohner alt, ausgelaugt oder längst ausgezogen. In diese europäische Ruine strömen, weil es noch immer etwas zu holen gibt, unablässig kulturfremde Menschen, aber kaum welche, die willens oder in der Lage sind, dieses Haus zu erhalten, geschweige denn zu reparieren oder sicher zu machen.

Es gibt auch im wörtlichen Sinn keine Dachdecker, Installateure, Maurer, Architekten oder Statiker mehr – Fachkräfte also –, die in der Lage wären, dieses überbevölkerte Haus zu sanieren. Sämtliche Ressourcen, die finanziellen, geistigen, kulturellen und menschlichen, sind aufgebraucht. Die indoktrinierten, sich gemäß linken Schablonen selbst verwirklichenden Frauen bekommen kaum noch Kinder; viele Männer sind verweichlicht; die Streitkräfte nicht mehr einsatzfähig; die Wirtschaftsunternehmen im globalen Wettbewerb kaum noch konkurrenzfähig; die Kirchen verweltlicht; die Schulen produzieren immer mehr Analphabeten, und auch die heimische Wissenschaft generiert schon länger kein Wissen und keinen Fortschritt mehr.

Die Linke hat ganze Arbeit geleistet, hat weitgehend alles zerstört, alles »dekonstruiert«, was unsere Gesellschaft aus- und erfolgreich gemacht hat.

Die Eröffnungsfeier der Olympischen Spiele 2024 in Paris mit ihren sakralisierten Dragqueens, den apokalyptischen Reitern und der Verspottung von christlicher Religion und abendländischer Kultur war sozusagen die schrille, perverse Abschiedsvorstellung unserer Kultur. Mit diesem Spektakel demonstrierte Europa dem Rest der Welt, in welchem Zustand es sich befindet und wozu es noch willens und in der Lage ist: nämlich zu keiner eigenen kulturellen Leistung mehr, die über die Parodie, das Sexualisieren, Dekonstruieren, Persiflieren, Zersetzen und hysterische Inszenieren hinausgeht. Diese pervers-dekadente Vorstellung, dieser Tanz auf den Trümmern der abendländischen Kultur, konnte nur noch über die Bühne gehen, weil sie von 45 000 Polizisten und 18 000 Soldaten vor jener Realität abgeschirmt wurde, die die Linke selbst geschaffen hat und die in diesem traurigen Finale auch noch bejubelt wurde.

Doch aus den Trümmern linker Politik wird etwas ganz anderes erwachsen und entstehen als von Linken und Globalisten ersonnen und erhofft.

Der Kipppunkt, der Point of no Return, ist längst überschritten. Es gibt kein Zurück mehr. Das haben auch viele Bürger begriffen und reagieren unterschiedlich darauf: Sie wählen die Parteien an den politischen Rändern, flüchten sich in Scheinwelten, verschanzen sich in ihren schrumpfenden linken Echokammern, solidarisieren sich mit ihren Feinden (Stockholm-Syndrom), unterwerfen sich in vorauseilendem Gehorsam den künftigen Machthabern (Schweinefleisch ist ohnehin ungesund, und Kopftücher sind ein Zeichen der Emanzipation …), steigern sich hinein in ihren Hass gegen die Rechten, sprich: die Überbringer der schlechten Botschaften, oder verfallen, wie die feinen Damen der Jahrhundertwende, in Hysterie.

Was ist von solchen Menschen, die sich bei ihrem Marsch der Lemminge von niemanden aufhalten lassen wollen, noch zu erwarten?

Angesichts der geistigen Verfasstheit großer Teile der europäischen Bevölkerung, die offenbar fest entschlossen ist, die Realität bis zum bitteren Ende zu verleugnen, ist es mehr oder weniger sicher, dass der Crash ungebremst eintritt. Auch weil das politmediale Establishment seine Schlagzahl erhöht, je näher er rückt.

Es ist also weniger die Frage, ob der Crash kommt und auch nicht wann – er klopft ja bereits an die Tür –, sondern nur, wie dieser Zusammenbruch abläuft, wie das alte Deutschland beziehungsweise

Europa untergehen wird: in einer gewaltigen Implosion, einem chaotischen Prozess, nach langem Leiden und einem langsamen Untergang der Autochthonen oder als von oben verwalteter Niedergang beziehungsweise gesteuerte Kolonialisierung.

Vorhersagen sind zwangsläufig Spekulation. Doch in einem gewissen zeitlichen und inhaltlichen Rahmen lassen sich durchaus brauchbare und valide Prognosen treffen, zumal vieles von dem, was auf uns zukommt, schon seinen Anfang genommen hat. Was sich mit absoluter Sicherheit sagen lässt, ist, dass linke Experten mit ihren Prognosen immer falsch liegen und ihre politischen Versprechen immer Lügen sind.

Linke und ihre Experten sind sogenannte Kontraindikatoren. Man kann also davon ausgehen, dass immer das Gegenteil dessen eintritt, was sie vorhersagen. Hier nur ein paar Beispiele dafür: Die Energiewende wird ein europäisches Wirtschaftswunder auslösen. Massenzuwanderung sichert die Renten. Der arabische Frühling war eine Demokratiebewegung. Die Sanktionen gegen Russland werden Putin in die Knie zwingen. Strom und Wind schicken keine Rechnung. Die Coronaimpfung hat keine Nebenwirkungen und so weiter und so fort …

Linke liegen mit ihren Vorhersagen deshalb immer falsch, weil sie nicht versuchen, die Zukunft auf Basis von Daten und Fakten, sprich: der Realität, vorherzusagen, sondern nur ihre Erwartungen formulieren und ihre Traumtänzereien zum Maßstab ihres Handelns erheben. Sie denken die Welt immer nur von der Utopie, ihren nicht erreichbaren Idealen her und ignorieren dabei die Realität, die menschliche Natur und die Naturgesetze (es gibt mehr als zwei Geschlechter etc.). Dafür gibt es unzählige Belege.

Was wird also auf unser Land zukommen? Das Gegenteil von dem, was Mainstream-Medien, Politiker und Experten behaupten. Das ist eine Faustregel, die praktisch immer zutrifft. Und das sind angesichts all der Versprechen, die immer mehr zu Durchhalteparolen geraten, keine guten Aussichten.

Was sich schwer einschätzen lässt, ist die Frage, wie sich die unzähligen Einzelkrisen und Konfliktherde, die gerade überall ausbrechen, gegenseitig beeinflussen und aufschaukeln. Dazu gibt es in einem so komplexen System wie einer westlichen Industriegesellschaft zu viele Wechselwirkungen, Interdependenzen und Variablen. Es ist auch kaum vorherzusehen, welcher der vielen Dominosteine als erster fällt und eine Kettenreaktion auslöst. Es gibt aber auch einige Konstanten und kaum beinflussbare Prozesse, die Europa mit absoluter Sicherheit in einen Multikulticrash steuern.

So wird sich, das steht außer Zweifel, der Migrationsdruck auf Europa immer weiter erhöhen, vor allem aus Richtung Afrika. Auf dem schwarzen Kontinent explodieren die Bevölkerungszahlen regelrecht. Derzeit leben dort rund 1,5 Milliarden Menschen; 2050 werden es 2,5 Milliarden sein.[578]

Das heißt, immer mehr, vor allem junge Männer drängen in den noch wohlhabenderen Norden – mit allen Mitteln. Diese Massenzuwanderung wird so lange anhalten, wie Europa reicher als der globale Süden ist. Erst wenn in Europa afrikanische Verhältnisse herrschen, es gleichermaßen verarmt, korrupt und chaotisch ist, gibt es keinen Grund, keine Pullfaktoren mehr, von Afrika nach Europa zu emigrieren, kommt der Prozess zu einem Ende. Bis dahin wird der Migrationsdruck, werden die Migrationsströme weiter ansteigen. Die Europäer können und wollen dem nichts entgegensetzen. Es deutet nichts darauf hin, dass es ernsthafte militärische Anstrengungen geben wird, um diesen Massenansturm, der Europa mittelfristig zerstören beziehungsweise bis zur Unkenntlichkeit transformieren wird, einzudämmen oder ganz zu stoppen

Obwohl die Folgen dieser Massenzuwanderung in vielen Ländern, in Frankreich, Schweden, Deutschland oder Österreich, schon seit Jahren desaströs sind, hat es bisher keine nennenswerten Bestrebungen, weder auf nationaler noch auf europäischer Ebene gegeben, diese Menschenströme einzudämmen. Alle bisherigen Maßnahmen, etwa auf EU-Ebene, waren bestenfalls Beruhigungspillen für die Bevölkerung, die die Zuwanderungsströme nicht in dem von den Bürgern erwünschten Ausmaß drosseln konnten. In der Regel haben sie sogar gegenteilige Effekte erzielt. Das Zaudern, Zögern und der deutlich erkennbare Unwille der EU und Berlins ist einer der größten Pullfaktoren, die den Zustrom aus dem Islamgürtel und Afrika befeuern.

Migranten und Schlepper wissen, dass sie mit keinem ernsthaften Widerstand oder gut bewachten Grenzen rechnen müssen. Selbst bei Ländern wie Ungarn, die eine restriktive Zuwanderungspolitik betreiben und Zäune an ihren EU-Außengrenzen errichtet haben, stellt sich die Frage, ob sie im Fall des Falles, der mit Sicherheit früher oder später eintreten wird, die einströmenden Migranten von illegalen Grenzübertritten abhalten können und werden. Nur wer seine Grenzen mit allen Mitteln schützt und verteidigt, hat auch welche. Ansonsten existieren sie nur auf dem Papier. Um Grenzen zu schützen, braucht es den politischen Willen und genügend Kräfte, die über das dazu erforderliche Mindset und die Fähigkeiten verfügen, das auch umzusetzen.

Selbst wenn – wider Erwarten – die Migrationsströme eingedämmt werden sollten, werden aufgrund der demografischen Umwälzungen die Multikulturalisierung und Islamisierung und alle damit einhergehenden Transformationsprozesse weiterlaufen. Während in den kommenden Jahren die geburtenstarken Jahrgänge mit ihrem geringen Anteil an Menschen mit Migrationshintergrund wegsterben, rücken von unten die Jahrgänge mit von Jahr zu Jahr höherem Migrantenanteil nach.

Das wird die Gesellschaften und die europäische Kultur immer schneller und radikaler transformieren, die Fehlentwicklungen und Krisen werden sich verschärfen, in der Bevölkerung werden neue Bruch- und Frontlinien entstehen, die in unterschiedlichsten Konflikten – sozialen, religiösen etc. – aufbrechen werden. Dass es zu solchen Konflikten bis hin zu Bürgerkriegen kommen wird, steht außer Zweifel, zumal sie schon jetzt überall in Europa aufflammen – als Bandenkriege in Schweden, Straßenschlachten in Frankreich, Fußballkrawalle in den Niederlanden, Proteste in Großbritannien, Silvesterunruhen in Deutschland und so fort. Die demografischen Verschiebungen der Mehrheits- und Kräfteverhältnisse führen zwangsläufig zu Interessenkonflikten, Macht- und Verteilungskämpfen. Und wie zuvor schon ausgeführt, sind multikulturelle Gesellschaften immer instabil und konfliktträchtig.[579]

Altersaufbau der Bevölkerung nach Migrationshintergrund (2022)

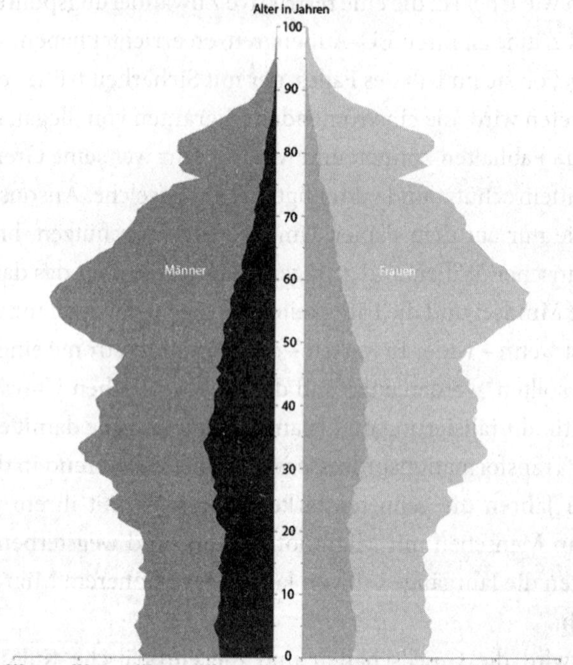

https://www.bib.bund.de/DE/Fakten/Fakt/B50-Altersaufbau-Bevoelkerung-mit-ohne-Migrationshintergrund-Zahl.html; Bundesinstitut für Bevölkerungsforschung (BiB); Statistisches Bundesamt

Zudem werden, wie bereits beschrieben, die überdehnten Sozialsysteme eher früher als später kollabieren, zumal sich die schon jetzt dramatische Situation aufgrund des Fachkräftemangels, des Bildungsverfalls, der Deindustrialisierung, des Abgangs der Babyboomer etc., sprich: des allgemeinen wirtschaftlichen Niedergangs und Wohlstandsverlustes, verschärfen wird. Schon jetzt explodieren die Sozialabgaben. Jens Baas, Chef der Techniker Krankenkasse (TK): »Die finanzielle Lage der gesetzlichen Kranken- und Pflegeversicherung ist mehr als angespannt.«[580] Obwohl die Sozialabgaben 2025 deutlich erhöht wurden – die Sozialabgabenlast der beitragspflichtigen Einnahmen liegt bei mittlerweile 42,5 Prozent –, warnt das Berliner IGES Institut: »Sozialabgaben könnten auf fast 50 Prozent oder mehr steigen.«[581] Oder anders ausgedrückt: In wenigen Jahren ist das System nicht mehr finanzierbar.

Sollte der Staat nicht mehr in der Lage sein, das nach wie vor wachsende Heer seiner importierten Schützlinge versorgen und finanzieren zu können, sind blutige Verteilungskämpfe unvermeidlich. Bei diesen Kämpfen um die schwindenden Ressourcen und den sinkenden Wohlstand wird der Staat den selbstbewussteren und durchsetzungsstärkeren migrantischen Milieus wenig entgegenzusetzen haben. Die Kräfteverhältnisse haben sich längst zu Ungunsten der autochthonen Bevölkerung verschoben.

Dass es zu solchen Verteilungskämpfen kommen wird, lässt sich ebenfalls mit hoher Wahrscheinlichkeit vorhersagen, da zig Milliarden Euro, die in den vergangenen Jahren und Jahrzehnten unter Verwendungszwecken wie Integration, Qualifizierung, Förderung oder Arbeitsmarkteingliederung in die importierten Milieus gepumpt wurden, ohne erkennbaren Effekt verpufft sind. In Wahrheit handelt es sich bei diesen enormen Summen um Schutzgeldzahlungen, mit denen sich der Staat den sozialen Frieden zulasten der Leistungsträger erkauft. Mit allerdings nachlassendem Erfolg, wie unter anderem die Kriminalstatistik und die Terrorbilanz zeigen.

Doch diese Strategie hat angesichts des stetig wachsenden Heeres an Leistungsbeziehern und des damit verbundenen wirtschaftlichen Niedergangs so oder so ein Ablaufdatum. Zumal nicht nur in den migrantischen Milieus die Zahl jener steigt, die finanziell vom Staat abhängig sind; auch der Staatsapparat selbst wurde in den vergangenen Jahren von den Linken immer weiter aufgebläht.

So hat die Ampel die Zahl der Beamtenstellen massiv ausgebaut, wie die ARD-*Tagesschau* berichtet:

> Die ehemalige Ampelkoalition hat mehr als 1600 zusätzliche Beamtenstellen in den Bundesbehörden geschaffen.[582]

Doch das ist nur ein kleiner Teil der Wahrheit, denn die Ampel hat darüber hinaus mit Milliardenzahlungen an den staatsnahen Bereich und an linke politische Vorfeldorganisationen und die Zivilgesellschaft in Form von Subventionen und Programmen Zigtausende neue, unproduktive Jobs generiert, die ebenfalls massiv den Staatshaushalt belasten. Unterm Strich muss eine immer kleinere Gruppe von Menschen für ein immer größeres Heer an einheimischen und importierten Leistungsempfängern schuften, was zum Kollaps und zu Unruhen führen muss. 2025 wird der offizielle Schuldenberg in Deutschland wohl die 3-Billionen-Grenze, das sind 3000 Milliarden, überschreiten. Es ist also auch nur eine Frage der Zeit, bis angesichts dieser Zahlen und der schlechten wirtschaftlichen Lage die Kreditwürdigkeit Deutschlands herabgestuft wird und das Leben auf Pump nicht mehr finanzierbar ist.

Dieser massive Umverteilungsapparat ist der Grund, warum die Menschen in Massen aus Asien und Afrika in Länder wie Deutschland, Österreich oder Schweden geströmt sind und noch immer strömen. Die von den Linken geschaffenen finanziellen Anreize, diese zum Teil massiven Geldleistungen, an die praktisch keine Bedingungen oder Gegenleistungen gebunden sind, haben jene Milieus und

Bevölkerungsgruppen angelockt, die für jede Volkswirtschaft katastrophal sind: nämlich die Unterschichten, die leistungs- und bildungsfernen, die kriminellen Milieus aus islamischen und afrikanischen Dritte-Welt-Regionen. So waren in Österreich 70 Prozent aller Asylwerber im Jahr 2023 Analphabeten![583]

Mit ihrer Zuwanderungs- und Sozialpolitik haben Länder wie Deutschland und Österreich also eine gezielte »Negativauslese« betrieben. Die Folgen sind dramatisch, zumal Einstellungen und Verhaltensmuster von Generation zu Generation weitergegeben werden, also transgenerational sind. Das bedeutet: Das Heer an bildungsfernen und integrationsunwilligen Leistungsempfängern wächst von Jahr zu Jahr an, selbst dann, wenn die Grenzen morgen geschlossen werden sollten.

Das ist auch dem politmedialen Establishment bewusst, weshalb es versuchen wird, die Bedürfnisse dieser wachsenden Bevölkerungsschicht, koste es, was es wolle, zu befriedigen, um die ansonsten entstehenden Konflikte und Verteilungskämpfe möglichst lange hinauszuzögern. Das heißt auch, dass der in der Privatwirtschaft tätige Mittelstand bis zum letzten Cent ausgepresst wird, er immer mehr für jene beiden Gruppen – die Sozialmigranten und den parasitären Staatsapparat – arbeiten und leisten muss.

Dass es bei der Ausbeutung der eigenen Bürger keinerlei Schamgrenzen und Hemmschwellen mehr gibt, haben etwa die Grünen bewiesen: Sie haben vorgeschlagen, dass Rentner ihre Häuser anderen Familien, sprich: Migranten, überlassen sollen. Die grüne Politikerin Christina-Johanne Schröder will nicht nur das Geld und das Einkommen der Deutschen Richtung Zuwanderer umverteilen, sondern deren Häuser und Wohnungen gleich mit:

> Deutschland hat viel Wohnraum, aber nicht genug Wohnungen. Das bedeutet, dass manche Menschen mehr Wohnraum haben, als sie brauchen, und umgekehrt.[584]

Eine Idee, die in der Ampel auf Zustimmung gestoßen ist. Noch sind das Vorschläge, doch die Richtung scheint klar: Die Deutschen sollen, um die Neubürger versorgen zu können, notfalls enteignet werden.

Die einzigen Gegenleistungen, die der deutsche Leistungsträger in der Regel von diesen beiden Gruppen, dem Staat und den Migranten aus dem Islamgürtel und Afrika, zu erwarten hat, sind Ablehnung und die permanente Forderung nach noch mehr. Denn die »Reichen«, sprich der Mittelstand, leisten aus Sicht beider Gruppen immer zu wenig.

Noch erwirtschaftet dieser stetig schrumpfende Teil der Gesellschaft genügend Kapital, um das Heer an Leistungsempfängern finanzieren zu können. Das gelingt aber nur mit immer noch höheren Steuern und Abgaben. Deutschland hat in den entsprechenden internationalen Rankings die Weltspitze erreicht; nirgendwo sonst auf der Welt werden die Bürger vom Staat mehr ausgepresst. Rechnet man die durch die »Energiewende« in die Höhe getriebenen Energie- und anderen Preise dazu, stellt sich die Situation für den Durchschnittsbürger noch brisanter dar. Das ist auch der Grund, warum die Deutschen, im Gegensatz zu dem, was Politik und Medien behaupten, alles andere als reich sind. Sie haben – wie sich das für ein sozialistisches Land gehört – kaum noch Eigentum.

Der Informationsdienst des Instituts der deutschen Wirtschaft (iwd) schreibt dazu:

> Der Unterschied zu anderen Staaten ist teils gravierend: Die Eigentumsquote in Rumänien, der Slowakei und Kroatien betrug jeweils mehr als 90 Prozent, in Portugal, Spanien und Italien wohnten rund drei von vier Einheimischen in ihrem Besitz. Selbst in Ländern wie Schweden oder Frankreich auf den hinteren Plätzen des Rankings lebten die Einwohner in mehr als 60 Prozent der Fälle im Eigentum.[585]

In keinem anderen EU-Land wohnen weniger Menschen in den eigenen vier Wänden als in der Bundesrepublik. Auch beim Vermögen pro Kopf sind die Deutschen arme Schlucker; die Bürger von vierzehn EU-Staaten, darunter die Slowakei, Zypern und Portugal, sind reicher. Auch das ist eine Folge der linken Zuwanderungs- und Umverteilungspolitik.

Doch weder eine Orange noch der produktive Teil der Gesellschaft lassen sich unendlich auspressen. Irgendwann ist Schluss, das heißt in diesem Fall: Es wird bei der Steuerbelastung der Scheitelpunkt der Laffer-Kurve erreicht. Der US-Ökonom Arthur B. Laffer hat dargelegt, dass man Steuern nicht beliebig erhöhen kann, um immer mehr Einnahmen zu generieren. Ab einer gewissen Steuerhöhe steigen die Staatseinnahmen nicht mehr, sondern sinken. Wenn eine Belastungsgrenze überschritten wird, geht etwa der Verkauf von hoch besteuerten Produkten zurück. Die Menschen werden verzichten oder versuchen, ihren Bedarf anderweitig zu decken, etwa auf dem Schwarzmarkt (Alkohol, Zigaretten) oder im Ausland (Kraftstoff). Unternehmen gehen bei zu hoher Steuer- und Abgabenlast pleite oder wandern ab, die Bürger werden demotiviert und arbeiten weniger oder schwarz, und sie entwickeln zahlreiche andere Strategien, wie man die Zahlung überhöhter Steuern vermeiden kann. An diesem Punkt ist Deutschland angelangt. Obgleich die Linken aller Parteien davon träumen, »die Reichen« noch mehr zur Kasse zu bitten, haben die extrem hohen Steuern zu vielen der gerade beschriebenen Effekte geführt. Am deutlichsten wird das bei der Schwarzarbeit, in die der gierige linke Umverteilungsstaat immer mehr Menschen zwingt, wollen diese noch ein halbwegs gutes Leben führen. Die Zahlen für die Schwarzarbeit beziehungsweise Schattenwirtschaft in Deutschland sind in den vergangenen Jahren nachgerade explodiert. 2022 umfasste sie ein Volumen von 383 Milliarden, 2023 waren es 443 Milliarden Euro und 2024 knapp 500 Milliarden.[586] Damit macht die Schattenwirtschaft in Deutschland bereits rund 10 Prozent der gesamten

Wirtschaftsleistung aus. Selbst dieser dramatische Wert, der kaum noch etwas mit einem westlichen Rechtsstaat zu tun hat, ist nur die halbe Wahrheit. Eine neue Studie der Freien Universität Berlin kommt zu dem Ergebnis:

> Empirische Befunde weisen darauf hin, dass Schwarzarbeit in Deutschland in erheblichem Umfang existiert.[587]

Die Studie geht davon aus, dass das Ausmaß von Schwarzarbeit »systematisch unterschätzt« wird. In Wahrheit dürfte der Anteil der Schattenwirtschaft an der Wirtschaft längst bei rund 20 Prozent liegen, womit sich Deutschland auch in diesem Bereich in die Gemeinschaft der Dritte-Welt-Staaten eingereiht hat. Überall zersetzt die linke Politik die staatlichen, gesellschaftlichen und wirtschaftlichen Strukturen. Deutschland wird zunehmend dysfunktional, entwickelt sich zu einem Failed State.

Auch auf europäischer Ebene arbeitet man seit Langem an der systematischen Ausbeutung und schrittweisen Enteignung der Bürger und der Zerstörung der Mittelschicht. Zu diesen Strategien gehören etwa der digitale Euro (D€) und das damit einhergehende Bargeldverbot, auf das mit einer schrittweisen Absenkung der Bargeldobergrenze hingearbeitet wird. Sobald alle Finanztransaktionen und Zahlungen nur noch digital möglich sind, kann der Bürger umfassend kontrolliert überwacht, gesteuert und auf Knopfduck enteignet werden. EZB-Chefin Christine Lagarde:

> Eine vollständige Anonymität – wie sie etwa Bargeld bietet – scheint mir keine gangbare Option zu sein. Es würde anderen Zielen der öffentlichen Ordnung zuwiderlaufen, wie der Sicherstellung der Einhaltung der Vorschriften zur Bekämpfung der Geldwäsche und der Bekämpfung der Terrorismusfinanzierung.[588]

Dass der digitale Euro mehr als nur ein Zahlungsmittel, mehr als nur Geld, sondern vor allem ein Instrument zur Kontrolle und Disziplinierung der Bürger ist, gibt man in der EU mehr oder weniger offen zu.

Lagarde:

> Der digitale Euro ist kein eigenständiges Projekt, das auf den Zahlungsverkehr beschränkt ist. Es handelt sich vielmehr um eine politikübergreifende und wirkliche europäische Initiative, die das Potenzial hat, die Gesellschaft als Ganzes zu beeinflussen.[589]

Das ist eine gefährliche Drohung.

In einer bargeldlosen Gesellschaft ist der Bürger der Obrigkeit völlig ausgeliefert. Er kann nicht nur lückenlos überwacht und kontrolliert werden, auch sein Verhalten kann gesteuert und seine soziale Existenz jederzeit ausgelöscht werden, sollte er zum Beispiel politisch auffällig werden. Die Möglichkeiten hierzu sind in einer Gesellschaft, in der alle wirtschaftlichen und finanziellen Transaktionen digital erfolgen, alles erfasst, gespeichert und mit anderen Daten verknüpft werden kann, grenzenlos. Zumal die EU wirklich jedes noch so kleine Schlupfloch schließen will. So plant Brüssel ein EU-weites Vermögensregister,[590] in dem sämtliche Besitztümer aller 450 Millionen EU-Bürger bis zur letzten Silbermünze aufgelistet werden sollen. Das beträfe neben den klassischen Vermögensarten wie Bankguthaben, Aktien und anderen Geldanlagen, Immobilien, Grundstücke etc. auch Werte wie Autos, Schmuck, Gold, Kunstwerke, teure Teppiche und dergleichen.

Das sind die Komponenten, mittels derer die EU eine Art Sozialkredit-System nach chinesischem Vorbild etablieren will, um die Bürger lückenlos zu kontrollieren, auf dass jegliches Fehlverhalten und unerwünschtes politisches Engagement sofort unterbunden werden kann. Auch das ist keine Prognose, sondern bereits jetzt, nach Maßgabe der technischen und gesetzlichen Möglichkeiten, gelebte Praxis. So hat sich etwa das sogenannte De-Banking als Instrument zur Unterdrückung und Verfolgung Andersdenkender in der EU etabliert. De-Banking, sprich Kontosperrungen, sind ein hochwirksames Repressionsinstrument, denn ohne Bankkonto ist ein normales Leben nicht mehr möglich. Wer keine Bankverbindung hat, wird zum Bürger zweiter Klasse. Wer sich mit dem Establishment anlegt, läuft in Europa Gefahr, aus dem Bankensystem ausgeschlossen zu werden. De-Banking ist eine Strategie, bei der Regierungen, Banken und Mainstream-Medien eng zusammenarbeiten. So hat der Bayerische Rundfunk das umgesetzt, was Innenministerin Nancy Faeser angekündigt hat, nämlich »rechtsextreme Netzwerke finanziell auszutrocknen«.[591] Weil Faesers Behörden Bürgern oder Vereinen aufgrund der Gesetze nicht einfach den Geldhahn zudrehen können, ist der öffentlich-rechtliche Rundfunk eingesprungen. Er hat eine Liste von Spendenkonten nicht linker Vereine, Initiativen und Medien erstellt und diese dann bei den Banken und Zahlungsdienstleistern angeschwärzt.

In dem Bericht des BR heißt es:

> BR-Reporter haben 109 IBANs und 38 PayPal-Konten, die Rechtsextreme für die Einwerbung von Spenden nutzen, bei den jeweiligen Banken im In- und Ausland sowie bei dem US-amerikanischen Zahlungsdienstleister abgefragt. Dabei hat der BR auch auf die Hintergründe der Konto- und Account-Inhaber hingewiesen [...].[592]

Die BR-Politaktion – die mit Journalismus nichts gemein hat – war für Faeser und den BR ein voller Erfolg:

> PayPal hat bis Redaktionsschluss zehn Accounts deaktiviert [...].[593]

Auch dem in der Schweiz beheimateten kritischen, konservativen Radiosender Kontrafunk wurde ohne Angaben von Gründen in Deutschland das Euro-Konto von der Volksbank Pirna gekündigt. Der Gründer und Betreiber des Senders, Burkhard Müller-Ullrich vermutet, dass »der Befehl zur Kündigung« nicht von der Bank selbst kam.[594]

Das Beispiel De-Banking, das nur eines von vielen ist, soll demonstrieren, wie weit wir uns schon jetzt von einer Demokratie und einem funktionierenden Rechtsstaat entfernt haben, wie massiv die nicht linke Opposition unterdrückt, zu welchen Mitteln das politmediale Establishment greift, um seine Macht zu festigen und zu verteidigen. Noch immer leben viele Bürger in der Illusion, in einem demokratischen Rechtsstaat zu leben, weil sie es täglich von den gleichgeschalteten, ebenfalls demokratiefeindlich agierenden Mainstream-Medien so vermittelt bekommen.

Deutschland ist zu einem linksautoritären Überwachungs- und Polizeistaat verkommen, dessen Repression sich fast ausschließlich gegen die eigenen autochthonen Bürger richtet. Man hat, wie in Kapitel 5.7 beschrieben, einen Doppelstaat, zwei staatliche Sphären, geschaffen. Das politmediale Establishment bereitet damit den Boden für die Islamisierung, die gesellschaftliche Transformation, und versucht jeglichen Widerstand und jede Gegenbewegung zu unterdrücken, um die Bürger den kommenden Konflikten und Machtkämpfen möglichst unvorbereitet und schutzlos auszuliefern.

Jeder Versuch und Trend, innerhalb der Bevölkerung, sich auf die kommenden Krisen vorzubereiten, wird vom politmedialen Establishment kritisiert und unterdrückt. So werden Personen oder Gruppen, die sich auf kommende Krisen und Notsituationen vorbereiten – etwa auf Blackouts, Unruhen, Bürgerkriege oder Naturkatastrophen –, von Politik und Medien als Rechtsextreme, »Aluhüte«, Paranoiker oder gleich als Staatsfeinde diffamiert.

So schreibt die *Frankfurter Allgemeine Zeitung*:

> Zombieapokalypse, Alieninvasion, Atomkatastrophe – die »Prepper«-Szene will vorbereitet sein und hortet Konserven, Gas und teilweise auch Waffen. Zudem gären rechtsextreme Ideologien.[595]

Wer sich aus dieser Abhängigkeit, dieser Umklammerung befreien möchte, sich im Ernstfall aber auch im Alltag lieber auf sich selbst und sein persönliches Umfeld verlässt, stellt damit den Allmachtsanspruch und die Handlungskompetenz des Staates und seiner Eliten infrage, worauf diese besonders empfindlich und repressiv reagieren. Selbstständige, eigenverantwortlich handelnde Menschen passen nun mal nicht ins Konzept und ins gewünschte Herrschaftssystem. So sorgte etwa eine der ersten Gated Communities Deutschlands, die in Köln gebaut werden soll, für heftige Kritik. Im Stadtteil Stammheim entsteht unter dem Namen »Cologne Project I« eine geschlossene Wohnsiedlung. Sie wird von einem 2 Meter hohen Zaun sowie durch elektrische Tore und Videoüberwachung geschützt. Zutritt hat nur, wer hier wohnt, sowie gebetene Gäste.[596]

Solche Gated Communities kannte man bisher nur aus Ländern oder Regionen mit hoher Kriminalität und instabiler Sicherheitslage, wie etwa Brasilien oder Südafrika. Dass nun auch in Deutschland bewachte Wohnanlagen entstehen, zeigt deutlich, wohin sich das Land entwickelt. Und dass sich gegen den Bau geschützter Wohnräume Widerstand regt, zeigt, wie sehr jeder Versuch der Bürger, sich vom zunehmend versagenden Staat unabhängig zu machen, indem sie selbst für Sicherheit, Gesundheit oder Bildung sorgen, bei der Linken auf Ablehnung stößt. Denn es widerspricht dem linken Selbstverständnis vom Staat, der für alles zuständig ist, alle Probleme löst und in dem der Bürger nur ein Zahnrad ist, fundamental.

Das Nachrichtenportal T-Online titelt dann auch unverhohlen anklagend:

> Die Reichen schirmen sich ab[597]

Das politmediale Establishment verlangt, das sich der Bürger komplett auf den Staat verlässt und keinerlei eigene Gedanken oder Eigeninitiativen entwickelt. Man will die autochthone Bevölkerung ihrem Schicksal unvorbereitet ausliefern, ein Ungleichgewicht der Kräfte schaffen. Dazu gehört auch, dass die Zahl der illegalen Waffen in Deutschland und der EU stetig zunimmt, ohne dass dagegen ernsthafte Anstrengungen unternommen werden würden. Denn illegale Waffen sind in der Regel in den Händen von migrantischen Gruppen und selbstverständlich von Kriminellen, die ebenfalls in der Mehrheit keine Deutschen sind. So berichtet die österreichische Tageszeitung *Die Presse* 2017 »Strom illegaler Waffen vom Balkan hält an«,[598] 2018 titelte die *Frankfurter Allgemeine Zeitung* »Jeder kommt an eine Kalaschnikow«.[599] Kamen die Waffen früher vor allem vom Balkan, insbesondere nach dem Jugoslawienkrieg, werden sie jetzt im großen Stil aus der Ukraine nach Europa geschmuggelt. EU-Innenkommissarin Ylva Johansson:

> Wir haben erste Hinweise darauf und wir wissen auch aus Erfahrung, dass Feuerwaffen während eines Krieges oder danach außer Landes geschmuggelt werden. Und wir wissen ja, wie viele Waffen in der Ukraine sind und dass sich nicht alle von ihnen immer in den besten Händen befinden. Deshalb müssen wir darauf vorbereitet sein, uns davor zu schützen.[600]

Ein Beamter des Kriminalamts in Österreich sagte gegenüber *Die Presse*:

> Es gibt kaum einen Einsatz – seien es Drogen, Jugendbanden oder anderes –, wo die Leute nicht bis auf die Zähne bewaffnet sind. Jeder tschetschenische Jugendliche in einer Gang läuft mittlerweile mit einer Pistole herum.[601]

Laut einer Schätzung der EU-Kommission sind etwa 35 Millionen illegale Waffen in der EU im Umlauf.[602] Eine lächerlich geringe Schätzung; es dürften deutlich mehr sein. Allein in Deutschland sollen sich mehr als 20 Millionen illegale Schusswaffen befinden. Diese, darunter auch viele Kriegswaffen (also vollautomatische Schusswaffen), sind in der Regel in den Händen bestimmter migrantischer Milieus, zumal in etlichen dieser Communities, etwa bei Tschetschenen, Albanern, bestimmten türkischen und arabischen Gruppen, eine Waffe für einen Mann ein Must-have ist: »In manchen dieser Kulturen ist die Waffe ein Statussymbol. Eine Waffe illegal zu erwerben ist billiger, als sie legal zu kaufen – und dazu ganz einfach. Der Handel floriert«,[603] sagt in *Die Presse* der Chef einer österreichischen Waffenfirma, der anonym bleiben möchte.

Im Falle eines Konfliktes, eines Bürgerkrieges, stehen schwer bewaffnete migrantische und kriminelle Milieus pazifistisch gesinnten, auf Gewaltfreiheit dressierten Bürgern, die weder eine Waffe besitzen noch jemals mit einer hantiert haben, gegenüber. Menschen, die nie gelernt haben, wie man mit physischer Gewalt umgeht, wie man sich wehrt, wie man zuschlägt, sich verteidigt. Man hat sie ihr Leben lang zu Opfern erzogen, die ohne den linken Nanny-Staat hilflos sind. Wenn dieser Staat seinen Aufgaben nicht mehr nachkommen kann oder will, sind viele dieser Menschen – die paradoxerweise einst die größten Kritiker des Staates waren (Grüne, Antifa, Anarchos etc.) – nicht durchsetzungsfähig.

Im Fall eines größeren Konfliktes zählen diese Milieus, aufgrund ihrer mangelnden Fähigkeiten und ihres Mindsets, wohl zu den Ersten, die unter die Räder kommen werden. Sie haben zumeist ihr Leben in staatlich geschützten und finanzierten Bereichen – die sie mit der realen Welt verwechseln – verbracht, haben ihr Geld in Berufen verdient, die auf dem freien Markt niemand braucht. Was die Linke in den vergangenen Jahren angestrebt und umgesetzt hat, nämlich die Bürger in hilf- und wehrlose, defätistische Untertanen umzuformen, wurde auch durch den Ukrainekonflikt sichtbar. Weil der russische Präsident Wladimir Putin von den woken globalistischen Europäern als einer ihrer größten Feinde gesehen wird, kam es im Zuge des Ukrainekonfliktes zu einem Paradigmenwechsel, einer Kehrtwende, was die Sicherheitspolitik und die Wehrfähigkeit betrifft. Die Grünen wurden von Pazifisten zu Kriegstreibern, man bedauerte plötzlich, das man die Bundeswehr kaputtgespart und die Wehrfähigkeit des Landes systematisch zerstört hat. Ein hochrangiger deutscher NATO-Kommandeur fordert von der deutschen Bevölkerung »einen stärkeren Willen zur Selbstbehauptung«,[604] also das, was man den Deutschen seit den 1960ern abtrainiert hat.

Selbstredend wird dieser Selbstbehauptungswille nur in diesem Konflikt eingefordert, in allen anderen, vor allem den inneren, sollen sich die Deutschen weiterhin so verhalten, wie man es ihnen beigebracht hat. Während man das Land gegen Russland hochrüsten will, die Deutschen gegen Putin kämpfen sollen, obwohl der sie gar nicht bedroht, sollen sie sich gleichzeitig angesichts der inneren Konflikte passiv verhalten. Man verlangt vielmehr von ihnen, alles zu ertragen, jeden weiteren Terroranschlag, jeden neuen Massenmord, jedes weitere Zurückweichen als unabwendbares Schicksal hinzunehmen.

Der *Spiegel* hat die Haltung, die von den Bürgern eingefordert wird, wie folgt formuliert: »Warum wir mit dem Terror leben müssen.«[605] Während wir also mit der importierten Gewalt »leben müssen«, haben sich der Hass und die Wut, die sich dadurch aufstauen, ausschließlich gegen rechts, gegen die kritischen Bürger zu richten. Das ist mittlerweile deutsche Staatsdoktrin, die wirklich nach jedem neuen islamistischen Massenmord und Terroranschlag von Zehntausenden Bürgern befolgt wird, wenn sie auf die Straße gehen und nicht gegen, sondern für die Politik der offenen Grenzen und gegen jene, die das kritisieren, protestieren. Das ist ein absurdes Ritual, ein öffentliches Bekenntnis, dass man es mit seinem kulturellen Suizid absolut ernst meint.

Je näher der Crash kommt, desto hysterischer, irrationaler und pathologischer werden sich das politmediale Establishment und sein Fußvolk verhalten. Auch diese Entwicklung zeichnet sich schon jetzt deutlich ab. Selbstverständlich wird auch der Kampf gegen rechts, sprich: gegen die Bürger, die sich nicht ihrem vom Establishment vorherbestimmten Schicksal fügen wollen, immer brutaler und wohl auch blutig werden. Das haben, wie bereits in Kapitel 6 dargestellt, die Briten demonstriert, als im August 2024 die Polizei gemeinsam mit muslimischen Migrantenbanden Jagd auf protestierende Bürger aus der weißen Unter- und Arbeiterschicht gemacht hat. So berichtete *Nius*:

> Wie das Portal *Visegrád 24* berichtet, kam es in Stoke zu einem schweren Übergriff auf zwei britische Männer. Diese sollen nach einem Hammer- und Axtangriff aus einer größeren Gruppe von Migranten blutig geschlagen worden sein. [...] In Blackburn mobilisierten die einwanderungskritischen Proteste wiederum Islamisten. Videos, die in den sozialen Medien zu sehen sind, zeigen Dutzende Migranten, die »Allahu Akbar«-schreiend durch die Straßen der Stadt in Nordwestengland ziehen.[606]

Und die *Neue Zürcher Zeitung* schreibt:

> Großbritannien steht nicht vor einem Bürgerkrieg, doch ist die Angst vor Straßenschlachten zwischen Migranten und Vertretern der weißen Unterschicht real.[607]

Die weiße britische Unterschicht, die durch die Zuwanderungspolitik des Establishments und die Islamisierung ihres Landes unter die Räder kommt, versuchte mit diesen Protesten auf ihre unerträgliche Situation aufmerksam zu machen. Diese wurden mit Polizeigewalt und völlig überzogenen Haftstrafen sofort niedergeschlagen. Dabei gingen die abtretenden Machthaber, das politmediale Establishment, und die künftigen Machthaber, die Muslime, eine Allianz ein, um die einfachen Briten, die gegen diesen Machtwechsel aufbegehrten, gemeinsam mundtot zu machen.

Das wird auch in Deutschland nach einem ähnlichen Muster ablaufen. Schon jetzt gibt es kaum noch Hemmschwellen, wenn es darum geht, Kritik und Widerstand aus der eigenen Bevölkerung zu unterdrücken. Das haben unter anderem die Attacke auf den Journalisten und Islamismuskritiker Michael Stürzenberger und die Reaktionen darauf gezeigt.[608] Obwohl Polizei, Behörden und Politik wussten, dass Stürzenberger gefährdet ist, weil von Islamisten bedroht, hat man ihn mehr oder weniger schutzlos seinen muslimischen Feinden ausgeliefert, hat ihm sogar verboten, sich selbst mit einer Stichschutzweste zu schützen. Die Botschaft dahinter ist unmissverständlich: Wer den von oben bestimmten Meinungskorridor verlässt, sich nicht unterordnet und die Islamisierung des Landes kritisiert, hat es nicht besser verdient. Das war der allgemeine Tenor in Politik und Medien. Das Attentat auf Stürzenberger war eine logische Folge der Politik des Establishments, oder anders ausgedrückt: Die Verantwortlichen in Politik und bei den Behörden haben es darauf angelegt.

Wozu das politmediale Establishment fähig ist, hat es auch während der Coronapandemie eindrucksvoll bewiesen, als man ein vergleichsweise ungefährliches Virus dazu missbraucht hat, um die Bürger- und Freiheitsrechte massiv einzuschränken. Aber was, wenn eine echte Ausnahmesituation droht? Nicht nur der Staat, sondern auch seine von ihm finanzierten Handlanger in Medien, Kultur und Zivilgesellschaft entwickelten einen unglaublichen Hass auf alle, die nicht mit ihnen im selbstschädigenden Coronagleichschritt marschieren wollten. Sie haben lautstark gefordert, Coronamaßnahmen-Kritiker wegzuzerren, zu isolieren oder gar zu ermorden. So sagte etwa Dieter Wischmeyer, Autor und Kabarettist im öffentlich-rechtlichen Rundfunk:

> Bis der letzte Impfgegner noch nicht ausgerottet ist, wird es wahrscheinlich so weitergehen.[609]

Und die preisgekrönte ZDF-Kabarettistin Sarah Bosetti in bester Nazidiktion:

> Wäre die Spaltung der Gesellschaft wirklich etwas so Schlimmes? Sie würde ja nicht in der Mitte auseinanderbrechen, sondern ziemlich weit rechts unten. Und so ein Blinddarm ist ja nicht im strengeren Sinne essenziell für das Überleben des Gesamtkomplexes.[610]

Jan Böhmermann mit seinem Stalinistenhumor verkündete:

> Kinder sind zurzeit gemeingefährlich. Was Ratten in der Zeit der Pest waren, sind Kinder zurzeit für Covid-19 – Wirtstiere![611]

Man kann sich gut vorstellen, wie diese Promi-Meute bei einer realen Bedrohung, die sie direkt betrifft, für sie eine reale Gefahr darstellt, reagieren wird. Und gegen das, was auf uns zukommt, war Corona tatsächlich nur ein Kindergeburtstag. Das politmediale Establishment und all seine Mittäter werden, solange sie dazu in der Lage sind, mit immer größerer Skrupellosigkeit und Repression gegen die eigene kritische Bevölkerung vorgehen. Einerseits, weil man sie fürchtet, andererseits will sich die Linke den neuen Machthabern mit der Verfolgung von Islamkritikern und Rechten als brave Dhimmis und Untertanen andienen. Es wird ihnen nichts nutzen. Solche Allianzen enden oftmals wie die iranischen Revolution Ende der 1970er: »Die iranische Tragödie: Von der Arbeitermacht zur Mullahdiktatur«,[612] jammert das marxistische Internetportal *marx21.de*. Nachdem die linken Revolutionäre gemeinsam mit den Islamisten und anderen Gruppen den Schah gestürzt hatten, wurde der Iran zum islamischen Gottesstaat, und viele führende Linke wurden hingerichtet.[613]

Eines ist aber auch dem Establishment bewusst, nämlich dass die Machtstrategien, die Indoktrination, Manipulation, Volkspädagogik etc., die es in den vergangenen Jahren entwickelt und angewandt hat, nur bei der einheimischen Bevölkerung Wirkung gezeigt haben, bei den Muslimen aber weitgehend wirkungslos verpufft sind. So ist man mit seinen ideologischen Projekten wie Frühsexualierung der Kinder, der Zerstörung der Familienstrukturen und des Geschlechterverhältnisses oder dem Klimawahn bei den muslimischen Bevölkerungsgruppen bisher auf allen Ebenen kläglich gescheitert. Damit ist auch die Frage beantwortet, wer, nicht nur aufgrund der demografischen Verschiebungen, die Macht in Europa mittelfristig übernehmen wird. Mit seiner Resistenz gegenüber den linken Macht- und Manipulationstechniken einerseits und der erfolgreichen Unterwanderung (Islamisierung) linker Strukturen in Politik, Bildung etc. anderseits, hat man längst bewiesen, wer durchsetzungsstärker ist. Das wissen auch die klügeren Linken.

Wie der Multikulticrash ablaufen, wie Europa letztendlich scheitern wird, hängt von vielen Faktoren, Einflüssen und Variablen ab. Doch über allem steht die Demografie, die, trotz aller politischen, sozialen, finanziellen, wirtschaftlichen, militärischen und sonstigen Einflüsse, unser Schicksal bestimmen wird. Dass die Deutschen und die Europäer immer älter und weniger werden ist Faktum, ein Prozess, der sich nicht mit dem Drehen an ein paar politischen Stellschrauben umkehren lässt. Selbst das totalitäre China ist trotz vieler Bemühungen gescheitert, die Geburtenzahlen nach dem Ende seiner Ein-Kind-Politik wieder zu erhöhen.

Dass die Europäer zur Minderheit auf ihrem Kontinent und von den Muslimen als Mehrheitsbevölkerung abgelöst werden, ist nur eine Frage der Zeit. Die Linke hat mit ihrer Politik in den letzten Jahren und Jahrzehnten unabänderliche Tatsachen geschaffen. Das war auch ihr Plan. Die Zerstörung der bürgerlichen Gesellschaft, der europäischen Nationalstaaten und der westlichen Kultur hat sie erreicht, wir erleben gerade den Schlussakt. Im letzten Akt der europäischen Tragödie wird die schwankende linke, globalistische Herrscherklasse alles in ihrer Macht Stehende unternehmen, um die letzten Gegen- und Widerstandsbewegungen, die immer mehr erstarken werden, wie die Wahlerfolge der rechten Parteien zeigen, zu unterdrücken und niederzuschlagen. Sie wird dabei die europäischen Errungenschaften, sowohl die immateriellen wie die materiellen – Demokratie, Menschenrechte, Wohlstand oder Infrastruktur –, zerstören und aufbieten, was sie angesichts des Niedergangs noch aufzubieten hat.

Diese politischen Machtkämpfe, diese europäische Selbstzerfleischung hat keinen Einfluss auf die bereits beschriebenen demografischen Umwälzungen und die damit verbundenen Machtverschiebungen. Die neue islamische Bevölkerung Europas kann sich entspannt zurücklehnen und das Spektakel genießen; den Kontinent hat sie längst in der Tasche. Was danach passiert, wenn Europa islamisch geworden ist, zeigen die vielen Beispiele anderer islamisierter Länder: Nigeria, Libanon etc. Das sind düstere Aussichten, aber keine, um zu resignieren. Es liegt, trotz widriger Umstände, an jedem von uns, sich diesen Entwicklungen entgegenzustemmen und ein möglichst gutes und glückliches Leben zu führen. Das sind wir auch unseren Kindern schuldig.

Der Althistoriker David Engels hat es in seinem Buch *Was tun?* so beschrieben:

> Entweder überlassen wir uns der Verzweiflung und beschleunigen hierdurch noch das Unausweichliche, oder aber wir tun alles in unserer Macht Stehende, um unserem Dasein einen Sinn zu verleihen und unsere Ehre und Würde so lange wie möglich zu wahren.[614]

Über den Autor

Mag. Werner Reichel, Jahrgang 1966, studierte in Wien Ethnologie, Publizistik und Kommunikationswissenschaften. Er war rund 20 Jahre lang beim Rundfunk tätig, unter anderem als Programmchef mehrerer Radiosender, und lehrte an der Fachhochschule Wien Radiojournalismus. Seit 2010 ist er als Journalist und Publizist selbstständig. Er schreibt für konservative und liberale Medien in Deutschland und Österreich wie *Kopp exklusiv* und *Zur Zeit*.

Buchveröffentlichungen:

- *Die roten Meinungsmacher*
- *Der deutsche Willkommenswahn*
- *Kickl muss weg*
- *Die kinderlose Gesellschaft*
- *Gegen das Vergessen*
- *Das Netzwerk der Kinderschänder*
- *Best of Baerbock u. a.*

Verwendete und weiterführende Literatur

Ballweg, Michael: *Digitale Freiheit – Wie Sie Ihre Privatsphäre schützen*, Rottenburg 2024.

Baudet, Thierry: *Der Angriff auf den Nationalstaat*, Rottenburg 2012, eBook.

Creveld, Marin van: *Wir Weicheier – Warum wir uns nicht mehr wehren können und was zu tun ist*, Graz 2017.

Dancygier, Rafaela M.: *Dilemmas of Inclusion: Muslims in European Politics*, Princeton 2017.

Engels, David: *Was tun?*, Bad Schmiedeberg 2020.

Fraenkel, Ernst: *Der Doppelstaat*, 4. Auflage, Hamburg 2021.

Gabriel, Mark A.: *Islam und Terrorismus – Was der Koran über Christentum, Gewalt und die Ziele des Djihad lehrt*, 2. Auflage, Gräfelfing 2005.

Gehlen, Arnold: *Moral und Hypermoral – eine pluralistische Ethik*, Frankfurt am Main 2004.

Griesser, Wilfried: *Flucht & Schuld – Zur Architektonik und Tiefenstruktur der »Willkommenskultur«*, Graz 2017.

Günther, Christian/Reichel, Werner/Tögel, Andreas: *Schusswaffenratgeber für Einsteiger – Kauf, Handhabung, Sicherheit und Gesetzeslage*, Wien 2017.

Habeck, Robert/Paluch, Andrea: *Kleine Helden, große Abenteuer – Neue Vorlesegeschichten*, Hamburg 2021.

Heinsohn, Gunnar: *Söhne und Weltmacht – Terror im Aufstieg und Fall der Nationen*, Zürich 2019, eBook.

Houellebecq, Michel: *Unterwerfung*, Köln 2015

Ley, Michael: *Der Selbstmord des Abendlandes*, Osnabrück 2015.

Ley, Michael: *Hitlers Kinder – Die Generation der Achtundsechziger*, Marburg an der Lahn 2018.

Morland, Paul: *Die Macht der Demografie – und wie sie die moderner Welt erklärt*, Salzburg 2019, eBook.

Murray, Douglas: *Der Selbstmord Europas – Immigration, Identität, Islam*, München 2018.

Reichel, Werner: *Der deutsche Willkommenswahn – Eine Chronik in kommentierten Zitaten 2015–2016*, Wien 2019.

Reichel, Werner (Hg.): *Europa 2030 – Wie wir in zehn Jahren leben*, Wien 2020.

Reichel, Werner: *Die kinderlose Gesellschaft*, Graz 2022.

Reichel, Werner: *Gegen das Vergessen – Corona ist erst vorbei, wenn bei den Schuldigen die Handschellen klicken*, Rottenburg 2023.

Reichel, Werner (Hg.): *Klimareligion – Auf dem Weg in den Öko-Totalitarismus*, Wien 2023.

Reichel Werner: *Best of Baerbock – Der Karrieresprung vom Trampolin ins Außenministerium*, Rottenburg, 2024.

Sarrazin, Thilo: *Deutschland auf der schiefen Bahn*, München 2024, eBook.

Schubert, Stefan: *Der geheime Krieg gegen Deutschland – Unser Land im Fadenkreuz globaler Eliten*, Rottenburg, 2024, eBook.

Sickl, Heinrich: *Das Lob der Grenze*, Graz 2020.

Ulfkotte, Udo: *Geheimplan Europa – Wie ein Kontinent erobert wird*, 4. erweiterte Auflage, Wien 2022.

Ulfkotte, Udo: *Mekka Deutschland – Die stille Islamisierung*, Rottenburg 2015.

Warner, Bill: *Scharia für Nicht-Muslime*, Brno 2015.

Warner, Bill: *Der Hadith: Die Sunna Mohammeds*, Brno 2016.

Warner, Bill: *Der Koran in zwei Stunden*, Brno 2017.

Weiss, Volkmar: *Die Intelligenz und ihre Feinde – Aufstieg und Niedergang der Industriegesellschaft*, Graz 2012.

Endnoten

Alle hier aufgeführten Links waren bei Redaktionsschluss online zugänglich. Möglicherweise haben Seitenbetreiber in der Zwischenzeit Links hinter einer Paywall versteckt. Dies liegt nicht im Verantwortungsbereich von Autor und Verlag. Für Links, die nach der Veröffentlichung von den Seitenbetreibern gelöscht oder verändert wurden, übernehmen Autor und Verlag keine Verantwortung. Manche der verlorenen Links können mithilfe der Wayback Machine im Internet Archive aufgefunden werden: *https://archive.org/web/*.

1 *https://de.statista.com/statistik/daten/studie/28347/umfrage/zuwanderung-nach-deutschland/.*

2 *https://www.nius.de/nachrichten/news/26-100-statt-13-800-doppelt-so-viele-messerangriffe-wie-in-faesers-offizieller-statistik/c89d9908-c27d-4a4f-8c5f-7883054970ca.*

3 *https://www.br.de/nachrichten/bayern/messerstiche-vor-disko-landgericht-hebt-haftbefehl-auf,UGcpt6V.*

4 *https://www.tagesschau.de/inland/regional/nordrheinwestfalen/wdr-sicher-ans-ziel-in-koeln-gibts-jetzt-nacht-taxi-gutscheine-fuer-frauen-102.html.*

5 *https://www.focus.de/panorama/enthemmt-und-leistungsschwach-absolute-hoelle-lehrerin-packt-ueber-taegliche-gewalt-an-brennpunkt-schule-aus_id_260365478.html.*

6 *https://www.handelsblatt.com/karriere/fachkraeftemangel-210000-junge-deutsche-verlassen-jaehrlich-das-land-02/100055145.html.*

7 Ley, Michael: *Der Selbstmord des Abendlandes – Die Islamisierung Europas*, Osnabrück 2015, S. 21.

8 *https://www.bild.de/politik/inland/atomstrom-import-steigt-2024-auf-rekord-hoch-67518c655109a614497e452b.*

9 *https://www.2030agenda.de/de.*

10 *https://www.bmz.de/de/agenda-2030.*

11 *https://www.saurugg.net/2017/blog/gesellschaft/nach-drei-tagen-bricht-die-oeffentlichen-ordnung-zusammen.*
12 *https://www.misesde.org/2020/02/die-arbeit-tun-die-anderen-helmut-schelskys-abrechnung-mit-der-priesterherrschaft-der-intellektuellen/.*
13 *https://www.faz.net/aktuell/politik/ausland/berichte-boko-haram-toeten-dutzende-bei-angriff-in-nigeria-110229295.html.*
14 *https://www.spiegel.de/ausland/homosexualitaet-iran-exekutiert-zwei-schwule-maenner-a-1bcc09dd-a219-4bd6-8e60-4cbd210e203e.*
15 *https://www.ovb-heimatzeitungen.de/weltspiegel/2024/12/02/clan-kriminalitaet-in-schweden-kinder-als-killer.ovb.*
16 *https://de.statista.com/statistik/daten/studie/1099780/umfrage/opfer-von-vergewaltigungen-in-der-eu/.*
17 *https://www.spiegel.de/politik/deutschland/gruene-katrin-goering-eckardt-fordert-schnelle-abschiebung-auslaendischer-gewalttaeter-a-1098409.html.*
18 *https://wien.orf.at/stories/3284436/.*
19 *https://www.bundespraesident.de/SharedDocs/Reden/DE/Frank-Walter-Steinmeier/Reden/2024/12/241227-Entscheidung-Aufloesung-BT.html.*
20 *https://www.bundespraesident.de/SharedDocs/Reden/DE/Joachim-Gauck/Interviews/2016/160619-Bericht-aus-Berlin-Interview.html.*
21 *https://www.tagesschau.de/ausland/europa/mordvorwurf-southport-100.html.*
22 *https://www.spiegel.de/panorama/justiz/london-anklage-gegen-zwoelfjaehrigen-wegen-rechtsradikaler-randale-in-england-a-1803558c-c08c-4aca-88e5-ac7c51192fc1.*
23 *https://www.deutschlandfunk.de/20-monatige-haftstrafe-wegen-hass-posts-100.html.*
24 *https://www.bbc.com/news/uk-england-bristol-38458529#.*
25 *https://de.wikipedia.org/wiki/Anschlag_in_M%C3%BCnchen_2025.*
26 *https://www.bild.de/news/ausland/anschlag-in-villach-syrer-hat-is-flagge-im-zimmer-grinste-polizei-an-67b1a4730ab840132189d4c2.*
27 *https://exxpress.at/news/terror-experte-laesst-aufhorchen-villach-ist-teil-jihadistischer-welle/.*
28 *https://www.welt.de/politik/deutschland/article255442658/Reaktionen-auf-Vance-Rede-Kuemmere-dich-um-deinen-eigenen-Kram-poebelt-Habeck.html.*
29 Ebd.
30 *https://www.bib.bund.de/DE/Fakten/Fakt/B39-Auslaendische-Bevoelkerung-ab-1970.html.*
31 *https://www.bundesregierung.de/breg-de/service/newsletter-und-abos/bulletin/die-kriminalitaet-in-der-bundesrepublik-deutschland-4-polizeiliche-kriminalstatistik-fuer-das-jahr-1995-805128.*
32 *https://de.statista.com/statistik/daten/studie/200877/umfrage/vergewaltigung-und-sexuelle-noetigung/.*

33 *https://fowid.de/meldung/muslime-deutschland-1987#:~:text=1987Prozent 20wurdenProzent20alsProzent20ProzentE2Prozent80Prozent9EAngeh ProzentC3ProzentB6rigeProzent20der,derProzent2079.430.000Prozent 20Einwohner.*

34 *https://www.bundesregierung.de/breg-de/service/newsletter-und-abos/ bulletin/asylbewerberzahlen-im-jahr-1995-805798.*

35 *https://www.spiegel.de/spiegel/print/index-1995.html.*

36 *https://www.spiegel.de/spiegel/print/index-2023.html; https://www.spiegel.de/ spiegel/print/index-2024.html.*

37 *https://www.spiegel.de/politik/deutschland/kohl-wollte-jeden-zweiten- tuerken-in-deutschland-loswerden-a-914318.html.*

38 Ebd.

39 *https://www.ifd-allensbach.de/studien-und-berichte/faz-monatsberichte.html.*

40 *https://de.wikipedia.org/wiki/Bundestagswahl_1994.*

41 *https://www.welt.de/print-welt/article663342/Die-Deutschen-stehen-nicht- schlecht-da.html.*

42 *https://www.tichyseinblick.de/meinungen/gruene-schalten-kernkraftwerke- ab-und-kohlekraftwerke-an/.*

43 *https://www.gold.de/staatsverschuldung-deutschland/.*

44 *https://www.faz.net/aktuell/politik/inland/deutschland-fast-jedes-zweite- kind-hat-migrationshintergrund-18165625.html.*

45 *https://www.heute.at/s/pflichtschueler-70-sprechen-im-alltag-nicht- deutsch-120036324.*

46 *https://www.faz.net/aktuell/politik/inland/deutschland-fast-jedes-zweite- kind-hat-migrationshintergrund-18165625.html*

47 *https://www.nius.de/gesellschaft/news/irre-hauptstadt-statistik-bis-zu-95- prozent-der-schueler-koennen-deutsch-nicht-als-muttersprache/ 2d647910-872c-4e09-be05-94b1da7e4ed3.*

48 *https://de.statista.com/statistik/daten/studie/1464984/umfrage/fertilitaets rate-in-deutschland-nach-staatsangehoerigkeit-der-mutter.*

49 In Deutschland haben ausländische Frauen eine Geburtenrate von 1,74 Kindern. Siehe: *https://de.statista.com/statistik/daten/studie/1464984/ umfrage/fertilitaetsrate-in-deutschland-nach-staatsangehoerigkeit-der-mutter.*

50 Ein Dhimmi ist nach islamischem Recht ein Christ oder Jude, der als Schutzbefohlener, als Bürger zweiter Klasse beziehungsweise vogelfreier Untertan geduldet wird.

51 Knortz, Heike: Diplomatische Tauschgeschäfte: *»Gastarbeiter« in der westdeutschen Diplomatie und Beschäftigungspolitik 1953–1973.* Köln, Weimar 2008

52 Siehe Seite 43.

53 Werner Reichel: *Der deutsche Willkommenswahn – Eine Chronik in kommentierten Zitaten 2015–2016*, Wien 2019, S. 72.

54 *https://www.faz.net/aktuell/politik/wolfgang-schaeuble-abschottung-wuerde-europa-in-inzucht-degenerieren-lassen-14275838.html.*
55 *https://weltwoche.de/daily/eu-chefin-von-der-leyen-am-wef-groesste-sorge-sind-nicht-krieg-und-klima-sondern-desinformation/.*
56 *https://www.boell.de/de/2015/04/27/wir-koennen-nicht-zulassen-dass-menschen-im-mittelmeer-ertrinken.*
57 *https://www.achgut.com/artikel/alles_was_sie_ueber_den_migrationspakt_wissen_sollten.*
58 *https://www.un.org/depts/german/migration/A.CONF.231.3.pdf.*
59 *https://www.destatis.de/DE/Presse/Pressemitteilungen/2023/06/PD23_N032_81.html.*
60 *https://www.bpb.de/system/files/dokument_pdf/01%20Auslaendische%20Bevoelkerung.pdf.*
61 *https://www.spiegel.de/wirtschaft/zuwanderung-fluechtlinge-koennen-fuer-wirtschaftswunder-sorgen-a-1069395.html.*
62 *https://www.faz.net/aktuell/technik-motor/iaa/daimler-chef-zetsche-fluechtlinge-koennten-neues-wirtschaftswunder-ausloesen-13803671.html.*
63 *https://www.pewresearch.org/social-trends/2021/04/01/stem-jobs-see-uneven-progress-in-increasing-gender-racial-and-ethnic-diversity/.*
64 *https://www.bls.gov/opub/reports/race-and-ethnicity/2022/.*
65 *https://www.oecd.org/en/publications/pisa-2022-results-volume-i-and-ii-country-notes_ed6fbcc5-en/united-states_a78ba65a-en.html.*
66 *https://www.tagesschau.de/inland/gesellschaft/pisa-studie-128.html.*
67 Lediglich im Kosovo kommt es zu Konflikten zwischen Kosovaren und der serbischen Minderheit.
68 *https://www.tagesschau.de/inland/gesellschaft/eritrea-stuttgart-100.html.*
69 *https://www.zeit.de/1991/48/wenn-der-westen-unwiderstehlich-wird/komplettansicht.*
70 *https://www.nius.de/analyse/offizielle-zahlen-belegen-ueber-150-mordopfer-durch-die-migrationspolitik-sind-mehr-menschen-getoetet-worden-als-an-der-mauer/81262e08-a9c7-4334-b5d8-d60489116cbf.*
71 *https://www.spiegel.de/politik/deutschland/joachim-gauck-bei-fluechtlingen-es-gibt-ein-helles-deutschland-a-1049850.html.*
72 *https://www.ndr.de/fernsehen/sendungen/panorama_die_reporter/Verschwoerungstheorie-Der-grosse-Austausch,sendung1000814.html.*
73 *https://de.statista.com/statistik/daten/studie/459422/umfrage/asylbewerber-in-den-laendern-der-eu/.*
74 *https://www.focus.de/politik/br-format-possoch-klaert-verschaerfte-asylgesetze-in-schweden-und-daenemark-ein-modell-fuer-deutschland_id_260337698.html.*
75 *https://www.tichyseinblick.de/meinungen/europa-australien-wassergrenze/.*
76 *https://de.statista.com/statistik/daten/studie/1240693/umfrage/im-mittelmeer-ertrunkenen-fluechtlinge.*

77 *https://www.tagesschau.de/ausland/afrika/fluechtlinge-kanaren-102.html.*

78 *https://www.bpb.de/kurz-knapp/zahlen-und-fakten/soziale-situation-in-deutschland/61646/bevoelkerung-mit-migrationshintergrund.*

79 *https://www.spiegel.de/politik/deutschland/bundesinnenministerin-nancy-faeser-lehnt-obergrenze-fuer-gefluechtete-ab-a-5a396647-79af-4b3d-b362-276e80ec3654.*

80 *https://www.wienerzeitung.at/h/man-merkt-die-tauschung-und-ist-verstimmt.*

81 Die Zahl der Schwangerschaftsabbrüche steigt kontinuierlich. 2023 wurden nach offiziellen Zahlen 106 000 Kinder abgetrieben, um 2,2 Prozent mehr als im Jahr zuvor: *https://www.destatis.de/DE/Presse/Pressemitteilungen/2024/04/PD24_164_233.html#.*

82 *https://jungefreiheit.de/politik/deutschland/2013/gruene-fordern-einwanderung-in-die-sozialsysteme/.*

83 *https://www.demografie-portal.de/DE/Service/Blog/140617_BMI_Gespraech_Bundesinnenminister_Babyboomer.html.*

84 *https://www.destatis.de/DE/Themen/Querschnitt/Demografischer-Wandel/Aspekte/demografie-geburten.html.*

85 *https://www.marxists.org/deutsch/archiv/marx-engels/1845/thesen/thesfeue-or.htm.*

86 Zitiert nach Reichel, Werner: *Die kinderlose Gesellschaft*, Graz 2022, S. 31 f.

87 Ebd., S. 33.

88 Matussek, Matthias: *Die vaterlose Gesellschaft: Eine Polemik gegen die Abschaffung der Familie,* Frankfurt am Main 2006, S. 45.

89 *https://taz.de/Abstruse-Debatte-im-Feminismus/!5665999/.*

90 *https://de.wikipedia.org/wiki/Verena_Brunschweiger.*

91 *https://www.stern.de/panorama/wissen/umweltstudie---20-bmw-schaedigen-das-klima-weniger-als-ein-baby-7539938.html.*

92 *https://www.sueddeutsche.de/leben/artikel-ueber-kindstoetung-ethiker-fordern-post-natale-abtreibung-1.1300098.*

93 Sarrazin, Thilo: *Deutschland auf der schiefen Bahn – Wohin steuert unser Land*, München 2024, eBook, Kapitel »Bevölkerungspolitik«.

94 Ebd.

95 EU-Staaten vor 2004 EFTA und GB.

96 Statistisches Jahrbuch Migration und Integration, 2024, S. 29.

97 Ebd.

98 *https://www.focus.de/familie/schule/insider-berichten-kopftuch-fasten-konvertieren-der-islam-stress-an-deutschen-schulen_id_259884850.html.*

99 *https://de.wikipedia.org/wiki/Christentum_in_der_Türkei.*

100 *https://catholicherald.co.uk/eight-thousand-nigerian-christians-murdered-in-worst-single-year-for-islamist-attacks-says-report/.*

101 *https://www.nius.de/analyse/news/offizielle-zahlen-belegen-ueber-150-mordopfer-durch-die-migrationspolitik-sind-mehr-menschen-getoetet-worden-als-an-der-mauer/81262e08-a9c7-4334-b5d8-d60489116cbf.*

102 *https://www.afd.de/grundsatzprogramm/.*
103 Ebd.
104 *https://www.bundestag.de/dokumente/textarchiv/2021/kw16-de-familien splitting-834894.*
105 *https://www.destatis.de/DE/Themen/Gesellschaft-Umwelt/Bevoelkerung/Bevoelkerungsstand/Tabellen/liste-altersgruppen-basis-2022.html#1343584.*
106 *https://www.destatis.de/DE/Themen/Gesellschaft-Umwelt/Bevoelkerung/Migration-Integration/Tabellen/auslaendische-bevoelkerung-altersgruppen.html.*
107 *https://www.welt.de/politik/deutschland/article245146502/Rassismus-Bald-ist-Schluss-mit-dem-lustigen-Leben-als-Weissbrot.html.*
108 Ebd.
109 Diese Parole bezieht sich auf den englischen Luftwaffengeneral Arthur Harris, der 1945 die Flächenbombardierung Dresdens befohlen hat, bei der rund 25 000 Menschen starben.
110 *https://www.cicero.de/innenpolitik/leitbild-der-friedrichebertstiftung-der-umbau-von-deutschland.*
111 *https://apollo-news.net/trotz-wegner-versprechen-berlin-spart-bei-innerer-sicherheit-waehrend-asylausgaben-unantastbar-bleiben/.*
112 *https://www.sueddeutsche.de/panorama/uebergriffe-in-koeln-ausgelassene-stimmung-feiern-weitgehend-friedlich-1.2806355.*
113 *https://de.wikipedia.org/wiki/Sexuelle_Übergriffe_in_der_Silvester nacht_2015.*
114 *https://de.wikipedia.org/wiki/Sexualisierte_Gewalt_als_Kriegsmittel.*
115 *https://www.spiegel.de/panorama/justiz/koelner-silvesternacht-ernuechternde-bilanz-der-justiz-a-1257182.html.*
116 *https://www.spiegel.de/panorama/justiz/koeln-oberbuergermeisterin-henriette-reker-gibt-verhaltenstipps-fuer-frauen-a-1070650.html.*
117 *https://www.welt.de/politik/deutschland/article150753781/Mob-ruft-zur-Jagd-auf-nicht-weisse-Menschen-auf.html.*
118 *https://www.welt.de/regionales/hamburg/article150824060/Alle-Maenner-sind-potenzielle-Vergewaltiger.html.*
119 *https://www.tagesspiegel.de/politik/warum-habt-ihr-keinen-respekt-3687982.html.*
120 *https://www.spiegel.de/netzwelt/apps/telegram-innenministerin-nancy-faeser-droht-mit-abschaltung-a-782c176b-37b3-4bf3-aaff-5855ca4af4c6.*
121 *https://www.derstandard.at/story/3000000228238/nach-eu-untersuchung-elon-musks-x-droht-hohe-geldstrafe.*
122 *https://apollo-news.net/faeser-will-den-dsa-verschaerfen-ich-habe-schon-einmal-einfluss-auf-telegram-genommen/.*
123 *https://www.berliner-zeitung.de/politik-gesellschaft/eu-beobachtet-talk-zwischen-musk-und-weidel-150-beamte-vermuten-manipulation-li.2288034.*

124 *https://www.cbc.ca/radio/checkup/what-s-your-reaction-to-the-ottawa-standoff-and-the-border-blockades-1.6349636/why-the-word-freedom-is-such-a-useful-rallying-cry-for-protesters-1.6349865.*
125 *https://www.zeit.de/politik/2021-10/freiheit-selbstbestimmung-ideal-werte-demokratie-linke-rechte-rechtspopulismus.*
126 *https://www.nzz.ch/der-andere-blick/zensur-gegen-fake-news-die-bertelsmann-stiftung-und-ihr-autoritaerer-buergerrat-ld.1848572.*
127 *https://www.zeit.de/2024/55/meinungsbildung-kommunikation-sozial forschung-familie.*
128 *https://www.spiegel.de/panorama/gesellschaft/familienstreit-an-weihnachten-wie-man-mit-menschenfeindlichen-aeusserungen-umgehen-kann-a-2df31377-cea6-44ef-8f44-a25d3e8d58ae.*
129 *https://rp-online.de/politik/analyse-und-meinung/wie-man-mit-schwurblern-in-der-familie-an-weihnachten-umgehen-sollte_aid-103711803.*
130 *https://www.welt.de/politik/deutschland/article254603688/Evangelische-Kirche-schliesst-AfD-Mitglieder-von-Leitungsaemtern-aus.html.*
131 *https://www.nzz.ch/der-andere-blick/die-deutsche-regierung-macht-islam politik-ohne-zu-wissen-wie-viele-muslime-es-im-land-gibt-ld.1836418.*
132 *https://www.focus.de/panorama/welt/babynamen-mohammed-ist-beliebtes ter-vorname-in-berlin_id_259923323.html.*
133 *https://www.bild.de/politik/inland/beliebtester-name-in-vielen-regionen-immer-mehr-babys-heissen-mohammed-663a340a406dca038faf98c7.*
134 *https://paz.de/artikel/uebliche-taschenspielertricks-a11165.html.*
135 Ebd.
136 Ebd.
137 *https://www.nzz.ch/international/afd-politikerin-beatrix-von-storch-greift-wdr-moderator-louis-klamroth-nach-tv-auftritt-an-er-ist-eher-ein-aktivist-ld.1869616.*
138 *https://www.bild.de/news/inland/news-inland/stuttgart-9-deutsche-3-deutsche-mit-migrationshintergrund-12-auslaender-verhafte-71415050.bild.html.*
139 *https://www.fr.de/ratgeber/buchtipps/von-krimi-bis-memoiren-hier-sind-die-top-der-bestseller-2024-zr-93508163.html.*
140 Siehe Kapitel 5.3 »Sicherheit und Kriminalität«.
141 *https://www.spiegel.de/politik/deutschland/heiko-maas-attackiert-afd-im-geiste-von-putin-trump-und-erdogan-a-1092187.html.*
142 Siehe Kapitel 5.2 »Verblödung«.
143 *https://www.bild.de/politik/inland/politik-inland/bosch-kuendigt-wieder-stellenabbau-an-jetzt-3200-jobs-betroffen-86871116.bild.html.*
144 *https://www.vol.at/schock-bei-volkswagen-30-000-jobs-in-gefahr-was-hinter-dem-massiven-stellenabbau-steckt/8952082.*

145 *https://industriemagazin.at/news/zulieferer-zf-friedrichshafen-streicht-bis-zu-14-000-stellen-in-deutschland/.*
146 *https://www.handelsblatt.com/unternehmen/industrie/autozulieferer-continental-streicht-weitere-1750-stellen/100014706.html.*
147 *https://www.welt.de/wirtschaft/article254884232/Insolvenzen-Die-Pleite welle-rollt-ueber-Deutschland.html.*
148 *https://www.spiegel.de/wirtschaft/unternehmen/insolvenzen-zahl-der-firmenpleiten-steigt-rapide-a-811f0d34-1e52-4352-a5f8-361ca255fb0a.*
149 *https://www.agrarheute.com/management/agribusiness/pleitewelle-ueber rollt-deutsche-wirtschaft-2025-richtig-schlimm-630241.*
150 *https://www.bild.de/politik/inland/politik-inland/irre-habeck-aussagen-bei-maischberger-weiss-der-minister-nicht-was-eine-insolven-81246176.bild.html.*
151 *https://www.focus.de/finanzen/news/gastbeitrag-von-gabor-steingart-basf-kehrt-heimat-deutschland-den-ruecken-die-gruende-dafuer-sind-beschaemend_id_259965347.html.*
152 *https://www.bild.de/politik/inland/politik-inland/co2-ausstoss-auf-rekord tief-freut-sich-habeck-ueber-die-wirtschaftskrise-86635632.bild.html.*
153 *https://www.handelsblatt.com/meinung/kolumnen/gastkommentar-die-energiefrage-entscheidet-ueber-deutschlands-wohlstand/100084868.html.*
154 Habeck, Robert/Paluch, Andrea: *Kleine Helden, große Abenteuer – Neue Vorlesegeschichten*, Neumühlen 2021, eBook, Kapitel »Als es still und dunkel wurde«.
155 *https://www.ifw-kiel.de/de/publikationen/aktuelles/winterprognose-ifw-kiel-deutsche-wirtschaft-duerfte-2025-nur-stagnieren/.*
156 *https://www.krone.at/3594070.*
157 *https://www.zdf.de/nachrichten/wirtschaft/afd-wirtschaft-ostdeutschland-wahlen-iw-huether-100.html.*
158 *https://www.welt.de/politik/deutschland/article249939266/Lindner-sieht-in-AfD-ein-Risiko-fuer-die-deutsche-Wirtschaft-Gefaehrlich-fuer-unser-Land.html.*
159 *https://www.rnd.de/politik/robert-habeck-afd-ist-gift-fuer-wirtschaftsstandort-deutschland-IDOPH2CUEVISXFEDXS4WMH5KBM.html.*
160 Ebd.
161 *https://taz.de/Chef-des-DIW-warnt-vor-AfD-Politik/!6031432/.*
162 *https://wirtschaftlichefreiheit.de/wordpress/?p=25372.*
163 *https://www.handelsblatt.com/politik/deutschland/oecd-studie-nur-die ses-eine-land-hat-hoehere-steuern-und-sozialabgaben-als-deutsch land/100033375.html.*
164 *https://www.steuerzahler.de/belastungsbarometer/?L=0.*
165 *https://www.welt.de/wirtschaft/article248386590/Flucht-und-Migration-kosten-dieses-Jahr-fast-50-Milliarden-Euro.html.*
166 *https://www.bild.de/politik/inland/politik-inland/brisante-migrationsstudie-so-viel-kostet-uns-die-zuwanderung-86695788.bild.html.*

167 Ebd.
168 *https://www.bundesfinanzministerium.de/Datenportal/Daten/offene-daten/haushalt-oeffentliche-finanzen/s12-entwicklung-der-staatsquote/s12-entwicklung-der-staatsquote.html.*
169 *https://www.focus.de/finanzen/news/ratingagentur-fuer-deutschland-skeptisch-substanz-erodiert-standort-weniger-attraktiv_id_260064243.html.*
170 *https://www.theeuropean.de/wirtschaft/weimers-wutrede-im-wortlaut-was-ihr-macht-ist-einfach-bekloppt.*
171 *https://www.welt.de/politik/deutschland/article253072664/Bahn-Die-Bahn-und-der-Kontrollverlust-Fahrplaene-werden-nur-noch-geschaetzt.html.*
172 *https://www.ihk.de/hannover/hauptnavigation/international/aktuellinternational/digitalisierung-in-der-eu-deutschland-weiter-im-mittelfeld-5617722.*
173 *https://de.statista.com/infografik/28818/anteil-der-unternehmen-in-deutschland-mit-beeintraechtigung-durch-infrastrukturmaengel/.*
174 *https://www.faz.net/aktuell/wirtschaft/mehr-wirtschaft/hohe-steuern-schlechte-infrastruktur-standort-deutschland-immer-unattraktiver-19794577.html.*
175 *https://www.iwkoeln.de/presse/pressemitteilungen/christian-rusche-geldabfluesse-in-deutschland-so-hoch-wie-nie.html.*
176 Ebd.
177 *https://www.nius.de/analyse/news/deutschlandfonds-habecks-700-milliarden-euro-groessenwahn/bc77eebf-f680-4567-b379-ba7111278629.*
178 *https://deutsche-wirtschafts-nachrichten.de/703692/sinkende-intelligenz-die-folgen-koennten-dramatisch-sein.*
179 *https://www.focus.de/wissen/mensch/werden-wir-immer-duemmer-intelligenzforscher-erklaert-warum-unser-iq-seit-jahren-sinkt_id_10943200.html.*
180 *https://climate.ec.europa.eu/climate-change/causes-climate-change_de#.*
181 Lynn zitiert nach Weiss, Volkmar: *Die Intelligenz und ihre Feinde*, Graz 2012, S. 320.
182 Weiss, Volkmar: *Die Intelligenz und ihre Feinde*, Graz 2012, S. 317.
183 *https://www.achgut.com/artikel/das_gutmenschentum_und_die_intelligenzforschung/.*
184 *https://www.bild.de/politik/inland/thilo-sarrazin/diese-journalistin-muss-sich-bei-sarrazin-entschuldigen-24344024.bild.html.*
185 *https://jungefreiheit.de/politik/deutschland/2017/sarrazin-kritisiert-inhaftierung-yuecels-in-der-tuerkei/.*
186 *https://www.gesetze-im-internet.de/stgb/__130.html.*
187 *https://www.focus.de/wissen/mensch/werden-wir-immer-duemmer-intelligenzforscher-erklaert-warum-unser-iq-seit-jahren-sinkt_id_10943200.html.*
188 *https://de.statista.com/statistik/daten/studie/154287/umfrage/hauptherkunftslaender-von-asylbewerbern/.*

189 *https://www.laenderdaten.info/iq-nach-laendern.php*; sowie: Lynn, Richard/ Vanhanen, Tatu: *Intelligence – A Unifying Construct for the Social Sciences*, London 2012.
190 Weiss, Volkmar: *Die Intelligenz und ihre Feinde*, Graz 2012, S. 358.
191 Heinsohn zitiert nach Reichel, Werner: *Die kinderlose Gesellschaft*, Graz 2022, S. 94 f.
192 *https://japan-almanach.de/blog/wo-leben-eigentlich-welche-auslaender-in-japan/*.
193 Außer sie verfügen über Rohstoffe und eine Staatsführung, die klug genug ist, Kompetenz, Wissen und Intelligenz zu importieren, wie etwa die Golfstaaten.
194 *https://www.welt.de/vermischtes/article205185213/Polizei-senkt-Recht schreib-Anforderungen-fuer-Bewerber.html.*
195 *https://www.berliner-kurier.de/berlin/richter-schlaegt-alarm-berlin-bekommt-immer-schlechtere-staatsanwaelte-li.2270893.*
196 *https://kurier.at/chronik/oesterreich/neue-polizisten-das-niveau-sinkt-ab/400113092.*
197 *https://www.focus.de/panorama/welt/zweifel-an-medizinischer-eignung-er-heisst-bei-uns-dr-google-ex-kollegen-packen-ueber-taleb-a-aus_id_260583879.html.*
198 *https://de.statista.com/statistik/daten/studie/12294/umfrage/ranking-der-groessten-geber-von-entwicklungshilfe/*.
199 »OK« steht für Organisierte Kriminalität.
200 *Der Spiegel*, Nr. 43, 2024, S. 15.
201 *https://www.spiegel.de/backstage/fragen-und-antworten-zur-foerderung-durch-die-bill-and-melinda-gates-stiftung-a-dac661f6-210a-4616-b2d2-88917210fed4.*
202 *https://www.bpb.de/shop/zeitschriften/apuz/archiv/537351/die-entwicklung-der-organisierten-kriminalitaet-in-deutschland-ursachen-bilanz-perspektiven/*.
203 *https://www.kopp-report.de/die-schwarze-axt-die-schlimmste-mafia/?cn-reloaded=1.*
204 *https://www.dw.com/de/nigerias-black-axe-eine-neue-mafia-breitet-sich-aus/a-70082662.*
205 *https://www.sueddeutsche.de/politik/organisierte-kriminalitaet-deutschland-bka-faeser-gewalt-lagebild-lux.DQBmR6biafpAhSQE5niYeu.*
206 *https://www.faz.net/aktuell/gesellschaft/kriminalitaet/minderjaehrige-als-auftragsmoerder-eingesetzt-mafia-bande-in-spanien-zerschlagen-110124165.html.*
207 *https://www.tagesspiegel.de/internationales/wir-werden-die-banden-zur-strecke-bringen-schwedens-setzt-militar-gegen-gang-gewalt-ein-10547770.html.*

208 *https://weltwoche.ch/daily/schweden-beseitigung-der-bandenkriminalitaet-durch-migranten-wird-jahrzehnte-dauern/.*
209 *https://de.statista.com/statistik/daten/studie/1099780/umfrage/opfer-von-vergewaltigungen-in-der-eu/.*
210 *https://www.nzz.ch/international/schweden-und-migration-wahrheit-hinter-sinkender-zuwanderung-ld.1846046.*
211 *https://exxpress.at/politik/bandenkriminalitaet-in-schweden-explodiert-der-staat-hat-die-kontrolle-verloren/.*
212 *https://www.wsj.com/articles/how-peaceful-sweden-became-europes-gun-murder-capital-a5b500a7.*
213 *https://www.nzz.ch/international/bandenkrieg-in-schweden-droht-sich-nach-daenemark-auszuweiten-ld.1843647.*
214 *https://www.sueddeutsche.de/politik/organisierte-kriminalitaet-deutschland-bka-faeser-gewalt-lagebild-lux.DQBmR6biafpAhSQE5niYeu.*
215 *https://www.tagesspiegel.de/berlin/wie-gewerbetreibende-schikaniert-und-erpresst-werden-3921304.html.*
216 *Der Spiegel*, Nr. 43, 2024, S. 11.
217 *https://www.welt.de/politik/deutschland/article253995756/BKA-Lagebild-Jeden-Tag-290-Attacken-Zahl-der-Gewalttaten-gegen-Polizisten-steigt-rapide-an.html.*
218 *Junge Freiheit*, Nr. 43/24, S. 6.
219 Siehe dazu Kapitel 5.12 »Die Rolle der Frauen«.
220 *https://de.statista.com/statistik/daten/studie/200877/umfrage/vergewaltigung-und-sexuelle-noetigung/.*
221 *https://correctiv.org/faktencheck/migration/2019/11/20/nein-vergewaltigungen-durch-zuwanderer-sind-nicht-explodiert/.*
222 *https://www1.wdr.de/nachrichten/landespolitik/gruppenvergewaltigungen-tatverdaechtige-migranten-100.html.*
223 Bär sagte nach dem Mord am Kasseler Regierungspräsidenten Walter Lübcke: »Für mich haben Sie mitgeschossen.« Sie meinte damit die AfD.
224 *https://www.emma.de/artikel/gruppenvergewaltigung-jeden-dritten-tag-341073.*
225 *https://taz.de/Beschreibung-sexualisierter-Gewalt/!5379541/.*
226 *https://www.augsburger-allgemeine.de/panorama/Praevention-Dieses-Tattoo-soll-vor-Belaestigung-im-Freibad-schuetzen-id38837832.html.*
227 *https://www.tagesspiegel.de/politik/sicherheitsgefuhl-in-deutschland-aus-furcht-meiden-es-viele-frauen-nachts-rauszugehen-8848975.html.*
228 *https://www.nius.de/nachrichten/news/26-100-statt-13-800-doppelt-so-viele-messerangriffe-wie-in-faesers-offizieller-statistik/c89d9908-c27d-4a4f-8c5f-7883054970ca.*
229 *https://www.rtl.de/cms/unvollstaendige-statistik-vom-bundes kriminalamt-5090565.html.*

230 *https://www.nius.de/nachrichten/news/sexualstraftaten-an-bahnhoefen-haben-sich-verdoppelt-und-59-prozent-der-taeter-sind-auslaender/b839ff21-0eb5-4b0e-8840-2aaddb5f78fd.*
231 *https://www.sueddeutsche.de/meinung/afd-demokratie-gift-verbot-prantl-kolumne-li.3167682?reduced=true.*
232 *https://www.nius.de/analyse/news/abdulhalim-devrim-ibrahim-und-tefik-diese-namensliste-enthuellt-die-wahrheit-ueber-deutsche-tatverdaechtige/5155a7f1-7367-44e7-944c-b5af499e19f5.*
233 *https://www.derstandard.at/story/3323930/hinweise-auf-migrationshintergrund-sind-voellig-entbehrlich.*
234 Ebd.
235 *https://www.focus.de/politik/deutschland/opposition-fordert-u-ausschuss-so-wird-baerbock-ministerium-in-visa-affaere-bewertet_id_260207657.html.*
236 Ebd.
237 *https://www.focus.de/perspektiven/14-laender-14-reporter/14-laender-14-reporter-usa-deutsche-auswanderer-erzaehlen-das-erfolgsgeheimnis-des-silicon-valley-hat-nichts-mit-geld-zu-tun_id_9890669.html.*
238 *https://corvinak.hu/de/velemeny/2023/08/18/attraktive-aspekte-immer-mehr-deutsche-ziehen-nach-ungarn-was-ist-der-grund-dafur.*
239 *https://www.transparency.de/cpi.*
240 *https://m.focus.de/politik/deutschland/polizei-in-der-kritik-arabische-clans-unterwandern-deutschlandweit-justiz-und-politik_id_7819910.html.*
241 Ebd.
242 *https://www.welt.de/politik/deutschland/article170211261/Aufregung-um-Ton-Aufnahme-ueber-Zustaende-an-Polizei-Akademie.html.*
243 *https://www.tagesspiegel.de/berlin/polizeischuler-sollen-aus-kriminellen-grossfamilien-stammen-4946587.html.*
244 *https://www.tichyseinblick.de/kolumnen/alexander-wallasch-heute/polizei-herr-wachtmeister-sprechen-sie-deutsch/.*
245 *https://www.tichyseinblick.de/kolumnen/alexander-wallasch-heute/mehr-migrantische-polizisten-werden-die-probleme-nicht-loesen/.*
246 *https://www.ganintegrity.com/country-profiles/pakistan/.*
247 *https://www.focus.de/politik/deutschland/medienbericht-miri-clan-hatte-wohl-spitzel-in-anti-geldwaesche-behoerde-des-bundesfinanzministeriums_id_259636959.html.*
248 *https://mediendienst-integration.de/integration/interkult-oeffnung.html#.*
249 *https://de.wikiquote.org/wiki/Oskar_Lafontaine.*
250 *https://www.bmvg.de/resource/blob/5436732/1ae3ad690a040869c30f0a9a69c936c2/bunt-in-der-bundeswehr-data.pdf.*
251 *https://www.bundestag.de/parlament/aufgaben/rechtsgrundlagen/grundgesetz/grundgesetz-197094.*

252 *https://www.tichyseinblick.de/meinungen/bundeswehr-nicht-einsatzbereit-kriegstuechtig/.*
253 *https://www.stuttgarter-zeitung.de/inhalt.seelsorge-fuer-muslimische-soldaten-wir-fordern-einen-militaer-imam-fuer-die-bundeswehr.80409532-d645-4d73-82a8-46194bc6132a.html.*
254 *https://www.derstandard.at/story/2000121135980/tanner-enthebt-militaer-imam-vom-dienst.*
255 *https://kurier.at/chronik/wien/abwehramt-kein-platz-fuer-islamisten-im-bundesheer/143.239.096.*
256 *https://kurier.at/chronik/niederoesterreich/muslime-beim-heer-militaerakademie-hat-nun-islamischen-gebetsraum/402788401.*
257 *https://mediendienst-integration.de/artikel/mehr-polizistinnen-mit-migrationshintergrund.html.*
258 *https://www.achgut.com/artikel/muslime_bei_der_polizei_die_gewissensfrage.*
259 Mehr dazu in Kapitel 6 »Die Islamisierung Deutschlands«.
260 *https://www.mz.de/mitteldeutschland/sachsen-anhalt/amokfahrt-anschlag-weihnachtsmarkt-attentaeter-taleb-a-bernburg-arzt-3971102.*
261 *https://www.focus.de/panorama/welt/zweifel-an-medizinischer-eignung-er-heisst-bei-uns-dr-google-ex-kollegen-packen-ueber-taleb-a-aus_id_260583879.html.*
262 Ebd.
263 Ebd.
264 Sickl, Heinrich: *Das Lob der Grenze*, Graz 2020, S. 34 f.; siehe auch: *https://www.freilich-magazin.com/gesellschaft/politikon-der-kampf-gegen-den-nationalstaat.*
265 *https://www.bild.de/politik/inland/baden-wuerttemberg-strom-alarm-kunden-sollen-von-8-bis-11-uhr-sparen-67779d1cdc73620b1b1c6244.*
266 *https://www.spiegel.de/wirtschaft/netzagentur-ruft-zum-gassparen-auf-hat-aber-auch-zwei-gute-nachrichten-a-72f3a77a-279b-43f6-bfb9-92fcdcf144b4.*
267 *https://www.sueddeutsche.de/wirtschaft/deutsche-bahn-verspaetung-fahrplaene-zugausfaelle-lux.2NC8cPRtQUSFjZ9Lsxbr2C?reduced=true.*
268 *https://www.focus.de/panorama/welt/chaos-bei-der-bahn-fahrplaene-werden-nicht-mehr-gerechnet-sondern-nur-noch-geschaetzt_id_260234197.html.*
269 *https://www.t-online.de/nachrichten/deutschland/innenpolitik/id_100487182/carolabruecke-in-dresden-ein-sinnbild-fuer-deutschlands-marode-infrastruktur.html.*
270 *https://www.dailymail.co.uk/news/article-13838555/moment-dresden-bridge-carola-collapses.html.*
271 Ebd.
272 *https://www.focus.de/politik/sanierungstempo-zu-niedrig-infrastruktur-in-deutschland-verfaellt-immer-weiter_id_259915295.html.*

273 *https://www.derwesten.de/politik/em-deutschland-bahn-us-id301014415.html.*
274 *https://www.chip.de/news/Deutschland-nur-auf-Platz-32-Die-puenktlich sten-Flughaefen-der-Welt_185375855.html.*
275 *https://de.wikipedia.org/wiki/Bau_des_Flughafens_Berlin_Brandenburg.*
276 *https://www.stern.de/reise/mit-neun-jahren-verzoegerung--hauptstadt flughafen-ber-ist-eroeffnet-9474514.html.*
277 *https://www.tagesspiegel.de/berlin/sechs-ziele-fallen-weg-ryanair-streicht-ab-sommer-2025-sein-angebot-am-flughafen-ber-zusammen-12263084.html.*
278 *https://reitschuster.de/post/exodus-der-airlines-wie-rot-gruen-die-luftfahrt-ruiniert/.*
279 Ebd.
280 *https://www.tagesschau.de/inland/infrastruktur-zustand-100.html.*
281 *https://www.focus.de/politik/sanierungstempo-zu-niedrig-infrastruktur-in-deutschland-verfaellt-immer-weiter_id_259915295.html.*
282 *https://www.tichyseinblick.de/daili-es-sentials/infrastruktur-strassen-verfallen/.*
283 *https://apollo-news.net/wegen-migration-kein-geld-mehr-fr-schulen-da-ist-eine-andere-realitt-entstanden-meint-habeck-lapidar/.*
284 »MINT« steht für Mathematik, Informatik, Naturwissenschaften und Technik.
285 *https://www.tichyseinblick.de/meinungen/habeck-und-die-scharlatane-des-grossen-versprechens/.*
286 *https://www.schwaebische.de/regional/oberschwaben/weingarten/schock-studie-70-der-neuntklaessler-koennen-schlecht-lesen-und-schreiben-1555332.*
287 *https://apollo-news.net/fall-einer-linken-ikone/.*
288 *https://apollo-news.net/70-000-euro-und-lebenslange-haft-trudeau-will-drakonische-strafen-fuer-online-hass-durchsetzen/.*
289 Reichel, Werner: *Gegen das Vergessen – Corona ist erst vorbei, wenn bei den Schuldigen die Handschellen klicken*, Rottenburg 2023, S. 210 ff.
290 Ebd., S. 144.
291 *https://www.welt.de/wirtschaft/article251713736/Heizungsgesetz-Habecks-entlarvende-Selbstkritik-Buerger-als-Versuchskaninchen.html.*
292 *https://www.nius.de/kriminalitaet/news/berlin-silvester-migranten-vornamen-verhaftungen/2676b9c5-4d31-4f86-87fa-a2ea83049028.*
293 Siehe dazu Kapitel 5.7 »Der Doppelstaat«.
294 *https://www.amadeu-antonio-stiftung.de/digitale-zivilgesellschaft/was-ist-hate-speech/.*
295 *https://www.focus.de/politik/deutschland/bei-neujahrsempfang-der-fdp-strack-zimmermann-attackiert-afd-je-groesser-der-haufen-scheisse-umso-mehr-fliegen_id_259575577.html.*

296 *https://www.nius.de/politik/news/cdu-chef-merz-ueber-eine-koalition-mit-der-afd-wenn-man-sich-eine-solche-natter-an-den-hals-holt-dann-wird-man-von-dieser-natter-erwuergt/c84bcf07-a8ee-4897-af09-2a64ede52821.*

297 Reichel, Werner (Hg.): *Klimareligion – Auf dem Weg in den Öko-Totalitarismus*, Wien 2023, S. 5.

298 *https://science.orf.at/stories/3200436/.*

299 *https://correctiv.org/aktuelles/neue-rechte/2024/01/10/geheimplan-remigration-vertreibung-afd-rechtsextreme-november-treffen/.*

300 *https://www.spiegel.de/politik/deutschland/islamisten-verbuenden-sich-mit-rechtsradikalen-die-gefahr-wird-seit-jahrzehnten-unterschaetzt-a-f52f6f80-b82e-43f9-bea3-f999c81dd68a.*

301 *https://www.sueddeutsche.de/politik/anschlag-magdeburg-news-liveblog-demos-afd-lichterkette-li.3170989.*

302 *https://de.wikipedia.org/wiki/Messerangriff_in_Aschaffenburg_2025.*

303 *https://www.oldenburger-onlinezeitung.de/nachrichten/aschaffenburg-faeser-stellt-sich-gegen-populistische-forderungen-145659.html.*

304 *https://koerber-stiftung.de/projekte/demokratie-in-der-krise-umfrage-2024/#s41889.*

305 *https://live.tichyseinblick.shop/produkt/bolz-der-alte-weisse-mann/.*

306 *https://www.nius.de/analyse/news/zuckerberg-gesteht-ploetzlich-fuenf-dinge-fuer-die-man-vor-kurzem-noch-auf-facebook-zensiert-wurde/dc836864-5889-4228-8f30-5a4dfd903cbe.*

307 Ebd.

308 Ebd.

309 *https://weltwoche.de/daily/buerokraten-im-kontrollwahn-150-eu-beamte-lauschten-dem-gespraech-von-elon-musk-und-alice-weidel-was-pruefen-sie/.*

310 *https://www.bundesregierung.de/breg-de/service/newsletter-und-abos/bulletin/rede-von-bundespraesident-dr-frank-walter-steinmeier-2328772.*

311 *https://weltwoche.de/daily/nach-musk-weidel-gespraech-ex-eu-kommissar-breton-droht-mit-moeglicher-annullierung-der-bundestagswahl/.*

312 *https://projects.propublica.org/nonprofits/organizations/137029285.*

313 *https://de.euronews.com/my-europe/2025/01/12/angebliche-einflussnahme-brussels-musk-schlagt-sich-auf-seite-von-fidesz-abgeordnetem.*

314 *https://www.zeit.de/gesellschaft/zeitgeschehen/2024-11/rechtsextreme-parteien-europa-afd-verbot-eu.*

315 *https://www.tichyseinblick.de/tichys-einblick/wahlbetrug-berlin-deutschland/.*

316 *https://www.eu-infothek.com/correctiv-peters-hessenthaler-und-omidyar-das-bisher-verborgene-internationale-netzwerk/.*

317 *https://exxpress.at/politik/neue-zahlen-zu-gewalt-afd-politiker-am-haeufigsten-angegriffen-die-meisten-taeter-sind-linksextreme/.*

318 *https://www.spiegel.de/kultur/jan-boehmermann-kein-rechtliches-nachspiel-fuer-nazis-keulen-spruch-gegen-die-fpoe-a-bb55406d-e18e-4b18-8e60-fbbc06a01ccf.*
319 *https://weltwoche.de/daily/kuscheljustiz-und-kampfparolen-lina-e-ist-eine-links-terroristin-wie-aus-dem-raf-handbuch-ihre-aktionen-sind-an-brutalitaet-kaum-zu-ueberbieten-trotzdem-ist-sie-wieder-auf-freiem-fuss/.*
320 *https://www.tichyseinblick.de/daili-es-sentials/linksextreme-gruppe-um-lina-e-zu-mehreren-jahren-haft-verurteilt/.*
321 *https://www.tichyseinblick.de/daili-es-sentials/mehr-als-1-5-milliarden-euro-fuer-kampf-gegen-rechts/.*
322 *https://www.welt.de/politik/deutschland/article230240943/Demokratie-leben-Auch-Islamisten-und-Antifa-profitieren.html.*
323 *https://www.tichyseinblick.de/daili-es-sentials/linksextreme-gruppe-um-lina-e-zu-mehreren-jahren-haft-verurteilt/.*
324 *https://taz.de/Urteil-im-Fall-Lina-E/!5937989/.*
325 *https://www.tichyseinblick.de/meinungen/volker-beck-trat-wie-nancy-faeser-bei-linksextremen-auf/#google_vignette.*
326 *https://apollo-news.net/blaues-auge-koerperlicher-angriff-auf-afd-landeschef/.*
327 *https://www.zdf.de/nachrichten/politik/deutschland/afd-parteitag-polizei-polizeihund-ermittlungen-100.html.*
328 *https://www.faz.net/aktuell/feuilleton/medien/el-hotzo-rbb-trennt-sich-nach-trump-tweet-von-sebastian-hotz-19859633.html.*
329 *https://de.wikipedia.org/wiki/Höhlengleichnis.*
330 *https://www.bild.de/politik/inland/805-strafantraege-kein-minister-zeigt-so-viele-buerger-an-wie-habeck-673ef9084df82f515063e1e6.*
331 *https://exxpress.at/politik/zu-empfindlich-hunderte-strafanzeigen-von-habeck-und-baerbock-gegen-kritiker/.*
332 *https://www.welt.de/politik/deutschland/article201835458/Paul-Ziemiak-kritisiert-Robert-Habeck-in-Debatte-um-Vaterlandsliebe.html.*
333 *https://www.bild.de/politik/inland/groessenwahn-habeck-projektion-in-muenchen-sorgt-fuer-kritik-677bdb6437e71f1aec28b4ca.*
334 Ebd.
335 *https://www.nius.de/kommentar/news/live-im-tv-in-diesem-moment-fliegt-habeck-auf/87d1e63e-231c-474f-b0db-eb376db0ae0e#google_vignette.*
336 *https://www.tagesspiegel.de/internationales/gegen-rechtsradikale-proteste-britische-regierung-mobilisiert-6000-spezialkrafte-12154691.html.*
337 *https://www.tagesanzeiger.ch/england-gefaengnisse-sind-nach-juengsten-krawallen-am-anschlag-398270286034.*
338 *https://www.tichyseinblick.de/kolumnen/aus-aller-welt/starmer-grooming-gangs-musk-labour/.*
339 *https://www.zeit.de/gesellschaft/zeitgeschehen/2024-11/berlin-polizei praesidentin-juden-homosexuelle-gefahr-orte-islamismus.*

340 *https://www.tagesspiegel.de/politik/kippa-tragen-ist-gefahrlich-4069735.html.*
341 *https://taz.de/Warnung-vor-bestimmten-Quartieren/!6048001/.*
342 *https://www.stern.de/politik/deutschland/umfrage--afd-bei-schwulen-waehlern-angeblich-stark---zweifel-an-repraesentativitaet-35446078.html.*
343 Fraenkel, Ernst: *Der Doppelstaat*, Hamburg 2021, eBook, Kapitel II »Die Grenzen des Maßnahmenstaates«.
344 *https://www.cicero.de/innenpolitik/grenzoeffnung-fuer-fluechtlinge-die-kanzlerin-und-das-recht.*
345 *https://www.welt.de/politik/deutschland/article150982804/Rechtssystem-in-schwerwiegender-Weise-deformiert.html.*
346 *https://www.handelsblatt.com/politik/deutschland/interview-mit-hans-juergen-papier-unbegrenzte-einreise-ist-ein-fehler/12818108.html.*
347 *https://www.kaschachtschneider.de/wp-content/uploads/2017/10/VerfbeschwerdeFluechtlinge.pdf.*
348 *https://www.bpb.de/themen/migration-integration/zahlen-zu-asyl/265765/abschiebungen-in-deutschland/#node-content-title-0.*
349 *https://de.statista.com/statistik/daten/studie/2461/umfrage/nichtdeutsche-tatverdaechtige-nach-nationalitaet/.*
350 *https://www.nius.de/news/trotz-rueckfuehrungsverbesserungsgesetz-in-deutschland-scheitern-weiterhin-zwei-von-drei-abschiebungen/3e3bc505-1585-4e10-bfba-ca12f7ade004.*
351 *https://apollo-news.net/stuerzenberger-attentaeter-war-neun-jahre-illegal-in-deutschland./*
352 *https://weltwoche.de/daily/sterben-um-gerechtigkeit-zu-schaffen-magdeburg-attentaeter-drohte-innenministerin-nancy-faeser-bereits-im-mai-2024/.*
353 *https://www.welt.de/politik/deutschland/article254939378/Taleb-al-Abdulmohsen-Mehrfach-mit-der-Justiz-in-Konflikt-Taeter-verpasste-vor-Anschlag-Gerichtstermin.html.*
354 *https://www.welt.de/politik/deutschland/article254939378/Taleb-al-Abdulmohsen-Mehrfach-mit-der-Justiz-in-Konflikt-Taeter-verpasste-vor-Anschlag-Gerichtstermin.html.*
355 *https://www.nius.de/nachrichten/news/wer-die-gruenen-waehlt-hat-kein-gehirn-lehrerin-wollte-meiner-tochter-ihre-meinung-verbieten/82f282ec-7dd6-4825-8242-d9615a917fdd.*
356 *https://reitschuster.de/post/razzia-bei-14-jaehrigem-wegen-politisch -verdaechtigem-post/.*
357 *https://www.nzz.ch/international/taeter-von-magdeburg-taleb-a-war-arzt-in-bernburg-und-hasste-den-islam-ld.1863676.*
358 *https://www.welt.de/politik/deutschland/article255228628/Enamullah-O-Taeter-von-Aschaffenburg-haette-zur-Tatzeit-im-Gefaengnis-sitzen-sollen.html.*
359 *https://www.bild.de/bild-plus/regional/berlin/berlin-aktuell/von-clans-massiv-bedroht-polizeischutz-fuer-richterinnen-in-berlin-77600516.bild.html.*

360 *https://www.welt.de/politik/deutschland/article227270461/Rechtsstaat-am-Ende-Hilferuf-von-Berlins-Oberstaatsanwalt-Knispel.html.*
361 Ebd.
362 *https://www.ezire.fau.de/files/2022/03/studie_paralleljustiz_bw_rohe_2019.pdf.*
363 *https://www.srf.ch/news/schweiz/rechtsextremer-redner-martin-sellner-aus-dem-kanton-aargau-weggewiesen.*
364 *https://www.br.de/nachricht/paralleljustiz-integration-friedensrichter-100.html.*
365 *https://www.derstandard.at/story/3000000231181/gedaempfte-emotionen-im-wiener-bandenkrieg-polizei-sucht-per-fahndung-nach-verdaechtigen.*
366 *https://www.heute.at/s/eklat-an-schule-schueler-treten-als-scharia-polizei-auf-120015105.*
367 *https://kurier.at/chronik/wien/prozess-fuer-fuenf-sittenwaechter-in-wien/401213781.*
368 Grießer, Wilfried: *Flucht und Schuld – Zur Architektonik und Tiefenstruktur der »Willkommenskultur«*, Graz 2017, S. 111.
369 *https://www.bild.de/regional/berlin/nach-1-mai-demo-polizei-ermittelt-gegen-fahnen-rentner-aus-berlin-6635dc56a701926a225ed264.*
370 Baudet, Thierry: *Der Angriff auf den Nationalstaat*, Rottenburg 2012, eBook, Vorwort.
371 Ebd.
372 Grießer, Wilfried: *Flucht und Schuld – Zur Architektonik und Tiefenstruktur der »Willkommenskultur«*, Graz 2017, S. 111.
373 *https://www.faz.net/aktuell/sport/fussball-wm/unruhen-in-belgien-und-niederlande-nach-marokkos-wm-sieg-ueber-belgien-18492965.html.*
374 *https://kurier.at/politik/ausland/schwere-unruhen-im-franzoesischen-dijon/400942796.*
375 *https://kurier.at/politik/inland/die-ausrufung-der-europaeischen-republik/400318617.*
376 *https://www.fr.de/kultur/integrationspolitik-wer-deutschland-bewohnt-deutscher-13058266.html.*
377 *https://www.tagesspiegel.de/kultur/die-ausrufung-der-republik-4007575.html.*
378 *https://www.tichyseinblick.de/daili-es-sentials/bundestag-bringt-turbo-einwanderungsgesetz-durch/.*
379 Heinsohn, Gunnar: *Söhne und Weltmacht – Terror im Aufstieg und Fall der Nationen*, Zürich 2019, eBook, Kapitel »Unerklärtes an Kriegen: Essay zur Neuausgabe«.
380 Ebd.
381 *https://www.bpb.de/themen/migration-integration/zahlen-zu-asyl/265710/demografie-von-asylsuchenden-in-deutschland/#.*

382 *https://de.statista.com/statistik/daten/studie/1182171/umfrage/asylbewerber-in-der-eu-nach-geschlecht-und-alter/.*
383 Heinsohn, Gunnar: *Söhne und Weltmacht – Terror im Aufstieg und Fall der Nationen*, Zürich 2019, eBook, Kapitel »Altneuer Weltfeind: die überzähligen Söhne aus dem Youth Bulge«.
384 *https://www.spiegel.de/politik/deutschland/afd-beatrix-von-storch-schiessbefehl-aeusserung-loest-entsetzen-aus-a-1074937.html.*
385 *https://www.n-tv.de/politik/Merkel-schloss-angeblich-beinahe-die-Grenze-article19730386.html.*
386 *https://www.focus.de/politik/deutschland/mehr-als-2800-leser-kommentare-mit-der-waffe-in-der-hand-fuer-deutschland-kaempfen-nein-und-noch-mal-nein_id_259775864.html.*
387 Creveld, Martin van: *Wir Weicheier – Warum wir uns nicht mehr wehren können und was dagegen zu tun ist*, Graz 2017, S. 91.
388 *https://www.bild.de/news/inland/polizei-ermittelt-in-thueringen-20-kinder-quaelen-14-jaehrigen-und-filmen-alles-66732790a59f1f0029dea16e.*
389 *https://www.bild.de/news/inland/mobbing-schlagen-filmen-gewalt-unter-unseren-kindern-eskaliert-667683b20e489c19626b325b.*
390 *https://www.welt.de/vermischtes/kriminalitaet/article252226388/Bad-Oeynhausen-Tod-von-Philippos-T-Hauptverdaechtiger-Syrer-kam-2016-nach-Deutschland.html.*
391 *https://de.wikipedia.org/wiki/Messerangriff_in_Aschaffenburg_2025#TatverdProzentC3ProzentA4chtiger.*
392 *https://www.welt.de/vermischtes/kriminalitaet/article255064202/Freispruch-in-Wien-Syrer-muss-fuer-Missbrauch-von-zwoelfjaehrigem-Maedchen-100-Euro-Wiedergutmachung-zahlen.html.*
393 *https://www.bild.de/politik/inland/aschaffenburg-ard-reporterin-nennt-messer-tat-interessant-wirbel-im-netz-6791ea964633f0765588f61f.*
394 *https://www.sekundarschulen-berlin.de/migrationshintergrund.*
395 *https://www.heute.at/s/in-sechs-bezirken-sind-ueber-50-der-schueler-muslimisch-120044079.*
396 *https://www.focus.de/wissen/mensch/rechtschreibung/auslaender-veraendern-deutsch-sprachphaenomen_id_2523952.html.*
397 *https://www.nn.de/region/manche-eltern-bezahlen-schutzgeld-fur-ihre-kinder-brutalitat-an-nurnberger-schulen-nimmt-zu-1.14255639.*
398 *https://www.bild.de/politik/inland/staatsschuetzer-schlaegt-alarm-deutsche-kinder-konvertieren-aus-angst-zum-islam-66264176841ad84a3ea833d8.*
399 Ebd.
400 *https://de.wikipedia.org/wiki/Mord_an_Samuel_Paty#Tathergang.*
401 *https://www.nzz.ch/meinung/islamismus-schulen-blutiger-kulturkampf-in-frankreich-ist-warnung-fuer-schweiz-und-deutschland-ld.1824897.*

402 *https://www.welt.de/regionales/nrw/article251328816/Gewalt-in-Schulen-Lehrer-wehrlos-Taeter-geschuetzt.html.*
403 Ebd.
404 *https://www.bild.de/regional/berlin/friedrich-bergius-schule-in-berlin-lehrer-in-angst-vor-schuelern-673d848e3a529e206764f0d8.*
405 *https://www.heute.at/s/gewalt-gegen-lehrer-nimmt-zu-betroffene-packt-aus-120073155.*
406 *https://www.zeit.de/gesellschaft/2024-03/schule-gewalt-faelle-anstieg.*
407 *https://www.schulministerium.nrw/system/files/media/document/file/krisenpraeventionshandbuch_2023.pdf.*
408 *https://www.nius.de/gesellschaft/news/uebergriffe-auf-deutsche-maedchen-sind-neuer-tiktok-trend/ca1d2103-4b5c-4b46-bc3f-87625ba6fd6f.*
409 *https://www.tichyseinblick.de/meinungen/eu-christentum/.*
410 *https://www.bertelsmann-stiftung.de/de/unsere-projekte/religionsmonitor/projektnachrichten/verschwoerungsglaube-ruecklaeufig-aber-risiken-bleiben-bestehen.*
411 *https://www.evangelisch.de/inhalte/230298/01-06-2024/ausschluss-von-afd-politikern-von-kirchlichen-aemtern-moeglich.*
412 *https://www.deutschlandfunkkultur.de/kirchen-nationalsozialismus-kaum-protest-spaete-aufarbeitung-100.html.*
413 *https://jungefreiheit.de/pressemitteilung/2016/david-berger-kardinal-woelki-spricht-lukrative-fluechtlinge-heilig/.*
414 *https://www.stern.de/neon/wilde-welt/gesellschaft/-vulven-malen---ein-workshop-des-evangelischen-kirchentages-sorgt-fuer-kritik-8763530.html.*
415 Ebd.
416 *https://www.evangelisch.de/inhalte/140018/06-11-2016/bedford-strohm-kreuz-jerusalem-reinhard-marx.*
417 Zitiert nach Reichel, Werner: *Der Deutsche Willkommenswahn – Eine Chronik in kommentierten Zitaten 2015–2016*, Wien 2019, S. 442.
418 *https://www.nius.de/kommentar/news/nirgends-explodiert-die-zahl-der-angriffe-auf-kirchen-so-wie-in-deutschland/30832f73-7615-4618-b8d1-0da6a9f915a0.*
419 *https://www.domradio.de/artikel/nantes-war-kein-einzelfall-frankreich-werden-jedes-jahr-1000-kirchen-opfer-von-vandalismus.*
420 *https://libratus.online/de/das-christliche-frankreich-in-flammen.*
421 *https://www.heute.at/s/der-islam-wird-siegen-vandalen-beschmieren-kirche-120036137.*
422 *https://www.glaube.at/news/gesellschaft/verfolgte-christen/article/1000003606-wien-vandalismus-randale-und-allahu-akbar-rufe-in-mehreren-wiener-kirchen/.*
423 *https://www.dbk.de/presse/aktuelles/meldung/kirchenstatistik-2023#.*
424 *https://de.statista.com/statistik/daten/studie/4052/umfrage/kirchenaustritte-in-deutschland-nach-konfessionen/#.*

425 *https://www.evangelisch.de/inhalte/155887/13-04-2019/bischof-koch-vergleicht-greta-mit-jesus.*
426 *https://www.swr.de/wissen/studie-frauen-waehlen-mehr-links-als-maenner-100.html.*
427 *https://www.ekd.de/statistik-synoden-kirchenvorstaende-44289.htm.*
428 *https://de.statista.com/statistik/daten/studie/36790/umfrage/evangelische-kirche-frauenanteil-unter-den-beschaeftigten/.*
429 Gehlen, Arnold: *Moral und Hypermoral – Eine pluralistische Ethik*, Frankfurt am Main 2004, S. 150.
430 *https://politik.watson.de/frauentag/deutschland/818508521-hijabi-und-feminismus-drei-muslimas-erklaeren-warum-das-fuer-sie-kein-widerspruch-ist.*
431 *https://www.swr.de/heimat/westerwald/fuer-hatice-bedeutet-ihr-kopftuch-freiheit-und-feminismus-100.html.*
432 *https://www.demokratiezentrum.org/bildung/ressourcen/themenmodule/demokratieentwicklung/frauenwahlrecht/die-frau-als-waehlerin-der-gender-gap/.*
433 *Frank&Frei*, Ausgabe 03/2017, S. 44.
434 Reichel, Werner: *Die kinderlose Gesellschaft*, Graz 2022, S. 22.
435 *https://www.swr.de/swrkultur/leben-und-gesellschaft/swr2-glauben-2023-10-29-alman-musliminnen-100.pdf.*
436 *https://www.merkur.de/deutschland/tiktok-frauen-konvertieren-islam-muslime-deutschland-zr-93216225.html.*
437 Ebd.
438 *https://www.sueddeutsche.de/stil/werbekampagne-h-m-wirbt-mit-kopf tuch-1.2671649.*
439 *https://www.nzz.ch/international/asyl-und-sexualverbrechen-tausende-frauen-opfer-von-fluechtlingen-ld.1769909.*
440 *https://www.tagesschau.de/inland/islamisten-hamburg-demo-102.html.*
441 *https://weltwoche.de/daily/unglaublich-verfassungsschuetzer-thomas-haldenwang-sieht-im-demokratie-feindliche-kalifat-eine-denkbare-staatsform/.*
442 *https://www.bild.de/news/inland/weihnachtsmarkt/haben-wir-nicht-alle-lichter-am-baum-38772108.bild.html.*
443 *https://www.spiegel.de/panorama/koeln-muezzin-der-ditib-gemeinde-darf-unbefristet-zum-freitagsgebet-rufen-a-9868a8ee-5096-4579-992a-b7ef48011101.*
444 *https://www.express.de/koeln/muezzin-ruf-in-koeln-wird-projekt-nach-zwei-jahren-verlaengert-901231.*
445 *https://www.bild.de/regional/baden-wuerttemberg/moschee-in-mannheim-ehe-kurs-fuer-maedchen-ab-13-jahren-6743876203d64b3540b29423.*
446 *https://www.nius.de/nachrichten/news/polizei-muenchen-verbat-islam kritiker-stuerzenberger-eine-stichfeste-weste-zu-tragen-jetzt-liegt-er-mit-*

stichverletzungen-im-krankenhaus/8f430abb-ff58-4b27-b4a8-f1999a85f007.

447 *https://www.t-online.de/nachrichten/deutschland/innenpolitik/id_100417868/attentat-in-mannheim-so-reagieren-die-politiker.html.*

448 *https://www.nius.de/nachrichten/news/3600-euro-geldstrafe-fuer-volks verhetzung-anschlags-opfer-michael-stuerzenberger-wird-wegen-seiner-islamkritik-verurteilt/d9aa7191-7323-45ef-8491-d74d3971237d.*

449 Was die Polizei bestreitet, obwohl es extrem unwahrscheinlich ist, dass diese Demonstration angesichts der sich damals in Syrien überschlagenden Ereignissen fristgerecht – sprich: mindestens 48 Stunden vor der Demo – angemeldet worden ist.

450 *https://quoteinvestigator.com/2016/04/18/crocodile/.*

451 *https://www.tichyseinblick.de/kolumnen/aus-aller-welt/unruhen-uk-revolution/.*

452 *https://www.bundestag.de/dokumente/textarchiv/2024/kw23-de-politischer-islam-1006108.*

453 *https://www.trtdeutsch.com/news-inland/zentralrat-der-muslime-ruft-zur-teilnahme-an-demos-gegen-rechts-auf-16715067.*

454 *https://www.zeit.de/politik/deutschland/2024-04/zentralrat-muslime-cdu-grundsatzprogramm.*

455 *https://www.derpragmaticus.com/r/islam-umfrage.*

456 *https://www.dw.com/de/im-sog-der-verschwProzentC3ProzentB6rungs theorien/a-43792001.*

457 *https://www.derpragmaticus.com/r/scharia-gottes-gesetz.*

458 *https://www.bpb.de/themen/medien-journalismus/wahre-welle/270414/verschwoerungstheorie-islamisierung/.*

459 *https://www.deutschlandfunknova.de/beitrag/hoersaal-wie-xenophobie-entsteht.*

460 *https://www.n-tv.de/wissen/Wieso-wir-Angst-vor-dem-Fremden-haben-article16714156.html.*

461 Ebd.

462 *https://www.msdmanuals.com/de/heim/kurzinformationen-psychische-gesundheitsstörungen/angststörungen-und-stressbezogene-erkrankungen/spezifische-phobien.*

463 *https://www.nius.de/analyse/news/der-grosse-buergergeld-check-seit-2010-zahlte-deutschland-152-7-milliarden-euro-sozialleistungen-an-auslaender/be504b86-daac-46c6-89e9-7b773f944015#.*

464 Abwertender Begriff für Ungläubige.

465 *https://www.fr.de/politik/die-strategie-ist-mit-harmlosen-narrativen-einfluss-zu-nehmen-91928400.html.*

466 Ley, Michael: *Der Selbstmord des Abendlandes – Die Islamisierung Europas,* Osnabrück 2015, Vorwort von Bazon Brock, S. 9.

467 *https://www.nius.de/nius-live/news/wir-geben-uns-selbst-auf/32d4a3d3-faad-4a3e-85a2-bd4e39e99712.*
468 Warner, Bill: *Scharia für Nicht-Muslime*, Brno 2015, S. 34.
469 *https://www.wzb.eu/de/pressemitteilung/islamischer-religioeser-fundamentalismus-ist-weit-verbreitet.*
470 ÖIF: Junge Menschen mit muslimischer Prägung in Wien, 2019, S. 66.
471 Ebd., S. 75.
472 Ebd., S. 78.
473 *https://www.derpragmaticus.com/r/allah-islam.*
474 *https://www.nzz.ch/article7SGJB-ld.21127.*
475 *https://www.deutschlandfunkkultur.de/staatsbesuch-des-tuerkischen-praesidenten-erdogans-100.html.*
476 *https://www.derpragmaticus.com/r/islam-in-die-schranken-weisen.*
477 *https://www.cspii.org/learn-political-islam/methodology/statistical-analysis-political-islam/trilogy-text-devoted-jihad/.*
478 *https://islam.de/13829.php?q=ungläubig+sind.*
479 *https://www.cicero.de/weltbuhne/kopf-ab-im-namen-allahs/36629.*
480 *https://www.focus.de/panorama/welt/babynamen-mohammed-ist-beliebtester-vorname-in-berlin_id_259923323.html.*
481 *https://www.bildungswissenschaft.at/index.php/zitate-m-bis-p/migration/9373-frauen-mit-geburtsland-in-syrien-und-afghanistan-gebaren-ueberdurchschnittlich-viele-kinder-in-wien.*
482 *https://www.kosmo.at/schweinefleisch-verzicht-in-wiener-schulen-sorgt-fuer-aufsehen/.*
483 *https://www.mdr.de/nachrichten/thueringen/mitte-thueringen/soemmerda/kleiderordnung-salzmann-schule-100.html.*
484 *https://www.achgut.com/artikel/der_islamistische_marsch_durch_die_institutionen.*
485 *https://www.lsvd.de/de/ct/1245-LGBT-Rechte-weltweit.*
486 *https://rise-jugendkultur.de/artikel/weiblich-feministisch-muslimisch/.*
487 *https://www.mopo.de/news/panorama/expertenbericht-muslimfeindlichkeit-bei-jedem-zweiten-deutschen/.*
488 *https://www.spiegel.de/politik/ausland/charlie-hebdo-radikale-muslime-feiern-anschlag-im-netz-a-1011896.html.*
489 *https://www.tichyseinblick.de/feuilleton/medien/claim-untersuchung-islam-zdf/.*
490 *https://www.mena-watch.com/islamophobie-forscher-keine-eu-gelder-mehr-fuer-farid-hafez/.*
491 *https://www1.wdr.de/nachrichten/rheinland/urteil-neun-monate-haft-akif-pirincci-bonn-volksverhetzung-100.html.*
492 Siehe Seite 258.
493 *https://www.welt.de/politik/ausland/plus205971399/Islamismus-Macrons-Plan-zur-Rueckeroberung-der-Republik.html.*

494 *https://www.bild.de/news/inland/silvester-randale-polizisten-mit-raketen-beschossen-6774d4bf5d60421cc75041ac.*
495 *https://www.bild.de/regional/berlin/silvester-die-akte-der-gewalt-gegen-polizisten-feuerwehrleute-retter-67766fef0195b908c1898e21.*
496 *https://www.sueddeutsche.de/leben/silvester-silvester-im-norden-tausende-feiern-ueberwiegend-friedlich-dpa.urn-newsml-dpa-com-20090101-250101-930-332373.*
497 *https://www.opendoors.at/2024/somalia/.*
498 Abdel-Samad, Hamad: *Der islamische Faschismus – Eine Analyse,* München 2014, S. 21
499 Murray, Douglas: *Der Selbstmord Europas – Immigration, Identität, Islam,* München 2018, S. 183.
500 *https://blog.vielfaltleben.de/2020/10/08/es-gibt-eine-soziale-pandemie-die-europa-vergiftet-der-hass-auf-muslime/.*
501 *https://exxpress.at/politik/schweden-islam-partei-gewinnt-in-problemvierteln-bis-zu-30-der-stimmen.*
502 *https://www.bild.de/politik/ausland-und-internationales/in-grossbritannien-gruenen-islamist-feiert-wahlsieg-mit-allahu-akbar-66374c123dbd352feb0ed32f.*
503 Dancygier, Rafaela M.: *Dilemmas of Inclusion: Muslims in European Politics,* Princeton 2017, S. 90.
504 *https://www.focus.de/politik/deutschland/gruenen-politiker-schreibt-Frankfurter Allgemeine Zeitung-gastbeitrag-oezdemir-sorgt-fuer-kontroverse-sexistischstes-rassistischstes-klischee-ueberhaupt_id_260352853.html.*
505 *https://www.tichyseinblick.de/meinungen/bewegende-worte-eines-vaters-an-cem-oezdemir/.*
506 *https://www.nius.de/nachrichten/news/26-100-statt-13-800-doppelt-so-viele-messerangriffe-wie-in-faesers-offizieller-statistik/c89d9908-c27d-4a4f-8c5f-7883054970ca.*
507 *https://www.nzz.ch/international/nzz-recherche-zahl-schwerer-stich verletzungen-in-deutschland-stark-gestiegen-ld.1844481.*
508 Ebd.
509 *https://www.nius.de/analyse/fast-die-haelfte-der-tatverdaechtigen-sind-auslaender-deutsche-sind-in-der-regel-die-opfer/46d15b8c-c9a7-4ac5-a7cf-7b0661cd7e08.*
510 *https://www.mdr.de/nachrichten/deutschland/politik/kriminalitaet-statistik-straftaten-gewalt-auslaender-reaktionen-kritik-100.html.*
511 *https://www.bild.de/politik/inland/politik-inland/polizei-fassungslos-ard-vertuscht-problem-mit-kriminellen-auslaendern-87835040.bild.html.*
512 Ebd.
513 *https://de.wikipedia.org/wiki/Opferkult_der_Azteken#.*

514 *https://www.youtube.com/watch?v=Su2IfIZStjs.*
515 Murray, Douglas: *Der Selbstmord Europas – Immigration, Identität, Islam*, München 2018, S. 6.
516 *https://www.bild.de/politik/inland/politik-inland/polizei-fassungslos-ard-vertuscht-problem-mit-kriminellen-auslaendern-87835040.bild.html.*
517 Ebd.
518 *https://apollo-news.net/gestiegene-auslaenderkriminalitaet-tagesschau-spricht-von-touristen-und-arbeitspendlern-und-nennt-nicht-volle-zahl/.*
519 Ebd.
520 *https://www.bz-berlin.de/berlin/silvester-1000-straftaten.*
521 *https://www.nius.de/kommentar/news/warum-die-offiziellen-kriminal statistiken-nichts-mehr-ueber-die-realitaet-aussa-gen/192ac9ed-8862-4319-8266-60222ee794c6.*
522 *https://www.bild.de/regional/bremen/prozess/gegen-tottreter-von -kirchweyhe-34843250.bild.html.*
523 *https://de.wikipedia.org/wiki/Mordfall_Mia_V.*
524 *https://www.welt.de/politik/deutschland/article213889756/Vor-ICE-gestossen-Die-Frau-schreit-vom-Kind-ist-nichts-zu-sehen.html.*
525 *https://www.bild.de/news/inland/tatort-bahn-und-bahnhof-deutschlands-schlimmste-verbrechen-66c6f8bfdc1b991b1e591355.*
526 *https://www.bild.de/regional/essen/getoetete-basketballspieler-aus-ukraine-vier-jugendliche-vor-gericht-66b9e46b57c8442a6555f3e2.*
527 *https://www.bild.de/news/inland/tatort-bahn-und-bahnhof-deutschlands-schlimmste-verbrechen-66c6f8bfdc1b991b1e591355.*
528 *https://www.nzz.ch/international/nzz-recherche-zahl-schwerer-stich verletzungen-in-deutschland-stark-gestiegen-ld.1844481.*
529 *https://www.welt.de/vermischtes/article142714771/Jonny-K-ist-tot-seine-Schlaeger-wieder-unterwegs.html.*
530 *https://de.wikipedia.org/wiki/Todesfall_Jonny_K.*
531 *https://www.bild.de/regional/frankfurt/frankfurt-aktuell/fussballer-15-tot gepruegelt-2-jahre-jugendstrafe-fuer-pauls-gegenspieler-17-87425140.bild.html.*
532 *https://www.bild.de/regional/ruhrgebiet/ruhrgebiet-aktuell/gericht-hebt-mord-urteil-auf-tot-raser-von-moers-geniesst-seine-freiheit-76699506.bild.html.*
533 Ebd.
534 *https://de.statista.com/statistik/daten/studie/1391124/umfrage/opfer-von-koerperverletzung-in-deutschland/.*
535 Warner, Bill: *Scharia für Nicht-Muslime*, Brno 2015, S. 37.
536 *https://de.wikipedia.org/wiki/Hasskriminalität.*
537 *https://www.tagesschau.de/inland/gesellschaft/rechtsextremisten-gewalt bereit-queer-szene-csd-102.html.*

538 *https://www.faz.net/aktuell/gesellschaft/kriminalitaet/hasskriminalitaet-gegen-queere-menschen-nimmt-zu-110173611.html.*
539 *https://www.tagesschau.de/inland/gesellschaft/rechtsextremisten-gewalt bereit-queer-szene-csd-102.html.*
540 *https://www.nzz.ch/international/schwulenhass-islamismus-und-realitaets verweigerung-in-neukoelln-ld.1586497.*
541 Stark, Rodney: *Gotteskrieger – Die Kreuzzüge in neuem Licht*, Berlin 2013, S. 25.
542 Ebd.
543 *https://www.opendoors.de/christenverfolgung/weltverfolgungsindex.*
544 Stark, Rodney: *Gotteskrieger – Die Kreuzzüge in neuem Licht*, Berlin 2013, S. 23.
545 *https://www.mena-watch.com/dschihad-muslime-werden-europa-erobern/.*
546 *https://de.wikipedia.org/wiki/Christentum_in_der_Türkei.*
547 *https://www.tagesschau.de/ausland/asien/christen-nahost-exodus-101.html#.*
548 *https://www.katholisch.at/aktuelles/142462/papst-hoert-erschuetternde-berichte-von-gewaltopfern-aus-ost-kongo.*
549 Siehe Seite 254.
550 *https://www.kirche-in-not.de/wp-content/uploads/2019/01/Verfolgte-Christen-im-Nigeria_Landesbericht-2018_Kirche-in-Not.pdf.*
551 *https://www.diepresse.com/5054352/waffen-oesterreich-ruestet-illegal-auf.*
552 Ebd.
553 *https://www.rnd.de/politik/waffenbesitz-nur-unter-voraussetzung-habeck-fordert-psychologisches-attest-NIFBK5VORFOUJEIMUOWLFOZ4AQ.html.*
554 *https://www.tagesspiegel.de/berlin/debatte-nach-silvester-faeser-verscharfung-des-waffenrechts-an-fdp-gescheitert-12952306.html.*
555 Günther, Christian/Reichel, Werner/Tögel, Andreas: *Schusswaffenratgeber für Einsteiger – Kauf, Handhabung, Sicherheit & Gesetzeslage, Wien* 2017, S. 15.
556 *https://www.igfm.de/grundlagen-der-rechtlichen-stellung-von-andersglaeubigen-im-islam/?pdf=4682.*
557 *https://www.stephenhalbrook.com/law_review_articles/entwaffnung.pdf.*
558 *https://www.mdr.de/geschichte/zeitgeschichte-gegenwart/politik-gesellschaft/waffen-waffenschein-ddr-brd-waffenbesitz-amoklauf-attentat-100.html#.*
559 Günther, Christian/Reichel, Werner/Tögel, Andreas: *Schusswaffenratgeber für Einsteiger – Kauf, Handhabung, Sicherheit & Gesetzeslage, Wien* 2017, S. 15.
560 *https://www.welt.de/politik/deutschland/article148700501/Empoerung-ueber-Steinbachs-Schmidt-Tweet.html.*
561 *https://de.statista.com/statistik/daten/studie/1219/umfrage/anzahl-der-auslaender-in-deutschland-seit-dem-jahr-1970/.*
562 *https://www.spiegel.de/politik/deutschland/gruener-parteitag-delegierte-bekennen-sich-zu-notwendigkeit-von-abschiebungen-a-1063923.html.*
563 Ley, Michael: *Hitlers Kinder – Die Generation der Achtundsechziger*, Marburg an der Lahn 2018, S. 7 ff.

564 Schafarewitsch, Igor: *Der Todestrieb in der Geschichte – Erscheinungsformen des Sozialismus*, Grevenbroich 2016, eBook.
565 Schafarewitsch, Igor: *Der Todestrieb in der Geschichte – Erscheinungsformen des Sozialismus*, Grevenbroich 2016, eBook, Teil III »Analyse«.
566 *https://leo-mattes.com/der-todestrieb-des-sozialismus/.*
567 Siehe Seite 53.
568 *https://www.welt.de/geschichte/article245020122/100-Millionen-Tote-So-viele-Opfer-forderte-der-Kommunismus.html.*
569 Der Begriff beziehungsweise das Konzept des »Milliardärssozialismus« stammt von Oswald Spengler, der prophezeit hatte, dass die extremen Endstufen von Sozialismus und Liberalismus sich früher oder später einander angleichen würden. Der Sozialismus würde eine kleine politische Kaste hervorbringen, die ihren Staat ebenso autoritär und exklusiv regieren würde wie frühere Aristokratien, wenn auch formal unter Berufung auf die Diktatur des Proletariats. Siehe: *https://www.dersandwirt.de/die-rueckkehr-des-caesarismus/.*
570 *https://de.wikipedia.org/wiki/Absolutheitsanspruch#Islam.*
571 Der Philosoph und Politologe Eric Vögelin (1901–1985) definierte totalitäre Ideologien wie Kommunismus und Nationalsozialismus als politische Religionen.
572 Siehe Seite 277.
573 *https://www.takimag.com/article/surrendering_to_death_gavin_mcinnes/#axzz49lf1CMJp.*
574 *https://taz.de/Seltsames-Eagles-of-Death-Metal-Interview/!5307820/.*
575 *https://www.tichyseinblick.de/meinungen/offener-brief-der-berliner-todesopfer-familien-an-angela-merkel/.*
576 *https://www.diepresse.com/5748305/oma-ist-ne-alte-umweltsau-chronologie-einer-empoerung.*
577 *https://www.tichyseinblick.de/kolumnen/aus-aller-welt/cass-report-gender-kinder-jugendliche/.*
578 *https://www.berlin-institut.org/themen/international/bevoelkerungs entwicklung-in-afrika#.*
579 Siehe Kapitel 2 »Die Multikultilüge«.
580 *https://www.fr.de/verbraucher/krankenkassen-beitraege-steigen-kraeftig-so-viel-muessen-versicherte-ab-2025-zahlen-93472634.html.*
581 *https://www.iges.com/kunden/gesundheit/forschungsergebnisse/2025/beitragssaetze-in-der-sozialversicherung/index_ger.html#.*
582 *https://www.tagesschau.de/investigativ/report-mainz/stellenzuwachs-ministerien-ampel-koalition-bund-der-steuerzahler-100.html.*
583 *https://www.oe24.at/oesterreich/ueberraschung-70-der-einwanderer-sind-analphabeten/554049774.*

584 *https://weltwoche.de/daily/ampel-regierung-erwaegt-gruenen-idee-rentner-koennten-wohnungen-raeumen-um-fuer-familien-platz-zu-machen/.*
585 *https://www.iwd.de/artikel/wohneigentumsquoten-in-europa-612730/#.*
586 *https://www.nius.de/wirtschaft/news/insolvenzen-und-schwarzarbeit-wer-ehrlich-arbeitet-ist-der-dumme/6a5ce1da-a2ee-4521-a87b-0abd0221f400.*
587 Ebd.
588 *https://www.andreas-unterberger.at/m/2022/11/europische-bargeld obergrenze-enteignung-berwachung-und-kontrolle-als-ziel/.*
589 Ebd.
590 *https://www.focus.de/finanzen/steuern/was-sie-wissen-muessen-wirbel-um-vermoegensregister-das-steckt-hinter-den-eu-plaenen_id_260169508.html.*
591 *https://frankundfrei.online/de-banking-das-neue-repressionsinstrument-des-juste-milieus/.*
592 *https://www.br.de/nachrichten/deutschland-welt/wie-sich-rechtsextremisten-auf-telegram-mit-spenden-finanzieren,TpRhXL3.*
593 *https://frankundfrei.online/de-banking-das-neue-repressionsinstrument-des-juste-milieus/.*
594 *https://jungefreiheit.de/kultur/medien/2025/kontrafunk-gruender-bedankt-sich-fuer-kontokuendigung/.*
595 *https://www.faz.net/aktuell/politik/inland/rechtsextreme-ideologien-in-der-prepper-szene-16239707.html.*
596 *https://www.handelsblatt.com/finanzen/immobilien/inside-energie-und-immobilien/gated-community-koeln-jeder-darf-sein-grundstueck-so-schuetzen-wie-er-moechte/100079381.html.*
597 *https://www.t-online.de/region/koeln/id_100514020/koeln-geplante-gated-community-cologne-project-i-stoesst-auf-heftige-kritik.html.*
598 *https://www.diepresse.com/5219044/strom-illegaler-waffen-vom-balkan-haelt-an.*
599 *https://www.faz.net/aktuell/politik/inland/in-deutschland-gibt-es-bis-zu-zwanzig-millionen-illegale-waffen-14030574.html.*
600 *https://www.deutschlandfunk.de/illegale-waffen-100.html.*
601 *https://www.diepresse.com/5054352/waffen-oesterreich-ruestet-illegal-auf.*
602 *https://www.rnd.de/politik/eu-parlament-beschliesst-schaerferes-waffengesetz-35-millionen-illegale-waffen-im-umlauf-IANF2GW26NHFTJGZJFEGICYQEE.html.*
603 *https://www.diepresse.com/5054352/waffen-oesterreich-ruestet-illegal-auf.*
604 *https://www.bmvg.de/de/aktuelles/nato-general-christian-badia-interview-5874868.*
605 *https://www.spiegel.de/panorama/anschlag-in-nizza-wir-muessen-mit-dem-terror-leben-a-00000000-0003-0001-0000-000000714603.*

606 *https://www.nius.de/ausland/news/massenproteste-gewalt-und-allahu-akbar-rufe-migranten-jagen-in-england-demonstranten-mit-axt-und-messer/b91c8823-e270-4223-97b0-4f39aaff58a1.*
607 *https://www.nzz.ch/international/strassenschlachten-in-england-rechtsradikale-gegen-islamistischen-ld.1842519.*
608 Siehe Seite 169.
609 Reichel, Werner: *Gegen das Vergessen – Corona ist erst vorbei, wenn bei den Schuldigen die Handschellen klicken*, Rottenburg 2023, S. 144.
610 Ebd.
611 *https://www.morgenpost.de/panorama/article401488787/jan-boehmermann-corona-kinder-ratten-satire-zdf.html.*
612 *https://www.marx21.de/khomeini-iranische-tragoedie-revolution-1979/.*
613 *https://www.dw.com/de/der-anfang-vom-ende-der-iranischen-revolution/a-17409575.*
614 Engels, David: *Was tun?*, Bad Schmiedeberg 2020, S. 33.